Les ouvriers dans la société française

Gérard Noiriel

Les ouvriers dans la société française

XIXe-XXe siècle

PRÉFACE INÉDITE DE L'AUTEUR

Éditions du Seuil

ISBN 978-2-02-058024-3
(ISBN 2-02-009309-X, 1re édition)

A Louis Aulon,
1901-1958,
étameur.

Préface
Vingt ans après

Les matériaux et les analyses qui ont servi à la rédaction de ce livre ont été élaborés au début des années 1980. Une mise à jour était donc nécessaire pour tenir compte des travaux historiques et sociologiques parus depuis vingt ans et faire le point sur les transformations du monde ouvrier lui-même. Je commencerai par rappeler les préoccupations d'ordre méthodologique qui ont guidé l'élaboration de l'ouvrage. A mes yeux, la contribution la plus utile qu'un historien puisse fournir à l'« épistémologie » de l'histoire consiste à décrire et à expliciter son travail pour essayer de faire comprendre aux lecteurs comment il a été construit, quels sont ses enjeux. Pour caractériser le plus simplement possible la nature de ce livre, il n'est pas inutile de souligner qu'il est paru dans une collection qui a pour vocation, comme son nom l'indique, de présenter des « synthèses » sur les grandes questions étudiées par la recherche historique savante. Les historiens disent souvent que le propre de leur métier, c'est d'aller « travailler aux archives ». Il est vrai que, pour entrer dans la carrière, il faut avoir produit une thèse de doctorat qui nécessite de longues investigations dans les dépôts d'archives. Mais par la suite, la plupart des historiens consacrent beaucoup de temps à rédiger des « synthèses » qui ne nécessitent pas une connaissance directe des sources. La distinction entre thèse et synthèse, entre les écrits de « première main » et de « seconde main », est à mes yeux capitale pour comprendre la logique de production des connaissances dans notre discipline. Les thèses, et plus généralement les ouvrages reposant sur un important travail d'archives, ont presque toujours une dimension monographique (« microhistorique ») car, pour éviter d'être submergés par leur documentation, les historiens doivent nécessairement délimiter strictement leur objet, dans le temps et dans l'espace. Inversement, les livres de synthèse offrent la possibilité d'élargir le champ d'analyse et d'aborder le passé dans une perspective « macrohistorique » en rassemblant le savoir constitué antérieurement grâce aux recherches de « première main ». Thèse et synthèse sont les deux pôles de l'écriture historienne. Ils organisent la façon dont s'opère le passage du « particulier » au « général » et structurent la division du travail propre à la profession : les recherches sur archives sont surtout réalisées par les plus jeunes, les « thésards », qui doivent faire leurs preuves s'ils veulent obtenir un poste, alors que les plus anciens – surtout s'ils sont au sommet de l'institution – passent une bonne partie de leur temps à écrire des synthèses, grâce auxquelles ils touchent un plus large public et développent leur notoriété. La recherche historique a besoin, pour progresser, d'un équilibre entre ces deux pôles. La division du travail qui confine les uns dans les tâches spécialisées et réserve aux autres les profits des ouvrages généraux m'a toujours paru ruineuse. C'est la raison pour laquelle, dès mes premiers travaux, je me suis efforcé de mener de front ces deux types d'investissement.

Les Ouvriers dans la société française est un ouvrage de synthèse que j'ai écrit en même temps que ma thèse sur les « hommes du fer » dans le Pays-Haut lorrain entre 1919 et 1939. L'un renvoie à l'autre et réciproquement. Dans la première édition de ce livre, je n'ai pas assez souligné cette complémentarité. Cette préface me donne l'occasion d'y revenir en essayant de montrer comment je l'ai conçue. Trop souvent, les ouvrages de synthèse se présentent comme une simple juxtaposition de fiches, résumant le contenu des monographies spécialisées, en les liant les unes aux autres à l'aide d'une vague trame chronologique que les étudiants apprennent par cœur les veilles d'examen, parce qu'ils savent, hélas, qu'il faut en passer par là pour les réussir ! Il suffit de parcourir les titres de ces manuels (*La IIIe République de 1870 à 1940*, *Le Régime de Vichy*, *Histoire de la France contemporaine*, etc.) pour constater aujourd'hui le retour en force de cette « mémo-histoire », obnubilée par les faits et les dates ; histoire événementielle que l'on croyait dépassée mais qui, malheureusement, tient toujours le haut du pavé, surtout en France. Contre cette logique purement scolaire, il faut rappeler avec force que l'« histoire-problème » défendue par les fondateurs des *Annales* repose sur une articulation moins paresseuse des études de fond et des ouvrages de synthèse. Dans son étude exemplaire sur les *Caractères originaux de l'histoire rurale française*, Marc Bloch nous a offert un véritable modèle de « synthèse provisoire » (selon ses propres termes) qui s'oppose en tout point aux facilités de l'histoire événementielle. En prenant appui sur ses propres recherches de « première main », en adoptant une perspective résolument comparatiste et de longue durée, il développe des hypothèses générales visant à expliquer la spécificité du développement de la société rurale française. L'effort de synthèse vise ici à rassembler l'essentiel des connaissances de première main disponibles au moment de la rédaction de l'ouvrage pour construire une problématique que des recherches empiriques ultérieures auront pour mission de confirmer ou de corriger. Cette façon de concevoir l'histoire-problème, en articulant les travaux de première et de seconde main, est aussi une manière de dépasser l'individualisme chronique du monde universitaire pour promouvoir des recherches collectives. On ne peut en effet mesurer la fécondité d'une hypothèse ou d'un raisonnement qu'à la condition d'« aller y voir de plus près », en consultant les sources, en multipliant les études empiriques spécialisées. Un seul individu, aussi productif soit-il, n'y suffit pas. Cela nécessite un travail d'équipe. Pour que cette démarche collective puisse fonctionner, encore faut-il que les problèmes dégagés par un historien dans une « synthèse provisoire » soient pris au sérieux par ses collègues. Malheureusement, l'expérience montre que ce n'est pas souvent le cas. Les lecteurs qui ne s'intéressent qu'aux faits ne voient pas les problèmes. Des suggestions présentées avec prudence, « sous bénéfice d'inventaire » comme on dit, sont prises comme des affirmations péremptoires ; les questions sont considérées comme des réponses.

La réception du présent ouvrage n'ayant pas échappé à ces biais, après avoir précisé la nature du projet historiographique lui-même, je voudrais maintenant dire un mot sur les problèmes que j'ai voulu cerner. Les hypothèses qui structurent ce livre ont été élaborées dans le cadre de ma thèse sur les ouvriers sidérurgistes et les mineurs de fer du Pays-Haut lorrain. Mon principal souci était de rendre compte d'un événement du présent, que j'ai vécu à la fois comme acteur et historien-sociologue. En 1979-1980, le plan de restructuration qui condamnait à mort la sidérurgie locale provoque une révolte massive et radicale de la population locale qui embrase le bassin pendant plus de six mois, donnant naissance à la « Commune de Longwy », pour reprendre l'expression d'un journaliste de l'époque. La violence et l'unanimité de ce combat ne pouvaient s'expliquer uniquement par des raisons économiques. En décidant la fermeture des dernières usines de la région, le patronat et le gouvernement français s'attaquaient de front à l'identité collective des « hommes du fer », forgée depuis le début du siècle autour des chevalements de mine et des hauts fourneaux. Pour comprendre les raisons profondes de l'événement qui défrayait la chronique, il fallait donc retracer l'histoire de cette classe ouvrière. Cette conviction, issue de ma participation à la lutte collective, a marqué de façon indélébile jusqu'à aujourd'hui ma réflexion d'historien. Tout d'abord, cette expérience a fixé le type de problèmes qui m'a toujours préoccupé par la suite : comprendre les modalités de la recomposition des relations de pouvoir dans le monde nouveau enfanté par la Révolution française. Dans cette première étape, il s'agissait d'analyser les formes de domination sociale engendrées par l'industrialisation. Au cours des années 1990, mes travaux sur l'immigration m'ont conduit à mettre l'accent sur le rôle de l'État-nation (ou plutôt de l'étatisation) dans le développement du pouvoir « à distance » qui caractérise la démocratie. Mes recherches actuelles abordent le même problème sous un autre angle, en analysant les formes de domination propres à la sphère domestique et aux relations familiales.

C'est également au cours de ma thèse que j'ai pu trouver une solution satisfaisante à la question de la fonction sociale de l'historien. Au cours de la lutte de 1979-1980, j'avais été frappé par l'ampleur du sentiment d'incompréhension qu'exprimaient les ouvriers en grève. Les discours tenus par les porte-parole extérieurs (qu'ils soient gouvernants, dirigeants syndicalistes « recentrés », journalistes, sociologues ou autres) illustraient leur ignorance des réalités sociales et historiques locales. J'en ai tiré la conclusion que la meilleure aide que l'on pouvait apporter aux dominés ne consistait pas à parler à leur place, ni à affirmer péremptoirement ce qu'il faudrait faire pour résoudre leurs « problèmes ». Plus modestement, il fallait s'efforcer d'exposer la logique de leurs pratiques sociales pour tenter de l'expliquer à ceux qui ne la comprennent pas parce qu'ils ne la vivent pas ; ce qui suppose une proximité géographique et sociale avec l'univers pris comme objet d'étude. Cette conviction explique pourquoi j'ai situé mes travaux dans le prolongement de l'histoire du passé/présent défendue par Marc Bloch. Envisager la recherche historique comme un effort visant à restituer l'historicité du monde dans lequel nous vivons, c'est défendre une conception de l'interdisciplinarité dans laquelle l'histoire n'est qu'une dimension de la science de la société, éclairage indispensable pour comprendre les raisons qui poussent les individus à agir comme ils le font.

Mes travaux sur les ouvriers de Longwy m'ont aussi révélé l'importance de la question de la visibilité et de l'invisibilité de la souffrance sociale. Comme tous les individus qui n'ont pas la possibilité de parler et d'écrire en leur nom propre, les sidérurgistes lorrains n'ont pu se faire entendre qu'à la suite d'une immense mobilisation collective. Grâce à une multitude d'actions spectaculaires, ils sont parvenus à attirer l'attention de l'« opinion publique ». Les journalistes, les sociologues, les intellectuels ont alors découvert leurs malheurs. Du coup, les décideurs se sont inquiétés. Ils ont accepté des négociations et des aménagements de leur plan, alors même qu'ils les jugeaient impossibles au départ. La pédagogie du mouvement m'a donc enseigné une vérité triviale, mais qu'il faut constamment rappeler : dans les sociétés démocratiques, ce sont les rapports de force qui déterminent la prise en compte des intérêts sociaux. J'ai vérifié cette « loi » sociologique *a contrario* dans ma thèse. Avant la Seconde Guerre mondiale, les mines de fer du Pays-Haut lorrain étaient parmi les plus meurtrières du monde. Mais la plupart des ouvriers étaient alors des immigrants étrangers n'ayant aucun moyen de se défendre. Les maîtres de forge, qui vivaient pourtant sur place, qui allaient à la messe le dimanche pour chanter l'amour du prochain, ne « voyaient pas » ces accidents du travail, ni les morts qui endeuillaient régulièrement les cités. Alors que, dès cette époque, il aurait été facile techniquement de limiter les risques (en « boulonnant » les parois), il a fallu attendre les années 1950 pour que des mesures élémentaires de sécurité soient prises. Les enfants des immigrants arrivés en masse dans l'entre-deux-guerres ont trouvé dans le PCF et la CGT les instruments leur permettant de créer un rapport de force, grâce auquel ils ont pu imposer aux maîtres de forge une amélioration des conditions de travail. En 1979, le plan de restructuration de la sidérurgie locale illustrait, sous une autre forme, un processus du même type. Les décideurs anonymes, les PDG des beaux quartiers de Paris ou de New York qui ont les yeux rivés sur les cours de la Bourse, les experts qui ne connaissent la vie du peuple que par les manuels scolaires, les statistiques et les formulaires, avaient concocté ce plan en toute bonne conscience. L'acier lorrain n'était plus compétitif. Il était condamné par la mondialisation des échanges. On ne pouvait donc pas faire autrement que de fermer les usines, même dans l'intérêt des ouvriers concernés. De toute façon, aucun d'entre eux ne pointerait au chômage. Les vieux seraient mis à la retraite ou la préretraite, les autres seraient reclassés, les immigrés pourraient rentrer « chez eux » avec un petit pécule. Puisque le plan ne devait pas gonfler, dans l'immédiat, les statistiques de l'ANPE, pour les décideurs, le « problème social » n'existait pas. D'où leur stupéfaction et leur incompréhension face à l'ampleur et à l'unanimité de la révolte ouvrière. A leurs yeux, celle-ci ne pouvait être qu'« irrationnelle », sans doute téléguidée par le Parti communiste cherchant à conforter sa base électorale dans le cadre de la stratégie d'union de la gauche.

En 1979-1980, la plupart des observateurs ont souligné que la lutte des sidérurgistes de Longwy, au-delà des enjeux locaux, avait une portée nationale. Elle apparaissait comme le chant du cygne d'une classe ouvrière condamnée par la liquidation des bastions de la grande industrie. En passant de la thèse à la synthèse, j'ai cherché à éprouver, sur un plan plus général, la pertinence des analyses développées sur le Pays-Haut lorrain. Constatant que les effets de la crise du monde du travail étaient plus désastreux en France que dans beaucoup d'autres pays touchés par les mutations du capitalisme, l'objectif de ce livre était de montrer en quoi l'histoire pouvait expliquer cette particularité. Tout en respectant les contraintes inhérentes à l'écriture d'une synthèse (rassembler le maximum de données économiques, sociales, politiques et culturelles pouvant être utilisées à des fins diverses), j'ai axé l'ouvrage autour d'une hypothèse centrale : dans le cas français, l'unification de la classe ouvrière a été trop tardive et incomplète pour permettre au monde du travail d'affronter efficacement les nouvelles mutations du capitalisme qui ont débuté dans les années 1980. Ce point de départ m'a conduit à privilégier dans ce livre la question du déficit chronique d'« ouvriérisation » de la société française. Ce néologisme fait implicitement référence aux travaux de l'historien Jürgen Kocka sur la bourgeoisie allemande. Selon lui, l'avènement du nazisme a été facilité par le fait que les pratiques et les valeurs « libérales » caractéristiques du monde bourgeois (que l'on désigne en allemand par le terme « *Bürgerlichkeit* », intraduisible en français), présentes depuis longtemps en France, et plus encore en Grande-Bretagne, n'ont pas pu s'épanouir en Allemagne parce que la noblesse a conservé l'essentiel du pouvoir jusqu'en 1914. Dans le cas français, la petite bourgeoisie propriétaire (paysans et artisans) a joué pendant longtemps un rôle hégémonique dans l'histoire contemporaine du pays, entravant du même coup la formation du prolétariat en tant que classe autonome. En conséquence, les pratiques, les normes, les valeurs sociales caractéristiques du monde ouvrier (notamment les formes d'organisation collective et l'idéal de solidarité...) n'ont pas été suffisamment diffusées au sein de la société française. Elles n'ont pas pu servir de rempart contre le processus de désintégration et de désaffiliation qu'engendre aujourd'hui la mondialisation du capitalisme.

La marginalité chronique de la classe ouvrière dans la société française renvoie à des facteurs de très longue durée qui ont été lumineusement exposés par Marc Bloch. Partout, en effet, le prolétariat industriel a été constitué en puisant massivement dans les forces vives du monde paysan. Mais, dans le cas français, la multitude des petits propriétaires accrochés à leur lopin a freiné les migrations vers les villes et l'industrie. Pour transformer en ouvriers des paysans enracinés sur leur terre et qui en plus disposaient du droit de vote, le patronat et les gouvernants ont dû très tôt recourir massivement à l'immigration, faire appel à la main-d'œuvre féminine et aux ouvriers-paysans. Alimenté à des sources diverses, mal dégagé du monde rural et artisanal, le prolétariat n'a pas eu vraiment la possibilité de se doter d'une identité de classe autonome, ce qui explique, entre autres, la constante faiblesse du mouvement ouvrier français. Mais le déficit d'ouvriérisation de la société française a été longtemps masqué pour une raison qui, elle aussi, relève de la très longue durée : l'extrême centralisation du pouvoir d'État. Depuis la Révolution française jusqu'à la Commune, lorsqu'elles avaient lieu à Paris, les révoltes ou les émeutes ouvrières se transformaient facilement en « révolution ». Tous les rouages du pouvoir étant concentrés dans la capitale, il suffisait de tenir Paris pour tenir la France. La IIIe République a mis fin à cette logique en pacifiant la vie politique. Mais elle n'a pas remis en cause la centralisation du pouvoir. Concentrés désormais dans les grandes usines, imposant leur présence dans les cortèges des manifestations, capables de bloquer la production dans les secteurs vitaux de l'économie nationale (mines, usines sidérurgiques, transports), les ouvriers n'étaient plus en mesure de « prendre la Bastille ». Ils pouvaient simplement inquiéter les gouvernants soucieux de ménager l'électorat populaire, séduire les militants et les intellectuels à la recherche d'une cause à défendre, intéresser les journalistes en quête d'événements spectaculaires. Dans la construction de cette nouvelle visibilité collective du monde ouvrier, le groupe que j'appelle la « génération singulière » a joué un rôle décisif. Les constats que j'avais pu faire dans ma thèse à propos du Pays-Haut lorrain se trouvaient confirmés au niveau national. Après plusieurs décennies de bouleversements, d'instabilité et de déracinement, la crise des années 1930 stabilise et fixe le prolétariat industriel autour des grandes usines, dans les cités et dans les banlieues. Ses intérêts propres, son identité collective n'ayant pas été pris en compte auparavant par les organisations réformistes, trop intégrées au sein de l'État, ces ouvriers vont trouver dans des organisations « neuves », liées au Parti communiste, les instruments de lutte grâce auxquels ils parviendront à se faire entendre et à exercer une véritable hégémonie sur l'ensemble du monde ouvrier. L'apogée de l'ouvriérisation de la société française se situe en France entre les années 1950 et les années 1970, au moment où cette génération vit sa maturité. Mais le déclin de la grande industrie l'a privée de ses armes majeures (la facilité de mobilisation collective due à la concentration dans les grandes usines et la capacité de bloquer les secteurs vitaux de l'économie nationale). Les ouvriers n'étant plus en mesure de faire parler d'eux, ils ont rapidement disparu de la scène politique. Les intellectuels et les hommes politiques ont trouvé d'autres causes à défendre. Les journalistes ont alimenté leurs récits avec d'autres événements spectaculaires et d'autres héros.

Les études historiques et sociologiques publiées depuis le milieu des années 1980 n'ont pas remis en cause, me semble-t-il, les analyses de cet ouvrage. Certes, de nombreux aspects du monde ouvrier sont aujourd'hui mieux connus qu'il y a quinze ans. Nous avons une vue plus précise sur les pratiques sociales dans l'entreprise, la sociabilité de quartier, la culture du travail, l'attitude du prolétariat au cours des deux guerres mondiales. La recherche s'est étendue à de nouvelles régions. Des branches professionnelles et des métiers jusqu'ici peu étudiés ont été passés au crible ; les comparaisons à l'échelle internationale se sont multipliées. Mais les questions qui intéressaient les historiens sociaux à l'époque où je l'ai écrit étant aujourd'hui passées de mode, la réflexion sur la construction du groupe ouvrier n'a pas beaucoup progressé. La démobilisation des classes populaires a eu des conséquences importantes pour la recherche historique elle-même. Les études sur le sujet se sont raréfiées. Dans le même temps, le mouvement ouvrier n'ayant pas été à la hauteur de leurs espérances de jeunesse, les historiens sociaux ont préféré regarder le monde « par en bas », négligeant l'étude des modes de groupement propres aux milieux populaires. Le succès de la « microhistoire » est à cet égard très significatif. A l'époque de Fernand Braudel et d'Ernest Labrousse, l'humeur historienne était furieusement structurale. Nos maîtres prônaient l'histoire totale comme emboîtement de « niveaux » (l'économique, le social, le politique). Ils définissaient les classes à partir de critères avant tout économiques qu'ils nous conseillaient d'aller chercher dans les rapports de production, le salaire, le niveau de vie, etc. Aujourd'hui, il faut être résolument « micro ». Hors des individus et des interactions locales, point de salut. La critique des « catégories collectives », des entités « réifiées », est devenue le lieu commun de toutes les études qui tiennent à se dire « nouvelles ». Le plus souvent, ces écrits aboutissent à des conclusions relativistes : « La classe ouvrière n'existe pas », « On ne peut pas l'appréhender à l'aide de catégories globales car les réalités sociales sont infiniment diverses, mobiles et hétérogènes ». Ces arguments, qui étaient déjà ceux de Charles Seignobos au début du siècle, nous renseignent plus sur les représentations spontanées des historiens que sur les réalités historiques elles-mêmes. Sans insister ici sur une question que j'ai développée ailleurs, je crois utile malgré tout de souligner que le passage de la mode structurale à la mode interactionniste en histoire sociale n'a pas vraiment été un progrès. Examiner le passé « par en haut » ou « par en bas », privilégier les « structures » ou les « actions », le « local » ou le « national », c'est choisir entre plusieurs points de départ également respectables. C'est le problème empirique que l'on veut étudier qui justifie la perspective adoptée. Les questions mises au centre de ce livre ne pouvaient être résolues à partir des principes qui guident la microhistoire. Elles exigeaient d'adopter un cadre national et de longue durée. Mais cela ne m'a pas conduit pour autant à adopter les présupposés de l'histoire économique et sociale de Braudel et de Labrousse. Lorsque j'ai engagé mes premières recherches sur l'histoire ouvrière, à la fin des années 1970, cette perspective nous semblait déjà dépassée par la « nouvelle histoire sociale », fortement influencée par les travaux de l'historien E. P. Thompson. Celui-ci, comme d'autres historiens marxistes anglais de sa génération (je pense notamment à Eric Hobsbwam), plaçait les individus et leurs activités au centre de ses analyses, sans pour autant ignorer la question du « *making* », c'est-à-dire les modes de regroupement permettant à des individus dominés et atomisés d'exister collectivement dans l'espace public.

Ces remarques ne signifient pas, est-il besoin de le souligner, que les développements du présent livre soient à l'abri de toute critique. Une « synthèse provisoire » est toujours tributaire de l'état de la recherche à un moment donné. A la lumière des travaux publiés sur le monde ouvrier depuis quinze ans, je voudrais rectifier et préciser mes analyses sur deux grands points. Le premier concerne la question du genre. Les recherches de Catherine Omnès et de Laura Lee Downs, notamment, ont montré les particularités de la composante féminine du monde ouvrier. Au XXe siècle, le rapport au travail, les métiers, les perspectives de mobilité sociale (liées au développement des emplois de bureau) n'ont jamais été identiques à ceux des hommes. Dans l'optique choisie ici, le problème le plus intéressant que posent ces nouvelles recherches concerne le lien entre genre et classe. Le processus d'ouvriérisation de la société française a atteint son paroxysme dans les années 1950, au moment où le taux de masculinité du prolétariat était le plus élevé. Les capacités de résistance de la classe ouvrière, l'intensité de sa mobilisation collective contre les formes d'exploitation et de domination qu'elle subit ont donc été facilitées par l'hégémonie qu'a exercée la composante masculine sur l'ensemble du groupe. Ce n'est pas un hasard si le mineur, l'homme du fer, le métallo ont été les principales figures du monde du travail, suffisamment populaires pour qu'un grand nombre de femmes se reconnaissent en elles. Comment mieux prendre en compte la diversité de l'univers ouvrier, y compris au niveau des symboles et des représentations, sans affaiblir l'identité collective du groupe tout entier ? Telle est la grande question à laquelle s'est heurté le mouvement ouvrier à partir des années 1970, sans y trouver de réponse satisfaisante.

L'autre grand clivage interne au monde ouvrier – fondé sur la nationalité – a rendu le problème encore plus aigu. C'est aussi dans les années 1950 que le degré de francisation du groupe a atteint son apogée. Son identité collective s'est construite autour du travailleur français (mineurs, sidérurgistes, métallos sont surtout valorisés sur la scène publique parce qu'ils contribuent à défendre l'intérêt national), à tel point que beaucoup d'ouvriers étrangers, ou d'origine étrangère, se sont puissamment identifiés à ces figures qui ne leur correspondaient pas complètement. Ce point est fortement souligné dans le livre. Néanmoins, je n'ai pas assez insisté sur le fait que l'immigration n'était que l'une des dimensions d'un problème beaucoup plus vaste, concernant les rapports entre le monde ouvrier et l'État-nation. C'est sans doute sur ce point que nos connaissances ont le plus progressé depuis les années 1980. L'histoire sociale, d'inspiration labroussienne ou thompsonienne, considérait l'État comme une « superstructure », une entité extérieure au monde social lui-même. Ce présupposé interdisait de mettre en relief le rôle essentiel qu'ont joué les pratiques juridico-administratives depuis la Révolution française dans la reconstruction des identités individuelles et collectives. En prenant appui sur la sociologie, j'ai abordé cette socio-histoire de l'État au cours des années 1990. Je ne m'y attarde pas ici. Je voudrais néanmoins insister sur le fait que la construction de l'identité collective ouvrière à partir du XIXe siècle est indissociable du processus d'étatisation de la société française qui se développe à la même époque. Le passage du pluriel (à la fin du Second Empire, Frédéric Le Play parle encore « *des* classes ouvrières ») au singulier est en grande partie le résultat du processus d'homogénéisation des représentations sociales impulsées par le pouvoir d'État. L'ouvrage de Robert Castel sur les *Métamorphoses de la question sociale* est à cet égard extrêmement instructif. Il souligne le rôle essentiel de la IIIe République dans l'intégration des classes populaires au sein de l'État-nation français. La participation à la vie politique parlementaire permet aux ouvriers d'élire des représentants qui élaborent les premières lois sociales dignes de ce nom. Les travailleurs deviennent ainsi des catégories d'« ayant droit » strictement définies par l'administration. Depuis un siècle, la pénétration de l'État dans l'univers ouvrier a fortement contribué à le remodeler dans deux directions contradictoires. D'un côté, l'État-nation, surtout dans le cas français, dispose d'un pouvoir de centralisation et de « totalisation » qui a accéléré l'unification et l'homogénéisation des classes sociales. L'ayant droit est membre d'un collectif abstrait composé d'individus dispersés sur l'ensemble du territoire national, mais rassemblés au niveau de l'État central sous une même étiquette (« ouvriers », « employés », « cadres », etc.). Mais en délimitant strictement les frontières des diverses catégories concernées par ces lois, le droit sépare des milieux sociaux auparavant étroitement mêlés dans la vie quotidienne. La législation sociale a contribué ainsi de façon décisive à construire des barrières entre le monde des ouvriers et le monde de la boutique, largement confondus jusqu'à la Commune. D'un autre côté, pour éviter les « passe-droit » et l'arbitraire, l'administration doit identifier avec précision ceux qui peuvent bénéficier des avantages sociaux. Ce processus a renforcé l'individualisation des ouvriers, brisant souvent des formes ancestrales de solidarité locale et confortant leur dépendance à l'égard de l'État-providence. On est ainsi passé progressivement d'une société de « classes », où les ouvriers disposaient d'une autonomie reflétée dans leurs organisations syndicales, à une société de « salariés », terme qui a été synonyme d'« ouvriers » jusqu'à la Seconde Guerre mondiale. Conçu pour combler le déficit d'intégration, le dispositif républicain de protection sociale ne pouvait fonctionner que dans un contexte de croissance économique et dans un monde où les États nationaux des pays développés disposaient d'une importante marge de manœuvre. La centralité du travail, la dépendance de toute l'économie à l'égard de l'industrie lourde, ses capacités de mobilisation collective pour faire pression sur le pouvoir central, permettaient à la classe ouvrière de tirer son épingle du jeu au sein du système salarial. Mais le retournement de conjoncture a empêché l'État-providence de jouer pleinement son rôle. Avec le développement du chômage, la proportion des actifs dans la population totale a diminué fortement. La solidarité à l'égard de tous et la protection des salariés par les assurances sont devenues des impératifs contradictoires. Les solutions mises en œuvre pour résoudre ces problèmes (surtout celles qui ont aggravé la discontinuité dans les formes d'emploi et la précarisation du travail) ont provoqué une « désaffiliation » des classes populaires, renforçant leur vulnérabilité sociale. Cette réflexion en longue durée sur les rapports entre les travailleurs et l'État-nation confirme l'analyse faite dans ce livre sur le processus d'émiettement et d'atomisation de la classe ouvrière à partir des années 1970.

Au cours de ces dernières années, la tendance ne s'est pas inversée, bien au contraire. Sur le plan statistique, l'amenuisement du groupe ouvrier s'est poursuivi. En 1999, il rassemblait 25,6 % de la population active totale (5,9 millions d'individus), contre 47,5 % en 1975. Cet affaiblissement étant particulièrement prononcé dans les branches industrielles et les postes de manœuvres ou d'OS (la proportion d'ouvriers qualifiés est restée à peu près stable).

Recensement de 1999

Hommes	**100 % (total = 14,3 millions)**
Agriculteurs exploitants	3
Artisans, commerçants, chefs d'entreprise	8
Cadres et professions intellectuelles supérieures	14
Professions intermédiaires	21
Employés *dont*	13
Personnels des services directs aux particuliers	2
Ouvriers *dont*	39
Ouvriers qualifiés	*26*
Ouvriers non qualifiés	*13*
Chômeurs n'ayant jamais travaillé	2

Femmes	**100 %(total = 12,2 millions)**
Agriculteurs exploitants	2
Artisans, commerçants, chefs d'entreprise	4
Cadres et professions intellectuelles supérieures	9
Professions intermédiaires	23
Employés *dont*	49
Personnels des services directs aux particuliers	12
Ouvriers *dont*	12
Ouvriers qualifiés	4
Ouvriers non qualifiés	*8*
Chômeurs n'ayant jamais travaillé	2

Ces chiffres rappellent néanmoins que les ouvriers constituent aujourd'hui encore la principale catégorie socioprofessionnelle du pays. Les enquêtes de l'INSEE, les études sociologiques montrent qu'il s'agit toujours du groupe le plus dominé dans la société française. Les ouvriers restent aujourd'hui les derniers dans la distribution des revenus, ceux qui partent le plus rarement en vacances (moins qu'il y a dix ans) et les plus mal lotis en termes de capital culturel (19 % de leurs enfants sont bacheliers contre 72 % des enfants de cadres). Malgré ces réalités sociologiques, leur sort intéresse de moins en moins ceux qui parlent au nom de l'opinion publique. Le fait majeur des deux dernières décennies, c'est la forte marginalisation du monde ouvrier dans les représentations collectives et dans la vie politique. Ce phénomène, déjà perceptible au début des années 1980, explique l'écho rencontré par les discours sur la « fin de la classe ouvrière ». En fait, si les ouvriers ne font plus parler d'eux, ce n'est pas parce qu'ils seraient devenus une quantité négligeable sur le plan statistique, mais parce que, depuis quinze ans, leur capacité de résistance collective a été pratiquement anéantie. Les travailleurs du secteur privé ont été les grands absents des mouvements sociaux qu'a connus la France au cours des années 1990. Les mutations sociologiques du groupe ouvrier au cours des dernières décennies auraient pourtant pu conforter son identité collective, à l'instar de ce qui s'est produit entre les années 1930 et les années 1950. On constate par exemple que l'hérédité professionnelle a eu tendance à se renforcer depuis les années 1980. En 1993, 56 % des ouvriers de sexe masculin de 40 à 59 ans étaient fils d'ouvriers. Aujourd'hui, les travailleurs se recrutent de plus en plus en milieu fermé. C'est un milieu social de moins en moins métissé, à la différence des cadres ou des employés. Comme dans les années 1930, la crise a également renforcé la masculinité et la francisation du prolétariat. En mars 1995, la proportion des ouvrières était de 19,5 % contre 22,5 % en 1962. 11 % des ouvriers étaient étrangers, contre 13 % en 1968. Mais ces éléments d'homogénéisation ne pèsent plus lourd désormais face aux facteurs de division et d'atomisation du groupe. En quinze ans, l'émiettement du monde ouvrier s'est considérablement aggravé. Les nouvelles formes de segmentation du marché du travail, évoquées dans le dernier chapitre de ce livre, se sont étendues. La poursuite de la désindustrialisation a accentué la marginalisation des grandes usines. Celles qui n'ont pas fermé leurs portes ont réduit de façon drastique le nombre de leurs ouvriers. A Sochaux-Montbéliard, la plus grande usine de France (Peugeot-Citroën) regroupe 20 000 salariés contre 42 000 en 1979. La réduction des effectifs s'explique en partie par le transfert massif des activités de production vers la multitude de PME qui gravitent dans l'orbite des grandes entreprises. Une nouvelle division du travail tend à s'imposer dans l'industrie. D'un côté, les grandes usines sont les nouveaux lieux de regroupement du travail de conception, où se concentre la matière grise. D'un autre côté, de petites unités de production fabriquent les composants en employant de jeunes travailleurs sous-payés. Cet éclatement des sites de production rend de plus en plus difficile le rassemblement du collectif ouvrier. Il s'ajoute aux autres techniques de segmentation du monde salarié – illustrées notamment par un développement considérable du travail temporaire (stages, CDI, emplois jeunes…) – pour interdire pratiquement toute mobilisation collective durable. Ceci d'autant plus que les impératifs de qualité accentuent les contraintes et les rythmes de travail. La logique des « flux tendus » crée une tension perpétuelle et soumet de façon de plus en plus forte les ouvriers aux contraintes du marché. A ces nouvelles formes de domination patronale s'ajoutent les politiques sociales concoctées sous les lambris des cabinets ministériels. Les quinze dernières années ont été marquées par l'accentuation de l'étatisation des rapports sociaux. Les politiques d'assistanat, mises en œuvre en faveur des « démunis », ont fait voler en éclats les dernières parcelles d'autonomie dont disposaient les fractions les plus exploitées du prolétariat. Les recherches de Stéphane Beaud et Michel Pialoux à Sochaux-Montbéliard montrent que même dans ce vieux bastion de l'identité collective ouvrière qu'a été l'industrie automobile, la démobilisation est aujourd'hui patente. Les formes antérieures de militantisme centrées sur les OP ont quasiment disparu. Le vieillissement du groupe, la crainte du chômage ou du déclassement, l'absence de perspective politique après l'écroulement du rêve communiste définitivement enterré avec la chute du mur de Berlin ont poussé jusqu'à son terme le processus de démoralisation et de repli sur la sphère individuelle.

L'accélération brutale de la mondialisation du capitalisme constitue, à l'évidence, un facteur important de cette dégradation du sort des ouvriers. Néanmoins, et cela confirme le bien-fondé de la problématique adoptée dans ce livre, le phénomène reste plus marqué en France qu'ailleurs. En dépit des discours sur la fin du modèle rhénan, l'industrie allemande s'appuie toujours aujourd'hui sur une grande professionnalisation des travailleurs et une forte reconnaissance sociale du statut d'ouvrier dans la société. Le mouvement ouvrier n'étant plus en mesure de rappeler ces vérités aux élites, on comprend pourquoi le débat public a délaissé la « question sociale » pour se focaliser sur des « problèmes » qui reflètent surtout les préoccupations des gouvernants et des experts. Lorsqu'on examine les thèmes qui ont fait la une de l'actualité depuis le milieu des années 1980 – l'« immigration », les « exclus », les « clandestins », etc. –, on constate qu'ils sont tous en rapport étroit avec les obsessions de la bureaucratie. Désormais, dans le débat public, le monde ouvrier est nommé uniquement en puisant dans le vocabulaire et les catégories de pensée propres à l'administration et aux gouvernants. Dans cette perspective, il ne s'agit pas vraiment de comprendre les souffrances et les difficultés d'existence réelles des « classes laborieuses », mais de trouver des recettes pour qu'elles ne se transforment pas en « classes dangereuses », pour qu'elles ne fassent plus de vagues et se résignent au sort qui est le leur. La bureaucratisation des élites et du monde social est devenue telle aujourd'hui que même les groupes dominés sont dans l'obligation de nommer leur propre malheur en recourant au lexique fabriqué par le pouvoir d'État.

Le fait que le principal mouvement social des années 1990 ait été celui des « sans-papiers » me paraît à cet égard extrêmement significatif.

Pour les historiens du futur qui se pencheront sur la généalogie des relations de pouvoir dans la France contemporaine, la fin du XXe siècle apparaîtra certainement comme une période cruciale, le moment où les dominants sont enfin parvenus à élaborer des technologies suffisamment sophistiquées pour empêcher toute forme d'opposition collective aux injustices et aux souffrances qui touchent les classes populaires. Mais les élections présidentielles d'avril 2002 ont montré vers où pouvaient conduire des « victoires » de ce genre. Quand les dominés ne disposent même plus de la parcelle d'autonomie leur permettant de manifester collectivement leur refus du monde qu'on leur propose, ils en sont réduits à l'exprimer individuellement, dans le secret de l'isoloir, en s'abandonnant au vote « protestataire », façon dérisoire d'affirmer publiquement qu'ils refusent une démocratie dans laquelle ils n'ont pas leur place. La violence terroriste s'inscrit dans le droit-fil de cette logique.

Introduction

En plagiant quelque peu Roland Barthes qui estimait que « la bourgeoisie se définit comme la classe qui ne veut pas être nommée [1]* », on pourrait dire qu'à l'inverse les ouvriers se définissent comme le groupe social auquel on a toujours donné un nom. Dès la monarchie de Juillet, la question du « prolétariat » est au centre de la vie politique. Elle le restera tout au long de l'époque contemporaine, jusqu'aujourd'hui. A tel point que tout semble avoir été dit sur la classe ouvrière **, sur ses « traditions de lutte », sur ses « héros » depuis les canuts lyonnais jusqu'aux OS de Mai 1968, en passant par les métallos du Front populaire ou les « gueules noires » de la fin du XIXe siècle.

Pourtant, en examinant les choses d'un peu plus près, on se rend compte d'une confusion entre deux types de réalité. Si l'histoire du *mouvement* ouvrier, c'est-à-dire l'univers des luttes syndicales et politiques, a polarisé les regards, au contraire ce qui relève de l'*histoire sociale* de la classe ouvrière a été longtemps négligé.

Nous avons ainsi de nombreux livres d'histoire politique consacrés à la gauche, mais le dernier ouvrage historique d'ensemble sur le monde ouvrier date de... 1927 [2] !

On peut voir dans cette carence une illustration du constat fait par François Furet et Mona Ozouf : « Les sociétés qui se réclament d'une 'fondation' révolutionnaire, surtout si celle-ci est relativement récente, ont une difficulté particulière à écrire leur histoire contemporaine [3]. » Marx n'affirmait-il

* Pour les notes, voir pages 269-286.

** Cette expression étant entrée depuis longtemps dans le vocabulaire courant, nous l'avons employée dans tout l'ouvrage comme un synonyme d' « ouvrier » ou de « travailleur », sans connotation particulière.

pas, il y a un siècle déjà, que « le drame des ouvriers français, ce sont les grands souvenirs » ?

Pour cet ouvrage, nous avons d'abord cherché à mettre en valeur ce qui constituait l'originalité du processus de formation et de transformation de la classe ouvrière en France par rapport à d'autres pays industrialisés. Mais, très vite, il nous est apparu qu'il était impossible d'isoler complètement l'étude du monde ouvrier de celle des autres catégories sociales. Tout d'abord parce que, au niveau économique, la classe ouvrière est en bonne partie constituée par la division du travail, dont elle ne maîtrise pas les évolutions ; mais aussi et surtout parce que toute étude portant sur un groupe social doit intégrer les représentations collectives qui sont données de lui. Comme l'a montré Georges Duby à propos de la société féodale, mais cela vaut pour le monde contemporain, « pour se situer eux-mêmes et pour situer les autres dans la complexité des relations sociales, les hommes se réfèrent à des schémas classificatoires simples qui constituent l'armature maîtresse d'une formation idéologique [4] ».

Dans ces conditions, au lieu de partir d'une définition *a priori* de la « classe ouvrière », comme on l'a souvent fait, nous avons préféré donner un aperçu des procédures de construction des catégories sociales élaborées, le plus souvent en dehors du monde ouvrier lui-même, aux différentes époques, en montrant aussi que cette logique était à l'œuvre dans le travail de l'historien.

Une étude portant sur un sujet aussi vaste devait se résoudre à faire des choix. C'est pourquoi nous avons réduit les notes au strict nécessaire, renvoyant à une abondante bibliographie le lecteur désireux d'approfondir tel ou tel point [5].

1

A la recherche du prolétariat

La période qui s'étend de la Restauration jusqu'au début de la IIIe République est en apparence celle où notre connaissance sur le monde ouvrier est la plus solide. Pour ses sources, le chercheur n'a que l'embarras du choix. Dès les années 1830-1840, les données statistiques et les enquêtes se multiplient, fournissant une abondante littérature imprimée et une masse impressionnante d'archives. Le point de vue des ouvriers eux-mêmes nous est connu grâce à une littérature ouvrière qui n'aura plus d'équivalent par la suite. On comprend dès lors que cette période ait été très tôt un objet de prédilection pour les historiens. Pourtant, depuis une vingtaine d'années, la vision encore dominante aujourd'hui (il suffit de consulter les manuels d'histoire pour s'en convaincre) d'un « prolétariat souffrant », broyé par la Révolution industrielle, devenu l'esclave des gigantesques machines, vivant avec un salaire de misère dans les cloaques des grandes villes industrielles, telle que l'ont imposée les grandes enquêtes de la monarchie de Juillet, cette vision a été sérieusement remise en cause. A la suite de François Simiand, Georges Lefèbvre et Ernest Labrousse ont impulsé toute une série de recherches fondées sur l'analyse quantitative des phénomènes sociaux. Partant d'une définition strictement économique des classes sociales, ces études ont privilégié une approche du monde ouvrier s'appuyant avant tout sur les dénombrements et les recensements du XIXe siècle, complétés par la documentation concernant les salaires, les niveaux de fortune, etc., les classifications socioprofessionnelles de l'INSEE servant de référence pour le codage des informations et leur traitement informatique. En partant du principe que, « scientifiquement parlant, il n'est d'histoire sociale que quantitative [1] », ce type de travaux rejetait comme non scientifiques toutes les sources de type « littéraire », considérées comme trop subjectives. Par son effort pour se dégager du particularisme et de l'anecdotique, « l'école française » quantitativiste a permis d'aborder l'étude de la classe ouvrière avec des outils beaucoup plus fiables qu'auparavant. C'est pourquoi nous nous appuierons principalement sur ces travaux dans ce premier chapitre afin de donner un aperçu des contours de ce groupe social au XIXe siècle, tout en soulignant les limites d'une approche trop exclusivement économique.

1. Les ouvriers en chiffres

Une relative stagnation.

L'étude de Jean-Claude Toutain sur l'évolution de la population française depuis la Révolution est encore aujourd'hui le meilleur point de départ à toute recherche d'ensemble sur les classes populaires [2]. Malgré l'augmentation de la population active entre 1789 et 1880, qui passe de 10 à 16,5 millions (pour une population totale progressant de 28 à 38 millions environ), l'aspect le plus frappant de ces données numériques tient dans la conservation de l'équilibre d'Ancien Régime entre les principaux secteurs d'activité. Le tableau ci-contre montre certes une diminution de la main-d'œuvre agricole au profit de l'industrie, mais ce transfert reste très limité et, surtout, il semble s'interrompre au milieu du XIXe siècle. Entre 1856 et 1881, alors même que l'industrie connaît un vigoureux essor depuis le Second Empire, la population industrielle demeure quasi immobile. Fait majeur de l'histoire sociale française contemporaine, vers 1880, près d'un actif sur deux travaille encore dans l'agriculture, alors que dès 1840 ils ne sont plus que 25 % dans ce cas en Grande-Bretagne ; chiffre que la France atteindra dans les années ...1950.

L'examen des chiffres concernant la proportion des ouvriers au sein de la population active confirme cette impression de

« prolétarisation inachevée ». En 1789, selon Pierre Léon, les ouvriers « au sens étroit », c'est-à-dire ceux qui travaillent dans la « grande industrie », ne sont pas plus de 400 000 [3]. A la fin de la monarchie de Juillet, la première enquête statistique d'ensemble estime qu'il y a 1,2 million d'ouvriers travaillant dans les manufactures, sur un total de 4,4 millions. Les ouvriers de l'artisanat que l'on appelle alors les « Arts et Métiers » sont toujours de loin les plus nombreux.

ÉVOLUTION DE LA POPULATION ACTIVE
en pourcentage

	AGRICULTURE	INDUSTRIE	SERVICES
1781-1790	55	15	30
1856	51,7	26,8	21,8
1881	47,5	26,7	24,9

Source : établi d'après les chiffres de J.-C. Toutain, « La population de la France de 1840 à 1959 », *Cahier de l'Institut de science économique appliquée,* n° 3, 1963, tableau 60.

Même au début de la IIIe République, la faiblesse du prolétariat d'usine reste frappante. En 1881, les ouvriers constituent 41,3 % de la population active, contre 40,8 % pour les « patrons » et 14,4 % pour les « employés » (au sens large du terme). Mais, à cette date, les ouvriers agricoles sont encore les plus nombreux (3,4 millions pour 3 millions de travailleurs industriels). Encore faut-il préciser que la plupart d'entre eux sont employés dans de très petites entreprises. Au recensement de 1866 (considéré comme le meilleur du XIXe siècle), il y a dans l'industrie 2,8 millions d'ouvriers (en chiffres arrondis) pour 1,3 million de patrons ; soit un patron pour un peu plus de deux ouvriers !

La répartition de la main-d'œuvre industrielle par grands secteurs d'activité fournit d'autres informations intéressantes sur les caractéristiques de la classe ouvrière de la France du XIXe siècle. Yvonne Crebouw estime que 60 % des ouvriers d'industrie travaillent dans le textile sous le Ier Empire et 15 à 20 % dans les mines et la métallurgie. Une trentaine d'années plus tard, l'enquête industrielle de 1840-1845 indique que, sur

1,2 million d'ouvriers embauchés par des établissements de plus de 10 salariés, 700 000 appartiennent au secteur textile, soit 58 % de l'ensemble, et 120 000 à la métallurgie, soit 10 % ; à peine 2 % des ouvriers de la grande industrie travaillent dans les houillères. Au sein même du secteur textile, le tableau ci-contre montre la domination de trois ensembles : le coton (245 000 personnes), la laine (144 000) et la soie (165 000). Au milieu du siècle, les ouvriers employés dans les seules manufactures de coton sont donc deux fois plus nombreux que tous ceux de la grande métallurgie réunis [4].

En 1866, le secteur textile exerce toujours une domination écrasante, avec plus de 50 % des effectifs ; le bâtiment et la métallurgie arrivant loin derrière avec chacun entre 13 et 14 % des ouvriers d'industrie, les autres branches se répartissant le quart restant.

Outre la stagnation numérique du prolétariat industriel, il faut donc noter que celui-ci appartient essentiellement au secteur textile, domaine de prédilection de la grande entreprise puisque, des 9 branches d'activités industrielles mentionnées dans le tableau ci-après, c'est le textile qui présente le plus fort taux d'ouvriers par rapport à l'ensemble de la main-d'œuvre du secteur concerné (93,7 % en 1866, et 6,3 % de patrons ; alors que le bâtiment par exemple compte 62,7 % d'ouvriers pour 35,8 % de patrons et que, dans l'alimentation, il y a plus de patrons que d'ouvriers proportionnellement : 55 % pour 41 %).

Soulignons, pour finir, une troisième caractéristique de la classe ouvrière du siècle dernier : la place importante qu'y tiennent les femmes, les enfants et les étrangers.

En 1856, sur une population active totale d'un peu plus de 14 millions de personnes, les femmes en représentent près du tiers, proportion qui reste stable dans les décennies suivantes. Si elles sont particulièrement nombreuses dans les « services » (35,5 %), du fait que beaucoup sont employées comme domestiques, leur place est très importante également dans le secteur industriel (près de 30 %, soit 1,2 million de personnes en 1866). De plus, l'on constate que, de 1850 à 1880, la population industrielle féminine augmente en chiffres absolus autant que la population industrielle masculine. Les femmes sont particulièrement recherchées dans l'habillement (plus des

LES OUVRIERS DANS LA GRANDE INDUSTRIE TEXTILE A LA FIN DE LA MONARCHIE DE JUILLET
établissements de plus de 10 personnes

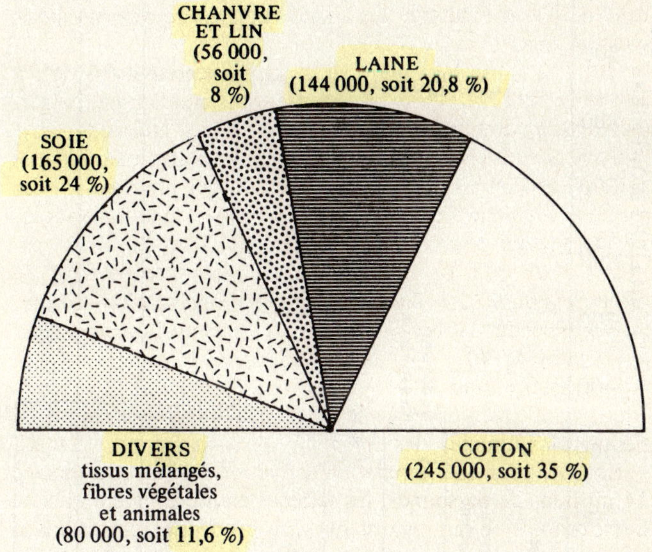

Source : graphique établi d'après les chiffres d'Y. Crebouw, *Recherches sur l'évolution numérique de la main-d'œuvre ouvrière depuis un siècle,* Paris-Sorbonne, 1967, p. 57 (thèse).

LA RÉPARTITION DES OUVRIERS SELON LES SECTEURS INDUSTRIELS EN 1866

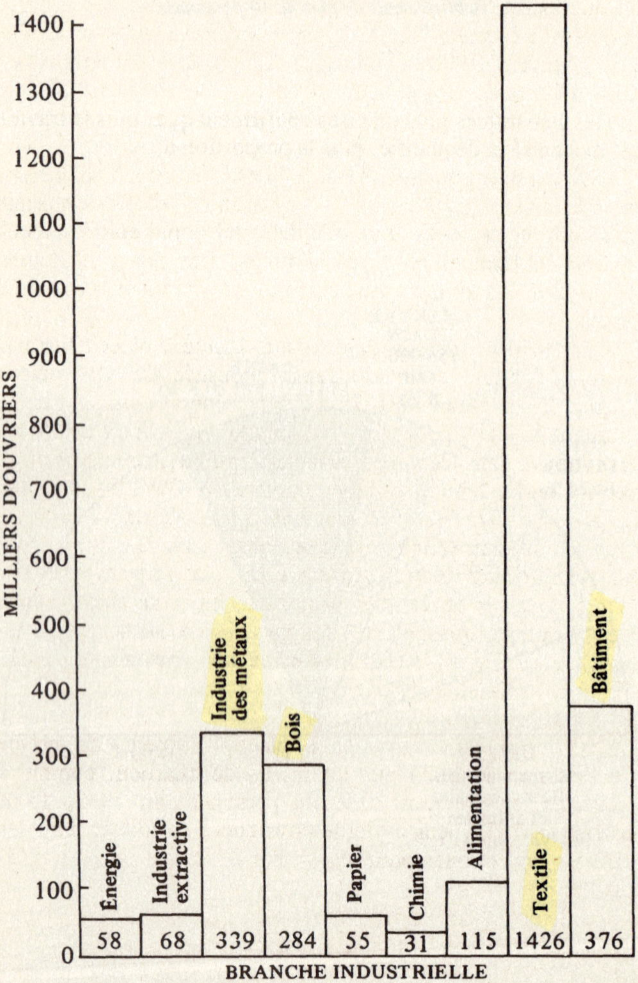

Source : graphique établi d'après les chiffres de J.-C. Toutain, « La population de la France de 1840 à 1959 », *Cahier de l'Institut de science économique appliquée*, nº 3, 1963, tableau 77.

trois quarts des actifs en 1866), la fabrication textile (45,7 %), l'industrie chimique (plus de 40 %). L'enquête de 1847 montre que même dans les grands établissements leur présence est encouragée, puisque dans les établissements de plus de 10 ouvriers, pour 670 000 hommes, on compte 254 000 femmes et 130 000 enfants de moins de 14 ans.

Des statistiques plus précises confirment que, plus le travail est mécanisé et déqualifié, plus la proportion de main-d'œuvre féminine est importante. Ainsi à Mulhouse, selon Villermé, dans le secteur « noble » de l'impression des étoffes exigeant beaucoup de main-d'œuvre qualifiée, tel grand établissement compte 99 femmes pour 564 hommes ; alors qu'à la filature on trouve des proportions inverses (93 hommes pour 327 femmes).

Les chiffres ci-dessus illustrent aussi toute la place tenue par la main-d'œuvre enfantine dans l'industrie du XIXe siècle. L'emploi des enfants est encore plus général dans la grande industrie que celui des femmes, puisque au-delà du textile on les retrouve dans les mines, la métallurgie, etc., secteurs où la main-d'œuvre féminine est peu nombreuse. Dans les filatures, les enfants sont appréciés pour leur agilité et leur souplesse. Qualités qui leur permettent de se glisser sous le métier, alors que celui-ci est toujours en marche, pour rattacher les fils brisés, nettoyer les bobines, ramasser les déchets de coton. Dans la plupart des filatures du pays, ils constituent ainsi un bon tiers de la main-d'œuvre affectée aux « mécaniques ». En général, ils commencent leur « vie active » dès l'âge de 8 ou 9 ans ; dès 5-6 ans même dans la fabrique de toiles imprimées d'Oberkampf, où ils occupent la place d'« arpète » au service de l'ouvrier adulte. Dans les mines de charbon, comme à Carmaux, ils forment 20 % du personnel en 1850 ; 15 % encore en 1879, leur aptitude physique à se glisser dans les galeries trop étroites pour les adultes étant fort prisée par les patrons [5].

La diversité du monde ouvrier du siècle dernier est encore accentuée par la présence de nombreux travailleurs étrangers. En 1851, où ils sont recensés pour la première fois, ils sont environ 380 000. Trente ans plus tard, on compte un million d'ouvriers immigrés dans le pays. La plupart sont des frontaliers, Belges dans le Nord ou Italiens dans le Sud-Est. Si une partie importante d'entre eux travaille dans les secteurs de l'artisanat (tailleurs, menuisiers, maçons), de plus en plus ce sont les grandes entreprises industrielles, manufactures textiles du Nord et de l'Est et compagnies minières, qui les emploient.

La recherche historique récente a mis en relief l'originalité du développement économique français au XIXe siècle par rapport à la Grande-Bretagne. L'absence de *take off*, c'est-à-dire d'un véritable décollage industriel de type britannique, explique que la classe ouvrière moderne soit restée marginale dans la société française jusqu'à la fin du XIXe siècle [6]. De même, l'exode rural, dont on fait souvent le symbole des transformations économiques au début du capitalisme, n'atteint jamais en France l'ampleur de ce que Marx décrit dans *le Capital* à propos de ces millions de « sans feu ni lieu », complètement démunis, qui s'entassent dans les immenses villes industrielles de l'Angleterre. En 1861, 11 % des Français, seulement, résident dans un département autre que celui où ils sont nés ; ils sont 15 % dans ce cas en 1881.

Un problème de nomenclature.

Ces quelques indications chiffrées sur le monde ouvrier du XIXe siècle ont simplement pour but de dessiner les contours de ce groupe social. Il faut insister en effet sur le fait que les statistiques du XIXe siècle sont dans l'ensemble peu fiables. En présentant l'étude de Jean-Claude Toutain, Jean Marczewski soulignait le côté aléatoire de toute tentative de recomposition de séries numériques portant sur la population active des siècles passés et considérait cette publication comme une pièce versée au débat. A force d'utiliser ces chiffres comme vérités premières pour des calculs économétriques, on a oublié ces scrupules. D'où l'importance de l'histoire sociale visant à mettre en valeur l'arbitraire, les contradictions, les enjeux que recouvrent les nomenclatures administratives du passé.

Il faut d'abord rappeler brièvement les imperfections « techniques » des procédures statistiques d'enregistrement du XIXe siècle.

En dépit de la loi du 22 juillet 1791 qui impose, lors des

recensements, la recherche de la profession, il faut attendre les années 1840 pour disposer du premier dénombrement industriel et professionnel digne de ce nom (grâce notamment à la création en 1833 de la Statistique générale de la France). Cependant, toutes les thèses d'histoire régionale portant sur cette époque ont souligné les imperfections que présente ce premier essai. L'enquête industrielle réalisée de 1839 à 1844, et publiée entre 1847 et 1852, n'envisage que les actifs et parmi eux uniquement les ouvriers travaillant en atelier, ignorant les travailleurs des « Arts et Métiers », pourtant majoritaires. En Bourgogne, Pierre Lévêque cite nombre d'établissements de type « industriel » (comme les petits chantiers de construction navale le long du canal du Centre) qui ont été oubliés [7]. Dans la région lyonnaise, pour certains maires chargés de collecter les données au niveau local, « l'impression » désigne l'imprimerie, pour d'autres, le travail des étoffes [8] ! Quel sens dans ces conditions peuvent avoir les récapitulations nationales ? D'autant plus que, d'une enquête à l'autre, la manière d'appréhender la réalité sociale varie. La recherche des professions lors de l'enquête industrielle de 1840 ayant illustré toutes les difficultés d'une telle approche dans la France du temps, les recensements suivants comptabilisent le nombre de personnes que *fait vivre* chaque activité professionnelle ; le concept de « population active » défini lors du recensement de 1851 est ainsi partiellement abandonné jusqu'en 1866 où la séparation « actifs/inactifs » est enfin clairement précisée. A cela s'ajoutent tous les problèmes de classement interne. Le meilleur exemple est sans doute la pêche, classée soit dans les industries alimentaires (en 1861 et 1866), dans les transports (1876 et 1891), parfois avec l'agriculture ou isolée des autres secteurs. Même si les chiffres des actifs de cette branche ne sont pas considérables, on voit les fluctuations que cela peut entraîner pour calculer les effectifs de la classe ouvrière selon que l'on fait tel ou tel choix. Bien d'autres exemples pourraient être donnés. A Lille, Pierre Pierrard constate que sous le Second Empire les vanniers, les coiffeurs, les employés de théâtre, les agents des chemins de fer, sont tous classés dans le secteur « industriel » [9]. Sans parler des catégories « limites » comme par exemple les « façonniers » de la petite industrie parisienne, « juridiquement des ouvriers assujettis au livret mais en fait des patrons», estime Jeanne Gaillard [10], comptabilisés selon les enquêtes dans l'une ou l'autre catégorie. Sans parler des chômeurs dont on ignore jusqu'en 1896 s'ils sont comptés ou exclus des recensements, ou des «femmes d'agriculteurs» parfois considérées comme «actives», parfois comme «inactives».

Cela explique en partie les distorsions parfois considérables que présentent les données chiffrées sur le monde ouvrier de cette époque. Philippe Vigier remarque ainsi qu'à la fin de la monarchie de Juillet, selon les sources, le nombre des ouvrières en soie varie, dans les Hautes-Alpes, de 3 000 à 8 000 [11]. Une vingtaine d'années plus tard, la précision des chiffres à propos des ouvriers travaillant dans l'industrie textile ne s'est guère améliorée si l'on en croit Claude Fohlen. La main-d'œuvre employée dans la broderie, en Beaujolais, serait de 20 000 personnes selon les uns, mais de 100 000 selon les autres ! Mêmes incertitudes quant aux effectifs employés par la «Fabrique» de Cholet, par celle d'Amiens, etc. [12].

Dans ces conditions, on comprend les difficultés que l'historien rencontre lorsqu'il veut apprécier sur une période donnée l'évolution des effectifs ouvriers. A quelques années d'intervalle, des distorsions considérables sont constatées, qui rendent impossibles les comparaisons et qui ouvrent la voie aux interprétations les plus contradictoires. Georges Duveau estime ainsi que le nombre des travailleurs de l'artisanat parisien a diminué au cours du Second Empire ; ce que conteste vigoureusement Jeanne Gaillard, en montrant que la variation statistique n'enregistre aucune mutation sociologique importante, mais qu'elle illustre simplement un changement dans les normes de classification retenues (les façonniers ne sont plus comptabilisés avec les «chefs d'établissements») [13]. De même, la question reste ouverte aujourd'hui de savoir si la population industrielle a progressé en France sous le Second Empire, comme on pourrait le penser, du fait du dynamisme économique manifesté pendant cette période, ou si, au contraire, elle a régressé, comme l'écrit Georges Duveau, reprenant à son compte les calculs très minutieux effectués par François Simiand [14].

Le lecteur doit donc savoir, lorsqu'il consulte les tableaux rassurants des belles séries chiffrées, que celles-ci masquent les efforts, souvent ingrats et fastidieux, faits pour *homogénéiser* des données très disparates. Jean-Claude Toutain par exemple s'est livré à tout un travail pour donner un contenu plus « logique » aux classifications professionnelles des recensements du XIXe siècle. Les concierges, qui figuraient dans la rubrique « banques », sont transférés dans la catégorie « domestiques ». Les travailleurs de la charcuterie et des abattoirs passent de l'industrie alimentaire au commerce. Les personnes employées dans la fabrication de l'amidon, de la fécule, des huiles végétales, glissent de l'industrie chimique à l'industrie alimentaire. Comme dans d'autres travaux du même genre, les critères retenus pour opérer ces reclassements sont ceux élaborés par l'INSEE au lendemain de la Seconde Guerre mondiale.

La question qui est maintenant posée est de savoir s'il est légitime, d'un point de vue scientifique, de reprendre à son compte les normes administratives d'aujourd'hui pour interpréter les structures sociales d'hier. En effet, comme le montrent de récents travaux effectués par des chercheurs de l'INSEE, on ne peut opposer la « scientificité » des nomenclatures actuelles à « l'irrationalité » de celles du XIXe siècle. En cherchant des OS et des cadres dans l'espace social du siècle précédent, l'historien risque fort de sombrer dans l'anachronisme.

Nous touchons là un problème illustrant la nécessité de l'approche pluridisciplinaire en histoire. Au lieu de vouloir à tout prix lire les catégories de classement antérieures avec nos normes actuelles, il faut s'inspirer de la démarche des anthropologues et tenter de restituer la logique propre aux modes de pensée qui ont conduit à l'élaboration des nomenclatures du XIXe siècle. Il faudrait comprendre pourquoi les questions : « que fabrique-t-on ? » et « comment fabrique-t-on ? » sont confondues dans les enquêtes industrielles et approfondir l'étude des critères utilisés pour classer les activités de production, critères fondés sur une distinction naturaliste — encore proche de la « pensée sauvage » — entre les « minéraux », les « animaux » et les « végétaux » [15].

Sans entrer ici dans des démonstrations qui restent à faire, on peut souligner que l'une des raisons essentielles des différences présentées par les recensements du XIXe siècle par rapport à ceux d'aujourd'hui tient au fait que les réalités sociales à classer sont parfois fort éloignées des nôtres. Par exemple, si la notion de « population active » demeure longtemps incertaine, c'est aussi parce que dans les classes populaires, comme nous le verrons dans le prochain chapitre, les individus sont souvent beaucoup moins figés qu'aujourd'hui dans une seule activité professionnelle. En 1813 par exemple, Oberkampf, patron de la plus grande manufacture de toile imprimée d'Europe, écrit : « Je porte le nombre de personnes que j'occupe sans désignation de leur emploi, à cause de la trop grande diversité et des fréquents changements d'un emploi à un autre. » Une trentaine d'années plus tard, un rapport de police mentionne le même phénomène à propos d'un plâtrier de Marseille : « Il travaille à son compte aussi longtemps qu'il a du travail et il entre dans d'autres ateliers comme simple ouvrier quand sa clientèle privée est insuffisante. » William Sewell, qui cite ce document, précise que les actes de mariage et les recensements de l'époque indiquent rarement à côté du métier exercé si la personne le fait en tant que « patron » ou en tant qu'« ouvrier » et l'auteur d'ajouter : « Peut-être ne devrions-nous pas nous soucier d'une distinction qui apparemment n'était pas très importante aux yeux des contemporains. » Vingt ans plus tard, à Paris, c'est encore la même réalité sociale qui domine. « Où finit, où commence le patronat, les contemporains du Second Empire n'en avaient pas une notion très claire », souligne Jeanne Gaillard[16]. On voit par ces exemples combien sont inadaptées les catégories du marxisme sommaire, tout au moins pour la France du siècle dernier.

2. Un monde ouvrier aux multiples visages

Les difficultés rencontrées pour cerner statistiquement la classe ouvrière au XIXᵉ siècle se retrouvent lorsqu'on tente de construire l'unité de ce groupe social à partir de sa situation économique et de son insertion dans le monde du travail.

Les prolétaires.

Ce sont les historiens marxistes qui ont le plus insisté sur la place tenue par le prolétariat au sein de la classe ouvrière du XIXe siècle. Pour Jürgen Kuczynski, auquel nous devons une monumentale étude sur la formation de la classe ouvrière dans les pays occidentaux, c'est la machine qui définit le prolétariat. Étant donné la faiblesse de son salaire, le travailleur est dans l'incapacité d'acquérir des moyens de production que le développement des sciences et des techniques rend toujours plus onéreux, nécessitant la concentration de capitaux énormes. D'où une rupture essentielle avec l'Ancien Régime où l'ouvrier était en général propriétaire de ses outils. « Sans disposer de rien d'autre que de sa capacité de travail, pour une production où sa propriété personnelle ne joue aucun rôle, l'ouvrier vit dans la dépendance du fonctionnement de la machine, lequel est détenu non par lui, mais par le propriétaire de celle-ci [17]. »

Les statistiques citées dans les pages précédentes nous ont déjà permis de montrer qu'en France, jusqu'à la fin du XIXe siècle, le véritable « prolétariat » est numériquement peu important. L'étude approfondie des grandes enquêtes, effectuées pendant la monarchie de Juillet principalement, prouve aussi que, s'il s'agit là d'une réalité qu'il serait vain de nier, celle-ci est plus contradictoire qu'il n'y paraît à première vue.

On peut regrouper tous les griefs que les observateurs du temps adressent à la Révolution industrielle autour de deux grands thèmes : les méfaits de la mécanisation sur le travail des ouvriers et la misère consécutive au déracinement dans les grandes villes d'une masse d'individus déshérités.

L'irruption de la machine dans le travail du textile a beaucoup frappé les contemporains. Pourtant en France, jusqu'au milieu du XIXe siècle, la mécanisation ne touche en fait massivement qu'une seule opération : la filature. Inventées au XVIIIe siècle et perfectionnées sans cesse ensuite, les machines à filer marquent la ruine des fileuses de campagne caractéristiques de l'Ancien Régime et entraînent la mise en place de grands établissements, utilisant la force motrice de l'eau puis de la vapeur, où sont concentrés les métiers mécaniques. Le premier reproche adressé à ces inventions nouvelles, c'est qu'elles font perdre tout intérêt à l'activité ouvrière. Pour le Dr Villermé, auteur de l'enquête certainement la moins partisane et la plus approfondie, « avec le métier mécanique, c'est la machine qui crée et la mécanique qui impose le rythme. Le métier n'est pas l'outil de l'ouvrier, mais la machine du patron dont il faut suivre le rythme. On doit *surveiller* le métier : un métier, puis deux, puis plusieurs ». Nul mieux que Michelet n'a décrit l'enchaînement au travail que doivent subir les ouvriers affectés aux métiers mécaniques. Dans les grands ateliers de filage et de tissage, « *toujours, toujours, toujours*, c'est le mot invariable qui tonne à votre oreille, le roulement automatique dont tremblent les planchers ». Et, plus loin, il ajoute : « Le travail solitaire du tisserand était bien moins pénible. Pourquoi ? c'est qu'il pouvait rêver. La machine ne comporte aucune rêverie, nulle distraction. Vous voudriez un moment ralentir le mouvement, sauf à le presser plus tard, vous ne le pourriez pas. L'infatigable chariot aux cent broches est à peine repoussé, qu'il revient à vous. Le tisserand à la main tisse vite ou lentement selon qu'il respire lentement ou vite ; il agit comme il vit ; le métier se conforme à l'homme. Là, au contraire, il faut bien que l'homme se conforme au métier, que l'être de sang et de chair, où la vie varie selon les heures, subisse l'invariabilité de cet être d'acier [18]. »

D'où ce sentiment très partagé jusqu'au milieu du XIXe siècle, exprimé par Étienne Buret : « L'industrie mécanique multiplie les ouvriers inhabiles ; ce sont les travailleurs inhabiles qu'elle recherche de préférence, dont elle encourage surtout la production [19]. » Le fait que l'utilisation des machines pousse les chefs d'entreprise à concentrer la main-d'œuvre dans de vastes établissements est à l'origine des nombreuses plaintes émises à propos de l'« enfermement » des ouvriers dans les manufactures. A leur sujet, Villermé note : « Ils me rappelaient les nombreux conscrits que j'avais vu succomber autrefois à la nostalgie loin des lieux où ils avaient été élevés. Évidemment, si l'horizon extrêmement resserré d'un atelier ne convient pas à tout le monde, il convient bien moins encore à ceux qui jusqu'à un certain âge ont toujours vécu au grand air, ayant devant eux, avec un espace immense, le spectacle sans cesse varié de la campagne [20]. »

Ceci apparaît d'autant plus choquant que, grâce à la simplification du travail que permettent les machines, on utilise surtout des femmes et des enfants dans ces ateliers mécanisés. Le témoignage autobiographique de Norbert Truquin, né en 1833 et employé dès l'âge de 7 ans dans une manufacture de laine à Amiens, est éloquent. Commencé à 6 heures, « le travail à la fabrique se terminait à 9 heures du soir, mais on ne sortait qu'un quart d'heure plus tard au son de la cloche [...]. Le moindre retard impliquait une amende, et à la troisième récidive on était congédié avec un mauvais certificat qui vous mettait dans l'impossibilité de trouver à se caser dans la contrée[21] ».

Si les philanthropes s'insurgent contre la longueur des journées de travail (qui atteint fréquemment 14 à 15 heures) imposées à ces enfants, l'enquête effectuée par Adolphe Blanqui auprès des travailleurs de l'industrie textile de Rouen montre que ceux-ci critiquent surtout l'instauration du « salaire aux pièces » qui semble avoir connu un fort développement sous la monarchie de Juillet, et qui est un élément supplémentaire d'aggravation des cadences puisque la rémunération ouvrière dépend dès lors de la rapidité d'exécution[22].

Cette enquête d'Adolphe Blanqui — qui offre l'avantage de nous présenter directement le point de vue ouvrier grâce aux fiches qu'ils ont remplies eux-mêmes et qui ont été conservées — évoque aussi la pénibilité physique du travail dans les manufactures. Les ouvriers se plaignent de « courbatures », de « l'énervement provenant de la fatigue du travail », considérée comme une « véritable maladie permanente ». Les maladies graves sont pour les trois quarts, à Rouen, des affections pulmonaires liées à l'insalubrité des ateliers. Pour Villermé, c'est surtout dans les endroits où l'on bat le coton brut que celle-ci est importante. « Là, les poussières se déposent sur les ouvriers, les salissent, s'attachent surtout à leurs vêtements de laine, à leurs cheveux, à leurs sourcils, à leurs paupières, à l'entrée du conduit de l'oreille, à l'ouverture des narines, à la barbe, partout où des poils peuvent les retenir, et leur donnent pendant le travail un aspect fort étrange. Il s'en introduit en outre dans le nez, la bouche, le gosier et à ce qu'il paraît jusque dans les voies profondes de la respiration[23]. » D'où les inflammations pulmonaires, les phtisies particulièrement nombreuses dans cette population. Maux aggravés par la température très élevée des ateliers (34 à 37 °C), exigée par les conditions techniques du filage à cette époque. Les autres secteurs de la grande industrie présentent des désagréments parfois encore plus graves. Ainsi, plus elles s'enfoncent dans la terre, plus les mines de charbon deviennent meurtrières. Dans le Nord, rien que pour l'opération de « dépilage » 15 morts sont officiellement recensés entre 1842 et 1858. En 1867, à Blanzy, une explosion fait 88 morts, et le pire est encore à venir... Les grands établissements métallurgiques sont aussi un lieu de prédilection pour les accidents du travail ; explosion de machines à vapeur, engrenages qui broient, charges suspendues qui écrasent, sans compter les maladies professionnelles liées à l'inhalation de vapeurs toxiques. A l'hôpital de Saint-Sauveur, quartier le plus populaire de Lille, tous les ans, c'est une centaine d'ouvriers qui sont admis pour « saturnisme » dans les années 1860 [24].

En dehors des conséquences néfastes de la concentration d'ouvriers à l'intérieur des fabriques, les observateurs du XIXe siècle mettent en cause les méfaits d'une urbanisation incontrôlée qu'entraîne le développement industriel. Même si le phénomène est sans commune mesure avec la Grande-Bretagne, on sait que plusieurs villes françaises connaissent alors une brutale expansion de leur population. Paris, par exemple, compte 500 000 personnes en 1800, un million en 1846, 2 millions en 1879 ; en trois quarts de siècle, la capitale quadruple ainsi le nombre de ses habitants. Mulhouse, de taille beaucoup plus modeste, est néanmoins saisie d'un phénomène d'accroissement spectaculaire, puisqu'elle double sa population en vingt-cinq ans (1801-1827) ; cet afflux est dû pour 87 % à l'immigration. Saint-Étienne connaît une progression encore plus nette, sextuplant le nombre de ses habitants entre 1801 et 1866.

Cette concentration est à l'origine de tous les problèmes liés au déracinement, et que l'on a eu coutume de décrire dans le langage de la « pathologie urbaine » dont Louis Chevalier a donné, pour la France, l'étude la plus imagée [25]. L'insuffisance des logements oblige les nouveaux venus à s'entasser parfois à plusieurs familles dans une seule pièce, à occuper les moindres espaces disponibles, caves, greniers, baraques. Paris est la capitale incontestée du « garni », où les célibataires, migrants temporaires où immigrants définitifs, se retrouvent dans des « dortoirs » pouvant contenir des dizaines de lits. Dans les années 1850, la crise est telle que des milliers de familles en sont réduites à cette forme d'habitat normalement réservée aux célibataires. Le déracinement se traduit aussi par la pauvreté du mobilier. Dans les caves de Lille par exemple, Villermé dresse un inventaire rapide : quelques outils, un réchaud en terre cuite, parfois un poêle pour tenter de réduire l'humidité constante de ces endroits, des paillasses en guise de lit. A Mulhouse, nombre de familles dorment à même la paille, une caisse leur sert d'armoire, elles ont en plus une table, quelques chaises ou un banc. Quant à leur nourriture, pour beaucoup, pommes de terre et soupe représentent les trois quarts de l'alimentation quotidienne.

Promiscuité, absence d'hygiène, sous-alimentation ajoutées aux effets du travail sur la santé, tout cela explique l'énorme mortalité qui sévit dans les quartiers populaires. Même en dehors des grandes épidémies de choléra comme celle de 1832 qui emporte des centaines de milliers de personnes à Paris, les maladies infectieuses trouvent dans ces lieux un milieu propice. Typhoïde, méningite, tuberculose, syphilis, déciment chaque année les quartiers ouvriers. A Lille, à la fin du Second Empire, la mortalité est de 33 ‰, contre 25 ‰ pour l'ensemble de la France. Dans les quartiers les plus industrieux de la ville, Wazemmes et Saint-Sauveur, les chiffres sont encore bien plus éloquents. 70 % des personnes meurent avant l'âge de 40 ans, les enfants de moins de 5 ans formant la moitié des décès annuels. La mortinatalité, qui était déjà de 2,5 ‰ en 1851, s'accroît même ensuite, pour atteindre la proportion de 3,1 ‰ en 1868.

Les conditions de vie du prolétariat déraciné sont aggravées du fait que ses représentants, nouveaux venus dans l'industrie et sans qualification, touchent les salaires les plus bas. La diversité des formes de rémunération pratiquées, le fait que l'emploi soit encore très irrégulier, que les salaires varient dans d'énormes proportions selon la région, les catégories ouvrières ou la conjoncture, rendent illusoire tout calcul de moyenne, les nombreuses études faites sur le sujet se révélant le plus souvent décevantes. A titre d'exemple, le tableau suivant — qui offre l'avantage de confronter les données ouvrières et patronales sur le sujet, ce qui est assez rare à l'époque — témoigne de la faiblesse des rémunérations ouvrières moyennes dans l'industrie rouennaise. Il montre aussi la forte hiérarchie interne au profit des hommes, qui gagnent quatre fois plus que les enfants et deux fois plus que les femmes.

TABLEAU DES SALAIRES
DANS L'INDUSTRIE TEXTILE DE ROUEN
moyenne pour 22 entreprises

	FICHES OUVRIÈRES		FICHES PATRONALES	
	Minimum	*Maximum*	*Mininum*	*Maximum*
Hommes	1,92	2,76	2,18	3,35
Femmes	1,08	1,36	1,25	1,53
Enfants	0,50	0,75	0,57	0,95

Source : d'après F. Démier, « Les ouvriers de Rouen parlent à un économiste en juillet 1848 », *Le Mouvement social,* avr.-juin 1982.

Comparés à ceux fournis par d'autres enquêtes, ces chiffres paraissent pourtant optimistes. Pour la même période, Villermé établit une moyenne de 2 francs par jour pour les hommes, d'un franc pour les femmes, de 0,45 franc pour les enfants de 8 à 12 ans et de 0,75 franc pour les adolescents de 13 à 16 ans. Encore faut-il ajouter que l'insécurité du travail, qui est une donnée fondamentale de l'époque, ampute considérablement ces ressources. Le taux du salaire peut être brutalement réduit en cas de crise, ou le nombre des heures travaillées diminué sans compensation. Le plus souvent, le retournement de conjoncture provoque un chômage massif. A Lille par exemple, 60 % des ouvriers du textile se retrouvent « à la rue » pendant la crise de 1844-1845, les trois quarts à Rouen ! Cette insécurité est aggravée par le fait que les « contrats de travail » sont en général inexistants. Comme le dit un ouvrier interrogé par Blanqui, à Rouen, le travail ne dure que « le temps que l'ouvrier convient au maître et le temps que les ouvriers se conviennent chez le maître [26] ».

C'est pourquoi le moindre impondérable plonge ces travailleurs dans l'indigence : « Supposez un troisième enfant, un chômage, un mal, le manque d'économie, des habitudes ou seulement une occasion fortuite d'intempérance, et cette famille se trouve dans la plus grande gêne, dans une misère affreuse : il faut venir à son secours [27]. » L'indigence, fortuite ou chronique, est en effet une donnée constante pour le prolétariat industriel de cette période. Assistance publique, philanthropes, dames charitables, sont particulièrement mis à contribution pendant les crises. En 1830, un sixième de la population lilloise est recensé comme « indigente ». Dans le quartier de Saint-Sauveur, la proportion atteint 42 % en 1849. A Paris, il y a un indigent pour un peu plus de 11 habitants en 1831, et encore un sur 17 en 1869.

Terminons ce tableau en évoquant ce que les enquêtes du temps appellent la « misère morale ». Le déracinement, la désarticulation de la famille traditionnelle, consécutifs à l'afflux d'hommes seuls dans les grandes villes, sont des causes essentielles (même si ce ne sont pas les seules) d'un certain type de marginalité populaire marqué par la violence, les rixes, l'alcoolisme, la fréquence du concubinage et des liaisons illégitimes.

« L'anomie sociale » se marque aussi par l'affaiblissement des pratiques collectives et notamment de la vie religieuse. Dans le quartier lillois de Saint-Sauveur, lieu de prédilection pour l'immigration belge, en 1855, sur 18 000 habitants, on ne compte que 1 500 pascalisants. De même, à Belleville ou à Montmartre, qui connaissent alors un énorme afflux de population, la pratique religieuse est très faible. Certes, la « déchristianisation » de la classe ouvrière a bien d'autres causes — exposées dans le détail par Pierre Pierrard dans un livre récent, qui nous dispense d'insister longuement sur cette question —, mais les bouleversements industriels sont pour les gens d'Église une remise en cause face à laquelle ils seront longtemps démunis, du fait même que les structures religieuses traditionnelles étaient solidement ancrées dans le monde rural où elles s'étaient épanouies [28].

Un phénomène limité, mais délibérément grossi.

Il n'est guère utile de s'attarder davantage sur la description du prolétariat des grands établissements mécanisés. Outre le fait que de nombreux ouvrages ont repris à leur compte les écrits les plus misérabilistes du XIXe siècle, insister sur cette fraction des classes populaires, afin d'y retrouver ce qui a été décrit à propos de la Grande-Bretagne, serait donner une vision déformante de la réalité ouvrière du siècle dernier en France. Dès la monarchie de Juillet d'ailleurs, les observateurs les plus lucides ont mis les lecteurs en garde contre ces exagérations. Chez Michelet, par exemple, sa critique du machinisme ne l'empêche pas de replacer le phénomène à sa juste place. Pour lui, le prolétariat déraciné n'occupe qu'une part « minime » de la classe ouvrière, 400 000 personnes, soit le quinzième des effectifs ouvriers. D'où sa colère face aux enquêtes populistes : « Artistes, voilà donc vos modèles [...], le bizarre, l'exceptionnel, le monstrueux, c'est cela que vous cherchez [...]. Vous allez la loupe à la main, vous cherchez dans les ruisseaux, vous trouvez là je ne sais quoi de sale et d'immonde et vous nous le rapportez : Triomphe, triomphe ! Nous avons trouvé le peuple [29]. »

Comme pour les statistiques mentionnées plus haut, l'historien ne peut donc reprendre à son compte les conclusions des enquêtes du XIXe siècle avant de s'être livré à un examen minutieux de leurs conditions d'élaboration. Il n'est pas possible de l'entreprendre dans cette étude d'ensemble. Disons simplement quelques mots sur les raisons qui poussent tant d'intellectuels à effectuer des enquêtes sur la classe ouvrière pendant la monarchie de Juillet.

C'est à cette époque, en effet, que le « prolétariat » fait son entrée sur la scène politique française. Après les soulèvements des canuts en 1831 et 1834, la « question ouvrière » est à l'ordre du jour, non seulement à cause de la mobilisation de l'élite urbaine des métiers, mais aussi parce que tous les groupes sociaux qui souhaitent la chute de Louis-Philippe voient dans le « prolétariat » (du fait même de son histoire révolutionnaire depuis 1789) l'instrument privilégié qui peut permettre de renverser le régime. C'est pourquoi la plupart des enquêtes ouvrières réalisées à cette époque ne sont nullement commandées par un souci scientifique de connaître la réalité sociale. En effet, comme l'avait bien vu Arthur Dunham, il y a longtemps déjà, « c'est l'idéal et l'agitation des utopistes qui ont en général inspiré les études sur la main-d'œuvre française [30] ». Nous touchons là, sans aucun doute, l'une des grandes originalités de ce pays où, dès le début du XIXe siècle et jusqu'à la fin du XXe, les recherches sur la classe ouvrière ont presque toujours été subordonnées à des buts politiques, la connaissance objective de la réalité sociale cédant de ce fait la place à une littérature de la dénonciation. Comme le dit encore Michelet, « ils exagèrent les maux pour nous faire jouir plus vite de la félicité que leurs théories nous préparent [31] ».

Pour comprendre cet engouement en faveur du « prolétariat », il faut le replacer dans le contexte sociologique des premières décennies du XIXe siècle. La Révolution et l'Empire ont profondément perturbé l'organisation sociale traditionnelle. Pour la génération née après le Congrès de Vienne, celle qu'on a appelée la « jeunesse de 1830 », l'avenir apparaît complètement fermé. La question de « l'encombrement du corps médical », par exemple, est un problème majeur de la monarchie de Juillet, qui conduit le ministre Orfila à supprimer les offices de santé et à éliminer ainsi la moitié des praticiens. « Ce sont eux, n'est-ce pas » — dit Jacques Léonard — qui, en 1848, « parlent haut et fort au nom des misérables », jouant un rôle très actif dans la révolution de Février, développant toute une stratégie (en constituant notamment tout un réseau de « sociétés de médecine locales ») visant à médicaliser les campagnes afin d'élargir la clientèle potentielle [32]. La médecine de ce temps, prise encore entre les « savoirs et les pouvoirs », doit en plus faire face à une contestation de l'opinion publique qui lui reproche le décalage entre ses prétentions et son efficacité (surtout après la grande épidémie de choléra de 1832). D'où une tendance à déplacer l'activité médicale vers « l'amont », c'est-à-dire en agissant sur les causes des maladies et avant tout au niveau de l'hygiène publique. La découverte toute récente d'une corrélation statistique entre le taux de mortalité et l'appartenance sociale donne une légitimité scientifique aux études démographiques et aux enquêtes statistiques qui suppléent aux carences de la médecine elle-même. C'est pourquoi, à la suite des travaux de Quételet, se multiplient les travaux visant à établir, par le calcul, un lien de cause à effet entre la taille des conscrits et la misère due à l'industrialisation.

La même démonstration pourrait être faite à propos des avocats sans cause, des notaires sans clientèle, qui selon un journal de l'époque « pullulent » alors comme les « sauterelles en Égypte [33] ». De même, dans les premières décennies du XIXe siècle, la situation sociale de l'écrivain subit une profonde transformation. Progressivement, le mécène de l'Ancien Régime cède la place au public moderne, obligeant l'écrivain à subir les lois du marché. A un moment où le système politique démocratique (avec ses partis et ses dirigeants attitrés) n'est pas encore constitué, l'intellectuel-écrivain est tout désigné pour se faire le « porte-parole » du peuple, identifiant ses intérêts avec ceux du « prolétariat », comme on a pu le montrer à propos d'Eugène Sue par exemple [34]. Dans ces conditions, comme le dit naïvement Eugène Buret dans son enquête, « il ne faut pas seulement raconter, il faut juger ».

A cela s'ajoute la contribution apportée par les nostalgiques de l'Ancien Régime, d'autant plus prompts à dénoncer la machine que cela permet de réhabiliter les précédents pouvoirs politiques. Pour le comte de Chamborant par exemple, l'industrie « fait passer la société du vasselage de l'épée, dont tous les jours n'étaient pas sans gloire, sous le vasselage *de la machine* [souligné dans le texte] à laquelle il ne faut pas moins de victimes humaines [35] ».

Le tableau pessimiste du prolétariat brossé par les adeptes du catholicisme social est aussi une conséquence de leur stratégie politique. En 1848, leur chef de file, le comte de Melun, qui fut l'un des instigateurs de la loi de 1841 limitant le travail des enfants, ne cache pas que son action en faveur de la classe ouvrière correspond à une volonté de « relayer le socialisme ».

Outre le contexte proprement politique qui entoure l'élaboration de ces enquêtes, il faudrait évoquer le maintien d'une certaine tradition littéraire née au XVIIIe siècle et qui a tendance à penser le peuple « dans l'opposition du sain et du malsain » selon l'expression de Daniel Roche [36]. De même, il faudrait étudier plus précisément ce que cette littérature sociale doit au courant romantique, cette « école du désenchantement » dont parlait Balzac à propos des publications de 1830 et qui combine une vision pessimiste de la réalité avec une mystique du « prolétariat » identifié au « Christ souffrant » (Jésus devenant « le fils de l'ouvrier de Nazareth »).

Autres figures de la classe ouvrière.

La manière dont a été utilisée l'enquête de Villermé depuis un siècle et demi illustre la force du « mythe prolétarien » à travers les âges et le blocage qu'il a pu représenter pour la connaissance scientifique du monde ouvrier du siècle passé. De cette étude minutieuse, on n'a voulu retenir que les descriptions les plus extrêmes, les plus misérables afin d'illustrer le « drame de la condition ouvrière ». Le jeu du recopiage des citations aidant, on a fini par faire de cette figure prolétarienne une évidence qui aujourd'hui s'étale dans tous les manuels scolaires.

Une simple lecture attentive de l'ouvrage de Villermé permet pourtant de restituer toute sa complexité au monde ouvrier du milieu du XIXe siècle, tout en mettant en valeur l'originalité du développement industriel français.

Tout d'abord, comme l'ont montré les études récentes sur la « proto-industrialisation [37] », il convient de bien distinguer industrialisation et urbanisation. En effet, dans une large mesure, l'expansion économique française s'est appuyée au XIXe siècle sur la dispersion du travail industriel dans les campagnes, accentuant ainsi des formes de production et un type de classe ouvrière nés sous l'Ancien Régime. Lorsque les statistiques que nous utilisons mentionnent les effectifs ouvriers appartenant à la « Fabrique » de telle ou telle ville, il faut avoir à l'esprit que la Fabrique se compose en fait de deux parties. La première rassemble les établissements situés à l'intérieur de la ville, mais la seconde comprend l'ensemble des unités de travail dispersées dans la campagne alentour. Prenons l'exemple de l'un des principaux centres de la « grande industrie textile » du siècle dernier, la région de Reims. La Fabrique regroupe un nombre d'ouvriers en apparence impressionnant : 50 000 en 1850. Mais seulement un quart travaillent *intra muros ;* le reste étant réparti dans les communes rurales de la région. Lorsqu'on évoque la puissance du textile mulhousien, il faut savoir que, si la filature et l'impression sont en bonne partie urbaines au milieu du XIXe siècle, 85 % du tissage se font dans la campagne alsacienne et vosgienne. De même, la Fabrique de Roubaix rayonne sur plusieurs centaines de kilomètres, donnant du travail à des milliers d'ouvriers-paysans qui habitent dans des villages situés jusqu'en Normandie et en Picardie. Dans le Calvados, autre grand département textile de cette époque, 90 % de la main-d'œuvre travaillant dans les filatures sont en fait des ruraux. La Fabrique de Cholet emploie 50 000 ouvriers, mais ils sont dispersés dans 120 communes, et la ville ne compte que deux filatures importantes dans ses murs au début du Second Empire. Même l'industrie de la soie dans la région lyonnaise, que l'on identifie en général aux « canuts » du quartier de la Croix-Rousse, emploie dans les années 1860 plus de 300 000 personnes et s'étend sur un rayon de 150 à 200 kilomètres autour de Lyon. La preuve qu'il ne s'agit pas là d'un phénomène résiduel, c'est qu'en 1830 le travail rural de la soie occupait moins de 25 % de la main-d'œuvre totale pour plus de 50 % en 1848 [38]. Si le phénomène est surtout accentué dans l'industrie textile, la grosse métallurgie, comme les mines, repose sur une main-d'œuvre dont la plus grande partie est formée de travailleurs ruraux. Dans la sidérurgie par exemple, l'opposition typique de l'Ancien Régime entre « ouvriers internes » et « ouvriers externes » est encore une donnée fondamentale, même si, au cours du siècle, elle tend à s'effacer dans les plus grands établissements. Les ouvriers de métier, logés sur place, souvent dans ce qu'on appelle alors des « casernes », constituent la fraction permanente de la main-d'œuvre. Mais ils ne représentent qu'une faible partie des effectifs face aux ouvriers-paysans des villages environnants, employés le plus souvent temporairement aux tâches de transport, d'extraction du minerai de fer superficiel, et aux diverses manutentions qu'exige cette industrie « lourde ». Ainsi, même en Bourgogne où se trouve la « grande usine » du Creusot, comme le note Pierre Lévêque, jusqu'au milieu du XIXe siècle, « la grande industrie reste rurale ou semi-rurale », et les signes les plus manifestes de concentration industrielle se rencontrent dans le secteur artisanal traditionnel des villes comme Dijon.

Nous reviendrons dans le chapitre suivant sur les raisons qui expliquent le maintien, voire le renforcement, de l'industrialisation rurale. Rappelons ici simplement que, comme l'a montré Edward P. Thompson à propos de la Grande-Bretagne, la concentration industrielle consécutive à la mécanisation du travail est loin d'être un processus linéaire. Certes, la machine à filer d'Arkwright a ruiné le filage à domicile dans les villages. Mais, dans un premier temps, cette innovation a aussi provoqué une très forte augmentation du nombre des tisserands à domicile, afin de transformer l'énorme quantité de filés apparue soudain sur le marché, conséquence de l'amélioration de la productivité des filatures. D'où la naissance d'un groupe ouvrier original qui en France conservera sa vitalité jusqu'à la fin du XIXe siècle.

On pourrait faire la même analyse à propos des progrès des transports. Si, à terme, ils signifient la ruine des petits producteurs indépendants des campagnes, ils ont aussi bien souvent favorisé dans un premier temps la dissémination de l'activité industrielle dans les villages. Ainsi, par exemple, dans le pays de Montbéliard, jusque dans les années 1860, la stratégie de développement choisie dans l'horlogerie par la famille Japy consiste à déplacer le travail vers les hommes et non l'inverse — l'amélioration des voies de communication et l'accentuation de la division du travail allant de pair pour favoriser un essaimage de la fabrication dans tous les villages de la région. Dans cette logique « proto-industrielle », la ville et la campagne ont des activités étroitement complémentaires. La ville regroupe surtout les tâches de gestion et de commercialisation des produits. C'est là que vivent les « patrons », c'est-à-dire les marchands-fabricants qui distribuent la matière première et récupèrent le produit fini. A Montbéliard et à Beaucourt, les ouvriers-paysans rapportent les pièces fabriquées par lots de 12 [39]. Ailleurs, c'est un employé du patron qui passe dans les villages collecter les marchandises. Les centres urbains, s'ils regroupent souvent les grands établissements mécanisés, lieux où se concentre la main-d'œuvre non qualifiée, sont aussi les endroits où s'effectuent les activités « d'aval », le montage des pièces d'horlogerie, l'impression des toiles, la confection des soieries les plus délicates. C'est pourquoi les grandes villes industrielles rassemblent la plus grande partie de la main-d'œuvre qualifiée.

Avec l'extension du travail industriel en milieu rural, la persistance de la petite industrie urbaine de type « artisanal » est l'autre élément original du développement économique français au XIXe siècle. En effet, les établissements qui font partie de la Fabrique *intra muros* sont loin d'appartenir tous à la catégorie des « manufactures ». A la fin du Ier Empire, à Reims, sur 234 fabricants habitant la ville, 200 ne possèdent qu'un seul métier. A propos de la soierie lyonnaise, Yves Lequin estime qu'entre 1830 et 1870 la structure de la Fabrique n'a pas changé. La hiérarchie née sous l'Ancien Régime reste la règle. Au sommet règne un petit nombre de marchands-fabricants, qui traitent avec quelques milliers de « chefs d'atelier » (propriétaires de plusieurs métiers, ils emploient en général un petit nombre d'ouvriers, mais dépendent eux-mêmes du marchand et participent directement à la fabrication). A la base, on trouve des centaines de milliers de compagnons, salariés, mais aussi parfois propriétaires d'un métier pouvant espérer devenir chefs d'atelier à leur tour. A Paris, sous le Second Empire, les métiers urbains parviennent, en dépit des multiples attaques dont ils sont victimes, du fait de la concentration capitaliste et de l'évolution technique, à se maintenir aussi nombreux en s'adaptant aux nouvelles réalités du monde du travail [40]. En effet, si la mécanisation provoque une dégradation pour les secteurs de l'industrie textile qui sont touchés, elle entraîne un prodigieux développement d'une nouvelle catégorie de travailleurs qualifiés, grâce à la multiplication des métiers de la métallurgie. A Lille, la construction des métiers mécaniques est l'une des raisons qui expliquent l'apparition d'une nouvelle « aristocratie ouvrière », formée de 8 000 ouvriers du fer, mouleurs, forgerons, mécaniciens, qui constituent la catégorie la mieux payée de la classe ouvrière locale. Et il suffit de lire l'ouvrage de Denis Poulot sur les ouvriers « sublimes » de la métallurgie parisienne pour comprendre qu'eux non plus n'ont rien à voir avec le prolétaire de l'image d'Épinal...

Dans les campagnes, les progrès de la division du travail expliquent la prolifération de tout un monde d'artisans, installés dans les bourgs ou les villages, qui se sont spécialisés dans des activités autrefois effectuées par les paysans eux-mêmes. Dans le Calvados, comme en Bourgogne, la recherche historique montre qu'il s'agit là d'un artisanat d'une très grande diversité. Dans un même village, on peut trouver, vivant côte à côte, le tisserand travaillant pour un marchand-fabricant, l'artisan indépendant commercialisant lui-même au marché de la ville les produits de son travail, l'artisan « de clientèle » qui tisse, blanchit, forge à la demande du « consommateur » local. On ne s'étonnera pas dans ces conditions que, comme le note Pierre Lévêque, dans l'opinion commune des gens du XIXe siècle, l'ouvrier type soit encore l'artisan ou le compagnon d'Ancien Régime.

De même, derrière le terme unificateur de « prolétariat » urbain, se cache une très grande diversité de conditions. Lors de son enquête à Mulhouse, Villermé distingue très nettement les ouvriers « nés dans le pays » — qui sont en majorité des tisserands à domicile, souvent propriétaires fonciers, ou qui appartiennent à l'élite ouvrière travaillant dans l'impression des étoffes (graveurs, imprimeurs, dessinateurs) ou dans la métallurgie — et le véritable prolétariat. C'est dans ce dernier que les filatures mécanisées trouvent leur main-d'œuvre. Mais il est surtout composé de familles immigrées ruinées, venues de Suisse et d'Allemagne, dont les haillons contrastent violemment avec le monde ouvrier local, étalant, précise l'auteur, « le luxe de ses habits de dimanche ».

La difficulté que rencontre l'historien cherchant à isoler, au sein des classes populaires, le « prolétariat » est encore accentuée par le fait que les conditions d'existence éprouvantes, décrites dans les pages précédentes, sont partagées, le plus souvent, par l'ensemble des classes populaires. En ce qui concerne le travail par exemple, Villermé montre que les ouvriers à domicile ne sont pas mieux lotis que ceux des grandes manufactures. « Que l'on ne croie pas — dit-il explicitement — que les exemples affligeants qui viennent d'être rapportés soient offerts par les seuls ouvriers de fabriques [...]. Les professions de maçons, cordonniers, tailleurs d'habits ne sont pas plus salutaires que ne l'est le travail dans les manufactures de laine et surtout de coton. » De même, pour les tisserands à domicile, l'aspect répétitif du travail est une réalité déjà très ancienne. A Nîmes par exemple, un taffetassier lance 23 fois par minute une navette pesant de 24 à 28 kilos[41] !

S'il faut relativiser la pénibilité du travail dans les manufactures, c'est aussi parce que, dès cette époque, des moyens sont mis en œuvre pour limiter les inconvénients qu'il présente. Ainsi, selon Villermé, dans les ateliers les plus dangereux pour la santé, comme ceux où l'on bat le coton, les patrons procèdent souvent à une rotation du personnel pour qu'aucun ouvrier ne soit exposé trop longtemps. De même, il décrit les mécanismes installés sur les métiers qui permettent d'arrêter la marche des installations. C'est pourquoi, précise-t-il, « il y a dans toutes nos manufactures des interventions fréquentes de repos, même pour les fileurs et les rattacheurs qui passent pour en avoir le moins ». Il convient aussi de ne pas exagérer l' « enfermement » que représenterait la manufacture par rapport à la liberté du petit atelier. Comme le souligne Norbert Truquin, qui a vécu les deux situations, « malgré tous ces inconvénients, la situation des ouvriers de fabrique était bien plus tolérable que celle des ouvriers en chambre. Rien n'est plus abrutissant que le travail dans un local étroit, quoiqu'il paraisse être plus libre. L'ouvrier en chambre respire toute la journée les émanations malsaines du charbon et de l'huile nauséabonde qu'il chauffe ; une famille entière est ainsi à demi asphyxiée dans un espace de quelques mètres carrés. Dans les fabriques, au contraire, les ateliers sont chauffés, suffisamment aérés et bien éclairés ; l'ordre et la propreté y règnent ; l'ouvrier s'y trouve en société. Les contremaîtres à cette époque étaient moins exigeants tant sur la quantité que sur la qualité [...]. En l'absence des contremaîtres, on racontait des histoires, des pièces de théâtre ; des loustics improvisant une chaire s'amusaient à prêcher ; le temps passait gaiement [42] ».

A propos des conditions de la vie quotidienne, l'ouvrage de Villermé montre aussi que ce que l'on impute à la grande entreprise est en fait un problème général pour les classes populaires urbaines. L'entassement, les paillasses où pullule la vermine, les cloaques, tout cela est déjà dans le Paris du XVIIIe siècle de Sébastien Mercier.

Et puisque les grandes enquêtes du XIXe siècle ignorent constamment le monde des campagnes, il faut, à la lumière des travaux récents, insister sur le fait que les conditions d'hygiène, la mortalité, y sont bien aussi mauvaises que dans les villes. Dans la Nièvre par exemple, un conscrit sur 4 ou 5 est réformé pour « défaut de taille », « faiblesse de complexion », « infirmité », etc. Un rapport de 1849, parmi d'autres, sur un village de la région indique que les maisons y sont «petites, humides, mal aérées. [...] Les lits, les meubles, les familles sont accumulés dans une même chambre». Le fumier devant la porte, l'air vicié, l'immoralité croissante, tout cela est invoqué pour souligner que «les habitants des campagnes ne sont pas d'une haute stature, ni d'une constitution robuste. Ceux des villes ont ordinairement une taille plus élevée[43]».

De la même façon, avant de déplorer la «misère» du prolétariat, il faudrait, dans chaque cas, se livrer à une étude très approfondie afin de mesurer avec précision la nature exacte des ressources dont disposent les classes populaires. A la lecture des thèses d'histoire régionale récentes, on constate combien, d'un individu à l'autre, les données peuvent varier. Bien souvent, le salaire en argent n'est lui-même qu'un élément parmi d'autres. Fréquemment, les ouvriers des campagnes sont encore payés, tout ou partie, en grains, ou sont logés et nourris. De même, la majorité des ouvriers à domicile possèdent un ou plusieurs métiers. Quant aux travailleurs des manufactures, ils sont souvent propriétaires d'un lopin de terre. Comme nous le verrons, cet accès à la propriété est même encouragé par le patronat pour enraciner la main-d'œuvre.

Tout cela montre qu'il n'est guère possible, à partir de la condition matérielle, de tracer une frontière nette séparant le «prolétariat» du reste des classes populaires. Ceci d'autant moins qu'implicitement, lorsqu'on évoque le monde des prolétaires, on considère, selon l'expression consacrée, qu'ils sont «enfermés dans leur condition», sans espoir d'en sortir pendant des générations. Nous touchons là le problème fondamental de ce que François Simiand appelait la «durabilité» de la condition ouvrière[44]. Or, comme nous le verrons plus en détail dans le chapitre suivant, il semble bien que, jusqu'à la fin du Second Empire, la plus grande partie des prolétaires décrits par les enquêtes soient davantage saisis à un *moment* de leur existence que dans une *condition* définitive, car ce qui caractérise les classes populaires de ce temps, c'est la polyvalence des activités exercées pour faire face aux aléas de l'existence. Dans ces conditions, le travail en manufacture (tout au moins dans ses aspects les moins qualifiés) n'est souvent qu'un complément pour le paysan pendant la morte-saison, pour la femme avant le mariage, pour les jeunes avant le service militaire. Ceci d'autant plus qu'à la polyvalence s'ajoute la mobilité des travailleurs. En effet, une bonne partie de la force de travail employée dans les grands établissements provient des migrations temporaires ou saisonnières. C'est dans la logique de ces cycles migratoires qu'il faut comprendre l'importance des travailleurs étrangers dans les manufactures. En 1847, on estime que, sur 340 000 ouvriers immigrés en France, 250 000 sont là à titre transitoire.

Le vocabulaire employé par les écrivains du temps témoigne lui aussi de la difficulté à cerner les contours du monde du travail au XIXe siècle. Lorsque Agricol Perdiguier, dans son ouvrage sur le compagnonnage, parle de la « classe ouvrière », il évoque uniquement l'univers des gens de métier. C'est la même image que diffusent les écrivains-ouvriers des villes lorsqu'ils parlent au nom du « prolétariat » dans leurs journaux ou leurs chansons. A l'inverse, leurs adversaires politiques mettent en avant, notamment dans les enquêtes des années 1840, les travailleurs des manufactures. Jusqu'à la fin du siècle, les monographies de l'École de Le Play, publiées dans la revue des *Ouvriers des deux mondes,* reflètent une conception extrêmement large de la classe ouvrière puisque le travailleur de l'artisanat côtoie celui des grandes entreprises, mais aussi le paysan, l'instituteur et même le garde républicain [45] !

La complexité sociale du monde du travail reste donc un problème ouvert pour la recherche historique. Cependant, jusqu'à la fin du Second Empire, on peut considérer que la classe ouvrière s'ordonne autour des deux pôles ville-campagne qui, même s'ils ne sont pas aussi séparés l'un de l'autre qu'on l'a dit parfois, sont très contrastés, tant pour les modes de vie que pour les valeurs collectives. Sans même évoquer la différence de comportements politiques sur laquelle nous reviendrons dans le prochain chapitre, les divergences entre les ouvriers de la petite industrie urbaine et ceux de la grande industrie implantée en milieu rural peuvent être illustrées par l'exemple des consommations alimentaires et de l'alphabétisation.

Dès 1850, à Lyon, 80 % des hommes savent lire et écrire, tout comme la moitié des ouvriers de métier stéphanois. Par contre, dans la même région, seulement 10 % des mineurs

LES CONSOMMATIONS ALIMENTAIRES SELON LE MILIEU DE VIE, PAR ADULTE ET PAR JOUR, DANS LA SECONDE MOITIÉ DU XIXe SIÈCLE

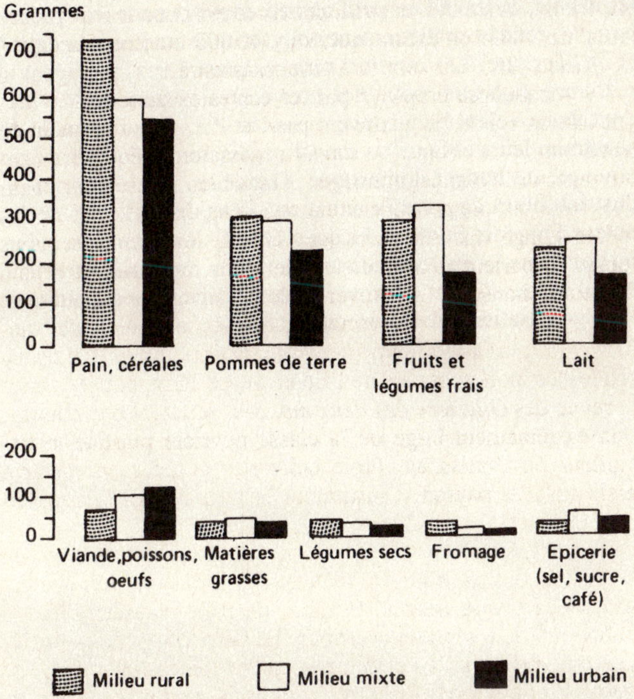

Ce graphique réalisé à partir des monographies ouvrières de Le Play montre que, dès le milieu du XIXe siècle, l'alimentation des travailleurs urbains est plus diversifiée que celle des ruraux. La part du pain est moins importante; par contre, la viande et les produits de l'épicerie occupent une place non négligeable. A l'inverse, l'alimentation des ouvriers ruraux demeure très semblable à celle des paysans.
Source : graphique extrait de G. Noiriel, « Les ouvriers au XIXe siècle », *la Documentation photographique,* octobre 1985, et réalisé à partir des données figurant dans les monographies de Le Play (rassemblées par C. Dauphin et P. Pizerat, « Les consommations populaires dans la seconde moitié du XIXe siècle à travers les monographies de Le Play », *Annales ESC,* 1975, p. 537-552).

sont dans ce cas. En 1874 encore, 67 % de la population houillère du Nord-Pas-de-Calais est illettrée. Comme on le voit, c'est surtout pour les travailleurs de la grande industrie que les lois scolaires de Jules Ferry ont pu jouer un rôle dans l'alphabétisation populaire. Pour les gens de métier, comme les canuts, le travail en petit atelier, souvent pour leur propre compte, rendait pratiquement obligatoire la maîtrise du calcul et de l'écriture. Les ouvriers ruraux, quant à eux, partagent la méfiance paysanne pour des nouveautés venues de la ville, dont ils ne voient bien souvent pas l'utilité, et qui risquent de soustraire leurs enfants au travail nécessaire à l'équilibre économique du budget domestique. Dans bien des régions, l'industrialisation aggrave la situation. « Depuis le XVIIIe siècle, notent François Furet et Jacques Ozouf, les arrondissements ou les cantons qui connaissent un essor industriel et urbain brutal et massif sont ceux où, dans les décennies qui suivent, l'alphabétisation accuse un retard [46]. »

2

Le « gigantesque paradoxe »

Dans son ouvrage sur la Révolution industrielle en Europe, Eric Hobsbawm considère que la lenteur du développement capitaliste en France relève d'un « gigantesque paradoxe ». Par les transformations politiques et juridiques réalisées sous la Révolution et l'Empire, tout comme par l'avance prise dans maints domaines par la recherche scientifique et par l'économie politique, ce pays semblait prédisposé à un type de développement capitaliste comparable à celui de la Grande-Bretagne [1].

Or, jusque dans les années 1880, ce sont toujours les secteurs anciens qui assurent l'essentiel de l'expansion française. La production agricole reste l'élément vital dans l'équilibre économique. Quant à l'industrie, jusqu'à la fin du Second Empire, elle repose sur les branches artisanales qui avaient fait sa réputation sous l'Ancien Régime. La France se caractérise ainsi par un développement industriel à deux vitesses : un petit secteur concentré et dynamique regroupant les mines, les chemins de fer et la grosse métallurgie, dominé par les formes d'activité traditionnelles qui reposent sur le travail à domicile et la dispersion de l'industrie en milieu rural.

Pour expliquer ce paradoxe, plusieurs arguments ont été avancés. On a invoqué, d'une part, la ruine provoquée par les bouleversements révolutionnaires, qui ont stoppé net l'expansion perceptible à la fin du XVIIIe siècle et, d'autre part, les deux « handicaps », qui, depuis l'Ancien Régime, ont freiné l'expansion de la grande industrie : l'existence d'une masse considérable de petits paysans propriétaires empêchant l'éclosion d'un marché urbain suffisamment important pour stimuler la demande en produits manufacturés et l'influence persistante des puissantes corporations de métiers qui ont orienté la production vers un artisanat « de luxe » tourné vers l'exportation.

Dans cette partie, nous tenterons de montrer que ce paradoxe reflète l'état d'un rapport de forces entre les principaux groupes sociaux qui composent la société française, illustrant les capacités de résistance déployées par les classes populaires afin d'empêcher les bouleversements inhérents à la grande industrie.

Alors que le premier chapitre s'était appuyé sur une tradition historiographique plus particulière à la France, nous évoquerons ici plus spécialement un courant de recherche né dans les pays anglo-saxons. Selon Edward P. Thompson, chef de file de cette *new social history*, en effet, la classe ouvrière doit être appréhendée dans le cadre de l'ensemble des rapports sociaux de son époque. Pour la définir, tout autant que les critères économiques, il faut faire intervenir les valeurs collectives dans lesquelles elle se reconnaît, l'ensemble des luttes qui peuvent fonder son unité. D'où l'accent mis ici sur l'anthropologie historique, bien que le domaine soit encore peu exploré en France [2].

1. Les raisons de l'attachement des ouvriers aux formes traditionnelles d'activité économique.

Une pluri-activité nécessaire.

Même si l'on peut raisonnablement estimer qu'entre la Restauration et le Second Empire les salaires ouvriers ont progressé en moyenne [3], durant toute cette période, les classes populaires restent prisonnières des contraintes propres à une économie de subsistance ; le souci primordial de la vie quotidienne est toujours de lutter contre l'insécurité et la précarité des revenus. Nous sommes en effet à une époque où aucune législation ne vient garantir un « minimum de ressources ». Ouvriers et paysans sont ainsi constamment soumis aux fluctuations de la conjoncture économique ou climatique. Dans les villes par exemple, le fait que beaucoup de métiers soient tournés vers la fabrication de luxe destinée à l'exportation fait dépendre le volume du travail des « caprices » d'une clientèle aisée dont les goûts sont aussi versatiles que la mode. De même, des événements très lointains pour l'ouvrier français, comme la guerre de Sécession, ont des conséquences dramatiques, par la perte de débouchés qu'ils impliquent. C'est pourquoi, même en dehors des grandes crises, le chômage saisonnier est une constante. A Paris, par exemple, au milieu du XIXe siècle, la période d'inactivité s'étend pour les tailleurs parisiens du 15 juin au 15 septembre, puis du 15 février au 1er avril. A Nîmes, à la même époque, on considère que les taffetassiers à domicile travaillent entre 70 et 100 jours par an pendant les années normales [4] ! Dans les campagnes, l'industrie rurale est encore très dépendante des caprices du temps. L'activité des forges, des mines, des établissements textiles qui utilisent la force motrice des cours d'eau, est mise en ralenti, voire en arrêt, pendant l'hiver ou l'été par suite du gel ou de l'assèchement des rivières.

Le chômage n'est qu'une forme d'insécurité. Pour la plupart des gens du peuple, il n'existe pas non plus d'assurance contre la maladie, ni de système « d'allocations familiales » ou de retraite. Or, du fait que la valeur de l'ouvrier sur le marché du travail dépend surtout de sa force physique, la « vieillesse » arrive très vite. A partir de 40 ans par exemple, un puddleur doit songer à changer d'activité. De même, dans les métiers de l'aiguille, après 45 ans, c'est la vue qui commence à faire défaut aux tailleurs ou aux tisseurs, qui sont obligés de se reconvertir [5].

Du fait que le principe intangible de l'économie politique libérale veut que le salaire rémunère « le prix du travail », l'ouvrier célibataire vit en général beaucoup mieux que l'ouvrier marié. Pour ce dernier, comme le montrent de nombreuses enquêtes, la période la plus difficile se situe dans les premières années du mariage, lorsque les enfants sont en bas âge et que la femme est dans l'incapacité de travailler, car un seul salaire ne suffit pas à assurer la subsistance de tous. C'est pourquoi l'activité de l'ensemble des membres de la cellule familiale est considérée comme une nécessité vitale.

Lorsqu'on a présentes à l'esprit toutes ces contraintes matérielles qui pèsent sur l'univers quotidien des classes populaires, on détient le fil conducteur permettant de comprendre la logique de leurs pratiques et les raisons de leur attachement aux formes traditionnelles de production. En effet, aux yeux des ouvriers, l'intérêt de la « proto-industrialisation [6] » tient au fait qu'elle favorise la *polyvalence* des activités, tout en confortant l'*autonomie* des savoir-faire. Pour illustrer ces affirmations, il faut entrer dans le détail de l'existence populaire, ce qui nous est possible grâce aux minutieuses monographies réalisées par les collaborateurs de Le Play, véritables mines d'informations sur le monde ouvrier du XIXe siècle.

Voici par exemple la description d'une famille de tisseurs de châles. L'ouvrier est l'un des 172 chefs d'atelier qui à Paris conduisent eux-mêmes leur métier. Fils d'un maître-charpentier nantais établi comme « gâcheur » à Paris suite à des revers de fortune, il a renoncé à reprendre « l'état » de son père du fait de sa constitution physique trop fragile. Placé en apprentissage chez un châlier, après avoir été scolarisé jusqu'à l'âge de 15 ans, après quelques années passées comme ouvrier, il est parvenu à se mettre à son compte. Au moment de l'enquête, il est même propriétaire de quatre métiers Jacquard, d'une valeur totale d'environ 4 000 francs [7].

Ce qui frappe dans cette description, c'est l'importance de la solidarité familiale. Bien que le fils n'exerce pas ici le métier du père, il faut souligner le rôle de l'homogamie professionnelle. En effet, deux des sœurs du chef de famille ont épousé des charpentiers et la troisième un tisseur en châles. Lui-même a épousé la fille d'un chef d'atelier, châlier lui aussi, et les deux sœurs de sa femme sont mariées à des tisseurs. L'enquêteur précise aussi que c'est grâce à l'aide financière de son père que l'ouvrier a pu se mettre à son compte. Mais cette indépendance n'empêche pas les méfaits du chômage puisque en moyenne les châliers ne travaillent que de 180 à 200 jours par an. Dans les moments difficiles, le couple bénéficie de l'aide matérielle du beau-père ; mais surtout, le fait qu'il soit lui-même, ainsi que ses deux fils, tisseur en châles permet au chef de famille présenté dans la monographie de trouver tous les ans un mois et demi de travail environ, dans sa famille, pendant la période de chômage. A cette occasion, il redevient simple compagnon. Le rôle de la parenté apparaît aussi dans le choix des parrains et marraines, pris

« selon une vieille coutume », dit l'enquêteur, dans la parentèle proche. Là encore, c'est le souci de faire face à la nécessité qui explique ce choix. Père de quatre enfants de quatre à dix ans, le chef de famille a pu confier, dans un moment difficile, son fils aîné à sa belle-mère (la grand-mère maternelle de l'enfant) qui est aussi sa marraine. Depuis quatre ans, c'est elle qui l'élève à tel point que l'enfant n'est plus considéré comme étant à la charge de ses parents.

Il faut souligner aussi la complémentarité des activités de l'homme et de la femme. Le plus souvent, chez les ouvriers indépendants, celle-ci est responsable de la gestion de l'« entreprise ». C'est l'une des raisons, par exemple, de la précocité des mariages chez les canuts lyonnais qui ne peuvent assurer tout seuls l'ensemble des charges que représente la fonction de chef d'atelier, tout en conduisant eux-mêmes le métier. De même, à Belleville, l'incapacité de la femme à tenir la comptabilité, ou son refus de l'assumer plus longtemps (lors des divorces par exemple), est l'une des causes les plus fréquentes de la faillite des ouvriers travaillant à leur compte [8]. Dans le cas présent, le fait que l'épouse soit illettrée représente ainsi un lourd handicap. Le mari doit en effet perdre de précieuses heures de travail pour s'occuper lui-même de la gestion. A cela s'ajoute un autre inconvénient pour l'économie domestique, car la femme du tisseur est décrite comme « inhabile aux travaux d'aiguille ». D'où l'obligation de recourir à une ouvrière spécialisée, une fois par semaine (soit une dépense d'un franc), pour le raccommodage et la confection des vêtements. Ceci n'empêche nullement l'épouse du tisseur de contribuer largement à la survie de la petite entreprise familiale. En effet, elle a appris elle-même à conduire le métier qui continue ainsi à fonctionner lorsque le mari le quitte. De même, la famille a choisi de loger dans une maison située à Gentilly, et non pas faubourg Saint-Marcel comme la plupart des tisseurs de châles parisiens. Là, en effet, l'épouse peut cultiver un grand jardin dont les produits sont en grande partie vendus au marché.

En dépit de toute cette énergie déployée et du soutien actif de la famille, ce chef d'atelier, pas plus que les autres, n'échappe à l'indigence dans les moments de crise. Bien qu'il soit loin d'être « misérable » (outre ces métiers, il possède un « écriteau de luxe » et quelques livres, dont une *Histoire géné-*

rale de tous les peuples rédigée par Gaudeau et achetée par livraisons), il n'est pas à l'abri des retournements de conjoncture. En 1848, sa famille n'a survécu que grâce à l'assistance et à la charité privée.

Dans cet exemple, le chef de famille, même s'il redevient simple compagnon une partie de l'année, exerce toujours le même métier. C'est surtout son épouse qui est concernée par la pluri-activité. Mais, dans bien des cas, l'ouvrier, surtout s'il est peu qualifié, ne survit qu'en pratiquant plusieurs métiers successifs dans l'année. Comme par exemple ce cordonnier de Malakoff décrit dans une autre monographie, qui se livre à la culture maraîchère pendant les périodes de chômage, ou cet autre cordonnier exerçant aussi la profession d'instituteur et qu'un inspecteur nommé par Guizot décrit ainsi : « Dans cette double vie, bien fin serait qui déciderait laquelle est la vraie et quel 'état' est le principal [9]. »

A partir d'une autre monographie ouvrière, consacrée à une brodeuse des Vosges et que nous devons à Augustin Cochin, on peut montrer que dans l'industrie rurale également la lutte contre l'insécurité passe par la mobilisation de l'ensemble de la famille et par la diversification des activités. Nous sommes ici dans un milieu de petits propriétaires qui illustre la très forte division sexuelle du travail qui prévaut dans les familles populaires. Ce sont les femmes (la mère et ses filles) qui ont la responsabilité de l'exploitation agricole (comprenant un champ, un jardin, une vache et un porc, le tout complété par une part d'affouage au village fournissant le bois pour l'hiver). A lui seul ce bien minuscule ne suffirait nullement à faire vivre la famille, qui serait contrainte à l'exode. D'où l'importance des ressources complémentaires. Pour la mère et les filles, les travaux de broderie, distribués dans tous les villages de la région par des marchands-fabricants, sont une « aubaine », car c'est une forme de travail compatible avec les activités de la ferme. Quant aux hommes, ils fournissent leur part en travaillant à l'extérieur. Le père est employé comme ouvrier à la journée dans une carrière appartenant à l'un de ses parents, et le fils aîné est ouvrier tréfileur dans une entreprise du voisinage [10]. Augustin Cochin souligne que, grâce à la complémentarité du travail agricole et du travail industriel, cette famille peut progressivement rembourser les dettes qu'elle a contractées pour acquérir sa petite exploitation agricole et échapper ainsi à la misère.

On mesure par cet exemple tout l'intérêt que présente la diffusion du travail industriel dans les campagnes pour des paysans soucieux d'échapper au déracinement. Le fait que très souvent elle soit compatible avec les activités domestiques, qu'elle puisse être proportionnée aux forces de chacun, explique la fécondité exceptionnelle que les historiens ont souvent constatée dans les milieux de l'industrie rurale. Pour Charles Pouthas, il faut même voir dans la complémentarité du travail agricole et du travail industriel l'une des principales raisons de la forte augmentation de la population française jusqu'au milieu du XIXe siècle [11].

De nombreux documents officiels prouvent que la double activité peut constituer une garantie relativement efficace en période de crise. Dans l'Aube, qui est alors l'un des principaux départements textiles français grâce à la bonneterie, le préfet estime qu'en 1848, sur 40 000 travailleurs, 34 000 ont pu « au cours de la terrible crise [...] trouver des ressources qui manquaient à la ville. Dans l'arrondissement de Troyes, sur 14 000 ouvriers, 6 000 seulement, dont 1 500 chefs de famille, ont été secourus [12] ». Le même souci de sécurité explique que dans le Tarn, comme le note Rolande Trempé, « l'ouvrier carmausin préférait gagner moins comme mineur, mais continuer à cultiver le champ [le sien ou celui d'autrui] qui lui fournissait une partie non négligeable de sa subsistance et lui donnait une certaine assurance contre la faim dans les moments difficiles : grève, chômage, période de disette ou de vie chère, qui ne lui était que trop familière [13] ». C'est en fonction de la même logique qu'il faut comprendre l'attitude des paysans réclamant l'installation de manufactures à proximité pour disposer d'une activité pendant la morte-saison agricole. Encore sous le Second Empire, dans le Nord, « partout on implore l'établissement de filatures mécaniques pour permettre à l'ouvrier de trouver du travail pendant les temps de pluie et de neige [14] ».

Les études manquent pour apprécier avec précision le phénomène, mais il semble bien que jusqu'au début de la IIIe République, pour les classes populaires, le travail industriel soit vu surtout comme une modalité du travail rural [15].

C'est à nouveau toute la question de la « durabilité » de la condition ouvrière, évoquée dans le chapitre précédent, qui est ici posée. Toutes nos sources témoignent de l'importance du travail « à temps partiel » dans l'industrie française du XIXe siècle. Parmi les 50 000 ouvriers employés par la Fabrique de Reims, Villermé note que beaucoup n'y travaillent que les deux tiers de l'année. Dans le Sud-Est, la filature de la soie est une activité saisonnière. Des établissements comptant parfois plus de 500 personnes, en général des femmes, sont ouverts pendant 3 à 4 mois seulement dans l'année, drainant la main-d'œuvre rurale des alentours. De même, les huileries de la région d'Aix-en-Provence n'ouvrent-elles leurs portes qu'après la récolte des olives. L'ouvrier, dit Georges Duveau, n'y est qu'un « passant », et la « campagne » de fabrication de l'huile dure de 40 à 50 jours jusqu'à 6 ou 7 mois. De même dans les sucreries de Picardie où le paysan se loue uniquement pendant l'hiver, ou dans les ateliers de garance du Midi qui ne fonctionnent que 7 mois par an après la récolte. On pourrait multiplier les exemples illustrant toutes les nuances, de l'ouvrier-paysan, qui en dehors de l'industrie ne fait que la moisson en été, jusqu'au paysan-ouvrier, qui recherche le travail en atelier pour améliorer l'ordinaire pendant la morte-saison de l'hiver. Pour les enfants aussi, les séjours dans les ateliers mécanisés alternent avec d'autres activités fort variées. Dans le Calvados, ceux-ci ne travaillent en moyenne pas plus de 100 jours par an dans les manufactures.

Lorsque la pluri-activité n'est pas possible sur place, elle est obtenue grâce aux migrations saisonnières. Selon les régions, selon les périodes, celles-ci sont très diverses, reflétant tout un univers économique et culturel. Voici par exemple les taupiers et les ratiers de la région de Falaise en Normandie. Considérés comme des « spécialistes », ils s'en vont pendant 6 mois vers les plaines de Haute-Normandie jusqu'en Ile-de-France et en Picardie débusquer la taupe et le rat. Chacun dispose d'un « territoire » bien déterminé, cédé en héritage au fils ou donné en dot à la fille. Et que l'on ne se méprenne pas ; ce n'est pas un mince cadeau, puisque cette activité peut rapporter jusqu'à 400 francs par campagne. Certains de ces « prolétaires » vivent ainsi dans une certaine aisance [16].

Avec les maçons de la Creuse, nous avons un autre exemple

de migrations temporaires sur lesquelles nous disposons, grâce à l'ouvrage autobiographique de Martin Nadaud, d'un remarquable document ethnographique [17]. Tous les ans, des milliers de travailleurs quittent le Massif central, au début pour quelques mois dans l'année, puis pour plusieurs années consécutives, afin de s'embaucher dans l'industrie du bâtiment de la région parisienne ou lyonnaise. Si en 1848 comme en 1871 ils sont aux premières loges du combat prolétarien, il faut souligner que, pendant très longtemps, ce sont les intérêts et les valeurs culturelles de la société paysanne d'origine qui expliquent leurs comportements. Très souvent, leur départ vers la capitale est motivé par le souci de trouver la somme d'argent nécessaire pour dédommager un cadet qui renonce à l'héritage transmis à l'aîné. Dans d'autres cas, on embrasse la condition temporaire de maçon afin de rembourser une dette au village, ou pour acquérir un morceau de terre qui arrondira le lopin. En tout cas, l'ouvrier migrant sait qu'il reviendra tôt ou tard dans sa communauté d'origine, le groupe exerçant d'ailleurs constamment un contrôle étroit sur ses membres migrants.

A travers tous ces exemples on voit l'extraordinaire énergie collective déployée par les classes populaires pour conserver leurs modes de vie traditionnels. Dans les campagnes, ces pratiques sont favorisées par la très grande diversité des ressources qui font alors la vitalité des campagnes françaises. Le chanvre et le lin, qui avaient joué un grand rôle dans l'aisance du monde rural au XVIIIe siècle, connaissent à peine un déclin, que déjà d'autres formes d'activité les remplacent. Outre le travail du coton, il faut citer toute l'industrie soyeuse. Dans les Alpes, la ruralisation du travail de la soie est une véritable aubaine pour les paysans. Au départ, il y a « l'arbre d'or », le mûrier, exploité jusqu'à ... 700 mètres d'altitude et qui est souvent à l'origine des petites rentrées d'argent paysannes. Le tissage vient ensuite apporter des ressources complémentaires, de même que le moulinage, ou le travail temporaire dans les filatures. Ailleurs, d'autres « plantes industrielles » sont à l'origine de « cycles de production » qui s'insèrent parfaitement dans la vie rurale : garance, pastel, olivier pour le Midi, betterave à sucre dans le Nord et en Picardie, qui donne naissance à une multitude de petites sucreries disséminées dans la campagne et dont l'activité repose sur le travail temporaire. Sans parler de la vigne qui, dans de nombreuses régions de France, outre les compléments de ressources qu'elle apporte directement au paysan, stimule toute une petite industrie en aval (tonnellerie, verrerie,...). De même, au moins jusqu'à l'arrivée des chemins de fer, toutes les activités industrielles traditionnelles, comme la métallurgie rurale, les carrières, tuileries, meuneries, etc., subsistent. Mêmes les grandes exploitations houillères, les chantiers de construction, s'appuient sur la main-d'œuvre paysanne.

En ville, les capacités d'adaptation des gens de métier illustrent parfaitement « l'imagination bricoleuse du peuple » décrite par Daniel Roche à propos du peuple parisien au XVIIIe siècle. Contrairement à ce que l'on pourrait croire, l'apparition de la machine à vapeur n'entraîne pas tout de suite une concentration de la production en grands établissements. Au contraire, selon Jeanne Gaillard, les ouvriers de l'artisanat résistent efficacement à la concurrence des grandes entreprises par une utilisation collective, parfois dans le cadre d'un immeuble, de la vapeur. Ils s'adaptent à la nouvelle conjoncture en se spécialisant de plus en plus. A tel point que de nouvelles professions apparaissent. En 1870 par exemple, il n'existe pas moins de 26 spécialités différentes se rapportant au corroyage [18] !

De même, dans la région lyonnaise, dès le début de la monarchie de Juillet, *l'Écho de la Fabrique,* journal des chefs d'atelier de l'industrie soyeuse, donne aux lecteurs des conseils pour « apprivoiser » les machines, afin qu'elles soient compatibles avec le travail à domicile [19].

Au-delà de la famille, c'est dans l'ensemble du groupe auquel il appartient que l'ouvrier trouve les formes de solidarité qui le protègent des incertitudes du lendemain. Dans les vieux quartiers populaires comme la Croix-Rousse à Lyon ou le Faubourg-Saint-Antoine, le groupe ouvrier apparaît d'autant plus soudé que l'espace n'a pas encore été bouleversé par les nouveaux projets d'urbanisme, et que le lieu de travail se confond encore le plus souvent avec le lieu de la vie domestique.

C'est l'une des fonctions de la sociabilité populaire que de renforcer les liens entre les membres de la classe. Dans le Nord, la plupart des ouvriers lillois appartiennent à une société ayant son siège dans un cabaret (lieu stratégique essentiel pour toutes les pratiques collectives ouvrières, y compris les plus subversives, d'où l'acharnement contre lui des philanthropes).

Les sociétés de malades, apparentées aux confréries d'Ancien Régime, assurent l'entraide entre leurs membres en cas de mauvaise fortune. Placées sous le patronage d'un saint (bien que leur ferveur religieuse soit faible), ces associations imposent une certaine discipline aux adhérents (des cotisations régulières, une assemblée générale mensuelle, un banquet annuel), qui renforce les liens du groupe. L'hostilité de ces organisations populaires aux sociétés de secours mutuels officielles, que la classe dirigeante tente de mettre en place pour mieux contrôler le monde ouvrier, est manifeste ; que ce soit dans le Nord ou dans une ville textile comme Tarare. Là, comme le constate Villermé, les ouvriers préfèrent les formes d'entraide autonomes, plus efficaces. Dans les moments difficiles, « beaucoup veillent à tour de rôle pendant la nuit auprès de ceux qui étant malades ont besoin de soins que la famille ne peut donner[20] ».

La sociabilité populaire se manifeste aussi par un très grand nombre de sociétés d'agrément aux buts très divers, comme l'illustre ce tableau donné par Pierre Pierrard pour Lille en 1862[21].

SOCIÉTÉS	de chant et à boire	63
	de joueurs de cartes	37
	de beigneau	13
	d'archers	10
	d'arbalétriers	18
	de coulonneux	3
	de boules	23
	de lecture	3
	d'oiseleurs	2
	d'armes	1
		173

Entre ces sociétés et les nombreuses fêtes qui égrènent le calendrier, il existe un lien très direct. Les membres des sociétés à boire se réunissent régulièrement pour composer les chansons de carnaval, qui sont imprimées et vendues ce jour-là. Outre Carnaval, 5 grandes fêtes animent les quartiers lillois : la foire, la braderie, la fête de sainte Anne, la fête communale (où les notables distribuent de la viande et des vêtements aux pauvres) et le broquelet. Cette dernière fête, même si elle commence à tomber en désuétude à la fin du Second Empire, comme la plupart des réjouissances traditionnelles d'ailleurs, a longtemps été la plus populaire dans le Nord. Ancienne fête des dentellières étendue à l'ensemble des ouvriers de l'industrie textile, elle est célébrée au printemps (le 9 mai) et dure 3 jours. La description qu'en font les philanthropes témoigne de leur incompréhension de la logique des comportements populaires. Trois mois avant, observe l'un d'entre eux, les travailleurs commencent à économiser « non-seulement sur le nécessaire, mais même sur l'indispensable, sans toucher au superflu ». Ils vont même jusqu'à demander une avance au patron, de telle sorte qu'en un soir ils dépensent leurs revenus de 6 mois [22].

Pour comprendre l'importance sociale de ce type de pratique, il faut se souvenir que, dans le cadre des quartiers ouvriers traditionnels, la situation des gens du peuple dépend en bonne partie du réseau de relations que chacun réussit à se constituer. Une bonne intégration permet souvent, en cas de mauvaise fortune, de retrouver plus facilement du travail, comme l'illustre l'exemple du tisseur de châles cité plus haut. Les sociétés d'entraide sont une autre illustration de ce phénomène. Dans ces conditions, les fêtes populaires sont comme un moyen de tester la disponibilité de chaque individu vis-à-vis du groupe. Celle-ci se manifeste par le dévouement « désintéressé » dont chacun doit faire preuve pour organiser la fête et pour l'animer, mais aussi par les dépenses « inconsidérées » dont il faut se montrer capable à ce moment-là par amitié pour les autres, et dont toute la communauté mesure le prix sans qu'il soit besoin de philanthropes pour le lui rappeler.

L'art de la dépense populaire est un art difficile parce qu'il s'inscrit dans une stratégie de groupe. Dans un autre contexte,

Martin Nadaud explique parfaitement comment le « savoir-donner » obéit à toute une série de règles qui, pour être implicites, n'en sont pas moins contraignantes. L'ouvrier qui ne sacrifie pas de temps en temps au rituel du « régales-tu, coco ? » au cabaret du coin est traité de « rapiat ». Dans un univers où le bouche à oreille est très efficace, sa réputation gagne vite l'ensemble du groupe. A l'inverse, celui qui dépense son argent trop ostensiblement, sans respecter les règles, est traité de « mange-tout ». On le suspecte non seulement de vouloir se distinguer des autres membres du groupe, mais même de remettre en cause la principale raison d'être de l'émigration, à savoir économiser son salaire pour l'envoyer dans la famille restée au village.

Dans le monde rural — même si, comme l'a montré Paul Bois à propos des tisserands de la Sarthe, les paysans qui se spécialisent dans une activité industrielle finissent par former un groupe distinct des autres tant par la mentalité que par les choix politiques — les ouvriers n'en restent pas moins le plus souvent pris dans les règles de la communauté rurale. Dans les pays d'*openfield* notamment, même s'ils n'ont qu'un petit lopin, ils doivent se plier aux contraintes communautaires. Le temps reste scandé par le calendrier rural, avec le moment fort que constitue la moisson. Par ailleurs, dans le cadre de l'économie de subsistance, l'organisation de la « rapine », qui est souvent nécessaire à l'existence, que ce soit par les « délits forestiers » ou le vol de matière première, est toujours une activité qui engage la communauté. Dans l'industrie textile rurale, l'importance du « piquage d'once » a souvent été signalée. Elle peut s'exercer au profit de toute la communauté et bénéficier de la complicité d'un vaste réseau. L'étude réalisée sur la famille d'un décapeur d'outils travaillant dans les établissements Peugeot au milieu du XIXe siècle prouve que les ouvriers habitant le village de Valentigney sont intégrés aux associations locales. L'ouvrier en question participe, en effet, à une sorte « d'assurance mutuelle », présentée comme relevant du « système D » et mise en place par les jeunes du village afin d'échapper à la conscription [23].

L'autonomie des savoir-faire.

Dans les formes de production industrielles traditionnelles, l'autonomie professionnelle est d'autant plus préservée que les patrons sont, en majorité, plus des commerçants que de véritables chefs d'entreprise. C'est pourquoi détenir un « métier » est pour l'ouvrier un bien précieux, rendant moins nécessaire pour lui la pluri-activité. Au contraire, c'est par l'exercice continu de son art qu'il se perfectionne. Ces ouvriers qualifiés forment deux groupes distincts : les « gens de métier » qui poursuivent la tradition de l'artisanat urbain et les spécialistes de la grande industrie (mineurs, ardoisiers, verriers, forgerons, etc.), qui sont le plus souvent proches du monde rural [24].

Les connaissances professionnelles de ces ouvriers de métier sont comparables aux savoir-faire de type artisanal. Ils reposent sur des « tours de main », et sont constitués d'une suite d'opérations mémorisées sous des formes diverses. Au début du XIXe siècle, par exemple, la compétence du forgeron réside dans un ensemble de « gestes coordonnés, de proportions non chiffrées mais fixées par l'expérience. C'est une sorte de conduite corporelle qui n'a pas besoin d'être dite pour être inculquée [25] ». Ces savoirs pratiques nécessitent à la fois de la force physique, de l'endurance et une connaissance intime de la matière qui ne s'acquiert que par l'expérience. L'autonomie des ouvriers de métier s'illustre aussi par l'organisation du travail existant dans les branches qu'ils contrôlent. En général, chaque métier se caractérise par une forte hiérarchie interne. Chez les ardoisiers, l'équipe est composée d'une vingtaine de membres. Le chef représente le groupe auprès de la direction et répartit le gain tous les 6 mois au prorata des journées effectuées. Avant de pouvoir prétendre à la qualité d'ouvrier « spécialiste », une longue période d'apprentissage est nécessaire, afin d'acquérir la technique du « repartonnage », de la « taille » et de « l'arrondissage » des ardoises. Selon le coup d'œil et l'habileté, les gains journaliers peuvent varier du simple au double [26].

L'identité professionnelle de ces ouvriers de métier est renforcée par leur costume de travail bien particulier (tablier en cuir et chapeau au large bord pour le forgeron par exemple) et par des rituels fonctionnant comme moyens mnémotechniques (incantations, gestes, etc.) ou comme rites de passage destinés à montrer au novice toute l'importance sociale que revêt son entrée dans la communauté. Les compagnonnages ont porté toute cette symbolique à son plus haut point, comme en témoigne l'ouvrage d'Agricol Perdiguier[27] ; mais elle se rencontre dans toutes les communautés de métier, à des degrés d'institutionnalisation divers. Chez les ardoisiers par exemple, l'apprenti « d'à-bas », pour être intégré dans une bande, doit subir l'épreuve du « guettrage », initiation célébrée devant tous les ouvriers de la carrière et qui consiste dans l'application de morceaux de feutre sur les jambes du néophyte, liés par une ficelle, et dans le versement d'une somme de 15 francs servant à payer les frais d'une fête bien arrosée.

L'autonomie professionnelle s'illustre tout particulièrement au niveau de la maîtrise des formes de transmission du savoir productif. Ce savoir, qui ne s'explique pas, se communique non par la pédagogie du discours, mais par l'exemple, par l'imitation et la répétition. Comme l'a montré l'anthropologue Jack Goody à propos des sociétés sans écriture, l'observateur contemporain, imprégné des normes de « la raison graphique », a du mal à comprendre la logique de transmission d'une culture essentiellement orale[28]. « Le mode d'acquisition d'un tel savoir est essentiellement un contact permanent entre un maître qui sait faire et un apprenti qui apprend à faire[29]. » C'est l'une des raisons, avec celle, donnée plus haut, de la nécessité économique, qui explique la précocité du travail des enfants dans ces industries. En effet, étant donné la faible efficacité du mode de communication fondé sur la « mimésis », de longues années d'apprentissage sont nécessaires. De plus, souvent il s'agit de métiers extrêmement pénibles. Comme le note un maître de forges de Haute-Marne : « Pour prendre des habitudes aussi difficiles et aussi contraintes, il faut dès l'enfance avoir éprouvé les grandes chaleurs, avoir fait des exercices violents en servant les maîtres-ouvriers à mesure que l'âge développe de nouvelles forces. » C'est pourquoi l'apprenti, d'abord « auxiliaire au fourneau » (chargeur) ou à la forge (petit valet), devra accomplir quatre ans d'apprentissage « au feu » avant de devenir « sous-fondeur » ou valet, puis attendra encore plusieurs années pour être enfin fondeur.

L'habileté légendaire des dentellières du Puy provient également de cet apprentissage précoce. Dans les familles paysannes, la petite fille, à la place de la poupée, reçoit « un petit carreau au milieu duquel on met un clou d'où pendent trois fils qu'elle commence à tresser en jouant; à mesure qu'elle grandit, on lui donne un métier plus compliqué et, bientôt, elle commence à fabriquer de petits ouvrages bien simples, il est vrai, mais qui peuvent se vendre [30] ».

C'est bien sûr dans le cadre des rapports domestiques que cette *familiarisation* avec le travail s'effectue de la façon la plus efficace à la fois au niveau technique et au niveau de la discipline que celui-ci exige. D'où la très forte homogamie professionnelle qui caractérise ces catégories ouvrières. Yves Lequin, au terme d'une minutieuse étude portant sur les registres de mariage de la région lyonnaise, conclut: « On naît fils de verrier, de souffleur ou de tailleur de cristaux près de 7 fois sur 10 [...] et l'on épouse la fille de celui dont on partage le labeur devant les fournaises pas loin d'une fois sur deux. »

Cette hérédité professionnelle est l'élément de base du contrôle du marché du travail que ces professions tentent d'imposer aux employeurs. Il y a dans l'ouvrage de Perdiguier maints exemples qui illustrent l'efficacité — à un moment où, ne l'oublions pas, le marché du travail reste encore très cloisonné — des pratiques compagnonniques pour imposer un « tarif » à un maître récalcitrant, contrôler l'embauche d'une ville à l'autre, au besoin mettre « en interdit » pendant des mois, voire des années, des ateliers refusant d'accepter leur loi. D'une façon peut-être moins spectaculaire, mais aussi efficace, les ouvriers des forges du début du XIXe siècle, grâce à une fidélité pluriséculaire au mode de recrutement qui leur permet d'étendre leur « réseau d'inter-connaissances », « empêchent la création d'un véritable marché du travail, et le système qui en tient lieu, à base de successions et de permutations, garantit le maintien des situations acquises [31] ».

Cette autonomie professionnelle explique les éléments de pouvoir dont disposent ceux qui en sont maîtres. Au sein du couple par exemple, alors que, plus encore qu'aujourd'hui, les femmes sont en position d'infériorité par rapport aux hommes, l'art de la dentelle leur fournit un ascendant sur leur mari, car « ce sont les femmes qui dans la famille et dans le ménage représentent l'argent vivant, le travail des hommes étant presque entièrement consacré aux occupations agricoles qui, loin d'être productrices de numéraire, fournissent à peine aux besoins matériels du ménage ». A tel point qu'en été elles préfèrent payer un aide à leur mari pour la moisson plutôt que d'abandonner leur activité [32]. Cette indépendance, qui a pour contrepartie bien sûr la dépendance vis-à-vis du marchand-fabricant, s'illustre aussi par le fait que « tous les samedis la dentellière part vendre son travail au comptoir », échappant ainsi à « l'enfermement domestique » que connaissent tant de femmes du peuple surtout dans les régions de montagne. Dans ces conditions, on comprend le « culte » que les femmes vouent à leur outil de travail, reflet peut-être d'une « culture ouvrière » spécifiquement féminine : « Chez les femmes du Velay, le carreau est une véritable passion : servant de jouet à l'enfant, de gagne-pain à la femme, il devient pour les vieilles dentellières une distraction nécessaire. Forcée par les infirmités de revenir aux dentelles simples et étroites, l'ouvrière âgée travaille tant que ses yeux peuvent distinguer, tant que ses doigts peuvent remuer, aussi, lorsque les fuseaux ne sonnent plus dans une maison, c'est que la fin de son habitante est proche. »

S'il existe une mobilité ouvrière organiquement liée à la polyactivité (que reflètent la plupart des migrations saisonnières), la mobilité des ouvriers de métier comme moyen d'organiser la rareté sur le marché du travail est une constante de cette époque. Les verriers, par exemple, se déplacent en permanence dans toute la France, pour des raisons qui sont aussi techniques (nécessité de réparer régulièrement les fours). Ils se constituent ainsi tout un réseau d'amitiés professionnelles qui permettent une circulation interne des informations sur le travail, l'embauche, l'évolution technologique qui renforce la cohésion de la communauté non pas sur une base territoriale étroite, comme pour les tisserands à domicile, mais « à distance ». Tout au long du XIXe siècle, les patrons se plaignent de ces « oiseaux de passage » qui sèment la perturbation par leur comportement dissipé qui tranche sur celui des populations rurales des manufactures, mais dont la qualification est souvent nécessaire au démarrage des entreprises. Dans les Vosges, ces ouvriers nomades sont surnommés par dérision les « vingt-huit jours », à cause du préavis de 4 semaines qu'ils doivent donner avant de quitter leur employeur. « Ils ne possèdent souvent aucune attache familiale dans la localité où ils résident. Leur mobilier est réduit à sa plus simple expression : un ou deux lits pliants, un fourneau de cuisine, une table, quelques chaises, un banc de pot, une araignée, des matelas, des couvertures, du linge de corps rangé dans une malle et quelques ustensiles en fer. Ils quittent leur emploi pour un motif futile : réprimande du directeur ou du contremaître, saute d'humeur, querelle avec le voisin ou dispute dans le ménage. Leur décision prise, ils chargent tout ce qui leur appartient sur la charrette à deux roues qu'ils utilisent chaque dimanche en été pour aller chercher du bois mort en forêt, puis, suivis de leur femme et de leurs enfants, ils prennent la route [33]. »

Des pratiques populaires renforcées par la Révolution française.

Que le monde ouvrier décrit dans les pages précédentes ne soit guère adapté aux exigences de la Révolution industrielle, il suffit de lire l'ouvrage de Karl Polanyi sur la « grande transformation » capitaliste du XIXe siècle pour s'en convaincre. Pour lui, en effet, la doctrine libérale exige la mise en place d'un « marché autorégulé » dans lequel la terre et le travail, notamment, doivent devenir de pures marchandises, soumises à la loi de l'offre et de la demande. D'où la nécessité de chasser des millions de paysans de leur terre pour les transformer en prolétaires déracinés dans les grandes villes industrielles. Pour Marx également, la libération de la force de travail paysanne est la condition essentielle de l'accumulation primitive du capital [34].

Or en France, on peut presque dire que, jusque sous le Second Empire, on observe plutôt une tendance inverse, à savoir l'accentuation de l'enracinement rural des classes populaires. Pour expliquer cette situation, il faut abandonner la vision de la Révolution française marquant une coupure absolue avec « l'Ancien Régime » et favorisant l'émergence de la classe ouvrière de type moderne exigée par la grande industrie [35]. En effet, des mesures essentielles prises au cours de cette période constituent en fait des concessions au monde paysan.

On sait que lors de son voyage en France, à la veille de 1789, Arthur Young, habitué aux campagnes anglaises où les petits propriétaires étaient déjà très rares, avait été choqué en voyant la multitude des exploitations paysannes souvent minuscules existant dans la plupart des régions de France. Dans la période suivante, la vente des biens nationaux accentue encore ce phénomène. Certes, pour une bonne part, ce sont la noblesse et la grande bourgeoisie qui ont acquis ces terres. Néanmoins, la petite et moyenne paysannerie, voire le prolétariat rural des journaliers, ont pu se rendre maîtres d'une partie de ces biens fonciers. Parcelles souvent minuscules face aux grands domaines, mais qui ont permis souvent aux plus pauvres de disposer d'une base élémentaire pour éviter, au prix de mille efforts, l'exode rural, dans la logique de l'économie de subsistance décrite plus haut. A cet obstacle de nature économique pour le capitalisme, il faut ajouter tout ce qui relève des mentalités collectives. En effet, comme l'a montré Max Weber, pour que la société industrielle puisse triompher, il faut aussi que la conversion complète du système de valeurs dominant dans la société traditionnelle soit réalisée et qu'une partie importante de ses membres acquièrent un état d'esprit « tourné vers le gain [36] ». Or, comme nous l'avons vu, l'attachement des classes populaires au travail à domicile et à la pluri-activité s'explique non seulement par les nécessités de la vie quotidienne, mais aussi parce que ces pratiques correspondent à toute une culture populaire à laquelle chacun est très attaché. La vente des biens nationaux est de ce point de vue aussi un élément qui renforce les dispositions traditionnelles. En effet, cette mesure va stimuler pendant plusieurs décennies une *compétition* pour l'acquisition des terres, accentuant encore la répulsion pour le travail en usine. Le Code civil, qui impose le partage égalitaire de l'héritage entre tous les enfants, est un facteur supplémentaire qui favorise, au moins jusqu'au Second Empire, cette « faim de terre » dans les campagnes, évoquée par Michelet.

L'industrie rurale est ainsi une aubaine car elle fournit le numéraire nécessaire à l'achat des petites parcelles, dans un monde où le règne de l'autosubsistance fait de l'argent un bien rare. Dans la bonneterie troyenne, la laine est tissée jusque dans les moindres hameaux. Comme l'observe le préfet, « c'est presque toujours à ce métier que le fabricant-agriculteur doit le champ dont la culture accroît l'aisance de la famille. Il ne reste presque jamais en repos ; il est mis alternativement en activité par le père, la mère, le fils et même la jeune fille, et s'il est quitté par l'un d'eux, c'est pour le travail agricole ou d'autres occupations utiles au bien-être de tous ».

Partout, les petites économies faites grâce à l'industrie rurale sont aussitôt investies dans l'achat de terres. Ainsi, en 1859, le procureur général de Caen note que l'amélioration de la situation dans le textile local a permis à la plupart des ouvriers de devenir propriétaires. A Reims, à la même époque, ces derniers achètent par petits lots des biens nationaux, afin d'y construire des maisons qu'ils louent ensuite aux immigrants. Quand ils n'ont pas d'économies, le fait d'exercer une petite activité rémunérée pousse les paysans à s'endetter pour acquérir des biens fonciers, le travail industriel servant alors à rembourser ces « dettes de mieux-être » évoquées par Philippe Vigier [37], et dont nous avons donné des exemples avec les brodeuses des Vosges et les maçons de la Creuse. Ces préoccupations foncières renforcent encore l'extrême frugalité des consommations paysannes qui même dans les moments d'aisance sacrifient tout à l'épargne pour la terre.

A certains égards, cette analyse vaut aussi pour les métiers urbains. Chez des intellectuels aussi préoccupés de la question du travail que les Encyclopédistes, on constate que l'industrie est surtout considérée « comme une extension quantitative de la production artisanale ». Pour l'améliorer, il faut surtout développer un enseignement pratique fondé principalement sur le dessin. C'est dans cette perspective qu'est créé, pendant la Révolution, le Conservatoire national des Arts et Métiers [38]. Ainsi, la recherche scientifique n'est pas considérée d'emblée comme devant servir la production industrielle, ce qui préserve pour longtemps encore l'autonomie des savoir-faire ouvriers.

L'interdiction des corporations a certes été, comme cela a été souvent souligné, un facteur important du développement capitaliste, la suppression des multiples règles qui corsetaient la production ayant stimulé la liberté d'entreprise, favorisé la concentration des établissements et l'accumulation du capital. Cependant, outre le fait que, comme nous le verrons plus loin, la tradition corporative survit dans le monde ouvrier en dépit de la législation la supprimant, la levée des carcans d'Ancien Régime pesant sur le monde des métiers, conjuguée aux bouleversements sociaux consécutifs aux guerres révolutionnaires et napoléoniennes, encourage là aussi la compétition individuelle pour l'accès à la propriété des « moyens de production ». Dès le XVIIIe siècle, il ne faut pas oublier que beaucoup de compagnons ne pouvaient plus devenir maîtres comme cela était en principe la règle dans les siècles passés. Ils étaient condamnés à rester ouvriers toute leur vie, alors qu'une tendance à l'hérédité se manifestait chez les maîtres. Dans le nouveau contexte qui prévaut au début du XIXe siècle, la réussite dans les affaires industrielles ne semble plus dépendre que du talent individuel, de l'énergie déployée ou de la « chance ». Certes, au départ, les écarts de fortune constituent pour les moins riches un handicap insurmontable. Cependant, comme l'a montré Louis Bergeron, dans la France du début du XIXe siècle, la réussite dans les affaires n'est pas très bien considérée, la bourgeoisie aisée préférant investir dans les biens fonciers libérés par la Révolution. Jusque sous le Second Empire, à en croire Georges Duveau, de grandes figures du monde industriel comme Cail ou Rambourg de Commentry, « tout en continuant à construire des usines nouvelles, ont la nostalgie des champs [39] ».

Des possibilités objectives sont ainsi créées qui permettent aux gens de métier d'espérer (avec combien de désillusions) s'installer un jour à leur compte. D'où la naissance d'une puissante motivation, qui peut trouver dans les principes révolutionnaires de la liberté et de l'égalité sa légitimité, mais qui ne va guère dans le sens des intérêts du capitalisme moderne.

Comme l'illustrent les travaux effectués sur la bourgeoisie française, jusqu'au milieu du XIXe siècle, le monde patronal est encore un milieu relativement ouvert et les exemples d'ouvriers ayant réussi ne sont pas rares [40]. Les frontières entre monde patronal et monde ouvrier ne semblent pas encore complètement fixées. D'où l'instabilité du monde des métiers urbains que reflètent les documents de l'époque. Dans les monographies de l'École de Le Play par exemple, beaucoup des ouvriers de la petite industrie urbaine étudiés donnent le sentiment de passer une bonne partie de leur existence en « aller et retour » entre les deux conditions, sans être découragés par des faillites qui les obligent parfois à rembourser leurs dettes pendant de longues années. Cette volonté d'être « son propre maître », qui est à la base du mouvement coopératif d'inspiration socialiste, accroît encore aux yeux des ouvriers l'importance de la solidarité familiale, comme nous l'avons vu à propos du tisseur de châles parisien, et comme l'illustre, dans un autre domaine, la biographie de Michelet lui-même, fils d'imprimeur ruiné, devenu professeur au Collège de France, grâce aux sacrifices de ses proches.

Étant donné ce contexte, les patrons français ont en majorité préféré développer leur affaire en s'appuyant sur le rapport de forces existant, plutôt que d'imposer brutalement des transformations inspirées du modèle britannique.

Deux facteurs supplémentaires les poussent d'ailleurs dans cette voie. Tout d'abord, le maintien d'une population paysanne considérable, tournée en bonne partie vers l'autoconsommation, empêche une réelle extension du marché intérieur. D'où le caractère longtemps incertain et instable de la production industrielle, et la nécessité des exportations. Dans ces conditions, un marché du travail composé en majeure partie d'ouvriers migrants et d'ouvriers-paysans présente l'immense avantage d'être extrêmement souple. Au moindre retournement de conjoncture, la main-d'œuvre rurale est renvoyée à ses cultures, et il suffit de stopper l'embauche pour écarter les travailleurs mobiles. De même, dans des industries où le chômage saisonnier dure souvent plusieurs mois, le travail à domicile permet d'économiser les frais d'amortissement du capital fixe pendant la morte-saison. Le fait que beaucoup de patrons soient issus de milieux sans grande fortune au départ est un facteur supplémentaire jouant en faveur du *domestic system*. Dans cette logique économique en effet, l'ouvrier fournit lui-même le local de travail et les outils. De plus, dans l'industrie rurale, sa condition de « propriétaire terrien » est mise à profit par le marchand-fabricant pour maintenir des taux de salaires très bas. Sans compter les bénéfices politiques que la dispersion du travail fournit. Le patron peut ainsi échapper à la législation qui, depuis 1841, limite le travail des enfants dans les établissements de plus de 10 employés. Mais surtout, la délocalisation de la production est une arme absolue contre les ouvriers trop revendicatifs. Ce n'est pas un hasard si la dispersion du travail de la soie, dans les campagnes de la région lyonnaise, prend une extension brutale après les émeutes de 1831 et 1834.

Dans la grande industrie minière et métallurgique, installée le plus souvent en zone rurale, le refus de heurter de front la main-d'œuvre conduit les patrons à encourager le système des ouvriers-propriétaires. Sans insister maintenant sur un mode de gestion de la force de travail sur lequel il nous faudra revenir, notons par exemple qu'au milieu du siècle, parmi les 567 ouvriers travaillant pour la maison Peugeot à Valentigney et qui représentent 364 familles, 151 sont propriétaires de biens fonciers. Souvent, le patron n'est lui-même que le plus gros propriétaire local. Dans la métallurgie du Périgord par exemple, la plupart des maîtres de forges appartiennent à la bourgeoisie rurale. La gestion de l'entreprise n'est qu'un élément dans un ensemble plus vaste, dont la logique repose sur la complémentarité des activités. La saison des forges commence en effet quand finit le travail des champs, ce qui permet de mobiliser la main-d'œuvre alternativement pour une activité puis pour l'autre et de lui procurer de l'ouvrage toute l'année [41].

Plus que la « discipline d'usine [42] », ce sont les formes anciennes de contrôle de la main-d'œuvre qui dans le cadre de la « proto-industrialisation » restent dominantes. Celles-ci se caractérisent surtout par un pouvoir pesant de « l'extérieur ». Marx avait déjà insisté, en parlant du travail à domicile, sur les « fils invisibles » qui relient l'ouvrier à son patron dans ce système, mais qui n'empêchent nullement ce dernier d'imposer sa domination. Les marchands-fabricants utilisent ainsi à leur profit la volonté farouche, qui anime les travailleurs de l'industrie rurale, d'échapper à l'exode rural. Les tisserands ont des journées de travail encore plus longues que celles des ouvriers de manufactures et des salaires plus bas. Et leur exploitation s'accentue à mesure que la concurrence des grandes usines détruit le *domestic system*. Même s'ils ne sont pas sous le regard du maître, les ouvriers à domicile vivent dans une dépendance étroite. Comme le note Augustin Cochin, à propos des brodeuses des Vosges, « le fabricant les tient en outre par la division du travail ; elles ne la font pas [la broderie] en entier. Il les tient encore par les difficultés de la réception ; il peut refuser un travail sous prétexte qu'il est mal fait, rabattre le prix ou le laisser par contre à l'ouvrière, en réclamant le prix du tissu [...]. Enfin le fabricant peut victimer encore les ouvrières par le choix des contremaîtresses peu scrupuleuses qui réduisent abusivement le prix ou bien refusent le travail ».

Dans les manufactures comme dans le travail à domicile, les patrons tirent aussi profit des formes de domination sociale qui existent dans la société traditionnelle, et notamment dans l'univers domestique. Ils profitent ainsi de la soumission des femmes et des enfants pour leur faire accomplir les travaux les plus ingrats qui sont aussi les moins payés.

Au sein de la grande industrie rurale, le contrôle de la main-d'œuvre et l'autorité patronale sont confortés par le système du « patronage ». Dans une population pour laquelle seul le travail industriel complétant l'agriculture peut permettre une certaine aisance, celui qui le fournit est spontanément considéré comme un véritable « bienfaiteur ». Ceci d'autant plus que, grâce à sa richesse, le patron est souvent au centre de la charité et de la bienfaisance qui dans les moments difficiles soulagent la misère populaire. Japy, par exemple, possède un moulin. En période de disette, il distribue des grains et du pain, fournit de l'ouvrage pour les vieillards. Détenant souvent des mandats électifs, comme Jules Chagot, maire de Montceau-les-Mines de 1856 à 1878, ces notables locaux tirent aussi profit du bureau de bienfaisance municipal. Même dans les grandes villes, les fêtes publiques sont l'occasion pour eux de manifester leur grandeur d'âme en distribuant des vêtements, de la viande aux indigents, etc. L'harmonie entre le patron et ses ouvriers est favorisée par la religion qui légitime les comportements de charité, et aussi par l'existence de rapports directs entre eux, du fait que la taille des entreprises est encore modeste.

Un peu comme le paternalisme décrit par Edward P. Thompson à propos de la *gentry* au XVIIe siècle [43], ce patronage présente un double caractère. Tout ce qui relève de la fonction propre du patron, à savoir l'exploitation de la force de travail, est soigneusement caché, alors que la bienfaisance est largement exhibée en public, dans un rituel et un « théâtre » où les femmes jouent les premiers rôles. L'autre face du patronage tient dans son extrême sévérité vis-à-vis de tous ceux qui manifesteraient la moindre velléité de dissidence. Le contrôle externe signifie ici que l'autonomie des pratiques populaires est respectée par le patron, mais les limites à ne pas dépasser sont clairement et publiquement exprimées. En Angleterre, l'exercice de la justice par la *gentry* lui permet, notamment par le rituel des exécutions publiques, de manifester, de façon là aussi théâtrale, la toute-puissance de son pouvoir afin de dissuader la contestation. Dans le cadre de la grande industrie rurale, cette stratégie s'applique surtout à l'entreprise par une discipline très rigoureuse dont témoignent les règlements intérieurs avec toute la hiérarchie des sanctions allant de l'amende au bannissement, et qui rend pratiquement impossible toute contestation organisée.

Si l'on se place au niveau de l'État, les mêmes principes d'un contrôle externe se retrouvent. L'État n'intervient guère dans les affaires du peuple si ce n'est pour maintenir l'ordre. Là aussi, comme l'a montré Michel Foucault, c'est dans l'exercice public de la terreur, destiné à frapper les imaginations et à dissuader le peuple de se mesurer à lui, que le pouvoir se manifeste[44]. En dehors de cela, les techniques de régulation sociale restent très élémentaires. La préoccupation première est toujours d'éviter les « émeutes de la faim » jusqu'à la mise en place du réseau ferré dans les années 1860 ; d'où le stockage des céréales, le contrôle du prix du pain, qui occupent une bonne part du temps des agents de l'Administration.

2. L'impossibilité à créer une véritable « classe ouvrière » dans la grande industrie

Si jusqu'à la fin du XIXe siècle une fraction du patronat conserve un mode de domination de la main-d'œuvre fondé sur la logique des « fils invisibles », très vite, dans les secteurs les plus novateurs, on se rend compte des contradictions de ce système.

L'insuffisance de l'exode rural provoque une pénurie constante d'ouvriers dans les branches où le travail est le plus éprouvant. Les mines de charbon sont à cet égard un exemple particulièrement frappant. A mesure que les puits s'enfoncent sous la terre, et que les besoins de l'économie française augmentent, les lamentations patronales s'accentuent. A Carmaux, où Rolande Trempé a étudié d'une façon très détaillée ce problème, dans les années 1870 encore, il suffit d'une bonne récolte pour paralyser le recrutement. Dans le Nivernais, la prospérité économique de la fin des années 1850 entraîne, chez les mineurs d'Aubois, des « symptômes inquiétants d'émigration ». Dans le secteur du Creusot, partout les compagnies minières se volent des ouvriers, au point que des plaintes sont déposées devant le juge de paix. Vers le milieu du siècle, la mine de Blanzy devrait fournir de 40 000 à 50 000 hectolitres de charbon par mois pour satisfaire les commandes; par manque de main-d'œuvre, elle ne peut en fournir qu'environ 30 000[45]. A partir des années 1860, le problème constitue « l'angoisse numéro 1 » des dirigeants, comme l'illustre l'examen des rapports d'activité annuelle de Carmaux. A cela s'ajoute un autre problème, qui tient au caractère trop « paysan » de la main-d'œuvre. A Carmaux, le directeur de la Compagnie vitupère les « habitudes invétérées » des ouvriers-paysans, car elles « sont un des plus grands obstacles à l'extraction ». Les mineurs travaillent peu; à Blanzy, il faut les « harceler » et le maître-mineur lui-même se montre « peu zélé ». Dans de nombreuses entreprises de ce type, on signale que les ouvriers sont toujours fatigués; ce qui se comprend lorsqu'on sait que la double activité industrielle et rurale leur fait faire des journées allant jusqu'à 19 heures par jour! Par ailleurs, l'importance du *turn over*, qui atteint à l'Arsenal de Toulon plus du dixième de l'effectif quotidien, empêche les ingénieurs de faire des prévisions sérieuses quant à l'activité de leur établissement. En parlant de la période antérieure au Second Empire, Louis Reybaud note que l'usine était un « lieu de passage » : « C'était un Tour de France à faire, ou des moissons à achever d'urgence, quelquefois une épidémie de fêtes patronales qui éclataient aux environs. Les ateliers demeuraient dès lors au régime de l'imprévu, tantôt encombrés, tantôt dégarnis [46]. » Même dans une région où le travail du textile est aussi ancien que celle de Caen, jusqu'en 1890, comme le montrent des recherches récentes, rares sont les ouvriers qui restent plus de cinq ans dans les fabriques, un tiers demeurant moins d'un an dans le même établissement, sans même tenir compte des ouvriers temporaires [47].

Outre les difficultés de gestion de l'entreprise, cette situation empêche la formation d'une main-d'œuvre qualifiée au sens moderne du terme. Comme le constate Arthur Dunham, le patronat français a payé cher une stratégie fondée sur les bas salaires de la main-d'œuvre rurale, car cela a été un obstacle essentiel pour l'apprentissage des nouveaux métiers spécialisés de la grande industrie, que ce soit dans les mines ou la métallurgie. Ce n'est que sous le Second Empire, notamment à la suite de l'Exposition de Londres, que des saint-simoniens, comme Michel Chevalier, parviennent à convaincre une fraction importante du patronat de l'aspect vital de ce problème. L'un des facteurs principaux expliquant la supériorité de l'industrie britannique vient, pour lui, du fait que « les vieux ouvriers stables constituent l'ossature de la manufacture anglaise, mais [ils] sont inexistants en France [48] ».

Des voix de plus en plus nombreuses s'élèvent aussi pour dénoncer l'inefficacité du système économique traditionnel. L'étroitesse du marché intérieur rend l'industrie textile (qui rassemble plus de la moitié de la main-d'œuvre industrielle, ne l'oublions pas) particulièrement dépendante des ressources paysannes. Une série de mauvaises récoltes, et ce « merveilleux consommateur qu'est le peuple », comme dit Michelet, est dans l'incapacité d'acheter le moindre vêtement, provoquant le chômage. Les compléments de ressources s'effondrent, et c'est l'ensemble des classes populaires qui sont touchées.

A partir de 1860, les traités de libre-échange avec la Grande-Bretagne s'ajoutent à ces faiblesses structurelles pour aggraver les problèmes de l'industrie rurale qui entame alors un déclin qui va se précipiter dans la période suivante.

L'industrie française souffre aussi d'une mécanisation insuffisante qui rend ses produits peu compétitifs. Jusqu'à l'apparition des chemins de fer, le cloisonnement des marchés locaux atténue les inconvénients de cet état de fait; mais à partir des années 1860, il n'en va plus de même.

De plus en plus, l'autonomie laissée aux producteurs est donnée pour l'une des causes de ce que l'on commence à appeler « l'archaïsme » de l'économie française. Dans la sidérurgie, par exemple, dès la fin du XVIIIe siècle, « sur le savoir-faire des ouvriers se concentre l'animosité des maîtres de forges éclairés, des administrateurs et autres experts. Tous déplorent [...] qu'il soit à ce point immobile, irrationnel et qu'en même temps on ne puisse le contourner [49] ». Lamentations qui touchent progressivement les autres secteurs d'activité. De même, les enquêtes de l'époque commencent à mettre en relief les moyens dont disposent les ouvriers à domicile pour s'opposer au marchand-fabricant. Augustin Cochin montre que les dentellières des Vosges peuvent se « venger » de leur patron en communiquant les dessins à partir desquels elles travaillent (et qui sont souvent le secret d'une maison); elles peuvent perdre ou soustraire le tissu, accepter plusieurs ouvrages à la fois et retarder la livraison. Comme dans cette industrie tout est question de mode, et qu'au XIXe siècle déjà celle-ci passe vite, tout retard peut compromettre définitivement la marchandise.

Le petit patronat est particulièrement dépendant de ce « chantage » ouvrier. Que ce soit pour les chaussonniers de Fougères ou les mégissiers de Mazamet, la menace de ne pas accomplir le travail dans les temps voulus est très efficace. Étant donné ses faibles stocks et ses faibles réserves en numéraire, ce type de patron ne peut guère attendre très longtemps.

Enfin, le contrôle du marché du travail que continuent d'exercer en plein XIXe siècle ouvriers des forges, verriers ou compagnons du Devoir, est de plus en plus mal toléré. Dans les villes notamment, Émile Coornaert estime que c'est sur cette question que « deux camps ennemis », maîtres d'un côté, compagnons de l'autre, tendent à se former, même si globalement l'entente demeure entre eux [50].

Pour toutes les régions de France, nous avons pourtant des témoignages illustrant l'efficacité de la résistance populaire devant des mesures qui auraient permis d'accélérer l'exode rural et donc de fournir à la grande industrie les bras dont elle manquait. En Bourgogne, le sous-préfet d'Autun estime qu'une « loi qui ordonnerait la vente des communaux au profit des communes causerait presque une révolution » ; de même à propos de la suppression de la vaine pâture : « Je craindrais beaucoup qu'il y eût des attentats sur les personnes de ces gardes et sur les maires. » Plus directement, dans de nombreux endroits, on renonce à diriger par la contrainte les travailleurs dans les manufactures. En 1838, un industriel d'Alençon affirme que « toute tentative pour faire entrer ces paysans dans une usine provoquerait une révolution » ; en effet, sur les 45 000 ouvriers qu'il emploie à ce moment-là, 3 000 seulement habitent la ville.

De même, les efforts pour intensifier le travail se heurtent au mécontentement des ouvriers-paysans. A Carmaux, la direction essaie pendant plusieurs dizaines d'années de modifier les horaires, afin d'empêcher les ouvriers de se livrer ensuite au travail des champs ; mais les grèves partielles contre ces projets la contraignent à les repousser à plus tard. Même chose chez les mineurs de l'Allier qui refusent l'extension de la journée de travail qui les priverait du contact avec les champs[51].

Michelle Perrot a montré l'ampleur des résistances que suscitent jusqu'au milieu du XIXe siècle les tentatives patronales de mécanisation du travail. Chez les tisserands ou les tondeurs de laine, c'est la menace de la déqualification, c'est-à-dire d'une dévalorisation sur le marché du travail, que l'on veut écarter. Chez les ouvriers-paysans, à l'inverse, on craint surtout que les mécaniques nouvelles ne compliquent trop la tâche à laquelle on est habitué, et dont le seul intérêt est de fournir des ressources monétaires[52]. La logique de la complémentarité du travail industriel et du travail rural expose les chefs d'entreprise à une opposition de l'ensemble de la communauté rurale-ouvrière.

A Allevard par exemple, une enquête signale que le développement de la production des forges est rendu impossible à cause de l'opposition de toutes les forces rurales : paysans, forestiers, municipalité. Ceux-ci refusent l'extension des déboisements, la construction de nouveaux barrages qui font déborder la rivière, etc. Bien souvent les grèves ouvrières, nombreuses bien qu'elles soient illégales, prennent l'aspect de véritables « jacqueries » qui opposent toute la communauté villageoise au patron et bien souvent aux forces de l'ordre. La plus longue grève de toute la monarchie de Juillet se déroule à Lodève de février à mai 1845. L'opiniâtreté de la résistance ouvrière est due, selon le préfet, au fait qu'après avoir quitté leur métier, les tisserands « se sont immédiatement livrés au travail des campagnes ». De même, lors de la grande grève des mineurs d'Anzin en 1846, pendant plusieurs semaines, 1 200 mineurs se terrent dans la campagne, couchant dans les champs et ravitaillés par leurs familles[53].

Dans l'industrie urbaine, la capacité collective d'opposition aux innovations est également très perceptible. En maintes régions, on a le sentiment d'une sorte de « guérilla » permanente entre patrons et ouvriers. A Roubaix, par exemple, les travailleurs à domicile se caractérisent par leur instabilité, travaillant pour plusieurs marchands à la fois, afin d'accroître leur indépendance, livrant leur marchandise avec retard ; d'où une gêne considérable pour les patrons. De leur côté, les chefs d'entreprise s'emploient, dans les manufactures, à réduire les repos en obligeant, comme à Lille, leurs ouvriers à manger dans les ateliers ou, à Paris, à limiter les sorties des fondeurs à 3 par jour, pour réduire les régalades au cabaret pendant le temps de travail. A Amiens, on rogne sur les salaires en pratiquant des retenues sur l'huile consommée pendant le travail de nuit. Là aussi, les ripostes collectives sont fréquentes. Dans l'exemple des fondeurs parisiens cité plus haut, la décision patronale suscite aussitôt la grève unanime, et un récalcitrant est « régalé d'un éblouissant charivari[54] ». La mécanisation, les efforts déployés pour agrandir la taille des établissements se heurtent à la mauvaise volonté des travailleurs. Les tisseurs de châles parisiens, par exemple, sont hostiles à l'introduction des métiers Jacquard, car ils sont plus chers que les métiers simples et plus complexes à utiliser, deux facteurs conduisant à la concentration des établissements. Au début de la Restauration, des patrons plus aisés tentent d'installer des « fabriques » regroupant des dizaines d'ouvriers payés à la tâche ou à la journée. Mais ces derniers, « n'étant plus stimulés par l'intérêt de la propriété, négligent les soins de leurs métiers, et les dépenses d'entretien et de réparation deviennent une lourde charge pour le fabricant » ; à tel point que plusieurs d'entre eux font faillite, et que l'on en revient, en 1832, au travail en petits établissements, pour retrouver l'avantage que présente l'entretien du matériel laissé à la charge de l'ouvrier[55].

Les tentatives de délocalisation de la production, des villes vers les campagnes, suscitent de nombreuses révoltes. Ainsi à Nîmes en 1834, les taffetassiers organisent une grève contre cette pratique. Ils se rassemblent aux portes de la ville dans l'intention d'intercepter la marchandise fabriquée par les paysans des alentours et de la détruire ; mais la police les en empêche. De même, comme l'a bien montré l'historien américain Robert J. Bezucha, les soulèvements des canuts lyonnais, qui ont frappé toute l'Europe, et notamment celui de 1834, constituent une riposte aux tentatives des marchands-fabricants visant à détruire la communauté de travail traditionnelle, par la mécanisation, et par la dispersion du travail dans la campagne et dans de nouveaux quartiers de la ville, qui introduit une concurrence mortelle pour les véritables « canuts[56] ».

Lors des très graves crises, comme celle de 1848, ces tiraillements quotidiens peuvent déboucher sur des explosions de colère extrêmement violentes qui illustrent toute la force de la mobilisation des communautés populaires traditionnelles. A partir de l'exemple du Var, Maurice Agulhon a décrit la logique de ces comportements dans l'industrie rurale. Dans le village de La Garde-Freinet, les ouvriers forment un bloc composé des artisans, des compagnons et des salariés agricoles, tous « intimement mêlés au village ». Ce qui fait que, lorsque les ouvriers bouchonniers se séparent progressivement de leurs patrons, les autres composantes du monde rural soutiennent leur action. En 1848, la coopérative de production qu'ils fondent est reçue d'autant plus favorablement par les paysans que celle-ci leur donne le moyen d'obtenir des ressources complémentaires, élément vital pour eux en ces temps de crise. C'est pourquoi, lorsque en 1851 les autorités décident de fermer la coopérative, c'est l'ensemble de la communauté qui se soulève. L'exemple varois montre bien aussi que les traditions ancestrales de luttes collectives propres au monde rural sont mises à profit par tout le groupe ouvrier-paysan pour exprimer sa révolte. En 1850 à Vidauban, c'est le pouvoir subversif du carnaval qui est utilisé contre la puissance publique. En dépit de l'interdiction du maire, une farandole est organisée dans la ville, un mannequin (de blanc vêtu) est ensuite jugé devant un « tribunal populaire » et décapité à coups de hache. Pour la presse conservatrice, « il s'agissait bien d'une apologie de la Terreur par reproduction mimée d'une exécution révolutionnaire ». D'autres témoignages montrent que ces pratiques ne sont pas propres au Var. Ainsi en 1848, de Saint-Étienne à Rives-de-Gier, les mineurs de la Loire manifestent en promenant des mannequins représentant les dirigeants des Compagnies, dans des cortèges d'allure carnavalesque [57].

Les formes écrites de protestation reflètent elles aussi le monde des révoltes agraires. En suivant là encore Edward P. Thompson, remarquons que l'impossibilité d'une expression « démocratique » des revendications (conséquence d'une conception « absolue » du pouvoir) oblige les ouvriers à utiliser l'anonymat dans leurs revendications. Entre 1848 et 1850, de nombreuses lettres anonymes sont envoyées au directeur du Creusot : « Je te préviens », dit l'une d'elles en février 1849, « que si tu refuses encore des ouvriers [...], on brûlera toutes les maisons qui appartiennent à la Compagnie. » En avril 1850, suite à l'annonce d'une diminution de salaire, la grève éclate et une affiche manuscrite est placardée à l'entrée du puits Saint-Éloy : « Nous citoyens Mineur du Creusot nous sommes aujourd'hui au dernier désespoir et vous voyez comme l'ong nous condui [...]. Nous navons qu'une chose à faire. Mais cependant nous ne demandons que notre salaire comme aux premier abord ou sinon nous ne Travaillons pas ou en cas qu'un arrangement fait par des citoyens du gouvernement républicain. » Et l'affiche est signée : « Les Mineurs du Creusot. Liberté, Égalité, Fraternité. Quirrier Eleison. » Document qui traduit, malgré son manque de clarté, la confiance ouvrière dans le nouveau gouvernement républicain et l'influence qu'exercent encore les modèles religieux dans ce type de classe ouvrière [58].

Ce sont pourtant les révoltes de l'industrie urbaine qui, pour le pouvoir en place, présentent le plus de danger. En effet, une des grandes originalités du système économique et social français tient dans le fait que la ville où sont concentrés tous les rouages essentiels du pouvoir central, autre héritage du jacobinisme, est aussi celle qui rassemble le groupe ouvrier le plus considérable de tout le pays. D'où la fragilité de l'État au long du XIXe siècle. Les nombreux travaux qui ont été consacrés aux révolutions de cette époque ont mis en valeur la place essentielle tenue par les ouvriers pendant les combats. En 1848, par exemple, Charles Tilly montre le rôle central joué par les maçons, les charpentiers, les mécaniciens. Le meuble, la métallurgie, le bâtiment ayant fourni les « insurgés types » de la Révolution, avec comme objectif central la garantie de l'emploi et de nouvelles relations de travail que l'on pourrait appeler, en usant d'un anachronisme, « contractuelles ». De même, si, pendant la Commune, la composition sociale de l'insurrection reflète davantage la notion de « peuple » que celle de « prolétariat » au sens marxiste du terme, Gérard Jacquemet souligne qu'à Belleville, haut lieu de la révolte, les ouvriers représentent 84 % des insurgés ; et ce sont les plus qualifiés qui sont les plus nombreux. En province, à partir des études faites sur Limoges et Marseille, on peut affiner le « portrait-robot » du révolté. En effet, William Sewell et Alain Corbin constatent que c'est dans les métiers qualifiés « ouverts », c'est-à-dire particulièrement menacés par la concurrence des travailleurs nouveaux recrutés en masse par le patronat, que le nombre des révolutionnaires est le plus grand. En revanche, dans les métiers qualifiés « fermés », qui ont réussi à imposer une forme quelconque de *closed-shop*, l'engagement est beaucoup moins net[59].

Le fait que les quartiers ouvriers aient été livrés à eux-mêmes depuis la Révolution contribue fortement à renforcer l'identité collective et les traditions de lutte chez ceux qui y habitent depuis des générations. On a parlé à juste titre, pour les soulèvements urbains du XIXe siècle, de la continuation du combat des « sans-culottes ». A Lyon, les révoltes de 1831 et 1834 se déroulent dans les mêmes quartiers que le soulèvement dit « des deux sous » de 1786. Et l'on connaît le rôle joué par le Faubourg-Saint-Antoine à Paris, de la prise de la Bastille jusqu'à la Commune. La mémoire collective joue ici un rôle fondamental dans la répétition des processus révolutionnaires. La répression sanglante des manifestations ouvrières marque profondément les esprits. En 1853, par exemple, le procureur général de Lyon considère que si les ouvriers de la ville voient dans leurs patrons des ennemis irréductibles, c'est aussi parce qu'ils n'ont pas oublié les soulèvements et les répressions de 1831, 1834 et 1848[60].

Ainsi, malgré la suppression des corporations et les mesures apparemment radicales visant à effacer jusqu'au souvenir de l'Ancien Régime, comme l'a montré William Sewell, c'est dans les traditions collectives prérévolutionnaires que les gens de métier puisent leurs moyens d'action, adaptant progressivement leur pratique et leur langage à la situation nouvelle[61].

Cette autonomie ouvrière est le terreau à partir duquel peut se constituer une pensée de classe séparée, refusant explicitement les porte-parole venus des autres groupes sociaux. L'expérience du journal *l'Atelier* est sans doute le plus bel exemple de cette « parole ouvrière » sans intermédiaire. Sa rédaction, composée en grande majorité de la « fine fleur » des métiers artisanaux (bijoutiers, mécaniciens et surtout typographes qui forment plus du tiers des animateurs de la publication), reflète les préoccupations du groupe. Les idées d'association, de coopération ouvrière, de défense de la dignité, de l'honneur des gens du peuple, mais aussi le refus de tout contrôle de l'État dans la production, sont les thèmes qui reviennent le plus fréquemment[62].

Il ne faut pourtant pas trop se laisser prendre au discours volontiers « ouvriériste » que les gens de métier diffusent au cours de cette période. Beaucoup d'entre eux — et plusieurs animateurs de *l'Atelier* y réussiront fort bien — n'aspirent qu'à quitter leur condition d'origine. On pourrait même se demander quel rôle a joué la question du « déclassement social » dans le processus de la révolte ouvrière. Les bouleversements sociologiques de la période révolutionnaire ont été pour de nombreuses familles de véritables drames qui ont précipité dans le prolétariat des individus appartenant à des milieux mieux considérés. On en trouve plusieurs exemples dans les monographies de Le Play, et les écrivains-ouvriers ayant connu cette expérience ne sont pas rares. Michelet montre aussi que, dans des familles d'origine modeste dont les membres se sont sacrifiés pour qu'un fils « bien doué » s'élève socialement, un revers de fortune est ressenti comme une catastrophe. « L'artiste en espérance » devenu ouvrier maudira le sort, prenant en haine son atelier et son métier.

« O liberté ! lumière ! me laissez-vous là pour toujours[63]. »

N'oublions pas non plus que le processus révolutionnaire ouvert en 1789 ne s'achèvera en fait qu'avec la IIIe République. Toute la période couverte par ce chapitre est marquée par une instabilité politique entretenue à « droite » par les nostalgiques de l'Ancien Régime et à « gauche » par les représentants de la « classe moyenne » qui n'ont pu se faire une place conforme à leurs désirs. Nous avons vu dans la précédente partie que l'engouement des années 1840 pour le « prolétariat » ne pouvait se comprendre sans faire référence aux problèmes spécifiques des différents groupes sociaux de la France du temps, chacun voyant dans une alliance avec la classe ouvrière un moyen de satisfaire ses propres aspirations. Si la mobilisation populaire explique la multiplication des enquêtes sur le « prolétariat », elle n'est pas sans rapport non plus avec l'émergence d'un nouveau type d'intellectuel appelé à un bel avenir : le théoricien nourri d'économie politique et de sciences sociales[64].

3. Le compromis « néo-libéral »

Ces quelques pages illustrent les difficultés rencontrées par les tenants du libéralisme intégral pour imposer au pays les réformes nécessaires. On peut, me semble-t-il, soutenir que ce sont ces blocages sociologiques qui sont à l'origine d'une forme originale de théorisation du capitalisme qui pendant au moins un demi-siècle suscitera en France un large consensus. Autour d'Adolphe Blanqui et du *Journal des économistes*, dès la monarchie de Juillet sont élaborés les principaux thèmes d'un « néo-libéralisme » à la française[65].

L'Angleterre est considéré comme l'anti-modèle. Pour éviter les excès du « capitalisme sauvage » d'outre-Manche, la solution proposée tient dans la complémentarité des activités économiques. La grande industrie est acceptée à condition qu'elle ne remette pas en cause le rôle central de la petite entreprise traditionnelle ; seule façon d'éviter la prolétarisation massive de type britannique et d'amortir les tensions sociales.

Précisons que dans la « solution néo-libérale » la grande industrie ne peut s'implanter n'importe où. Bien au contraire, on considère qu'elle doit être maintenue à l'écart des villes, formant comme un « îlot » au milieu des champs, afin d'éviter tout contact entre les deux grandes composantes de la classe ouvrière française. C'est sans doute Frédéric Le Play qui a le mieux théorisé la nécessité du développement industriel sans la ville. Pour lui, celle-ci signifie le déracinement des travailleurs qui deviennent ainsi la proie des jeunes intellectuels ambitieux et sans scrupule. A la campagne, l'ouvrier bénéficie du patronage bienveillant du chef d'entreprise. Par ailleurs, la complémentarité qu'offre le travail agricole fournit une activité aux femmes et aux enfants, ainsi qu'au chef de famille pendant les crises. Émile Martin, polytechnicien, directeur des forges de Fourchambault, a lui aussi longuement argumenté en faveur de la propriété ouvrière. Outre le fait qu'il considère que c'est là la meilleure forme de « sursalaire familial », il voit dans la possession d'une terre l'élément central de la « rationalisation des conduites » qui doit permettre d'éduquer la main-d'œuvre. « Ce serait, dit-il, un grand moyen de moralisation de faire de l'ouvrier-manœuvre un petit cultivateur. » Et surtout, la propriété foncière apparaît comme le meilleur moyen de lutter efficacement contre l'instabilité chronique des ouvriers, donc d'enraciner la force de travail et de former petit à petit des ouvriers qualifiés. Ces considérations, partagées par la majorité des patrons français, expliquent que, jusqu'à la fin du XIXe siècle, le nombre des ouvriers propriétaires ne cesse d'augmenter dans la grande industrie. A Fourchambault, 200 hectares sont vendus en une vingtaine d'années au début de la IIIe République. De même à Pont-à-Mousson, où un observateur note avec satisfaction que les ouvriers des hauts fourneaux « ressemblent à l'ouvrier agricole lorrain dont ils sont extraits, très économes, ayant une conduite régulière, possédant généralement leurs gîtes et n'ayant aucun des caractères de l'ouvrier des fabriques des grandes villes [66] ».

Par rapport au début du siècle, le thème de la propriété s'intègre désormais dans un ensemble stratégique, visant à développer le contrôle patronal pour éviter les inconvénients de l'autonomie mentionnés plus haut, ensemble que l'on peut appeler le « paternalisme ». Si l'on regarde les choses de près, l'on constate qu'en fait, au-delà du discours sur la terre, le thème de la propriété se déplace vers la maison avec autour un jardin, voire un petit champ. Mais, alors que dans la période précédente la propriété ouvrière était en général indépendante de l'entreprise, désormais, c'est celle-ci qui la concède, donc qui la contrôle d'une manière ou d'une autre. Par exemple, au Creusot, on note après les grèves de 1848, qui sont parties des « casernes », un abandon total de ce genre de construction au profit d'une politique « d'accès à la propriété ». Émile Cheysson, longtemps directeur du Creusot et théoricien du paternalisme, explique que, grâce à la maison (et non plus à la terre), l'ouvrier devient moral ; « c'est bientôt sa maison qui le possède, elle le moralise, l'assied, le transforme [67] ». Mais beaucoup d'ouvriers, pour devenir propriétaires, empruntent à la Compagnie ; c'est vers elle désormais que s'oriente le système de la dette. Moyen de contrôle auquel s'ajoute la mainmise patronale sur les équipements collectifs, les voies de communication.

D'autre part, les terrains accordés par l'entreprise le sont en général tout près de l'usine et à l'écart du village, ce qui permet de soustraire les ouvriers à l'influence rurale. A la mine de La Machine, après 1860, le détachement de la vie paysanne s'observe aussi par le fait que les cités sont construites en pierre, et non plus en pisé. L'augmentation des salaires, autre forme « d'ouvriérisation », fait des mineurs des « consommateurs » qui attirent plusieurs commerçants (épicier, mercier, boulanger) ; un marché hebdomadaire se tient dans la commune ; les habitudes alimentaires commencent à évoluer. Après 1870, les ouvriers ont même plusieurs tournures d'habits. « Parallèlement à cette transformation qui détache le mineur du genre de vie de l'ouvrier agricole, on assiste à une emprise plus grande de la Compagnie sur la vie ouvrière », note Guy Thuillier. A Carmaux, la même évolution se dessine. A partir du logement, l'emprise patronale se manifeste par le système des « œuvres sociales » qui, dans toute la France, se multiplient à la fin du Second Empire dans les grands établissements industriels. Dans la région lyonnaise, l'enquête de 1872 montre que le système est déjà très répandu, surtout dans les entreprises ayant plusieurs centaines de salariés qui ont choisi délibérément, dit Yves Lequin, de s'installer loin des villes et surtout loin de Lyon. En 1866, le « logement social » patronal concernerait 38 établissements et 65 000 ouvriers. En 1871, 37 % des mineurs du Nord-Pas-de-Calais sont déjà logés par la Compagnie, le nombre des ouvriers propriétaires étant déjà à ce moment en recul. Dans les entreprises où le système est le plus élaboré, comme l'usine de papier Montgolfier, on trouve un économat, une garderie, une école, à la sortie de laquelle l'enfant a automatiquement une place à l'usine, une société de musique. En plus, les caisses de secours sont implantées pratiquement partout, de même que les caisses de retraite, et d'assurance contre les accidents du travail. Peu à peu, l'ancienneté devient le critère central pour bénéficier de ces faveurs. Par exemple, 25 ans de travail ininterrompus sont exigés pour avoir droit à la retraite [68].

En même temps, toujours pour renforcer l'enracinement de la main-d'œuvre et parvenir à ces générations successives d'ouvriers qualifiés qui font tant défaut, les grandes entreprises tentent de donner un sens à l'idée de « carrière ouvrière ». Buret avait déjà noté que « l'armée industrielle n'offrait pas d'avancement », et il ajoutait : « Je le demande, quel avenir attend les ouvriers de nos manufactures, quels encouragements stimulent leur émulation et consolent leurs fatigues [69] ? » C'est à cette question que l'on tente de répondre à partir des années 1860, dans la perspective aussi de détourner les ouvriers de la terre.

Dans les mines de Carmaux, le contour des métiers du fond, qui était flou jusque-là, est précisé ; on crée de nouvelles catégories pour élargir la hiérarchie ; pour stimuler la compétition, on transforme aussi le métier de piqueur considéré comme un « simple avaleur de poussière », afin d'en faire un métier « qualifié ». Dans la métallurgie, à partir de la hiérarchie traditionnelle des métiers du feu, on étoffe les équipes, pour créer des perspectives d'ascension sociale (par exemple au haut fourneau : décrasseur, deuxième fondeur, premier fondeur, etc.). A Hayange, Wendel instaure même un système de « classes » d'ouvriers en fonction de l'ancienneté et de la nature du travail [70].

Néanmoins, il faut souligner que, dans l'ensemble, l'évolution n'en est encore qu'à ses débuts. Dans tous les secteurs de la grande industrie, les ouvriers-paysans traditionnels restent très nombreux; d'autre part, avec la bonne conjoncture des années 1860, le manque de main-d'œuvre entraîne une très forte mobilité ouvrière qui empêche une gestion vraiment cohérente de la force de travail.

Sans pouvoir beaucoup développer ce point ici, soulignons qu'au cours de cette période l'État s'efforce lui aussi d'améliorer ses techniques de contrôle des classes populaires. Après 1848, le « désentassement » des quartiers ouvriers est à l'ordre du jour, légitimé par les préoccupations (certainement sincères, mais le problème n'est pas là) des hygiénistes. L'enjeu de l'évacuation des « caves de Lille », c'est aussi de briser l'identité collective d'une classe ouvrière révolutionnaire. La politique du baron Haussmann, appliquée d'ailleurs au même moment dans de nombreuses villes de France, oblige les ouvriers de l'artisanat à abandonner les quartiers du centre, où ils avaient toute leur histoire, pour les faubourgs périphériques. C'est la même logique que décrit Jeanne Gaillard à propos de l'évolution de la bienfaisance. Après 1848, Paris ne veut plus que, pendant les crises, des milliers de miséreux affluent de partout vers l'Hôtel-Dieu. D'où la décision de créer un hospice par canton, pour disséminer l'assistance, et, le cas échéant, la révolte. Dans ce domaine aussi on retrouve la volonté d'enraciner la population flottante, en individualisant le monde ouvrier. A la place de la pagaille de l'Hôtel-Dieu, se développe la médecine à domicile gratuite, inaugurée dans l'arrondissement le plus populaire, le Xe. De même, la multiplication des institutions de charité dans les quartiers contribue à ramifier le réseau d'encadrement[71].

Il reste enfin la question proprement politique. Depuis Guizot au moins, le problème de la formation d'un « marché politique » apte à résoudre la « question des masses », pour ne pas renouveler les événements traumatisants de la Terreur, hante les représentants éclairés de la classe dominante. Le suffrage universel, qui ne commence à être revendiqué que dans les années 1840, s'impose finalement dans l'euphorie des journées révolutionnaires de 1848. Certes, il faudra attendre la fin du Second Empire pour que « l'ère » de la « représentation » politique commence vraiment, mais, comme le souligne Albert Hirschman, en accordant le suffrage universel, consciemment ou inconsciemment, la classe dominante entame une stratégie visant à désamorcer les processus insurrectionnels de la classe ouvrière parisienne, dont les actions violentes apparaîtront d'autant plus illégitimes que des moyens « démocratiques » d'expression politique sont mis en place dans le pays. Mais nous verrons dans le prochain chapitre que cette innovation aussi est à double tranchant [72] !

Les élections de 1848 à 1852 illustrent le bien-fondé d'une stratégie encourageant la séparation entre artisanat urbain et grande industrie rurale. Dans le monde des métiers, le soutien aux « rouges », aux « démoc. soc. », annonce l'engagement socialiste des décennies suivantes. Chez les ouvriers ruraux, que ce soit en Bourgogne (notamment au Creusot) ou en Limousin, les espoirs de 1848 cèdent vite la place aux désillusions, et finalement Napoléon III glane tous les suffrages. En 1848, les ouvriers de chez Peugeot, pour leur part, « ont offert spontanément de travailler à crédit, ajournant eux-mêmes après la crise le paiement de leurs salaires. En 1848, 1851 et 1852, ils ont voté avec le parti de l'ordre. Ils sont du reste complètement étrangers aux discussions politiques, ne lisent que rarement le journal et sont incapables, comme leur conduite l'a noblement prouvé en 1848, de se laisser entraîner aux désordres d'une émeute quelconque [73] ». On ne saurait mieux dire !

3

Dans la « névrose fin de siècle »

L'équilibre instable qui caractérisait la société française du « premier XIXe siècle » est remis en cause dans ses profondeurs lors de la « Grande Dépression » qui touche le pays avec une exceptionnelle intensité dans les années 1880-1890. Période décisive de l'histoire ouvrière, car elle se conclut par le recul définitif d'un monde du travail fondé sur la polyvalence et la mobilité, au profit du « prolétariat » caractéristique du XXe siècle. Pourtant, plus que les mutations sociologiques qui ne prendront toute leur importance que dans la période suivante, c'est l'émergence du mouvement ouvrier moderne et du système de représentations collectives qu'il réussit à imposer qui est l'événement fondamental de cette période. Dans toute l'histoire contemporaine de la France, c'est dans les deux décennies qui vont de 1890 à 1910 que la mobilisation ouvrière est la plus intense, contribuant au profond désarroi qui gagne les classes dirigeantes à ce moment. La « névrose fin de siècle » (Jean-Marie Mayeur) s'exprime dans cette « mélancolie collective » dont parle Émile Durkheim, et qui est pour lui l'expression la plus significative des contradictions d'une société [1].

1. La Grande Dépression

La crise économique.

Les historiens ont mis en valeur l'intensité et la durée de la crise qui secoue l'économie française à la fin du XIXe siècle et qui s'inscrit dans un cycle Kondratieff de baisse des prix, que l'on fait habituellement partir de 1873 et qui dure jusqu'en 1896 [2]. Le fait majeur de cette crise tient dans l'ampleur de la dépression agricole qui se manifeste par un net ralentissement de la croissance de la production, parallèlement à une baisse des prix ; d'où la réduction du « pouvoir d'achat » paysan. En fonction de notre objet d'étude, retenons, parmi les causes de cette crise, celles qui tiennent à l'établissement d'un véritable marché national, et à l'instauration du libre-échange. La crise des années 1880 est en effet, pour une bonne part, la conséquence des mutations introduites sous le Second Empire. Le réseau de voies ferrées commencé à ce moment-là est véritablement achevé et « harmonisé » dans les années 1890. Comme le note François Caron, « c'est seulement alors que les chemins de fer déterminèrent la formation d'un véritable marché national comme en fait foi l'intensification des échanges inter-réseaux [3] ». On ne saurait trop insister, et pas seulement pour des raisons économiques, sur l'importance de cette « homogénéisation » du territoire national. En ce qui concerne le paysan pauvre dont nous avons vu qu'il ne subsistait que grâce à l'appoint du travail industriel qui en faisait aussi un « ouvrier », la concurrence des produits étrangers, ou en provenance des régions où la productivité est plus avancée, est un coup très dur. Brutalement le voilà contraint d'abandonner l'économie de subsistance pour s'adapter à la loi du marché qui l'oblige à commercialiser sa production. Au même moment, arrivent d'Angleterre et des « pays neufs » les céréales produites à faible coût, car cultivées dans de très grandes exploitations mécanisées beaucoup plus rentables. Plus grave peut-être, toutes les ressources complémentaires dont le paysan français avait toujours bénéficié depuis le XVIIIe siècle sont remises en cause. Les calamités naturelles s'en mêlent, avec la crise du phylloxera qui provoque l'arrêt définitif de la culture de la vigne dans un très grand nombre d'endroits. De même, les châtaignes, les mûriers sont tour à tour victimes de maladies qui ruinent en bien des cas le système des ressources polyvalentes décrit dans le chapitre précédent. Mais surtout, c'est l'ensemble de l'industrie rurale qui ne peut se remettre des traités de libre-échange de 1860 avec l'Angleterre. Claude Fohlen note que le tissage rural qui avait connu un lent déclin à partir de 1850-1860, chute de façon « irrésistible » après 1870. A Reims, entre 1876 et la fin du siècle, 41 établissements de tissage manuel disparaissent. Les 300 tisseurs du quartier Saint-Rémi, qui, comme les filtiers de Lille, symbolisaient toute une histoire de l'industrie française, doivent se reconvertir. C'est le début du déclin irrémédiable de l'industrie textile dans la région. Dans la bonneterie troyenne, ce sont les trois quarts des métiers à tisser non mécaniques qui sont supprimés à la même époque. A partir de 1877, selon Yves Lequin, la Fabrique soyeuse de Lyon s'effondre. La ganterie grenobloise traditionnelle s'écroule devant la concurrence étrangère. Le textile n'est pas le seul secteur qui est touché. Le système du travail à domicile dans l'armurerie stéphanoise, malgré sa faculté d'adaptation, ne peut lutter contre les produits manufacturés en provenance de Belgique, où l'on fabrique des fusils à 85 francs, contre 130 francs à Saint-Étienne. De même, la métallurgie traditionnelle, fondée sur l'alternance des activités rurales et industrielles, est impuissante face aux mutations technologiques. La découverte du bassin ferrifère de Briey provoque la ruine des centaines de petites minières éparpillées à la surface du territoire et qui fournissaient un complément de ressources appréciable aux ouvriers-paysans. De même, le triomphe des grandes usines métallurgiques du Nord et de l'Est est un coup mortel pour les petites forges traditionnelles. C'est de cette époque que date la fin de l'activité métallurgique dans de nombreuses régions françaises, telle la Dordogne. Comme dans le textile, l'affaiblissement mortel du travail industriel rural s'accompagne d'une spécialisation régionale, nouvelle division géographique du travail facilitée par l'amélioration des moyens de communication. C'est à ce moment surtout que se précipite la désindustrialisation du sud de la France, que l'on a observée aussi bien en Ardèche, qu'en Languedoc ou dans le Sud-Ouest. Dans la période 1875-1895, dans toutes les régions de France, on note une cassure dans le rythme d'expansion industrielle traditionnelle. Comme le souligne Yves Lequin, « c'est autour de ces années pivots que se joue le destin industriel de l'espace lyonnais, comme celui de la France encore plus peut-être[4] ».

La crise du monde paysan est donc indissolublement celle d'un type de classe ouvrière, né sous l'Ancien Régime mais qui s'était épanoui au début du XIXe siècle avec l'extension de l'industrie rurale. De même, l'inondation des campagnes en produits manufacturés fabriqués en usine représente une concurrence dont beaucoup d'artisans ruraux ne se relèvent pas. Désormais, la production artisanale apparaît comme plus chère et souvent de moins bonne qualité que celle des « manufactures ».

Mais la « grande dépression » porte un coup dur aussi aux ouvriers de l'artisanat urbain. A Paris, pour Jeanne Gaillard, la crise latente des métiers sous le Second Empire n'éclate vraiment qu'avec ce retournement général de conjoncture. Alors que la France maintient tout ou partie du libre-échange jusque dans les années 1880, beaucoup d'autres pays ferment leurs frontières aux produits français; dès la fin du Second Empire, avec l'élargissement du marché, ce qui était une fabrication « de luxe » tend à glisser vers la « consommation de masse » ; d'où un abaissement de la qualité, du « fini » qui nuit aux intérêts des « ouvriers d'art », si nombreux dans la capitale. Comme les paysans forment toujours le groupe social le plus nombreux dans le pays, le marché intérieur non seulement reste étroit, mais tend à se rétrécir pour les objets de consommation courante, étant donné la baisse du « niveau de vie » en milieu rural. Ainsi, la crise des débouchés se conjugue avec une offensive de la grande entreprise dans des domaines traditionnellement réservés à « l'artisanat », pour précipiter sa perte. Comme le note le rapport final d'une recherche internationale consacrée à la petite entreprise, il semble que « la crise de conjoncture des années 1880 ait été en dernière analyse une crise de structure au détriment de la petite entreprise [5] ».

La grande industrie n'est pas elle-même sans souffrir de ce marasme. Nous avons montré par ailleurs toutes les difficultés rencontrées, dans les années 1880, par les premières grandes sociétés anonymes de la métallurgie lorraine, pour faire fructifier leur capital [6]. Partout, les investissements sont réduits à la portion congrue; la production de charbon, de fonte ou d'acier stagne. Non seulement les entreprises n'embauchent plus, mais elles mettent à profit la mobilité de la main-d'œuvre qui caractérisait le système « souple » de gestion de la force de travail, pour réduire leur personnel, souvent de façon drastique. Les femmes, les enfants, les migrants sont licenciés d'abord. C'est un facteur supplémentaire qui joue contre la logique de la complémentarité industrie-agriculture. Ainsi, ce qui faisait l'une des originalités du développement français, à savoir l'alimentation du marché du travail à partir d'une « main-d'œuvre circulante », se déplaçant en fonction des circuits de migrations traditionnels, locaux, nationaux ou même internationaux, est définitivement remis en cause. La grande industrie, qui jusqu'ici avait surtout manqué de main-d'œuvre, est pour la première fois en situation excédentaire. Entre 1883 et 1887, dans le bassin de la Loire par exemple, le quart des mineurs sont renvoyés ainsi que le cinquième des ouvriers de la grosse métallurgie [7]. En se séparant de la main-d'œuvre la plus mobile tout en « s'attachant » davantage la fraction la plus stable, comme nous allons le voir, les dirigeants de la grande industrie française prennent une part déterminante dans le processus qui conduira à la « rigidité », au manque de « flexibilité » du marché du travail, dont leurs successeurs d'aujourd'hui se plaignent tant. En effet, la population ouvrière privée ainsi de ses ressources complémentaires est amenée à faire des choix qui seront irréversibles, notamment l'exil vers les villes.

Entre 1866 et 1906, les recensements indiquent une nette progression des urbains qui passent de 30,5 % à 42,1 % de la population totale. Dans le même temps, les personnes vivant de l'agriculture ne forment plus au début du XXe siècle qu'un peu plus de 40 % de la population contre plus de 51 % en 1866. Ce rétrécissement de la main-d'œuvre rurale est net surtout pour les ouvriers agricoles (ceux qui avaient le plus besoin de la polyactivité) dont le nombre se réduit en un demi-siècle de 500 000 personnes, soit un peu moins de 20 %. Mais ces chiffres ne rendent pas compte de la différence qualitative de la mobilité par rapport à la période précédente. Dans la région lyonnaise, désormais, le déplacement géographique précède la migration professionnelle, ce qui illustre la rupture avec la logique des migrations de métier antérieure. A Lyon, mais aussi en Normandie ou dans la région nantaise, les déplacements paraissent moins lointains qu'auparavant, mais davantage ruraux. Les campagnes alentour alimentent désormais les villes en travailleurs qui ressemblent de plus en plus aux prolétaires modernes. La région parisienne est peut-être le meilleur exemple de ces mutations. A partir des années 1880, le schéma traditionnel des migrations vers la capitale se brouille. Les maçons de la Creuse commencent à se fixer en grand nombre et les nouveaux arrivants, notamment les Bretons, même s'ils continuent à envoyer l'essentiel de leur salaire dans leur village, représentent beaucoup plus l'exemple d'une migration définitive, non pas orientée vers des métiers précis, à partir des spécialités de la région d'origine, mais vers le marché du travail non qualifié des grandes usines. Fait significatif, la plupart d'entre eux ne s'installent pas à Paris, mais en banlieue, et notamment à Saint-Denis et Aubervilliers, qui, dès la fin du XIXe siècle, voient les grands établissements métallurgiques et chimiques se multiplier. Comme le note Louis Chevalier au terme de son étude sur la « formation de la population parisienne », avec la naissance de la banlieue, c'est une autre réalité sociologique, une autre réalité populaire qui s'annoncent [8]. De même, c'est l'époque où Lyon perd son caractère ouvrier, du fait de la crise de la Fabrique et de la disparition des canuts qui s'ensuit, au profit des nouvelles catégories sociales que sont les employés ou les travailleurs des services. Le véritable prolétariat, on le trouve désormais dans les communes voisines qui peu à peu constituent de véritables « banlieues » ; à Vénissieux, Villeurbanne, Saint-Fons, où s'implantent les nouvelles usines symbolisant la « deuxième révolution industrielle ». A bien des égards, les études historiques récentes confirment la constatation que faisait Philippe Ariès il y a plus de trente-cinq ans. Avec trois quarts de siècle de retard sur la Grande-Bretagne, c'est dans les années qui précèdent 1900 que commence à se constituer en France un véritable prolétariat industriel [9].

La rigidité nouvelle du marché du travail n'est pas sans influence sur l'intensité exceptionnelle du chômage pendant les années 1880. Comme l'a montré Jacques Néré, entre 1882 et 1886, on compte près de 200 000 chômeurs rien que pour la région parisienne. Au niveau national, pour autant que des estimations puissent être faites à une époque où la notion même de « chômeur » est loin d'être définie avec précision, c'est environ 10 % de la main-d'œuvre industrielle qui est atteinte. Mais, phénomène capital, par rapport à 1848 par exemple, d'une part, la crise de l'emploi se maintient pratiquement pendant toutes les années 1880, d'autre part, elle tend à se concentrer dans les régions très industrialisées, ce qui contribue à accroître sa *visibilité sociale* [10].

Les adaptations de la grande industrie.

Si la dépression des années 1880 en France a été l'une des plus graves « qui aient jamais marqué l'histoire d'une nation industrielle [11] », elle n'a pas été critique pour tout le monde. En effet, elle a permis au grand patronat de mettre au point une stratégie cohérente de gestion de la main-d'œuvre. Du fait qu'avec le marasme économique le recrutement de nouveaux mineurs soit devenu moins impérieux, les chefs d'entreprise de la grande industrie peuvent rationaliser ce mode de contrôle de la main-d'œuvre que nous avons nommé « paternalisme ». La rareté du travail incite les ouvriers à se faire moins réticents vis-à-vis de transformations qu'ils n'acceptaient pas avant. Rolande Trempé note que c'est seulement au cours de cette période que se produit une véritable *ouvriérisation* du monde de la mine à Carmaux. En 1890, dit-elle, la transformation est achevée. La corporation minière est constituée, à tel point que la reprise du recrutement, qui accompagne l'expansion des dernières années du siècle, ne parvient pas à désarticuler le groupe social qui s'est formé dans les années antérieures. Dans le « Pays Noir », Philippe Ariès fait la même constatation. Ce n'est que suite au ralentissement du recrutement que la société minière se stabilise et se structure [12]. A ce moment-là seulement (qui est aussi l'époque où Zola publie *Germinal*) le thème du « mineur fils de mineur » devient une réalité sociologique. A Bully-les-Mines, les forts taux de natalité dans les familles de mineurs permettront, lors de la reprise de l'expansion dans les années 1890-1900, d'alimenter une part importante du recrutement organisé par les Compagnies. A Blanzy, dans les années 1880, le problème de la main-d'œuvre ne se pose plus. La mine, qui compte 2 000 ouvriers en 1893, voit désormais affluer les enfants de mineurs locaux. Cette évolution vaut *a fortiori* pour des branches où les problèmes de recrutement étaient moins aigus antérieurement. Dans le textile du Nord par exemple, c'est à partir de 1880 que se produit l'arrêt de l'immigration belge. Là aussi, la mobilité se réduit considérablement. Des changements identiques sont notés au Creusot, où, jusqu'à la fin du Second Empire, l'usine était mal dégagée du monde rural, et encore soumise à ses rythmes.

C'est alors que le contrôle de la Compagnie sur l'ensemble de la vie locale s'étend. Les institutions mentionnées dans le chapitre précédent se généralisent ; à tel point que l'image de l'ouvrier pris en charge par l'entreprise, « du berceau à la tombe », commence à devenir réalité, renforçant la stabilité et la reproduction de la main-d'œuvre notamment grâce au système d'enseignement, de la crèche à l'école professionnelle « branchée » sur l'usine, et à une politique encourageant la famille. La crise de l'agriculture est aussi mise à profit pour tenter de couper les ouvriers-paysans de leur environnement rural. A Carmaux, ceux qui étaient auparavant réticents pour venir habiter les cités près des puits finissent par céder. De même, dans le Nord, beaucoup abandonnent les longs trajets à pied, du village à l'usine, pour s'installer dans les « chalets individuels » que la société construit à la place des anciens corons, et qui font apparaître le mineur comme un privilégié par rapport au paysan voisin. Mais cette évolution s'effectue au prix d'une restructuration de l'économie domestique. Par rapport à l'époque antérieure, c'est un degré supplémentaire dans l'abandon de toute activité rurale par l'ouvrier. Cependant, les leçons des maîtres de forges comme Émile Martin n'ont pas été oubliées. Si l'homme doit se consacrer totalement à son travail industriel, la femme et dans une moindre mesure les enfants, qui, dans ces régions de mono-industrie, ne trouvent pas de travail rémunéré, doivent compléter les ressources du ménage en s'occupant du jardin attenant au logement. A Denain par exemple, vers 1900, « plus de la moitié des familles engraissent un ou deux cochons par an » ; un tiers des mineurs font encore leur pain eux-mêmes ; les seuls fruits, les seuls légumes consommés proviennent de la culture familiale. A tel point qu'on estime que ces ressources représentent environ 40 % du salaire annuel touché par le mineur[13]. Même si les ouvriers se considèrent comme « propriétaires » de leur maison, du fait qu'ils y demeurent jusqu'à la mort et que bien souvent c'est un des enfants, mineur lui aussi, qui en « hérite », en fait, à ce stade, ce sont les entreprises qui contrôlent directement le parc immobilier et la propriété foncière. Par l'intermédiaire de la coopérative ou de l'économat, elles contrôlent aussi toute la consommation ouvrière, notamment par le système du crédit « à la quinzaine », les achats étant souvent directement déduits de la paie, le 15 ou le 30 du mois. Dans ces conditions, si l'appropriation du travail passe essentiellement par la soumission de l'homme, la mainmise sur la consommation (ou sur la reproduction de la force du travail) implique la soumission de la femme. De paysanne qu'elle était, celle-ci doit, tout en gardant, nous l'avons vu, certaines dispositions pour cultiver son jardin, se transformer en femme d'ouvrier. Dans le Nord, lorsque le mari est du poste « du matin », elle se lève à 3 heures 30 pour préparer son repas (le « briquet » en langage local). Puis elle a la charge de tout le travail domestique, rythmé par le lever des enfants pour l'école, le repas de midi, le repas du mari au retour du poste, schéma éventuellement compliqué par les autres membres de la famille travaillant eux aussi à la mine, mais pas nécessairement aux mêmes heures. A la culture du jardin s'ajoute fréquemment celle d'un champ que la famille loue en plus à la Compagnie, et qui occupe aussi les « loisirs » des enfants en dehors de l'école ou des vieux parents quand la mine n'en veut plus.

La dépendance économique est complétée au niveau associatif par les nombreuses sociétés récréatives, musicales, gymniques, théâtrales, dont le nombre dépasse 800 à Denain en 1900 ! Même si beaucoup d'entre elles n'ont pas été directement créées par les entreprises industrielles et reflètent parfois une ancienne tradition de sociabilité populaire, les grands établissements métallurgiques et miniers tendent à se substituer là aussi aux structures sociales qui leur préexistaient. Dans le Pays Noir, « toutes ces sociétés, quelles qu'elles fussent, recevaient l'approbation et l'aide de la Compagnie et des usines, car elles écartaient mineurs et métallurgistes des préoccupations syndicales ou politiques : les porions, les contremaîtres étaient invités par le patron à en assurer la présidence ou la trésorerie ». Ainsi s'instaure le contrôle patronal sur les 52 000 personnes dépendant de la Compagnie d'Anzin en 1884, ou sur les 10 000 ouvriers du Creusot, dont 6 000 habitent à moins de deux kilomètres de l'usine désormais [14].

C'est aussi à cette époque que se fixent les principales règles de la politique d'intégration du personnel des chemins de fer, règles qui resteront valables jusque dans les années 1960. Dans ce secteur névralgique des transports, même au temps des Compagnies privées, la tutelle de l'État est constante, conférant à la main-d'œuvre un « statut » et des garanties, qui iront en s'accentuant au XXe siècle. Le souci premier étant d'assurer la sécurité des voyageurs à tout prix, les Compagnies développent un vaste programme d'attachement du personnel. La main-d'œuvre est recrutée jeune et formée dans l'entreprise. On cherche aussi à lui donner des perspectives de carrière. Pour orienter les représentations de l'avenir des cheminots dans un sens conforme à celui du réseau, les Compagnies instituent un très fort cloisonnement des métiers et des univers de travail. Par définition, celui-ci ne peut être obtenu par l'isolement géographique comme dans l'industrie lourde. C'est pourquoi le découpage technique et bureaucratique est si important dans les chemins de fer. Trois grands services d'exploitation sont mis en place. Dans chacun d'eux existent de nombreuses filières verticales, dans chaque filière des grades et des échelles, qu'une vie de travail ne suffit pas à gravir, lorsqu'on part d'en bas. A cela s'ajoute le cloisonnement régional correspondant à l'aire territoriale couverte par chaque Compagnie.

Parallèlement, des avantages sociaux sont concédés très tôt au personnel. Si les salaires sont bas, les ouvriers disposent de la sécurité de l'emploi (sauf exception), de services médicaux gratuits et d'une caisse de retraite. Toutes dispositions expliquant que, dès le début du XXe siècle, une bonne partie de la main-d'œuvre soit issue de familles « cheminotes » ; les patrons encourageant l'hérédité professionnelle car elle est un gage de fidélité à leur entreprise [15].

La « grande dépression » provoque aussi de profondes mutations dans la structure du capitalisme français. Les thèses de Le Play ou d'Adolphe Blanqui sont contestées par un courant franchement libéral qui a le vent en poupe et dont Leroy-Beaulieu représente le chef de file le plus en vue. Cette période est aussi marquée par un formidable progrès scientifique et technique qui illustre les débuts de la « deuxième révolution industrielle » : l'électricité, le moteur à explosion, le procédé Solvay et bien d'autres découvertes, bouleversent les activités traditionnelles et provoquent la naissance de nouvelles branches d'activité. La mécanisation fait un énorme bond en avant stimulant l'industrie lourde qui bénéficie aussi de la découverte du bassin ferrifère lorrain.

Entre 1864 et 1913, la puissance totale de l'énergie dépensée par l'industrie française progresse de 1 400 %. Dans la soierie lyonnaise, les métiers mécaniques, qui ne représentaient que 5 % du total en 1873, en constituent le tiers en 1900 et les quatre cinquièmes en 1913. Dans les verreries, le soufflage mécanique provoque une véritable révolution dans une activité qui n'avait guère évolué depuis l'Ancien Régime.

La grande industrie est l'objet, au cours de cette période, d'une réorganisation d'ensemble du processus de travail, favorisée par la multiplication du nombre des ingénieurs et la souplesse permise par les nouvelles conditions techniques. On constate ainsi un progrès significatif de la concentration des entreprises. En 1901, selon Émile Levasseur, il y a en France 57 établissements de plus de 2 000 ouvriers [16]. Un peu partout, c'est l'organisation ancestrale de la Fabrique qui cède définitivement la place, et avec elle la complémentarité du travail agricole et industriel. Chez Japy par exemple, ce n'est plus désormais l'ouvrage qui va à l'homme, mais l'homme qui doit rejoindre le travail. D'où la construction d'immenses ateliers à Beaucourt qui rassemblent la main-d'œuvre auparavant dispersée dans les campagnes. De même, les frères Peugeot mettent à profit la reconversion de leur activité de la quincaillerie vers le cycle et l'automobile pour agrandir leurs usines. L'élévation du niveau de vie des classes populaires favorise d'ailleurs la mise en place des grands établissements. Leurs dirigeants qui peuvent compter sur une demande plus stable n'hésitent pas à effectuer les investissements nécessaires. A Lyon, après la profonde crise de 1877, la reconstruction de la Fabrique traduit une rupture profonde avec l'organisation antérieure. La fabrication des belles étoffes destinées à la clientèle de luxe et à l'exportation est abandonnée au profit des tissus mélangés, produits mécaniquement, pour une clientèle plus populaire [17]. Dans les secteurs de l'industrie légère dont l'activité reste irrégulière, les patrons veulent conserver les avantages du travail à domicile, mais celui-ci est réorganisé.

Dans la chapellerie parisienne par exemple, la délocalisation de la production, commencée dans les décennies précédentes, est systématisée. Grâce à l'ouverture d'une ligne de chemin de fer, la haute vallée de l'Aude, qui dispose d'une main-d'œuvre paysanne nombreuse et d'une ancienne tradition du travail artisanal, est choisie comme nouveau centre de production. En quelques années, elle devient la première région de France pour la fabrication du chapeau de feutre. C'est aussi dans les dernières décennies du siècle que les établissements de la confection parisienne installés dans le quartier du Sentier émigrent en masse vers Blois ou Orléans afin d'utiliser la main-d'œuvre féminine rurale du Berry. Ainsi, la capitale devient-elle de plus en plus un centre de négoce [18]. Les entreprises qui demeurent à Paris utilisent massivement la main-d'œuvre féminine à domicile. Au début du XXe siècle, celle-ci constitue plus de 85 % du total des « ouvriers en chambre » de la capitale. Avec la généralisation de la machine à coudre, ce que l'on a appelé le « sweating system », le système « de la sueur », atteint son paroxysme, comme l'illustre une enquête de l'Office du travail qui décrit des jeunes femmes ne gagnant pas plus de 0,15 franc de l'heure à ce métier.

Le même processus de concentration est perceptible dans le commerce. L'apparition des premières « grandes surfaces », introduites à Paris par Félix Potin, provoquent la ruine d'un grand nombre de petits détaillants. Une coupure définitive se produit alors entre les fonctions du « commerce » et celles de « l'artisanat », qui auparavant étaient très souvent confondues.

Dans les grands établissements on observe aussi une réorganisation du travail destinée à briser l'autonomie dont disposait auparavant la main-d'œuvre. Outre les règlements d'atelier plus contraignants, il faut insister surtout sur les changements introduits dans les formes de rémunération. En 1893, d'après l'Office du travail, 34 % des ouvriers provinciaux et 28 % des ouvriers parisiens sont payés au rendement. Mais, de plus en plus, les patrons développent le salaire « à la prime » permettant de récompenser l'assiduité, le rendement, le travail bien fait, ou à l'inverse de pénaliser ceux qui manquent de zèle [19].

La crise des valeurs ouvrières.

Les bouleversements de la fin du siècle provoquent une profonde crise d'identité au sein de la classe ouvrière. La substitution de la machine et du savoir scientifique aux formes de qualification traditionnelles est très douloureusement ressentie par les ouvriers de métier. Dans un très beau livre, Joan Scott a montré que l'introduction du soufflage mécanique dans la verrerie a littéralement brisé une communauté jusque-là sûre d'elle-même et de ses valeurs centrées sur l'exercice d'un métier pourtant très pénible, plus mortel même que celui des mineurs, mais qui constituait sa raison d'être[20]. Bien d'autres corporations sont alors soumises à la même remise en cause. Sur la côte vendéenne, les soudeurs fabriquant les boîtes de conserve, « jaloux de leur savoir et de leur technique, acquis après un long apprentissage », et qu'ils avaient érigé en un « véritable art, une alchimie mystérieuse », sont relégués en quelques années au rang de manœuvres, suite à la mécanisation de leur travail[21]. Même parmi les professionnels de la « première industrialisation », que les patrons avaient eu bien du mal à former dans les décennies précédentes, beaucoup sont disqualifiés par les nouvelles mutations technologiques. Les puddleurs, par exemple, n'ont plus de raison d'être après l'invention du convertisseur Bessemer. A Roubaix, les fileurs sont confrontés à la généralisation des métiers *self acting*, au fonctionnement automatique, qui les transforment en de simples surveillants.

En plus de ces raisons proprement professionnelles, il y a celles qui tiennent à la rupture des liens ancestraux au sein des communautés populaires. L'urbanisation haussmannienne, mentionnée précédemment, est appliquée progressivement dans toutes les grandes villes de France, chassant les ouvriers du centre des villes. A cela s'ajoute l'accélération de l'exode rural dont la fonction majeure, selon Maurice Halbwachs, est de briser « l'identification de l'homme à son groupe local en l'individualisant ». L'élévation du niveau de vie des classes populaires contribue elle aussi à la rupture des relations traditionnelles. A partir du Second Empire et jusqu'au début du XXe siècle, on peut estimer que le « pouvoir d'achat » ouvrier progresse de façon importante (jusqu'à 40 à 45 % dans certains cas, estiment les spécialistes). Par ailleurs, du fait de l'extension du marché de « masse », les travailleurs touchent leur salaire plus régulièrement, car les crises et les chômages périodiques sont plus espacés. On peut donc considérer cette période comme le premier palier décisif dans l'élévation de la consommation populaire. Dans le dernier tiers du XIXe siècle, pour la première fois en France, le spectre de la disette s'écarte définitivement, même dans les mauvais jours. Certes, comme le constate Maurice Halbwachs, de très importants écarts subsistent entre les différentes catégories ouvrières. Chez les plus favorisés, désormais, la dépense pour la viande dépasse celle du pain, mais c'est toujours l'inverse pour le plus grand nombre. Outre l'alimentation plus régulière, plus équilibrée, ces progrès dans la consommation s'illustrent par les premiers achats qui témoignent d'une petite distance par rapport à la nécessité : montre, journal, habit du dimanche. Dans les villes, et surtout à Paris, au début du XXe siècle, l'engouement des ouvriers pour le sport, le succès extraordinaire des 4 principaux quotidiens qui atteignent alors des tirages jamais égalés par la suite, les premiers « loisirs » de ce que l'on commence à appeler le « week-end », tout cela marque une réelle rupture avec la période précédente [22]. Même dans des régions plus isolées comme le Nivernais, en cette fin de siècle, « de nouvelles façons de vivre se sont imposées, les gens ont fait leur service militaire et se sont initiés aux mœurs de la ville. Beaucoup de femmes se sont placées comme nourrices à Paris ou ailleurs. D'autres ont été servantes de 12 à 20 ans [23] ». La généralisation de la scolarisation obligatoire fait connaître d'autres réalités, impose d'autres modèles.

Mais cette évolution est à double tranchant. Levasseur note que le mineur d'Anzin dépensait 70 francs en 1820-1830 pour ses vêtements et 230 francs en 1880-1887, mais qu'il n'est toujours pas satisfait, car « l'habitude émousse la sensation du plaisir [24] ». Sans reprendre à notre compte une vision des choses bien faite pour légitimer l'ordre établi, de nombreux signes témoignent du fait que la classe ouvrière, en même temps que la consommation, découvre la « déception » dont Albert Hirschman estime que, depuis les « colifichets » de Jean-Jacques Rousseau, elle est une constante de la société occidentale, mais dont les ouvriers n'avaient pas pu jusque-là apprécier tous les délices[25].

Il faudrait voir aussi en quoi l'importante diffusion de l'argent au cours de cette période accentue le sentiment d'isolement des individus. La généralisation du système bancaire qu'illustre la multiplication des banques de dépôt, tout comme l'élévation du salaire nominal, signifient que, désormais, la monnaie est devenue la norme habituelle des transactions quotidiennes. Or, l'argent contribue puissamment à objectiver les échanges entre individus, à les rendre plus abstraits, plus lointains. Pour Georg Simmel, il y a là un facteur qui favorise l'émancipation de la classe ouvrière vis-à-vis des formes de domination à caractère domestique, mais l'utilisation générale de l'argent permet la mise en place de nouvelles techniques de contrôle sur les autres, en atomisant les individus et en rendant beaucoup plus impersonnel l'exercice du pouvoir.

La généralisation de l'usage de l'écriture joue d'ailleurs dans le même sens, désagrégeant, comme cela a été montré récemment, les groupes élémentaires afin de relier les individus à des ensembles plus vastes et avant tout à la communauté nationale[26].

Tous ces facteurs, qu'il faudrait étudier de façon plus détaillée, précipitent, en cette fin de siècle, la crise des modèles locaux, la hiérarchie des valeurs propre aux communautés de quartiers et aux groupes de villages. La force physique et la résistance au feu, qui faisaient la gloire du puddleur dans le cadre encore local de la forge traditionnelle, ne constituent plus des modèles positifs pour la génération suivante. La mécanisation du travail provoque une dévalorisation de la force musculaire et accentue la division du travail. Ces facteurs objectifs de « déqualification » ouvrière multiplient les tâches répétitives, ce qui accroît encore la crise du travail traditionnel. Pour beaucoup de jeunes ouvriers, à quoi bon désormais sacrifier des années de jeunesse pour acquérir, au prix de mille efforts et souffrances, un savoir que plus personne n'admire, et de moins en moins rémunéré.

Cet affaiblissement des formes autonomes de transmission des savoir-faire est l'une des raisons de la « crise de l'apprentissage » si fréquemment déplorée à la fin du siècle dernier. On peut y ajouter la décadence des rapports traditionnels maîtreapprenti. Dans cette période, 10 % seulement des apprentis bénéficient d'un contrat écrit, et les deux tiers n'achèvent pas leur apprentissage. Le problème est aggravé par le fait qu'il n'existe pas encore de véritable formation professionnelle pour les ouvriers. Même si c'est à la fin du XIXe siècle que débute véritablement l'enseignement technique, en fait, il est réservé à une élite, souvent issue de la petite bourgeoisie, et forme surtout des contremaîtres et des techniciens. Vers 1910, 3,5 % des jeunes de moins de 18 ans reçoivent une formation professionnelle en école ; 8,5 % en reçoivent une par des cours professionnels. C'est dire que près de 90 % des ouvriers ne bénéficient d'aucune éducation technique en dehors de leur atelier [27].

La crise du travail ouvrier est accentuée par l'abandon de la logique de la pluri-activité. Dans l'industrie rurale en effet, les manœuvres (qui dans de nombreux secteurs constituent la catégorie numériquement la plus importante) exerçaient cette profession comme une modalité du travail rural. La séparation des activités accentue considérablement la « professionnalisation » des tâches non qualifiées, qui sont ainsi reléguées au bas de l'échelle de ce que l'on appellera bientôt les « qualifications » ouvrières.

Le déracinement, la crise des valeurs traditionnelles, mais aussi l'élévation du niveau de vie moyen des classes populaires, sont des facteurs essentiels qui expliquent le fort développement de l'alcoolisme ouvrier à la fin du siècle, dont s'alarment aussi bien les philanthropes que des syndicalistes comme Pelloutier. A Belleville, après la tuberculose et la syphilis, l'alcoolisme est le troisième fléau qui touche le monde du travail. Le problème s'aggrave surtout après 1890, notamment à cause de l'abus d'absinthe (boisson de loin la plus nocive) dont la consommation passe de 8 000 hectolitres en 1874 à plus de 200 000 en 1905. « Dans la classe ouvrière parisienne et singulièrement à Belleville, l'usage immodéré des boissons alcoolisées était considéré comme chose normale », note Gérard Jacquemet. « C'était quasiment un spectacle permanent dans les rues de Belleville de voir quelques individus pris de boisson traiter les gardiens de la paix de ' vaches ', ' bourriques ', ' fainéants ', sans parler d'épithètes plus malsonnantes encore. De même, les outrages à la pudeur, relativement fréquents, sont presque tous imputables à l'ivrognerie. » Le développement de l'alcoolisme est évoqué aussi par Gabriel Désert comme cause possible de l'augmentation de la violence tout au long du XIXe siècle. « Partis de 26 % de la totalité des crimes à la fin de la Restauration, [les crimes contre les personnes] atteignent les 36 % au cours de la première décennie du Second Empire et dépassent les 44 % au début du XXe siècle [28]. »

2. Deux réalités nouvelles du quotidien ouvrier : la grève et le syndicat

A partir des années 1880 et jusqu'à la veille de la Première Guerre mondiale, une intense mobilisation collective gagne les classes populaires, à tel point que, de toute l'histoire du mouvement ouvrier français, cette époque représente sans conteste l'apogée. « Comme une marée irrésistible, la grève étend son domaine géographique et professionnel », note Michelle Perrot [29]. C'est vrai que l'aspect frappant de la combativité ouvrière tient d'abord au fait qu'elle concerne toutes les catégories de travailleurs. Certes, étant donné leur expérience plus ancienne, les gens de métier restent à l'avant-garde du mouvement, mais, de plus en plus, les ouvriers du textile, et surtout les mineurs et métallurgistes des grandes entreprises dont Louis Reybaud vantait encore le calme au début de la IIIe République, entrent aussi en action. Entre 1895 et 1899 par exemple, 35 % des grévistes appartiennent à la grande industrie. Même le prolétariat rural, qui ne s'était guère manifesté depuis le Second Empire, participe aux conflits. Les grandes grèves des bûcherons du Cher en 1891-1892, le soulèvement général des viticulteurs du Languedoc en 1907, constituent les points culminants d'une agitation permanente.

La détermination des grévistes est illustrée par l'allongement de la durée moyenne de chaque conflit, qui passe de 7 jours en 1875 à 21 jours en 1902. Certaines grèves comme celle des métallurgistes de Rives-de-Gier en 1894 ou celle des chaussonniers de Fougères en 1906, durent presque un an ! De même, les observateurs sont frappés par l'aspect massif, voire unanime, des arrêts de travail. La grève générale des mineurs en 1902 est suivie par 108 000 ouvriers appartenant à 77 compagnies du Nord. Le 1er mai 1906 marquant l'apothéose : « Un gréviste pour 16 ouvriers d'industrie », note Madeleine Rebérioux, « la grève est entrée au début du siècle dans l'horizon familier des prolétaires. »

Bien souvent la force de la combativité s'explique parce qu'elle s'appuie sur les vieilles pratiques collectives des communautés qui maintenant luttent pour leur survie. Dans les villes, les anciennes formes d'action ont souvent encore la préférence, comme la « mise à l'index », que décident par exemple les gantiers de Grenoble, en 1894, pour six semaines, afin de sanctionner des fabricants ne respectant pas les « tarifs [30] ».

C'est aussi parmi les « gens de métier » que l'on retrouve les formes de solidarité traditionnelles. Dans le Faubourg-Saint-Antoine, les grévistes parviennent sans trop de difficultés à s'employer ailleurs pendant la lutte, grâce à la bienveillance de petits patrons ou des façonniers, qui eux aussi sont victimes de la concentration et de la mécanisation. Cette solidarité du groupe s'illustre dans les aides financières provenant de toute la profession, et qui allongent encore la durée des conflits.

Dans la grande industrie non encore coupée totalement du monde rural, les grèves concrétisent bien souvent la révolte de l'ensemble d'un « pays » contre l'irruption de la grande usine et contre ses prétentions à bouleverser les usages ancestraux. Michelle Perrot constate que nombre de grèves de la fin du XIXe siècle obéissent encore aux rythmes ruraux, ce qui est, dit-elle, « le signe d'une classe ouvrière encore à demi rurale, d'un pays développé à demi [...]. Il y a quelque chose de paysan dans cette attente avide du printemps [31] ». L'influence rurale se retrouve aussi dans les formes de lutte adoptées. Le 1er mai 1890, les mineurs d'Anzin profitent du carnaval pour se déguiser et, armés de bâtons, parcourir les rues pour empêcher le travail [32]. Là aussi, les grèves peuvent durer plus longtemps du fait qu'elles rencontrent la solidarité des autres groupes populaires. Au Creusot en 1899, à Longwy en 1905, les commerçants, mécontents de la mainmise patronale sur l'ensemble de la consommation ouvrière, font crédit ou alimentent gratuitement les « soupes communistes » qui connaissent alors un très grand succès. Le soutien des paysans est encore plus fréquemment attesté. A Rosières, par exemple, les métallurgistes, en grève pendant cinq mois en 1906, ne peuvent résister aussi longtemps que parce qu'ils trouvent à s'employer comme manouvriers dans les fermes voisines ; à Revin, c'est tout l'arrière-pays ardennais qui fait bloc derrière ses fondeurs. Ajoutons à cela que la progression des salaires et de la consommation n'a pas encore eu le temps de modifier en profondeur les dispositions « frugales » des classes populaires. « Rompues à la pénurie, les sociétés pauvres ont des capacités de résistance insoupçonnées quand l'espoir les soutient [33]. »

Dans la grande industrie, l'une des principales raisons de la puissance des luttes ouvrières tient dans le désenchantement par rapport au paternalisme. Le phénomène s'illustre déjà par la montée d'un anticléricalisme virulent. En dépit de ses efforts — la Société Saint-Vincent-de-Paul compte 913 000 membres en 1869 —, le catholicisme social ne parvient pas à s'implanter réellement dans la classe ouvrière. A la force du positivisme populaire dans les milieux de l'artisanat urbain s'ajoute, à partir des années 1880, la propagande guesdiste contre l'Église qui rencontre un écho grandissant chez les mineurs. La pratique des enterrements civils, qui entre dans les mœurs bourgeoises à la fin du Second Empire, gagne le milieu ouvrier dans les décennies suivantes. Dans le quartier très populaire de Ménilmontant, en 1883, sur un peu plus de 3 000 enterrements de 9e classe (gratuite), plus de la moitié s'effectue sans cérémonie religieuse. A Saint-Denis, en 1911, le taux de funérailles civiles tourne autour de 50 %. Il est de 40 % dans la commune minière d'Hénin-Liétard (Pas-de-Calais) et de 21,5 % à Carmaux [34].

La crise religieuse n'est pas le seul facteur qui explique le discrédit dont souffre le paternalisme industriel. Celui-ci est en effet victime de l'ensemble des mutations de la société française qui accélèrent la rupture des rapports directs entre les individus. La distance sociale introduite par la généralisation de la rémunération monétaire, mais aussi l'élévation du niveau de la consommation qui banalise ce qui apparaissait auparavant comme des preuves de l'action bienfaitrice, provoquent une « prise de conscience » critique de la part des ouvriers. Par ailleurs, la stabilisation de la main-d'œuvre, consécutive à la crise et aux efforts du patronat, rend les travailleurs plus préoccupés de ce qui se passe dans l'usine. Tout cela apparaît dans les objectifs de lutte qui sont proclamés pendant les conflits. Au Creusot, les sidérurgistes exigent maintenant qu'on leur paie le travail d'entretien réalisé le dimanche. La direction a beau rappeler qu'il s'agit là d'une vieille « tradition » (reflétant d'ailleurs l'autonomie des ouvriers payés à la tâche), les grévistes ne veulent rien entendre ; preuve à la fois d'un désenchantement par rapport au patron (on ne travaille plus « pour lui » ou pour « la grande famille qu'est l'usine » mais pour de l'argent), et d'une intériorisation des nouvelles normes temporelles (le temps dépensé à l'usine doit être payé). A Carmaux, dès 1883, les grévistes ne demandent plus la suppression du travail à la tâche comme en 1869. Mieux, maintenant, c'est le blocage de l'avancement et le refus de la direction de garantir l'embauche des enfants à la mine qui provoquent les conflits les plus durs. De même, autre preuve de la rupture avec l'économie rurale, la retraite devient, en cette fin de siècle, une revendication prioritaire.

La contestation gréviste de la fin du siècle reflète un monde ouvrier qui se situe à un tournant. D'une part, comme le montre l'exemple ci-dessus, mineurs et métallurgistes des grands établissements semblent déjà s'intégrer à l'univers usinier, en acceptant les jeux et les enjeux, mais, d'autre part, nombre d'autres conflits témoignent de l'ampleur du refus du monde qui s'annonce.

Les problèmes de salaires sont en effet relégués au second plan ; au contraire, le refus du travail aux pièces, des nouveaux règlements ou des nouvelles machines, l'opposition aux contremaîtres jugés trop autoritaires, la volonté de faire respecter un « tarif » négocié auparavant par le patron, sont les motifs les plus fréquemment avancés.

Bien souvent, la lutte populaire débouche sur la revendication du « contrôle ouvrier ». Dans les mines, un peu partout, s'exprime le désir d'une gestion autonome des caisses de secours. Dans le Sud-Ouest et dans le bassin de la Loire apparaissent aussi des mouvements revendiquant « la mine aux mineurs ». En bien des cas, la création d'une coopérative constitue la « solution ouvrière » à la grève. C'est ainsi que se termine le combat acharné mené par les verriers de Carmaux contre la mécanisation, la Verrerie ouvrière d'Albi fondée par les grévistes ayant été pendant longtemps le phare du mouvement.

Mais c'est dans la petite industrie urbaine que le mouvement coopératif atteint son paroxysme, les grèves de la fin du siècle sur ce thème constituant en de nombreux endroits le point culminant de plusieurs années de combat. Dans la région lyonnaise, cette période constitue même « l'apogée de l'organisation corporative ». La lutte entamée (et perdue) par les canuts en 1830 à propos du tarif reprend un demi-siècle plus tard, mais, cette fois-ci, les ouvriers de la soie parviennent à imposer les nouveaux tarifs à leurs patrons. Bien d'autres corporations sont concernées par des actions du même genre. Dans la région de Roanne, la grève de 1889, partie de la ville, s'étend à l'ensemble des communes rurales où l'on travaille la soie et le coton, signe d'une jonction entre les deux parties si longtemps rivales de la Fabrique. Pendant quatre ans, les verreries lyonnaises voient s'établir un conseil élu par les travailleurs, véritable pouvoir parallèle auquel sont soumis les patrons et qui permet aux ouvriers d'exercer un véritable monopole sur l'embauche. « Chez les mégissiers et gantiers, la pratique dégénère en fermeture totale du métier, fondé sur la seule hérédité. » A Annonay, resurgissent les antiques coutumes corporatives comme le « droit de bienvenue » qui oblige le nouvel entrant à acquitter un fort droit d'entrée, sauf s'il est lui-même fils de mégissier. « N'y a-t-il pas là », demande Yves Lequin, « l'esquisse d'un trade-unionisme à l'anglo-saxonne, dont l'effacement final à d'autres causes [35] ? »

En effet, avec la grève, une deuxième réalité du mouvement ouvrier apparaît désormais dans la vie quotidienne des travailleurs : le syndicat. A partir de la loi de 1884 qui le légalise, jusqu'en 1914, les effectifs augmentent fortement. Certes, du fait notamment de l'instabilité des adhérents, la puissance syndicale n'atteint jamais celle que l'on constate à la même époque en Grande-Bretagne ou en Allemagne. Mais dans les métiers urbains, chez les mineurs ou les cheminots, une grande partie des effectifs sont syndiqués. La victoire des tisseurs lyonnais ne peut se comprendre si l'on ne mentionne pas l'action de leur chambre syndicale forte de 10 000 adhérents. De même à Roanne, 11 000 tisseurs sont syndiqués. C'est d'ailleurs par l'intermédiaire du syndicat que se réalisent les pratiques du *closed shop* décrites plus haut. De plus, le rayonnement des organisations ouvrières dépasse alors largement les effectifs inscrits. Dans beaucoup de régions rurales ou semi-rurales, la grève est l'occasion de la naissance du premier syndicat jamais créé. Démarrée de façon « spontanée », l'action est ensuite canalisée, stabilisée, soutenue par le syndicat qui apporte la solidarité (surtout matérielle) des travailleurs d'autres régions de France, ce qui par la pratique démontre aux grévistes l'existence d'une classe de dimension nationale, voire internationale.

Le rôle d'*unification* joué par l'organisation est tout à fait fondamental. L'isolement, qui avait été une pièce maîtresse de la stratégie des classes dominantes pour empêcher la « contamination » des prolétaires de la grande industrie par l'idéologie révolutionnaire de l'élite urbaine, est battu en brèche. Tout d'abord, l'unification des transports grâce aux chemins de fer permet aux leaders parisiens de se rendre immédiatement sur les lieux du conflit et d'apporter ainsi l'expérience des groupes ouvriers ayant les plus anciennes traditions de lutte. De même, le développement de la presse sert les militants, qui sont informés régulièrement de toutes les luttes qui se déroulent sur le territoire. Cette rupture de l'isolement est souvent à l'origine des conflits (d'où la hargne patronale contre les « meneurs étrangers »). Par exemple, au Creusot, les ouvriers constatent qu'un manœuvre gagne plus, à Paris, qu'un ouvrier de métier employé par Schneider. C'est l'un des motifs invoqués pour justifier la grève de 1899. Les grèves générales, organisées le plus souvent le 1er mai, sont une autre illustration éloquente de l'effet stimulant de l'unification du mouvement.

La création de la CGT en 1895 représente bien évidemment, de ce point de vue, une date essentielle. Cependant, ce qui fait la grande originalité de l'époque, c'est la combinaison d'une action coordonnée au niveau national avec une activité très enracinée dans le « terroir » ou le quartier, grâce aux bourses du travail. Apparues dans les années 1880, celles-ci connaissent un grand succès et elles se multiplient jusqu'à la guerre[36]. Par leur activité multiforme (placement des ouvriers cherchant du travail, éducation ouvrière, enquêtes sur les effets du travail industriel sur la santé, en collaboration avec des médecins, solidarité apportée à toutes les luttes), elles contribuent à enraciner grandement le mouvement ouvrier dans l'espace quotidien des travailleurs. C'est sans doute la structure la mieux adaptée pour essayer de rassembler les ouvriers des métiers urbains et ceux de la grande industrie. Lorsque les métallurgistes de Rosières se lancent dans l'action en 1906, le soutien de la bourse du travail de Bourges est un facteur décisif du succès. De même, en 1892, leur première grève avait bénéficié de l'expérience du député de Vierzon, ancien ouvrier de la porcelaine, ex-communard. On voit par cet exemple comment a pu s'ébaucher, en maints endroits, une transmission des traditions de lutte du mouvement ouvrier français [37]. Le relais politique est l'élément qui vient compléter cet ensemble de données.

Avec l'instauration définitive du suffrage universel, la classe ouvrière, d'abord très faiblement représentée sur la scène politique, devient un enjeu de première importance. A partir de 1880, les partis se réclamant du « prolétariat » commencent à s'enraciner grâce à la conquête de municipalités de plus en plus nombreuses. Dans les années 1890, c'est le Parlement qui se peuple d'élus représentant les travailleurs. Dans les villes conquises par les socialistes, s'expérimentent les premières formes de gestion ouvrière, fondées sur une politique d'aide sociale, de soutien aux luttes et de critique du gouvernement, qui illustrent les débuts d'une nouvelle pratique de la politique, récompensée le plus souvent par la fidélité de l'électorat populaire. D'où l'enracinement des « élus du peuple » comme les députés-mineurs du Nord, qui installent, dans la région, une tradition socialiste qu'il sera très difficile par la suite de remettre en cause.

Par ailleurs, en cette période de lutte intense, toute une série de symboles, grâce auxquels le groupe ouvrier trouve les éléments de son identité collective, sont élaborés. La Commune a donné au drapeau rouge ses lettres de noblesse. Il s'impose à la fin du XIXe siècle comme signe de ralliement pour l'ensemble des travailleurs en lutte, au détriment du drapeau tricolore symbolisant la République qui a tellement déçu les ouvriers. De même, on abandonne *la Marseillaise* au profit de *la Carmagnole* et, de plus en plus, de *l'Internationale*. La volonté de séparatisme ouvrier est encore accentuée par la décision de faire du 1er mai le jour de la « fête des travailleurs », jour de la grève générale par excellence et des grandes manifestations souvent réprimées, ce qui accroît encore sa valeur révolutionnaire.

Que ce soit dans les enquêtes orales effectuées auprès des vieux ouvriers ces dernières années ou dans la littérature populaire (que l'on songe aux ouvrages de Navel ou de Guéhenno), nous avons beaucoup de preuves du très fort impact, dans la mémoire collective, de cette époque d'intense mobilisation du monde du travail. Celle-ci est d'ailleurs à l'origine du « messianisme ouvrier » si caractéristique de la fin du siècle et que symbolise à merveille l'engouement pour la « grève générale ». Idéologie de producteurs touchés au vif par la lame de fond que représente la restructuration du travail, le mythe part de l'idée que, si, tous ensemble, les ouvriers décident de se croiser les bras, le capitalisme « tombera comme un fruit mûr ». Cette conviction, dans les années 1890 surtout, est partagée par la plus grande partie du monde du travail, et bien au-delà. Lorsqu'on demande aux parqueteurs de Paris pourquoi ils s'associent à la grève du bâtiment en 1891, ils ne mettent en avant aucune revendication spécifique. Ils sont en grève parce que, à aucun prix, ils ne voudraient rater ce qu'ils définissent comme « l'une des plus grandioses manifestations du monde [38] ». Et, lorsqu'un militant avoue dans ses souvenirs qu'à ce moment-là, « pris par l'ambiance, je voyais la Révolution proche [39] », il ne fait que refléter un état d'esprit largement partagé.

3. A la croisée des chemins

La croyance en la « fin d'un monde ».

Dans les dernières années du siècle, les grèves, par leur ampleur, sont comme des « coups de boutoir répétés [qui] font craquer l'édifice et suggèrent sa fragilité. Elles contribuent à alimenter le pessimisme des classes dirigeantes, leur croyance en la ‘ fin d'un monde ’, envers de l'espérance révolutionnaire des ouvriers[40] ».

Mais la « névrose fin de siècle » ne s'explique pas seulement par l'émergence d'un puissant mouvement ouvrier. La crise sociale concerne aussi les autres groupes sociaux, notamment les intellectuels, touchés par la restructuration du champ universitaire, le triomphe des lois du marché en art et en littérature. Même au sein de la hiérarchie religieuse, la nouvelle génération des années 1890 conteste l'autorité traditionnelle. La crise du positivisme, des valeurs républicaines ajoute au désarroi général. Tout cela n'est d'ailleurs pas propre à la France. Si le malaise est ici plus intense qu'en d'autres pays, cela est dû à la fois à un « retard » et à une « avance ».

Le « retard » s'explique par le maintien, jusque vers 1880, d'une société fondée sur l'économie et les valeurs du monde rural, qui se trouve soudain confrontée à des mutations brutales. D'où la violence du rejet de l'industrialisation, ressentie comme une agression, une remise en cause de l'identité collective multiséculaire. L'« avance », ce sont les droits démocratiques et notamment ceux qui tiennent à la liberté d'expression. Apparus sur la scène politique avec la Révolution, ceux-ci sont au centre du projet républicain, tel qu'il se met en place à partir de Gambetta. La liberté de la presse, par exemple, est un élément décisif dans la diffusion de l'image de la grève et du prolétaire. Pour Michelle Perrot, ce sont les troubles sociaux de 1880 dans le Nord qui marquent le début de la popularisation du mouvement ouvrier. La statistique des gravures de *l'Illustration* consacrées aux grèves indique une progression de 23, pour la période 1870-1879, à 57 pour la décennie 1889-1899, jusqu'à 111 dans les dix premières années du XXe siècle. Le journal *l'Événement* titre en 1880 : « Ne fermons pas les yeux. Ouvrons-les tout grands ; prévenons l'inondation sociale. » Cette dramatisation, qui correspond aussi aux intérêts spécifiques de certains journalistes qui, déjà, fondent la réussite de leur entreprise sur le spectaculaire et le fait divers, est particulièrement visible lors des grands conflits « couverts » au jour le jour par les « reporters », qui ne manquent aucune occasion de souligner les moindres accrochages tout en tenant leurs lecteurs en haleine. La grève est ainsi le facteur déterminant, grâce auquel « la silhouette de l'ouvrier s'est profilée en ombre chinoise puis en gros plan dans des représentations qui l'ignoraient[41] ».

L'avance démocratique de la France explique de même que le mouvement ouvrier et le système de la politique parlementaire naissent pratiquement en même temps. Élément déterminant de l'identité républicaine, le suffrage universel, tel que le conçoit Gambetta par exemple, a pour objectif, comme des travaux récents l'ont souligné à juste titre[42], de régler une fois pour toutes la question révolutionnaire, cette « spécialité française » fondée sur le soulèvement des masses populaires urbaines, et principalement parisiennes, qui, de 1789 à la Commune, en passant par 1830 et 1848, avait provoqué la chute des régimes en place. Avec le suffrage universel, dit Gambetta, il n'y a plus de révolution possible. Bel optimisme que celui des fondateurs de la IIIe République qui ne fait plus guère d'adeptes vingt ans plus tard. Non seulement le spectre de la révolution ne s'est pas éloigné, mais, désormais, ce qui n'était qu'une coutume parisienne de l'élite des métiers est en passe de devenir le bien commun de l'ensemble des classes populaires. Nous savons aujourd'hui que, sur ce point au moins, Gambetta avait raison. Ce qui importe, ce sont la croyance, largement partagée alors, de l'imminence du péril et les mécanismes qui la produisent. Outre la presse, il faut invoquer la logique propre au système parlementaire. Les intérêts ouvriers étant désormais défendus, c'est-à-dire représentés à l'Assemblée par des gens qui ont eux-mêmes intérêt à faire croire à la force de la classe qu'ils représentent, le jeu de l'éloquence polémique, des discours fleuves, etc., est d'une grande efficacité pour que la classe politique tout entière se persuade du danger. A titre d'exemple, citons l'impact politique du premier « massacre » d'ouvriers perpétré par la IIIe République, le 1er mai 1891, à Fourmies, où l'armée tue 10 personnes et en blesse 80. Quelques jours plus tard, Clemenceau s'écrie à la tribune de l'Assemblée nationale : « Il y a quelque part, sur le pavé de Fourmies, une tache de sang innocent qu'il faut laver à tout prix... Prenez garde ! Les morts sont des grands convertisseurs ; il faut s'occuper des morts. » Et à propos de cette journée du 1er mai qui a été, tant en France qu'à l'étranger, un très grand succès, il ajoute : « [...] Si bien qu'il a éclaté aux yeux des moins clairvoyants que partout dans le monde des travailleurs étaient en émoi, que quelque chose de nouveau venait de surgir, qu'une force nouvelle et redoutable était apparue, dont les hommes politiques auraient désormais à tenir compte. Qu'est-ce que c'est ? Il faut avoir le courage de le dire, et dans la forme même adoptée par les promoteurs du mouvement : c'est le quatrième État qui se lève et qui arrive à la conquête du pouvoir[43]. » C'est à ce moment-là que l'image dominante de l'ouvrier pendant toute la première partie du XIXe siècle, à savoir l'élite des métiers urbains, commence à s'effacer devant celle, plus familière pour l'observateur du XXe siècle, du mineur, du prolétaire de la grande usine textile, bientôt du « métallo ». L'ostracisme ruskinien de tout ce qui pouvait rappeler l'industrie dans l'art est remis en cause. Avec des peintres comme Constantin Meunier, l'iconographie ouvrière se met en place, sous la forme de la « puissante figure du travailleur masculin brandissant le marteau ou la pioche, et surtout *torse nu*[44] ». Sur la scène politique, le « prolétariat » s'impose surtout grâce aux guesdistes, qui introduisent en France la pensée marxiste[45].

Nouveau déficit de main-d'œuvre.

La vigueur de la reprise industrielle dans les dernières années du siècle repose la question lancinante du recrutement de la main-d'œuvre. Les grandes usines sidérurgiques et automobiles, qui se mettent alors en place, constituent de puissants foyers d'attraction pour les ouvriers qualifiés qui profitent de leur avantage sur le marché du travail pour reprendre les vieilles pratiques de mobilité. A Decazeville, en moyenne, 65 % des ouvriers quittent l'usine l'année de leur embauche. Alors que, dans la période 1880-1902, il fallait en recruter deux pour en garder un, dans les premières années du XXe siècle, pour un qui veut bien rester, c'est cinq qu'il faut aller chercher. Autre région, mêmes mœurs. Dans la métallurgie du Nord, chez Cail, entreprise pourtant ancienne, le *turn over* atteint 75 %. Dans les chemins de fer, après la grève de 1910, la pénurie d'ouvriers atteint un « degré intolérable ». Mais c'est surtout dans les mines que la crise du recrutement atteint son paroxysme. Il faut s'y arrêter quelque peu, tant le mythe du « mineur fils de mineur » est vivace encore aujourd'hui.

Évoquant la situation de la mine de Monthieux en 1890, un observateur note : « On parle souvent de l'attachement du mineur pour son métier, on le compare à la passion de la mer qui saisit le fils du marin. Au moins pour le bassin de la Loire, ce point de vue me semble purement poétique. » C'est le moins que l'on puisse dire puisque le *turn over* est alors de 101 % et que « non seulement les travailleurs sont difficiles à recruter, mais il est de plus en plus difficile de les retenir ». Dans le Nord, la permanence professionnelle chez les mineurs est, selon Odette Hardy-Hemery, « le stéréotype résistant le moins bien ». La Compagnie d'Anzin voit son coefficient d'instabilité passer de 8 % en 1896 à 14,6 % en 1906 et à 33,8 % en 1911-1913, sans compter les passages d'une fosse à l'autre. Les actes de mariage du Valenciennois témoignent d'un impressionnant recul de l'hérédité professionnelle. En 1913, c'est près d'un mineur sur deux qui renonce à son métier pour s'embaucher dans une entreprise de construction mécanique et les Compagnies ne trouvent presque plus d'apprentis. Même à Carmaux, les patients efforts d'un demi-siècle des dirigeants de la mine semblent soudain devenus vains. « Pour compter un ouvrier de plus, il faut en embaucher 2 à 3 en 1889, 1 à 2 entre 1890 et 1892, 4 à 5 en 1900-1901, 6 à 7 en 1911-1912, 16 à 17 en 1913 et jusqu'à 29 en 1909. » Et Rolande Trempé d'ajouter : « La répugnance pour le travail souterrain, précédemment signalée, s'est transformée en une véritable répulsion. » En 1907, tous les bassins manquent de bras et le Comité central des Houillères estime que, pour assurer la production, il faudrait embaucher immédiatement 15 000 personnes, soit 10 % de l'effectif de cette année-là [46].

L'examen des recensements effectués à la fin du XIXe siècle, et qui sont devenus beaucoup plus fiables, fournit d'utiles indications illustrant le blocage du marché du travail ouvrier. On constate en effet, dans cette période, une importante progression des effectifs appartenant aux « classes moyennes ». Entre 1866 et 1906, les salariés du service public voient leur nombre quasiment doubler ; même progression pour ceux des banques et des assurances. Les effectifs des professions libérales augmentent d'un tiers. Malgré la concurrence des grands établissements, le nombre des commerçants (notamment des cafetiers) progresse du tiers entre ces deux dates. Mieux, ceux que les statistiques classent dans la rubrique des travailleurs « isolés » (patrons sans employés, façonniers, etc.) voient leur nombre passer de 2 millions en 1866 à 3,4 millions en 1896 et à 3,9 millions en 1906. Autre preuve que la petite entreprise se maintient, la moitié des ouvriers travaille dans des établissements employant de 1 à 5 personnes en 1906, contre 10 % seulement dans des usines de plus de 500 personnes ! Finalement, ce sont les ouvriers d'industrie qui progressent le plus faiblement. Entre 1891 et 1906, il y a même une stagnation des effectifs, alors que tant d'entreprises manquent de main-d'œuvre !

Dans le renouveau du *turn over* constaté un peu partout dans cette période, il faut donc invoquer, comme élément d'explication, les possibilités d'ascension sociale que les mutations structurelles de la société française rendent possible. C'est aussi une solution individuelle pour les ouvriers qui subissent la restructuration du travail, qui sont touchés par la répression des grèves ou gagnés par le « désenchantement » vis-à-vis du paternalisme. On peut estimer que la plupart d'entre eux ne s'élèvent pas très haut dans la hiérarchie sociale. Néanmoins, l'exemple du département de la Manche montre que les fils d'ouvriers et d'employés recrutés par l'École normale d'instituteurs de Saint-Lô, qui formaient 3,4 % de l'effectif en 1880-1884, en constituent 34,3 % dans la période 1910-1914. De même dans le Nord, en 1896, 26 % des instituteurs sont d'origine ouvrière [47]. Mais c'est surtout la mobilité interne à la classe ouvrière qui numériquement est importante. En particulier chez les mineurs qui cherchent à donner une formation professionnelle à leurs fils, afin qu'ils accèdent à ces nouvelles professions qualifiées, très valorisées par les travailleurs, que sont les emplois de la « mécanique ». Bien souvent, cet espoir d'ascension sociale a remplacé dans leur esprit les motivations de la période précédente pour la propriété foncière. A Blanzy, un observateur constate que seules les familles nombreuses envoient, par nécessité économique, leurs enfants à la mine. Par contre, beaucoup limitent leur progéniture, et à force de privations parviennent à leur donner une formation scolaire ou professionnelle qui leur permettra de faire un autre métier que leur père [48]. Ainsi, les dispositions à la frugalité, héritées de la génération précédente, permettent d'employer les petites économies dues à la hausse des salaires pour une stratégie de sortie de la classe.

Par cet exemple, nous voyons que la crise démographique que traverse la France dans la seconde partie du XIXe siècle peut aussi être considérée comme une forme de résistance populaire à la prolétarisation. Le taux net de reproduction de la population française diminue sans interruption à partir de 1871-1880, pour passer sous l'unité en 1891. Dans un grand nombre de régions ouvrières, on signale que ce malthusianisme est un phénomène nouveau, qui a tendance à s'accentuer au début du XXe siècle. Étant donné l'ampleur de la riposte populaire, étant donné l'existence d'un pouvoir politique dépendant du suffrage universel, les gouvernements républicains successifs ne peuvent alimenter de force le marché du travail. Par leur politique, ils poussent même dans le sens contraire. Ainsi, constatant que l'école primaire de Jules Ferry permet au fils de paysan ou d'artisan de devenir fonctionnaire, Jean-Marie Mayeur estime que c'est « la chance de la République et l'une des raisons de son enracinement d'avoir ainsi offert de nombreux emplois à une couche sociale désireuse de s'élever[49] ». On comprend que cela n'ait guère fait les affaires des chefs d'entreprise.

Des solutions contradictoires pour débloquer le marché du travail.

Tout se passe comme si les principaux rouages de la société française de la fin du XIXe siècle étaient bloqués. Il n'est guère d'observateurs qui n'aient été frappés par la rapidité du recul de la puissance française au cours de ces décennies. En vingt ans, le pays régresse du deuxième au quatrième rang mondial pour la production industrielle ; sa population stagne ; dans tous les secteurs économiques nouveaux, la France est rattrapée puis dépassée par l'Allemagne. Pourtant, nul ne veut payer le prix nécessaire à l'adaptation au monde nouveau, et aucun pouvoir ne semble en mesure de l'imposer.

Cette contradiction, très vivement ressentie dans les milieux dirigeants, n'est sans doute pas sans rapport avec le fait que la France de ce moment soit un véritable « laboratoire d'idées » au point de vue politique et social, où sont échafaudées des théories et tentées des expériences dont beaucoup s'imposeront au XXe siècle, mais qui reflètent encore les incertitudes et les hésitations d'une société en pleine mutation.

Que ce soit pour résoudre les problèmes de pénurie de main-d'œuvre ou la crise d'autorité que les grèves ont fait apparaître, les chefs d'entreprise ne paraissent pas encore très sûrs des meilleurs moyens à mettre en œuvre.

Pour alimenter le marché du travail, ils reprennent d'abord les recettes traditionnelles. Plus que jamais les établissements puisent dans le « réservoir » de la main-d'œuvre féminine. Celle-ci passe de 31 à 37 % du total de la population active entre 1866 et 1906. A la fin du siècle, les femmes représentent 51 % des effectifs de l'industrie textile et 30 % de ceux de l'industrie chimique. Ce qui suscite l'hostilité des membres de la bourgeoisie appartenant au courant « populationniste » qui militent pour un retour de « la femme au foyer ». D'où le recours à une autre solution traditionnelle : les ouvriers-paysans, malgré les inconvénients que représentent l'absentéisme saisonnier et le faible investissement que ces travailleurs manifestent pour les valeurs de l'entreprise. Grâce à la multiplication des trains ouvriers, les Compagnies minières du Nord drainent ainsi des milliers d'ouvriers, jusque dans les lointains villages de Picardie. De même, ce nouveau moyen de locomotion permet de faire venir chaque jour des milliers de frontaliers belges dans les usines textiles du Nord ou dans les établissements métallurgiques du bassin de Longwy [50]. Le recours à la main-d'œuvre immigrée, qui s'accentue également au début du XXe siècle, n'est pas non plus, dans le cas de la France, un élément vraiment nouveau. Pourtant, alors qu'auparavant c'étaient les courants migratoires traditionnels qui réglaient l'offre de travail dans le cadre des migrations saisonnières, à présent, le recrutement d'ouvriers étrangers prend une allure de plus en plus systématique. A partir de 1889, les Compagnies minières du Nord commencent à recruter de façon organisée des travailleurs belges. A Reims, d' « habiles pisteurs » sont sollicités pour trouver, en Belgique, la main-d'œuvre qui voudra bien s'employer dans les grands peignages mécaniques de la ville. Dans la région lyonnaise, avec la reprise de la fin du siècle, « pour la première fois, on fait appel à des contingents étrangers massifs ». Pour exploiter les mines de fer lorraines, les maîtres de forges envoient leurs agents recruteurs en Italie.

Les divergences qui s'expriment sur les réformes à mettre en œuvre pour ramener le calme dans le monde du travail témoignent du désarroi des patrons face à de puissants mouvements de grève qui les ont souvent pris au dépourvu. Là où la classe ouvrière est la mieux organisée et où les luttes ont été les plus massives, on voit se dessiner les premiers linéaments d'une politique contractuelle dont la signature de la Convention d'Arras en 1891 pour les mineurs représente le meilleur exemple. Le catholicisme social évolue lui aussi, surtout sous l'impulsion de Léon Harmel, partisan d'une expression organisée des intérêts ouvriers, et qui prône la création d'un grand parti chrétien, capable de s'opposer au Parti ouvrier français (POF). Émile Cheysson, le directeur de Creusot, critique les formes traditionnelles du paternalisme jugées trop autoritaires. « La tutelle patronale a fait son temps et révolte comme un attentat à la liberté. Partout, sous l'action du progrès de la démocratie, le patronage devient libéral. Sa nouvelle forme ne retranche rien aux devoirs et aux sacrifices des patrons. Elle leur donne simplement une expression plus appropriée à l'état politique et social du pays [51]. » Pourtant, bien des exemples illustrent des comportements patronaux en flagrante contradiction avec ces belles paroles. Même au Creusot, la grève de 1899 est réprimée avec une férocité impitoyable ; le syndicat est balayé. La politique du « contrôle total » est accentuée par un renforcement de l'emprise de la société sur l'ensemble des activités locales et par la multiplication des associations de type paternaliste. Si dans la période précédente on avait souvent encouragé l'élévation du niveau de vie, afin de détacher les ouvriers des valeurs paysannes, on cherche désormais à « discipliner » la consommation ouvrière pour éviter les demandes incessantes d'augmentation de salaire. D'où l'apparition des écoles ménagères où la préposée aux travaux domestiques va devoir apprendre l'art de se contenter de ce que l'on a, et de faire avec [52].

Traditionnellement, la « question sociale » se réglait par la force, ce qui n'exigeait de la part du pouvoir ni une très grande imagination, ni un grand besoin de connaissances sur la société, mais pouvait le conduire quelquefois à la déroute. L'introduction du suffrage universel comme moyen de « pacifier » les classes populaires marque le début d'une logique d'intégration qui implique des techniques de contrôle bien différentes.

Là encore, nous sommes, en ce début du XXe siècle, à la croisée des chemins. Jamais la répression républicaine antiouvrière n'a atteint une ampleur aussi grande que dans ces années où Clemenceau devient ministre de l'Intérieur; ce qui lui vaut d'être élu, par les travailleurs qui le détestent, « premier flic de France [53] ». Mais cela ne doit pas faire oublier les multiples efforts accomplis par le gouvernement pour se concilier la classe ouvrière. La « question sociale » occupe une bonne partie de l'activité législative de la IIIe République jusqu'en 1914. Les mesures prises pour protéger la main-d'œuvre sont loin d'être négligeables. Sans détailler cette question assez bien connue, citons les lois sur les accidents du travail (1898), sur les caisses de secours dans les mines (1894), sur la limitation de la journée de travail (1900) et sur le repos hebdomadaire (1906), sur les retraites ouvrières et paysannes (1910). En même temps, de nombreux efforts sont entrepris pour favoriser l'émergence de véritables rapports contractuels. La loi de 1884 sur les syndicats a le même objectif que le suffrage universel : noyer la petite minorité extrémiste dans le flot des ouvriers « pacifiques » qui ne se préoccupent pas du pouvoir, mais simplement de trouver des instruments capables de les défendre sur le terrain purement corporatif. Le soutien apporté aux bourses du travail répond au même souci. A la fin du XIXe siècle, notamment sous l'influence de Millerand et du courant « solidariste », cette politique est renforcée. La très importante loi de 1892 encourageant les « partenaires sociaux » à demander l'arbitrage de la puissance publique pour régler les conflits [54] est prolongée par toute une série de dispositions au premier rang desquelles il faut placer le Conseil supérieur du travail comprenant un tiers de représentants du patronat, un tiers de responsables des syndicats ouvriers et un tiers de fonctionnaires d'État.

L'une des fonctions de cette institution est d'améliorer la circulation de l'information entre l'État et la société. En effet, si une stratégie de pouvoir fondée sur la force peut faire l'économie au moins partielle d'une connaissance de la réalité sociale, celle qui se réclame du suffrage universel et des rapports contractuels ne peut s'offrir ce luxe. A cet égard, les intellectuels favorables à la République apportent une contribution importante. « Des changements profonds se sont produits, et en très peu de temps, dans la structure de nos sociétés », affirme Émile Durkheim, le « père fondateur » de la sociologie universitaire qui se constitue à ce moment-là en France. « Nous ne souffrons pas parce que nous ne savons plus sur quelles notions théoriques appuyer la morale que nous pratiquions jusqu'ici ; mais parce que, dans certaines de ses parties, cette morale est irrémédiablement ébranlée et que celle qui nous est née est seulement en train de se former[55]. » A partir de ce constat, Durkheim assigne comme objectif ultime à la sociologie la mise au point de nouvelles formes de régulation sociale. Cependant comme, depuis la monarchie de Juillet, la « question ouvrière » a été en France un problème avant tout politique, les sociologues, surtout soucieux de « l'honorabilité » d'une discipline encore contestée dans le milieu universitaire, préfèrent se cantonner dans des recherches moins exposées. C'est pourquoi, si les études sur le monde ouvrier sont nombreuses au cours de cette période, on les doit principalement aux initiatives de l'État (notamment le ministère du Travail) et aux journalistes militants.

Remarquons aussi que, au moment même où le mouvement révolutionnaire revendique très fortement le contrôle de la production, économistes et sociologues multiplient les enquêtes sur les problèmes de consommation. C'est à ce moment-là que les intellectuels définissent les « normes » de la consommation populaire, avec la fameuse « loi de Engel » sur la structure des budgets ouvriers ; enquêtes tournées en dérision d'ailleurs par les militants de la CGT. C'est aussi l'époque où les études cherchant à établir des corrélations finalement rassurantes entre la conjoncture économique et le nombre des grèves se multiplient, alors même que le lien n'est guère évident pour cette période[56].

Parmi toutes les tentatives pour « nommer le malaise », il faut signaler aussi l'élaboration de la doctrine nationaliste qui trouve en Maurice Barrès son meilleur théoricien. Par là, une autre réponse possible s'ébauche pour régler le problème de l'intégration des ouvriers. Au principe marxiste de la classe,

Barrès oppose celui de la nation qui permet de construire un consensus politique au détriment de l' « étranger ». Les succès du boulangisme en milieu ouvrier pendant la crise, la violence de la xénophobie qui sévit alors, prouvent que dès cette époque il ne s'agit pas d'une construction abstraite ; ce que le XXe siècle se chargera amplement de confirmer[57].

C'est dans ce contexte que sont votées les lois protectionnistes dues notamment à Jules Méline, concession faite aux patrons, mais aussi aux classes populaires et surtout à la paysannerie, qui, étant donné son importance numérique, peut faire et défaire les gouvernements lors des élections. Ainsi, le mouvement de « prolétarisation » à peine engagé est aussitôt ralenti, alors même que la grande industrie voit son expansion freinée par le manque de main-d'œuvre.

L'attitude contradictoire de l'État au cours de cette période s'explique aussi par les divergences d'intérêt entre les différents groupes sociaux qu'il prétend défendre. La loi sur le repos hebdomadaire, par exemple, est vigoureusement soutenue par le syndicat des employés CGT, mais violemment combattue par les patrons des petites entreprises, dont les charges se trouvent ainsi accrues. Ces lois sociales, mais aussi le nouveau discours militant qui pose comme seule légitime l'image de l'ouvrier d'usine au détriment des façonniers et de toutes les catégories intermédiaires, contribuent à la rupture décisive qui se produit à ce moment-là entre la « gauche » et la « boutique ». A Paris, le « municipalisme démocratique », dont ces héritiers de la Commune étaient porteurs, vire à droite, le mouvement commerçant passant sous la coupe des grands patrons et de la province.

Tout le travail législatif de la fin du siècle contribue ainsi à fixer les individus dans des catégories sociales de plus en plus rigides, et en ce sens est partie prenante de la définition moderne de la classe ouvrière. Au lieu d'évoquer, comme on le fait trop souvent, le « retard » des lois sociales françaises en invoquant « l'égoïsme » des classes dirigeantes, il faut insister sur le fait que, comme l'a montré Henri Hatzfeld, ce blocage est le résultat des conceptions différentes du « sursalaire » qui se sont affrontées tout au long du XIXe siècle. Dès la monarchie de Juillet, Thiers s'oppose à toute loi en la matière, non seulement pour préserver ce domaine traditionnel d'intervention qu'est la philanthropie chrétienne, mais aussi, parce que, pour lui, la meilleure des pensions de retraite pour l'ouvrier est l'acquisition d'un petit capital lui permettant de devenir « maître ». Étant donné ce que nous avons dit dans le chapitre précédent sur le comportement des classes populaires, on comprend qu'une telle position ait pu rencontrer un certain écho dans la société française. Dans le langage d'aujourd'hui, on pourrait dire que l'opposition conservatrice à la législation sociale prônée par les républicains manifeste le refus de toute extension du « rapport salarial » (selon l'expression de Robert Boyer), combinant les garanties juridiques d'un statut et la généralisation de la forme monétaire du sursalaire, car c'est un moyen de tracer des « lignes de démarcation » entre les groupes sociaux : « Voyez-vous, messieurs, affirme Thiers, le tort de votre projet est de partager les citoyens en deux classes, de les séparer en deux camps, celui des salariés et celui des patrons. En réalité, les deux camps se pénètrent, les deux classes se confondent. » Et il reproche plus précisément à ce projet de loi d'exclure les travailleurs indépendants (petits artisans, petits patrons), dont le sort est parfois pire que celui des ouvriers [58].

Pour terminer ce chapitre, disons un mot sur l'irrésolution du mouvement ouvrier, qui lui aussi, dans cette période, est à la croisée des chemins. En dépit de la formidable mobilisation populaire, à aucun moment le pouvoir ne semble vraiment en péril. Certes, cela est dû aux concessions faites par l'État, aux stratégies d'intégration ou de répression qu'il déploie ; mais il y a aussi des raisons internes à cet état de choses.

Au-delà de l'unanimisme proclamé, l'identité collective ouvrière reste partagée par de nombreuses contradictions. Tout d'abord, pour les héritiers des « sans-culottes », ayant près d'un siècle de traditions « d'action directe », la nouvelle règle du jeu, propre au suffrage universel, n'est guère appréciée. Mettre un bulletin dans une urne, confier ses intérêts et sa pensée à un « porte-parole », tout cela représente pour eux une grande dépossession, qui explique leurs critiques du « parlementarisme ». Cette critique, à mesure que se termine le siècle, se fait plus acerbe, à cause des scandales qui éclaboussent alors les hommes politiques, à cause aussi et surtout de la répression des grèves. Mais, en plus, l'expérience du jeu parlementaire que font les élus d'origine ouvrière conforte « l'instinct de classe » des socialistes révolutionnaires, et leur sentiment que cette politique-là, ce « n'est pas pour eux ». Comme l'ont montré des travaux récents, l'ouvrier élu ne tarde pas à se rendre compte que le Parlement n'est pas une scène neutre où chacun est à égalité. A une époque où l'éloquence est reine, le langage ouvrier suffit à disqualifier celui qui l'utilise aux yeux du plus grand nombre, car les élus, même quand ils sont « du côté de la classe ouvrière », sont presque tous originaires de milieux bourgeois ou petits-bourgeois. La déception d'un Jean-Baptiste Dumay à l'égard de la politique parlementaire semble pouvoir s'expliquer ainsi[59]. Les élus ouvriers qui acceptent les règles nouvelles, en général, se transforment eux-mêmes progressivement, devenant souvent des « notables » de la politique ; ce qui constitue une preuve supplémentaire des méfaits du système pour les partisans de l'action directe.

C'est aussi ce désir de continuer à penser et à agir par eux-mêmes, dans le cadre de petits groupes homogènes et surtout en dehors des intellectuels, pour lesquels ces « ouvriéristes » ont une méfiance qui est aussi un instinct de conservation, qui explique leur refus de la centralisation et de la hiérarchisation du mouvement ouvrier prônées par ceux qui — comme les guesdistes par exemple — voient le prolétariat comme une armée disciplinée obéissant aveuglément aux ordres des « responsables ». Mais, en refusant de jouer le nouveau jeu politique, ils écartent les possibilités qu'il offre pour la représentation collective de leurs intérêts d'ouvriers. Facteur d'affaiblissement renforcé par le rejet d'une structuration verticale qui les prive de l'outil efficace que sont, par exemple, le POF ou les fédérations d'industrie au niveau syndical.

Dans les premières années du siècle, l'opposition entre les partisans des chambres de métier et ceux qui prônent les fédérations syndicales d'industrie atteint son paroxysme. Affaiblies par la répression de la Commune (qui a fait plus de victimes que la Terreur révolutionnaire) et par l'évolution technologique, les organisations propres aux gens de métier ne sont pas encore vaincues à cette date ; une évolution du mouvement ouvrier « à l'américaine » (fondée sur le corporatisme de métier) semble encore possible.

4

Usine, banlieue, cité, l'ouvrier nouveau est arrivé !

C'est dans la période 1900-1930 seulement que se produit le véritable « décollage » permettant à l'industrie française de rejoindre le peloton de tête des pays développés. Entre 1913 et 1929, l'indice de la production industrielle progresse de 40 %, « ce qui place », estime Jean-Charles Asselin, « la France en tête de tous les grands pays industrialisés (y compris l'Allemagne et les États-Unis) pour la progression réalisée entre ces deux dates [1] ». Dynamisme qui s'explique surtout par la vigueur du développement des secteurs nouveaux : en 1929, la France occupe le deuxième rang mondial pour la production d'aluminium, le troisième pour celle d'acier ; en 1930 (année exceptionnelle, il est vrai), elle est même en tête de tous les pays du monde pour la production de minerai de fer.

Dans les pages qui suivent, nous nous proposons de décrire l'ampleur des transformations qu'un tel bond en avant a provoquées dans la classe ouvrière, tout en insistant sur les raisons qui ont permis de dépasser le « blocage » décrit plus haut, pour donner naissance au monde du travail dont nous vivons peut-être aujourd'hui les derniers moments [2].

1. Un marché du travail à (re)construire

L'expansion de l'économie française, commencée au début du siècle, s'accélère dans les décennies suivantes. La Première

Guerre mondiale joue à cet égard un rôle fondamental. Dans les années qui précèdent, et plus encore pendant le conflit, l'industrie métallurgique connaît une expansion considérable liée aux nécessités de l'armement. A partir de 1918, c'est la reconstruction du pays qui constitue le moteur du développement. Les destructions opérées par les armées allemandes ont surtout touché le Nord et l'Est, c'est-à-dire les centres vitaux de la grande industrie française. En 1919, « la zone d'inutilisation industrielle couvre un territoire qui assurait en 1913 74 % de la production de houille, 81 % de celle de fonte, 63 % de la fabrication nationale d'acier; 55 % des pièces de forge, 76 % des fabriques de sucre, mais 25 % seulement des entreprises de construction mécanique, situées en général loin de la frontière [3] ». Au-delà du potentiel industriel, ce sont des villes entières qui sont à reconstruire, maisons d'habitation, écoles, hôpitaux, etc.

On ne sera pas surpris dans ces conditions de constater que ce sont surtout les branches fournissant les biens d'équipement qui connaissent le dynamisme le plus vigoureux, alors que les industries de consommation, comme le textile, stagnent.

Le graphique suivant, illustrant l'évolution de la main-d'œuvre entre 1906 et 1931, est le reflet de ces inégalités de croissance entre les différents secteurs.

Au niveau des effectifs d'ensemble, le contraste avec la période précédente est net. En 25 ans, le nombre d'ouvriers dans la population active passe de 7 millions à 8,4 millions environ. Si l'on écarte les ouvriers agricoles, la croissance est encore plus sensible (de 4,3 à 6,3 millions, soit un excédent de 2 millions de travailleurs). La part de la classe ouvrière dans la population active passe ainsi de 33,7 % à 38,8 %.

L'examen de la répartition de la main-d'œuvre par branche industrielle est riche d'enseignements. Le textile, qui tout au long du XIXe siècle avait occupé plus de 50 % des effectifs, connaît un net recul, au point d'être rattrapé par la métallurgie. En 1930, chacune de ces deux branches emploie 25 % de la main-d'œuvre industrielle totale, dominant fortement les autres secteurs. Au niveau de la progression des effectifs, c'est l'industrie des métaux qui gagne le plus, passant d'environ 600 000 ouvriers en 1906 à 1,2 million en 1931. L'examen

L'ÉVOLUTION DE LA RÉPARTITION
DES OUVRIERS DANS LES DIFFÉRENTES BRANCHES
D'ACTIVITÉ ENTRE 1906 ET 1931
nombre d'ouvriers en milliers

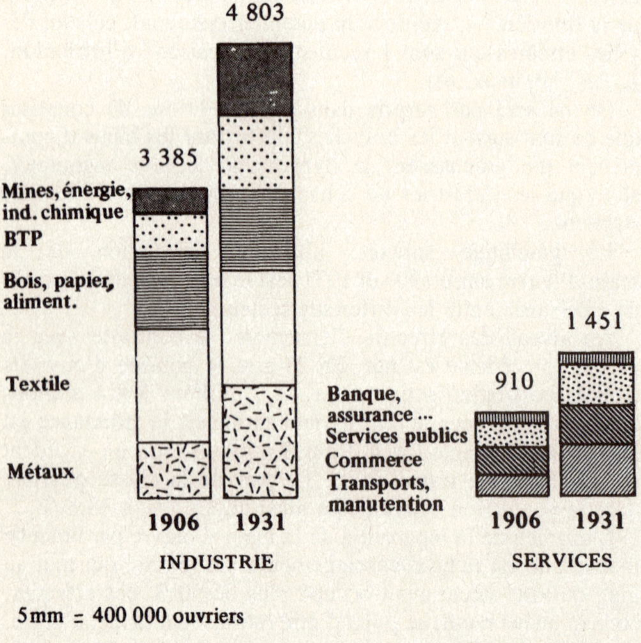

Source : graphique établi d'après les chiffres de J.-C. Toutain, « La population de la France de 1840 à 1959 », *Cahier de l'Institut de science économique appliquée*, n° 3, 1963.

des tableaux détaillés fournis par les recensements de la Statistique générale de la France montre que, si les secteurs traditionnels comme la « transformation des métaux ordinaires » stagnent, les branches les plus « modernes » connaissent un accroissement fulgurant. La sidérurgie multiplie ses effectifs par 3 (150 000 personnes en 1931), l'automobile par 5 (100 000 ouvriers en 1931), la construction électrique par 7,5 (150 000 travailleurs à la même date). Les mêmes remarques peuvent être faites pour la chimie. Elle double le nombre de ses ouvriers, mais la fabrication des allumettes stagne, alors que la main-d'œuvre de la chimie générale (fabrication d'acides, de colorants, etc.) est multipliée par 7, celle du caoutchouc atteignant, à la fin des années vingt, 63 000 ouvriers, soit une augmentation de 400 %. A cela il faut ajouter la progression des effectifs des industries déjà importante avant la guerre, comme le bâtiment et les travaux publics dont la main-d'œuvre est en augmentation de 50 % (soit plus de 800 000 ouvriers en 1931) et surtout les mines (plus 75 % entre 1906 et 1931).

Dans le secteur des services, le nombre d'ouvriers progresse aussi de façon remarquable (plus de 540 000 personnes) notamment dans les services publics et les transports. L'entre-deux-guerres constitue l'apogée pour les chemins de fer qui comptent alors plus de 500 000 cheminots.

A cette nouvelle ventilation selon les branches d'activité correspond une transformation dans l'équilibre des établissements selon leur taille. Au cours de cette période, 41,5 % des salariés nouveaux sont recrutés par les entreprises de plus de 500 personnes. Alors qu'en 1906 60 % des salariés travaillaient dans des établissements de moins de 100 employés, en 1931, une majorité absolue est embauchée dans des établissements dépassant cette taille. 25 % se rassemblent dans les grandes usines de plus de 500 personnes. Parallèlement le nombre des travailleurs « isolés » chute à 12,7 %. 1,5 million d'entre eux ont disparu en un quart de siècle, soit 40 % des effectifs de 1906 [4].

Ces chiffres illustrent le développement spectaculaire de la grande entreprise. L'énorme concentration humaine du Creusot, qui apparaissait à la fin du XIXe siècle comme une exception et une « curiosité », fait désormais partie du paysage quotidien dans maintes régions industrielles du pays. Dès 1913, les Aciéries de Longwy occupent 6 500 ouvriers ; Citroën, qui employait 4 500 personnes en 1919, en contrôle plus de 31 000 en 1929. En 1898, 6 ouvriers travaillaient chez Renault, 110 en 1900, près de 4 400 en 1914, 14 600 en 1919 et plus de 20 000 en 1930 [5]. C'est bien une nouvelle époque dans l'histoire de la classe ouvrière qui commence, marquée aussi par une importante croissance de la population urbaine puisque pour la première fois, en 1931, les habitants des villes sont plus nombreux que ceux des campagnes.

Enfin l'expansion économique provoque un important réaménagement de la carte des implantations industrielles dans le pays. Aux anciens bassins d'emploi, viennent s'ajouter de nouveaux, en pleine effervescence. En Lorraine sidérurgique, dans les vallées alpines de l'électrochimie, la brutalité du passage du monde rural à la grande industrie frappe les observateurs qui évoquent fréquemment, à leur sujet, le « Far West » ou le « Texas français ». Mais surtout, c'est à ce moment-là que dans toutes les grandes villes du pays apparaissent les banlieues si caractéristiques de notre XXe siècle. Avec le « deuxième âge » de l'industrialisation en effet, les usines s'installent à la périphérie des grands centres urbains, suscitant des foyers de peuplement, la plupart du temps complètement coupés des habitants vivant au centre. Grande usine et banlieue se conjuguent ainsi pour donner naissance à un univers ouvrier fort différent de celui de l'époque précédente.

Le phénomène est surtout perceptible dans la région parisienne, qui connaît un formidable accroissement économique dans ce quart de siècle, au point de devenir le premier foyer industriel français. L'emploi ouvrier progresse dans la construction mécanique de 260 %, de 500 % dans la construction électrique, de 220 % dans l'industrie des colorants [6], provoquant la multiplication des grands établissements à Ivry, Saint-Denis, Aubervilliers, Boulogne-Billancourt. En province, on peut citer l'exemple de la région lyonnaise, et notamment de Vénissieux qui voit se développer brutalement l'industrie chimique et surtout métallurgique, bouleversant en profondeur l'équilibre socio-économique antérieur : alors qu'en 1873 un tiers de ses habitants vivaient de l'agriculture, en 1931 la commune compte 80 % d'ouvriers dans sa population active [7].

Nous avons vu dans le chapitre précédent que l'apparition des nouvelles branches d'activité symbolisant la « deuxième révolution industrielle » avait provoqué la désorganisation d'un marché du travail que les chefs d'établissement avaient eu beaucoup de mal à mettre en place. Dans les décennies suivantes, le déficit en main-d'œuvre atteint des proportions encore plus considérables. Pour satisfaire les exigences du dynamisme économique, il a fallu en effet trouver 2 millions d'ouvriers supplémentaires en 25 ans. Or, dans le même temps, les effectifs du secteur des « employés » (au sens large) progressaient eux aussi de 40 %, soit, en chiffres bruts, un million d'emplois supplémentaires. En particulier, le nombre des fonctionnaires augmente de plus de 50 %, pour atteindre un total de près de 500 000 personnes en 1931. Mais, dans ce quart de siècle, la population active ne s'élève que de 900 000 individus. De plus, le malthusianisme des classes populaires, sensible à la fin du siècle, ne fait que croître et embellir. Des calculs très précis ont montré que, pour les couples formés entre 1920 et 1934, le nombre moyen d'enfants conçus dans les dix premières années de mariage était de 1,8, toutes catégories sociales confondues, et de 1,85 pour les ouvriers. Même dans le Pays Noir, où les mineurs avaient fait jusque-là preuve de bonne volonté, la chute de la natalité est sensible dans l'entre-deux-guerres [8].

A cela s'ajoutent de nouvelles contraintes. Tout d'abord la loi des 8 heures qui réduit la productivité ouvrière par journée de travail. Surtout, il faut insister sur les conséquences dramatiques de la Première Guerre mondiale. On estime, en effet, que le conflit a privé le pays de plus de 3,3 millions de personnes actives soit directement (ceux qui ont été tués au combat), soit indirectement (les mutilés, invalides, etc.). 10 % de la main-d'œuvre industrielle manquent ainsi à l'appel en 1919, à un moment où la France n'en a jamais tant eu besoin.

Pour les ouvriers ayant échappé au massacre, la situation du marché du travail se présente sous un jour extrêmement favorable. Dès 1928, dans la *Revue d'économie politique,* William Oualid avait bien illustré les données du problème. Estimant que le déficit total consécutif à la guerre pouvait être évalué à 4 millions de personnes, il ajoutait : « Il s'ensuit que les survivants, travailleurs qualifiés ou employés d'élite, sont occupés principalement aux fonctions de maîtrise, de contrôle et de confiance ou aux besoins exigeant une haute qualification professionnelle (ouvriers de précision, dessinateurs, etc.). D'un autre côté, l'apparition d'industries nouvelles, telles que la construction mécanique automobile, l'industrie électrique, les transports, et le développement d'emplois nouveaux puisent dans le stock restreint d'hommes de 40 à 55 ans et demandent également l'appoint des classes plus jeunes. Il se produit donc une sorte de promotion ou d'avancement des éléments nationaux dans la hiérarchie professionnelle [9]. »

Ceci est l'un des facteurs principaux expliquant la force du *turn over* que l'on constate au cours de ces années. Dans le Nord et dans l'Est, l'ampleur des travaux de reconstruction fait de cette partie de la France un véritable « chantier ». La multitude des petites et moyennes entreprises appartenant au bâtiment entretient un vivier d'ouvriers qualifiés, qui changent continuellement d'établissement pour bénéficier de meilleurs salaires, mais aussi parce qu'il existe un mouvement incessant de créations et de fermetures d'entreprises, au fur et à mesure que les bâtiments, les maisons et les installations sont remis en place. Dans le Valenciennois, Odette Hardy-Hemery évoque ainsi un véritable « tournoiement » de la main-d'œuvre à l'intérieur du marché d'emplois local. Pour une grande entreprise comme l'usine sidérurgique de Denain, il est d'autant plus difficile de trouver du personnel que l'usine, du fait de la guerre, est restée fermée pendant douze ans, perdant ainsi tout le bénéfice de la politique d'enracinement des ouvriers déployée avant la guerre [10]. Dans toutes les régions de France, les mêmes problèmes se posent. Dans la vallée de la Sambre, grand centre de la métallurgie de transformation, « le recrutement est malaisé depuis la guerre. La région manque de spécialistes [...]. C'est à l'horizon de Maubeuge un point noir qui n'est pas sans susciter aux industriels quelques inquiétudes pour l'avenir ». Aux Chantiers navals de Saint-Nazaire, un rapport d'assemblée générale, cité par Marthe Barbance, souligne le blocage de la production du fait de l'insuffisance des effectifs : « Se procurer des ouvriers était difficile. C'étaient des spécialistes qu'il fallait pour les techniques nouvelles, on manquait, en France, de riveurs, de tourneurs, de chanfreineurs-mateurs [11]. »

Cette instabilité est encore accentuée par le déracinement dû à la guerre. Outre les millions de Français mobilisés et déplacés vers le front, il y a tous ceux qui ont été contraints à l'exode — notamment dans le Nord et dans l'Est — à cause de l'occupation allemande. Il faut évoquer aussi ces milliers de travailleurs qui n'ont échappé aux combats que pour être dirigés vers les usines de guerre. Beaucoup d'établissements trop exposés émigrent pendant le conflit vers d'autres localités (surtout dans la région parisienne, mais aussi à Nantes, Lyon, etc.) pour être reconvertis en « usines de guerre ». De même, les entreprises métallurgiques et chimiques, les mines, situées hors des zones occupées, sont intensément utilisées. Au Creusot, en 1917, 20 000 personnes travaillent dans les établissements Schneider, soit 38 % de plus qu'en 1914. Beaucoup viennent de la région parisienne et du Nord, contribuant ainsi à diffuser des valeurs ouvrières peu représentées localement. Autre exemple, les mines de houille du Gard. Pendant la Première Guerre mondiale, la main-d'œuvre progresse de 35 % à la suite de l'arrivée de 1 500 prisonniers de guerre et de 1 500 mineurs du Nord, au milieu d'une population ouvrière jusque-là restée très locale. Là aussi, la guerre « a facilité des contacts, des brassages, des échanges tendant à uniformiser les comportements de la main-d'œuvre, à secouer les traditions [12] ».

Ces confrontations d'expériences se font au profit des secteurs d'emploi les plus modernes, là où les qualifications et les salaires sont les plus élevés ; principalement dans la construction mécanique de la région parisienne. Les migrations d'ouvriers sont d'autant plus importantes que les entreprises organisent de véritables « chasses à l'homme » dans les vieux bassins où, grâce aux efforts antérieurs du paternalisme, existe une main-d'œuvre qualifiée. A Billancourt, Renault a des équipes de « racolage » en direction du Nord, du Creusot, de Hayange, en Lorraine. De même, à Saint-Nazaire, des « émissaires » viennent embaucher sur place ; « des annonces paraissent dans le journal *le Travailleur de l'Ouest* » ; d'où un véritable exode, lors de la crise de 1921, vers des foyers industriels plus actifs, comme Caen ou les régions libérées. Dans les années d'après-guerre, 18 000 mineurs du Nord vont s'embaucher dans la région parisienne. Au Creusot, le légendaire enracinement de la main-d'œuvre est fortement remis en cause. Entre 1920 et 1923, 5 000 ouvriers creusotins quittent la région, soit près de 30 % de l'effectif total. Un témoin se souvient qu'il y « avait de véritables colonies de Creusotins par quartiers qui venaient [dans la région parisienne] par des filières très organisées, qui travaillaient notamment chez Renault et qui ont pris contact avec un autre monde ouvrier, avec un syndicalisme véritable [13] ».

2. Deux solutions privilégiées pour faire face à la pénurie : la rationalisation du travail et l'immigration

Mécanisation et OST.

Si, au XIXe siècle, le patronat français s'était illustré par une certaine timidité par rapport à l'innovation technologique, les premières décennies du XXe siècle traduisent un changement brutal. Entre 1906 et 1931, selon Edmond Malinvaud, l'industrie française accomplit un effort de mécanisation supérieur à celui des États-Unis et de la Grande-Bretagne, comparable à celui de l'Allemagne. La puissance totale des moteurs primaires progresse au taux de 14 % l'an. C'est surtout dans la décennie qui suit la guerre que tous les records de productivité sont battus, atteignant le chiffre de 2,8 % entre 1924 et 1929 [14].

A titre d'exemple, on peut citer l'extraction du charbon dans le Nord, mécanisé pour 4 % de la production en 1913 et pour 86 % en 1927. De même dans l'automobile, Citroën, qui possédait 3 450 machines-outils en 1919, en compte 12 260 dix ans plus tard.

On pourrait donner des exemples semblables pratiquement dans toutes les branches d'activité, notamment dans la sidérurgie et la chimie. Le plus important est de noter que cette mécanisation se combine de plus en plus à l'Organisation scientifique du travail (OST), mise au point par l'ingénieur américain Taylor au début du XXe siècle. La première phase du processus, expérimentée en France dans les années qui précèdent la guerre, notamment chez Renault, consiste dans le chronométrage du travail ouvrier, afin d'éliminer les temps morts. Dans le Nord, la Compagnie d'Anzin réussit ainsi à réduire les temps de déplacement des mineurs jusqu'à leur chantier, puis elle réorganise le travail par la pratique des « longues coupes » qui remplacent la polyvalence et le travail d'équipe par la spécialisation et l'individualisation des tâches [15].

C'est surtout dans la construction mécanique que l'OST se manifeste dans les années vingt. Le processus a été bien décrit à propos des Chantiers navals de Saint-Nazaire. On peut le résumer ainsi : les premiers essais, qui ont lieu en 1916, font prendre conscience aux ingénieurs de la difficulté à contrôler un processus de production qui met en jeu 55 corps de métiers différents, très autonomes les uns par rapport aux autres. C'est pourquoi leur premier souci est de remplacer les « vieilles machines que seuls les ouvriers pouvaient faire marcher de façon satisfaisante » par des appareils modernes et des outils normalisés. Par ailleurs, ils décident l'entière reconstitution du parc des pièces détachées. Pour cela, sont créés un bureau de dessin industriel et un service de nomenclature afin de décomposer, en éléments le plus simple possible, la totalité des pièces entrant dans la fabrication d'un navire. Ces services sont chargés, pour chacune d'elles, d'en fournir le plan précis, ainsi que les indications d'usinage que l'ouvrier doit suivre à la lettre. De plus, la direction crée une section des temps qui a pour mission de décomposer le travail des ouvriers en unités élémentaires. Une feuille d'instructions fixe pour chaque tâche la vitesse d'exécution, la forme de la pièce, la façon de faire, le tout étant résumé sur une fiche « suiveuse », destinée au bureau central de la main-d'œuvre, qui calcule le « bonus » (prime récompensant l'ouvrier ayant accompli sa tâche dans un temps inférieur à celui qui lui était alloué), venant s'ajouter à son salaire fixe.

Par ce système, c'est toute l'autonomie des ouvriers professionnels, mais aussi des contremaîtres, qui est remise en cause. « Avant la guerre », note Marthe Barbance, « pour octroyer un temps d'usinage aux ouvriers, on avait recours aux contremaîtres et aux chefs de travaux réputés avoir l'expérience voulue pour entreprendre toutes sortes de déterminations de temps et de prix. Les documents auxquels ils se référaient étaient le plus souvent de simples calepins soigneusement cachés dans le fond d'un tiroir et qui présentaient en général le défaut de ne pas tenir compte des conditions particulières dans lesquelles le travail avait été entrepris. »

L'efficacité du nouveau système, du point de vue de la direction, est indéniable, puisque, pour un temps de réparation évalué par un contremaître selon l'ancienne méthode à 12 000 heures de travail, la section des temps parvient à le réduire à 4 600 heures, grâce à la décomposition des tâches [16] !

La rationalisation a des conséquences très importantes sur le travail ouvrier tel qu'il se pratiquait encore dans la période précédente. L'absence de statistiques professionnelles d'ensemble ne nous permet pas d'apprécier exactement son effet sur l'emploi. Il est malgré tout évident que cette stratégie a permis de limiter les besoins en effectifs nouveaux nécessités par la formidable augmentation de la production. Beaucoup d'observateurs l'ont d'ailleurs noté. Pour la construction par exemple, « dans le Rhône comme dans la Seine, dans le Nord et ailleurs, l'industrie des travaux publics a partout été très profondément affectée par des progrès techniques. L'emploi des excavatrices, des pelles mécaniques, des racleuses-goudronneuses, etc., a diminué l'emploi des manœuvres dans une proportion que l'on peut évaluer à 30 ou 40 % [17] ». De même dans le textile, les nouveaux métiers Northrop à changement automatique de navettes font qu'un ouvrier, qui en surveillait 6 en 1920, peut en contrôler 14 à 16 dix ans plus tard. Dans la sidérurgie, la mécanisation de la charge des hauts fourneaux ou du laminage supprime un très grand nombre d'emplois de manœuvres. Les postes de qualifications traditionnelles, si difficiles à pourvoir en France, disparaissent aussi massivement, que ce soit les forgerons, les doubleurs ou les chauffeurs dans la sidérurgie, les souffleurs des verreries, etc. Même les nouveaux emplois qualifiés des ouvriers « professionnels » (mécaniciens, ajusteurs, monteurs) — qui constituaient la plus grande partie des effectifs de l'usine Renault au début du siècle — n'en représentent plus que 70 % en 1914. A la fin des années vingt, les OP ne forment même pas la majorité absolue des effectifs dans cette entreprise [18]. Cette évolution se fait surtout au profit des machinistes ou de ces travailleurs que l'on appelle dans l'automobile les « similaires » (ceux que l'on nommera, à partir de 1936, les « OS »), et qui effectuent des tâches plus faciles à apprendre. Dans les usines Renault, ils constituent le tiers de la main-d'œuvre en 1913, plus de 53 % en 1925. En vingt ans, dans la sidérurgie lorraine, leur nombre double.

Mais l'évolution technologique s'accompagne aussi de la multiplication d'emplois qualifiés nouveaux. Dans la métallurgie lourde, dans la chimie, la mécanisation exige de plus en plus d'ouvriers d'entretien. Quasiment inexistants à la fin du XIXe siècle, ils composent jusqu'au tiers des effectifs en 1930. Dans l'automobile, outilleurs et régleurs sont les grands bénéficiaires des mutations dues au taylorisme. De plus, l'OST et l'application toujours plus importante des méthodes scientifiques dans l'industrie entraînent une grande augmentation du nombre des « mensuels » (salariés payés au mois). Aux établissements Citroën situés dans la région parisienne, en 1927, les deux tiers des effectifs seulement sont affectés à la fabrication directement, le reste est chargé de la préparation du travail ou du contrôle des opérations. La proportion des « mensuels » passe de 6,5 % à 11,7 % dans l'effectif total de Renault entre 1919 et 1927. Alors qu'en 1896 il n'y avait que 45 « employés » (au sens large) pour 2 800 ouvriers aux Aciéries de Longwy, ils sont environ 650 en 1930 ; de 2 % du total, on est passé à près de 12 %. Outre les employés proprement dit, il faut ajouter le personnel d'encadrement qu'on nomme alors plutôt « collaborateurs » que « cadres », les personnels travaillant dans les laboratoires que chaque grande usine installe près des ateliers de fabrication. Au niveau national, l'ensemble de ces professions, que la Statistique générale de la France appelle « employés d'industrie », passe de 220 000 personnes en 1906 à 560 000 en 1931.

L'immigration massive.

La rationalisation du travail a certainement rendu moins dramatique la pénurie de main-d'œuvre en supprimant, par la mécanisation, nombre de tâches de manœuvres et en simplifiant souvent celles des ouvriers de métier. Mais cette solution ne pouvait être qu'un élément dans une stratégie plus vaste de recrutement d'ouvriers nouveaux.

Le premier réservoir dans lequel les chefs d'entreprise pouvaient abondamment puiser était le monde paysan qui en 1906 comptait encore 8,8 millions d'actifs. De fait, les bouleversements de la guerre ont fortement accru l'exode rural dans les années vingt, arrachant à la terre plus d'un million d'individus, ouvriers agricoles et travailleurs « isolés » surtout. Les recherches faites par Philippe Ariès sur la région parisienne montrent qu'une bonne partie de l'afflux de population dans les banlieues provenait du monde rural. Depuis le début du siècle jusque dans les années trente, une région comme la Bretagne a fourni des milliers de bras aux grandes usines de Saint-Denis ou d'Aubervilliers, mais aussi à celles de la banlieue nantaise et même aux établissements Michelin à Clermont-Ferrand, cette entreprise ayant recruté en masse sa main-d'œuvre non qualifiée dans l'Ouest de la France. Cependant, Ariès montre aussi que, dans les années vingt, il ne s'agit plus vraiment d'une émigration de la misère, car elle est relativement indépendante de la conjoncture économique. En bien des cas, il s'agit plutôt d'un choix délibéré consécutif à l'ouverture des horizons pendant la guerre. C'est pourquoi, si une partie de ces migrants vient enrichir la classe ouvrière, beaucoup se dirigent vers d'autres milieux professionnels et notamment la fonction publique. Ainsi Pierre Bastié estime qu'un nombre important de familles venues des régions envahies, ayant perdu leur exploitation ou le chef de famille, des veuves de guerre, des mutilés, viennent alors s'installer dans la région parisienne pour bénéficier des emplois administratifs qui leur sont réservés [19].

La solution du travail féminin, largement expérimentée dans la période précédente, semble de moins en moins convenir. Entre 1906 et 1931, la population active féminine progresse peu dans l'ensemble, elle régresse même légèrement dans l'industrie (de 34,1 % à 28,4 %), au profit du secteur tertiaire (300 000 emplois supplémentaires). Si les ouvrières sont plus nombreuses dans la métallurgie (les effectifs triplent en 25 ans), elles sont 350 000 de moins à travailler dans le textile, bien que ce secteur soit toujours largement en tête pour l'emploi féminin (75 % du total industriel en 1931).

Pour toutes ces raisons, le recours à l'immigration massive était devenu une nécessité impérieuse au lendemain de la guerre. En 10 ans, (1921-1931), plus d'un million d'ouvriers étrangers (2 millions avec les familles) sont introduits en France, soit les trois quarts des pertes directes de la guerre. En 1930, les immigrés constituent 15 % de la classe ouvrière en France. Encore faut-il préciser que ces chiffres ne sont qu'approximatifs, car les services chargés du recensement des étrangers sont embryonnaires. De plus, en 1931, la crise est déjà là et une partie des travailleurs étrangers recrutés dans les années précédentes sont repartis. Enfin, il existe une énorme immigration clandestine, évaluée par Georges Mauco au tiers de l'immigration contrôlée. Même si beaucoup de ces travailleurs font régulariser leur situation une fois sur le sol français, on comprend que tous ceux qui sont dans une position plus ou moins illégale ont plutôt intérêt à éviter les agents recenseurs [20].

On peut donc considérer les chiffres fournis par les recensements comme des minima. Malgré cela, on est frappé par l'ampleur que prend l'appel aux ouvriers immigrés dans certaines branches d'activité. Dans les mines par exemple, ceux-ci représentaient 6,5 % des effectifs en 1906, pour 42 % en 1931. Dans la métallurgie lourde, la proportion s'élève de 18,4 % à 38,2 % ; dans le terrassement, de 11 à 29 %. Même les industries traditionnelles, fondées sur l'emploi à domicile des femmes, comme l'habillement, font largement appel à eux désormais (17 % du total en 1931).

Il est dommage que les statistiques de cette époque ne puissent nous fournir des indications sur la répartition de la main-d'œuvre étrangère selon les qualifications. Elles donneraient une base plus solide aux constatations quasiment unanimes faites par les observateurs de l'époque et que Philippe Ariès résume : « En France, après 1918, l'étranger a acquis le quasi-monopole des travaux pénibles ou répugnants, que le natif a abandonné. » A propos de la région parisienne, il observe que ces « éléments sociaux ne sont pas absents ; le bâtiment, les métallurgistes recrutent leurs manœuvres, pour leur gros œuvre, parmi les étrangers, des Italiens, des Polonais, des Kabyles[21] ». Dans le Sud-Est, un universitaire constate avant la Seconde Guerre mondiale que les Français tendent à devenir de plus en plus une élite de « cadres » ; « la masse du peuple appartient à une autre race, l'immigration italienne ». Quel que soit le secteur, plus le travail est pénible, plus les étrangers sont nombreux. Dans les mines de fer lorraines, ils composent la quasi-totalité des effectifs du fond ; de même dans le Nord-Pas-de-Calais, les étrangers fournissent 17 % des effectifs travaillant au jour pour 46 % de ceux du fond. Peu nombreux au lendemain de la guerre dans l'industrie automobile, au fur et à mesure que la « rationalisation » accomplit son œuvre, on les voit arriver en masse. Chez Berliet à Vénissieux par exemple, la main-d'œuvre est française à 70 % en 1921 ; dix ans plus tard, les immigrés constituent la majorité absolue des effectifs. De même à Pont-à-Mousson, lors des grandes grèves de 1905, la quasi-totalité de la main-d'œuvre était française. En 1930, alors que l'activité artisanale du mouleur a cédé la place au « travail à la chaîne », plus de 50 % des effectifs ouvriers sont étrangers[22].

Pour comprendre l'importance sociale du phénomène, il faut relier l'immigration à la mobilité des travailleurs français signalée plus haut, comme le fait William Oualid dans l'article déjà cité : « Cette désertion des emplois pénibles, cette ascension dans l'échelle professionnelle, creusent donc par le bas des vides qu'il faut combler à tout prix, par des éléments appelés du dehors. Il en résulte alors un phénomène analogue à celui constaté déjà depuis longtemps aux États-Unis : les étrangers et en particulier les nouveaux venus sont surtout des manœuvres affectés aux travaux ne nécessitant pas de connaissances professionnelles spéciales ou d'apprentissage professionnel. »

En s'appuyant sur ce fait, il est donc légitime de se demander quelle place a tenue l'immigration massive des années vingt dans le processus de déblocage du marché du travail qui caractérise cette période. En effet, nous avons montré que le rapport de forces favorable avait permis aux classes populaires de freiner les mutations économiques au XIXe siècle. En particulier, celles-ci ont pu s'appuyer sur les droits démocratiques issus de la Révolution française, et avant tout sur le suffrage universel, obligeant les gouvernements successifs à des compromis aggravant la rigidité du marché du travail. Or, il est impossible de ne pas voir que la plupart de ces inconvénients disparaissent avec les travailleurs immigrés. Il est d'ailleurs frappant de constater qu'au pays des Droits de l'homme, si l'on a beaucoup accordé au citoyen, c'est au détriment de ceux qui sont restés en dehors de la nation. Dans l'entre-deux-guerres, non seulement les immigrés sont privés des droits politiques fondamentaux, mais ils ne peuvent pas non plus participer aux élections professionnelles, quand bien même ils constituent, comme dans les mines de fer, l'écrasante majorité des effectifs. La politique d'immigration pratiquée en France apparaît aussi bien moins libre que celle des États-Unis au début du siècle par exemple. En contradiction avec les discours officiels sur la liberté du travail, beaucoup d'ouvriers étrangers sont pris dans un véritable carcan juridique. A partir de la Première Guerre mondiale, l'État et le grand patronat conjuguent leurs efforts pour canaliser étroitement les immigrés vers les secteurs du marché du travail que la main-d'œuvre française justement fuit par-dessus tout. Par l'intermédiaire d'agents recruteurs qui vont jusque dans le pays d'émigration pour sélectionner la force de travail, les étrangers sont orientés vers les grands bassins de l'industrie lourde, liés par un contrat et pris dans un arsenal de mesures administratives dont l'objectif est de les obliger à rester là où on a le plus besoin d'eux. Autour de la personne de l'étranger s'opère entre 1890 et 1930 un renversement des valeurs universalistes de la Révolution française. Comme le note Georges Mauco, « l'exercice du droit de l'individu à disposer de sa personne et de ses destinées », considéré comme un droit « inaliénable » par les juristes dans les années 1880, a fait place à une étroite surveillance policière. En 1930, l'immigré a perdu « une grande partie des libertés de l'individu [...]. Soumis à un contrôle permanent, il reçoit de l'Administration toutes directives concernant le salaire, le lieu et la nature du travail. Il ne peut ni changer de place ni de profession sans autorisation [23] ».

Le recours à l'immigration massive dans les années vingt est donc l'un des facteurs sociologiques primordiaux qu'il faut invoquer pour expliquer le « boom » de l'industrie française durant cette période. C'est d'ailleurs dans les secteurs les plus dynamiques, où les profits sont les plus forts, que les travailleurs immigrés sont les plus nombreux. Les économistes de l'entre-deux-guerres avaient bien vu les avantages que ce type de main-d'œuvre fournit à l'industrie nationale : « Il est indéniable », note William Oualid, « que l'introduction d'un adulte tout formé professionnellement a pour résultat de doter le pays d'un élément immédiatement productif et dont l'éducation n'a rien coûté à la collectivité (mise au monde, entretien, instruction, apprentissage, etc.) [24]. » De plus, ce type de main-d'œuvre peut être étroitement adapté aux nécessités de la conjoncture, donnant une souplesse au marché du travail que l'économie française n'avait pas connue depuis longtemps. De même, comme nous le verrons, l'immigration massive a permis d'exercer une pression à la baisse sur les salaires qui n'est pas sans rapport avec l'ampleur des bénéfices constatés.

3. La nouvelle segmentation du marché du travail

La politique du personnel dans l'industrie lourde.

C'est dans les mines, dans la sidérurgie, dans les établissements de l'électrochimie et de l'électrométallurgie des Alpes et des Pyrénées, secteurs absoluments vitaux pour le développement de l'économie moderne, que les problèmes de main-d'œuvre sont les plus criants. Cela s'explique tout d'abord par des raisons d'ordre technique. Ces entreprises sont en effet contraintes de s'implanter à proximité des matières premières ou des sources d'énergie, donc dans des zones souvent isolées et ingrates. En Maurienne par exemple, les usines et les centrales de Péchiney sont décrites comme des « cellules surimposées au territoire primitif [25] ». Par ailleurs, l'industrie de base n'exige pas beaucoup d'emplois qualifiés de type « moderne ». A cette époque, les tâches les plus nombreuses, malgré la mécanisation, sont encore celles du manœuvre. Les postes d'ouvriers qualifiés à la production demandent toujours des connaissances empiriques, acquises sur le tas, au prix d'un long apprentissage. Ce sont bien souvent des emplois physiquement éprouvants. Or la crise du travail, apparue à la fin du XIXe siècle, a détourné les jeunes ouvriers français de ce type de métiers brutalement dévalorisés. D'où des problèmes de recrutement aggravés par l'expansion pratiquement ininterrompue de ces branches jusqu'en 1930.

Sans entrer ici dans le détail d'une analyse développée ailleurs à propos de la Lorraine du fer[26], il faut dire quelques mots sur les solutions adoptées par les dirigeants de ces entreprises, car elles seront lourdes de conséquences pour la formation de la classe ouvrière de ce secteur dans les décennies suivantes.

L'élément de base tient à la logique de segmentation de la main-d'œuvre mise en pratique grâce au recours intensif aux travailleurs étrangers. Dans les mines par exemple, la fuite des ouvriers français exige une immigration de « peuplement » destinée à attacher un groupe de mineurs qualifiés à l'entreprise. D'où le recrutement, par les Houillères du Nord, de familles entières de mineurs qualifiés polonais, importées de Rhénanie-Westphalie où les patrons allemands les avaient fait venir avant 1914. Mais l'immigration satisfait davantage encore les besoins en manœuvres, qui intéressent l'entreprise surtout pour leur force et leur jeunesse, et qu'il n'est donc pas nécessaire d'enraciner sur place. Pour ce type de main-d'œuvre, les Compagnies houillères du Nord recrutent directement en Pologne des paysans « célibataires ». Dans les régions où la main-d'œuvre française est suffisamment abondante, la politique d'immigration se limite à ce type de travailleurs. Ainsi, au Creusot, à la fin des années vingt, les étrangers forment 20 % des effectifs totaux, appartenant à des nationalités très diverses (Chinois, Maghrébins, Ukrainiens, etc.) et vivant en célibataires dans des baraquements. Même chose chez Michelin à Clermont-Ferrand, où les manœuvres immigrés ne sont que 2 800 sur un effectif de 17 500, les nombreuses cités ouvrières ceinturant la ville, et l'ensemble du « système Michelin » étant destiné aux familles émigrées de Bretagne ou du Massif central.

Dans l'industrie lourde, on constate aussi un recours plus appuyé aux ouvriers-paysans. Dans les mines de charbon, ce sont eux qui fournissent la plus grande partie des ouvriers de fond d'origine française. De même dans la sidérurgie, du fait de l'ancienneté de leur enracinement local, ils constituent souvent une bonne partie des ouvriers qualifiés de type traditionnel. Jusque dans les années 1960, des services entiers de l'usine de Denain-Anzin sont alimentés en ouvriers de métier par les villages des environs. Les mouleurs de la fonderie viennent ainsi surtout du village de Douchy ; les lamineurs, de la tôlerie d'Avesne-les-Aubert, etc. [27]. Cette forme de gestion de la main-d'œuvre fondée sur la complémentarité travailleurs immigrés-ouvriers ruraux se rencontre même parfois dans l'industrie de transformation. Ainsi, Peugeot refuse-t-il explicitement de s'installer en région parisienne pour éviter les grèves à répétition. Bénéficiant d'une ancienne main-d'œuvre qualifiée issue de la quincaillerie et de l'horlogerie, il préfère s'implanter à Sochaux et fonder son développement sur un recours aux manœuvres étrangers (un quart du total en 1930) complété par des ouvriers qualifiés aux attaches rurales. C'est l'une des raisons mises en avant pour expliquer la « paix sociale » de cette région jusqu'en 1936.

Toutes les entreprises de ce secteur conservent cependant un noyau plus ou moins important d'ouvriers français directement intégrés à l'usine, vivant de préférence en ville, ou dans les nouvelles « cités-jardins » construites pour eux. On les trouve aux emplois qualifiés modernes, avant tout, dans les secteurs d'entretien (mécaniciens, ajusteurs, électriciens, etc.) étoffés par la mécanisation. Dans les mines, ils forment une bonne partie des ouvriers travaillant « au jour ». Leur intégration s'explique aussi par le fait qu'ils accèdent facilement, eux ou des membres de leur famille, aux emplois d'encadrement (contremaîtres, employés, voire ingénieurs pour ceux qui ont bien réussi dans les écoles de l'entreprise) et à la petite bourgeoisie du commerce et de l'artisanat local, en expansion elle aussi du fait de l'accroissement de la population.

La segmentation du marché du travail local explique que le paternalisme, discrédité au cours de la période précédente, trouve une nouvelle jeunesse dans les années vingt. La contradiction très souvent mentionnée comme cause du « désenchantement » ouvrier au début du siècle, entre la nécessité de rapports directs unissant le patron et ses employés et la taille de plus en plus grande des établissements favorisant l'anonymat, trouve alors sa solution. Le système des œuvres et des gratifications est désormais réservé à une petite partie du personnel, celle que l'on veut conserver parce que sa qualification est nécessaire. D'où une partition fondée sur le critère familial et qu'on peut lire dans l'espace. Les manœuvres, considérés comme célibataires, sont rassemblés dans des baraquements ou des cantines édifiés à la hâte, à l'écart. Au Creusot par exemple, « seuls étaient exclus de l'intégration à la ville les ouvriers étrangers (chinois, italiens, polonais), établis dans des cantonnements éloignés [28] ». Partition renforcée par une nouvelle politique salariale. Désormais, la rémunération ouvrière se décompose en deux parties. Le salaire proprement dit doit « récompenser », selon les spécialistes, la « valeur professionnelle » du travailleur, et les allocations familiales gratifient sa « valeur sociale », la tendance étant, dans les années vingt, à abaisser le premier élément au profit du second [29].

L'autre grand facteur de partition de la force de travail, qui bien souvent s'ajoute au premier, tient dans le critère de nationalité. Dans l'industrie lourde, l'hégémonie patronale se renforce considérablement dans les années d'après-guerre parce que les anciennes communautés, que la lutte contre l'entreprise avait réussi à souder au début du siècle, sont désintégrées. Le « déblocage » du marché du travail favorise les tentatives pour recréer un consensus parce qu'il s'effectue au bénéfice des ouvriers français. Par ailleurs, le traumatisme de la guerre rend particulièrement efficace la politique de commémoration nationale, au détriment des étrangers. De plus, comme l'a montré Max Weber, à propos de l'attitude des ouvriers américains pauvres vis-à-vis des Noirs, la xénophobie populaire s'explique aussi parce que « l'honneur social » du groupe qui correspond le mieux aux normes dominantes dépend du déclassement des nouveaux venus, de ceux qui apparaissent comme différents [30]. Il suffit donc pour la classe dirigeante de s'appuyer sur ces dispositions pour accentuer les clivages dans le monde ouvrier. Les nombreuses fêtes paternalistes, depuis la célébration du 11-Novembre, jusqu'au banquet en l'honneur des anciens, en passant par la remise des prix à l'école d'apprentissage, sont autant d'occasions pour le chef d'entreprise de manifester sa présence, de montrer publiquement son action bienfaisante au petit groupe des ouvriers

« élus ». Comme le dit John Condevaux à propos des mines de Lens, toutes ces occasions permettent à l'ouvrier de se rendre compte que le patron, d'habitude lointain, est un homme comme les autres, simple, sympathique, plein d'humour [31].

Par la politique des médailles du travail, des primes d'ancienneté, des prix récompensant les plus beaux jardins, tout un travail visant à recréer un investissement des ouvriers qualifiés conforme aux intérêts de l'entreprise est accompli. Celui-ci suppose aussi l'isolement par rapport aux autres foyers d'activité. C'est pourquoi ces grandes usines tiennent à demeurer à l'écart des villes, dont la diversité sociologique pourrait donner d'autres modèles aux ouvriers. La mono-industrie qui caractérise ces régions est donc l'une des conséquences essentielles du déficit que présente le marché du travail. De même, l'enracinement de la main-d'œuvre, surtout dans des régions comme la Lorraine et le Nord, où les entreprises se font une concurrence intense pour s'arracher les travailleurs, ne peut se faire sans un découpage très strict des unités de recrutement. Chaque établissement a ainsi son « fief », territoire où elle contrôle l'essentiel de l'emploi, où s'exercent ses « œuvres sociales », où sont construits ses logements, son hôpital.

Mais ce mode de gestion du personnel se révèle très coûteux. D'où la nécessité de maintenir les salaires à un niveau très bas, et de conserver les formes non monétaires du sursalaire, rendant quasiment obligatoire, pour une famille ouvrière, l'exploitation d'un jardin, voire d'un champ. Le recours aux ouvriers-paysans et travailleurs immigrés mobiles constituant d'autres moyens de limiter les dépenses de formation et d'entretien de la main-d'œuvre.

Les autres formes de gestion de la main-d'œuvre.

Dans les autres branches professionnelles, les problèmes de recrutement de la main-d'œuvre sont beaucoup moins ardus. En fonction de leur passé et des exigences de la production, trois grands types de marché du travail peuvent être dégagés.

Dans les nouvelles industries de transformation, les entreprises s'installent de préférence à proximité des grandes villes, et surtout dans la région parisienne, afin de bénéficier de l'immense réservoir de travailleurs qui s'y trouve. Ce secteur exige beaucoup d'ouvriers dont la qualification soit en rapport avec les nouvelles découvertes scientifiques et technologiques, ayant si possible bénéficié d'une formation professionnelle. Dans la construction mécanique, le savoir-faire artisanal des ouvriers de la petite métallurgie du XIXe siècle est encore extrêmement précieux. Cette élite ouvrière, présente surtout dans les grandes villes, fournit les travailleurs hautement qualifiés des immenses usines de Boulogne-Billancourt, de Saint-Denis ou d'Ivry. Mais, plus encore, on la trouve dans la vaste nébuleuse de petites entreprises sous-traitantes qui gravitent autour des unités géantes, et qui constituent pour les descendants des « gens de métier » de l'époque précédente une sorte de refuge, atténuant les effets de la restructuration industrielle. En 1925, on estime que, dans la région parisienne, l'industrie métallurgique compte ainsi 11 000 entreprises de moins de 20 salariés [32].

Le marché urbain permet aussi de pouvoir disposer d'une abondante main-d'œuvre non qualifiée. Dès la fin du XIXe siècle, la « loi de Ravenstein » a mis en valeur le fait que, lorsqu'on lui en laisse le loisir, le migrant a tendance à se diriger vers les grandes unités urbaines les plus proches, qui lui offrent un éventail de possibilités professionnelles plus large. De fait, la plus grande partie de l'exode rural de Bretagne, du Massif central ou d'ailleurs, s'oriente vers la région parisienne. Il en va de même pour un grand nombre de travailleurs étrangers. En effet, bien que l'immigration soit organisée par et pour l'industrie lourde, cela n'empêche pas qu'une bonne partie des travailleurs étrangers lui échappe. Dans les pays frontaliers, beaucoup se rendent en France par leurs propres moyens, soit légalement, soit clandestinement. D'autres, après un stage éphémère au royaume paternaliste, rompent leur contrat de travail. Ces centaines de milliers d'ouvriers sont attirés par la ville comme le papillon par la lumière, fournissant aux entreprises une main-d'œuvre abondante et bon marché. La ville de Marseille, qui compte déjà 20% d'Italiens dans sa population totale en 1914, et dont le cosmopolitisme s'accroît encore dans les années vingt, est comparable, de ce point de vue, aux grandes villes américaines où la « loi de la jungle » règle le jeu de l'offre et de la demande.

Une troisième raison qui explique l'intérêt des entreprises

de cette branche pour les réserves de main-d'œuvre diversifiée des plus grands centres urbains tient au fait que la demande reste insuffisante pour assurer une production régulière toute l'année. Dans l'industrie automobile par exemple, l'activité demeure saisonnière, parce que la clientèle est toujours limitée aux classes aisées et au monde rural [33]. D'où l'ampleur du débauchage d'automne après le Salon, et la nécessité de pouvoir retrouver au printemps le personnel nécessaire.

Même si, comme partout en France dans les années vingt, on manque d'ouvriers qualifiés, l'aspect plus attrayant du travail et le niveau plus élevé des salaires s'ajoutent à l'importance et à la variété de la population présente, pour expliquer que, globalement, les besoins des grands établissements urbains en ouvriers sont satisfaits sans qu'il soit besoin de déployer beaucoup d'efforts, ni pour les recruter ni pour les conserver. Dans la région marseillaise par exemple, il n'y a pas, de la part des grandes entreprises, de stratégie de fixation de la population immigrée. Ce sont des structures autonomes par rapport au patronat, par le biais du clientélisme ou du corporatisme (notamment sur le port), qui prennent en charge les nouveaux venus. Même à Port-de-Bouc, où les chantiers navals emploient pourtant la majorité des travailleurs, l'entreprise ne cherche pas à exercer un monopole sur le marché du travail. Elle n'investit ni dans les équipements urbains ni dans les enjeux politiques locaux [34]. Il n'y a pas chez Renault de véritable politique du logement ouvrier à cette époque. La main-d'œuvre étant plus abondante que dans l'industrie lourde, on voit même s'esquisser, en même temps que la rationalisation du travail, une politique taylorienne, d'allure moderne, consistant en une « sélection scientifique » du personnel, à base de tests psychotechniques et de fiches d'embauche.

Dans les secteurs industriels qui étaient déjà fortement développés avant la guerre, les formes antérieures de gestion de la main-d'œuvre subissent dans l'ensemble peu de changements. Dans le Bâtiment, la fin des migrations saisonnières a ouvert de nombreux débouchés pour les immigrés, notamment italiens, qui ont en certaines régions un quasi-monopole de l'emploi. Dans ce secteur, les petites entreprises, toujours très nombreuses, constituent un refuge pour les anciens « compagnons » menuisiers, charpentiers, tailleurs de pierre.

L'industrie textile apparaît comme un monde désormais stabilisé. La taille des établissements, leur localisation, le degré de mécanisation, ne varieront que faiblement du début du siècle jusque dans les années 1950, mis à part la bonneterie dont les effectifs doublent entre 1906 et 1931 et qui se concentre de plus en plus dans l'Aube, et la soie artificielle qui emploie 34 000 personnes à la fin des années vingt, contre 9 000 25 ans plus tôt.

Du point de vue ouvrier, cette stabilisation conforte les traditions du monde textile. Avec l'arrêt de l'immigration belge dans le Nord dès la fin du XIXe siècle, la croissance urbaine, qui avait été spectaculaire depuis la monarchie de Juillet, s'arrête ; la population se fixe. Le paternalisme textile s'enracine lui aussi. La taille des établissements de Roubaix, si elle impressionnait les observateurs de l'époque précédente, apparaît maintenant modeste, adaptée au caractère « familial » des entreprises, où patrons et ouvriers se connaissent de longue date. De même dans les Vosges ou en Normandie, l'isolement des usines en milieu rural favorise l'enracinement et le paternalisme. Au niveau d'ensemble de l'industrie légère, le fait majeur tient peut-être à la réorganisation de certains secteurs au bénéfice de quelques établissements importants. Dans la région parisienne, on note l'apparition, pour la fabrication de chaussures, de grands ateliers mécanisés investissant d'énormes capitaux pour l'acquisition des moyens mécaniques perfectionnés permettant la production de masse. La main-d'œuvre peu qualifiée est composée surtout d'immigrés ou de ruraux déracinés. Par contre, les chaussures de luxe continuent à être produites dans de petites entreprises où se retrouvent les anciens ouvriers qualifiés de la branche.

La multiplication des grands ateliers de confection mécanisés explique l'effondrement des effectifs de la branche, où 500 000 emplois sont supprimés en deux décennies. Le travail à domicile alimente désormais surtout les secteurs marginaux, où les profits sont les plus incertains. C'est là que sont embauchés en masse les ouvriers juifs d'Europe centrale ou les Arméniens [35].

L'étroitesse du marché de consommation pour les produits courants explique aussi le maintien en milieu rural d'un nombre très élevé de ces établissements. Parfois, ce sont les grandes usines qui décident d'elles-mêmes de replier une partie de leur production à la campagne selon un mécanisme décrit dans le chapitre précédent. Dans l'Aube par exemple, les patrons estiment qu'au-delà d'une certaine taille l'entreprise devient ingouvernable, à cause de l'ampleur du « coulage », des grèves à répétition et de la compétence « hors pair » dont il faut faire preuve pour assurer la gestion. D'où la dispersion de la fabrication chez des façonniers des environs[36]. Le milieu rural est censé aussi fournir les ressources qui font défaut en période de chômage. Jusqu'en 1930, l'horlogerie reste un monde dominé par les petites entreprises. Sur un total national de 4 700, 1 200 établissements n'emploient pas d'ouvriers et seulement 2 en comptent plus de 500. Par ailleurs, dans la « capitale » de la montre française qu'est Besançon, les ouvriers sont sans emploi de janvier à mars. Dans la chapellerie de l'Aude, on ne travaille que 7 mois par an en moyenne. Même dans les filatures de laine et d'impression de la région de Mulhouse qui symbolisaient l'industrie moderne au milieu du XIXe siècle, l'activité est réduite durant l'été. Dans une enquête effectuée en 1936, on apprend ainsi qu'en « temps de prospérité, et quand les allocations de chômage n'existaient pas, il arrivait à des ouvriers de la filature ou de l'impression d'aller d'avril à fin août travailler au terrassement ». D'une manière générale, l'Alsace apparaît comme une région où la polyactivité de type traditionnel est fortement conservée. Par exemple, « la vallée de la Bruche, pauvre au point de vue agricole, ne permet pas aux fermiers de vivre exclusivement de la culture. Aussi sont-ils tous, à peu d'exceptions, ouvriers dans les usines ou bien encore, ils trouvent un appoint dans le travail de bûcheron[37] ». De même, le système des « fermes-usines » dans les villages autour de Caudry, dans la vallée de l'Aa, l'Avesnois, le Cambrésis, où l'on travaille notamment pour l'exportation, permet, en recourant à l'ancestrale solution du travail complémentaire agriculture/industrie, de faire face aux aléas de la conjoncture.

Le dernier type important de marché du travail existant dans la France des années vingt rassemble la main-d'œuvre « protégée», disposant bien souvent d'un «statut». Ce sont en général des métiers marqués par une forte hérédité professionnelle et d'où la main-d'œuvre étrangère est pratiquement absente. On peut y ranger les ouvriers de certains métiers traditionnels comme ceux du Livre, qui ont réussi à conserver les pratiques corporatistes traditionnelles leur permettant de contrôler le marché du travail et de bénéficier de conventions collectives. Mais surtout, cette branche protégée rassemble les travailleurs du secteur public (travaillant dans les arsenaux, les manufactures d'État, les PTT) et ceux qui bénéficient d'un statut garanti par l'État, comme les cheminots depuis 1920, les chemins de fer constituant un débouché de choix pour la population d'origine rurale.

4. La vie ouvrière

Deux thèmes centraux caractérisent la vie quotidienne des ouvriers dans les années vingt: le déracinement et le cloisonnement.

Une profonde déstabilisation.

Les effets propres à la «deuxième révolution industrielle» se conjuguent à ceux de la guerre pour transformer dans ses profondeurs la France du travail.

L'afflux de population est le premier facteur qui contribue au déracinement. En 20 ans, le département de la Seine gagne 35 % d'habitants, celui de Seine-et-Oise, 48 %. Si, dans les communes proches de la capitale comme Ivry ou Saint-Denis, l'essentiel de l'afflux se produit avant la guerre, dans bien des localités, c'est à partir de la guerre que la population se gonfle subitement. Entre 1921 et 1926, la commune de Bobigny voit le nombre de ses habitants progresser de 13,8 % par an; entre 1906 et 1931 il est multiplié par 7. Dans la région lyonnaise, en 20 ans (1911-1931), la population triple; même progression pour le canton de Longwy, ou pour les communes les plus industrialisées des Alpes.

L'origine de la population illustre aussi ce phénomène de déracinement. A Bobigny, 55 % des habitants de 1930 sont nés en province contre 20 % seulement issus de la région parisienne. A Vénissieux, c'est pire encore, puisque en 1896 70 % des citadins étaient nés sur place, alors que, 35 ans plus tard, ceux qui sont originaires de l'agglomération lyonnaise représentent moins du cinquième de la population.

Très souvent, ce sont les travailleurs nés à l'étranger qui composent l'essentiel de l'afflux. A Vénissieux ils forment 23,4 % du nombre des habitants en 1921, et près de 44 % en 1931. Dans de nombreuses communes minières du Nord, de la Lorraine sidérurgique ou de la Savoie, les étrangers constituent la majorité des habitants.

Étant donné le retard pris antérieurement dans le processus d'urbanisation et d'équipement, et sous l'effet des destructions de la guerre, les conditions de vie et notamment de logement, dans ces zones industrielles, sont absolument déplorables. A Saint-Nazaire, en 1920, la ville peut accueillir 20 000 personnes, elle doit en abriter le double. Dans les zones ravagées du Nord et de l'Est, la situation est bien plus dramatique encore. A Reims par exemple, 7 900 maisons sur un peu plus de 14 000 ont été détruites. En 1921, plus de 12 000 personnes vivent dans les 2 000 baraquements construits à la hâte au lendemain de la guerre. Dans ces régions, nombre de gens devront habiter dans ces taudis jusqu'en 1930. L'autre grand type de logement illustrant la France du campement est constitué par le « garni ». Dans ces hôtels ou ces cantines, s'entassent en priorité les immigrés célibataires, mais aussi des familles entières, notamment dans la région parisienne. Si l'on a parlé de « Far West » pour décrire la Lorraine du fer à cette époque, il faut aussi évoquer les « pionniers » installés dans les lotissements de la banlieue parisienne. Alors qu'entre 1850 et 1914 il n'y avait eu que 3 000 hectares de terrains concédés en lotissements dans cette région, la législation plus favorable des années vingt provoque un extraordinaire engouement pour ce mode d'accession à la propriété : 15 000 hectares, soit une fois et demie la superficie de Paris, sont livrés aux lotissements. Les constructions entreprises sans plan d'urbanisme préalable se font d'une façon totalement anarchique. Les habitants, le plus souvent d'origine modeste, qui pensent pouvoir satisfaire ainsi leur rêve de propriété, achètent le terrain, puis commencent à construire, en fonction de leurs maigres économies, des habitations dont beaucoup ressemblent plus à des cabanes qu'à des palais. Dans certaines communes, il leur faudra attendre jusqu'à 20 ans pour que l'électricité, l'eau courante, les égouts, soient installés. Un contemporain note, à propos d'un lotissement de ce type à Bobigny, que les « voies sont à l'état de terre et n'ont jamais été l'objet d'aucun travail de viabilité. Aussi elles présentent, lors des saisons pluvieuses, l'aspect de véritables cloaques ». Il ajoute qu'à défaut d'égouts les eaux ménagères sont déversées à même le sol. D'où les odeurs malsaines et le pullulement des moustiques en été. Enfin, les habitants doivent se contenter de l'eau d'un puits d'une qualité douteuse [38]. Ces conditions déplorables d'hygiène, observées dans bien d'autres localités industrielles, sont l'une des raisons majeures du retard de la France en matière de santé. Détenant le record d'Europe pour les décès par tuberculose, elle est aussi à la traîne pour la mortalité infantile, qui frôle encore les 10 % en 1926. Les populations immigrées sont particulièrement exposées à cette insalubrité. A Sallaumines, dans les cités minières, la mortalité infantile pour les familles polonaises est de 167 ‰, chiffre qui rappelle les années noires du Second Empire [39].

Un autre aspect du déracinement qui touche la classe ouvrière au cours de cette période a trait au bouleversement des conditions de travail. Des centaines de milliers de paysans venus des campagnes françaises ou étrangères découvrent soudain l'atmosphère des grandes usines et la discipline stricte qui y règne. Embauché dans une entreprise de la banlieue lyonnaise, Jacques Valdour note que « le contrôle des entrées et des sorties s'effectue automatiquement, comme presque partout aujourd'hui, par une machine à pointer la carte que chacun de nous trouve dans un casier disposé à cet effet [...]. Toutes les cartes doivent être pointées avant le coup de sifflet qui marque le début de la séance de travail : les machines doivent être embrayées aussitôt le signal donné. A la fin de la séance le coup de sifflet marque l'instant du débrayage. Alors chacun va se faire pointer puis se rend au vestiaire pour se laver et s'habiller [40] ».

D'autres témoignages d'époque nous décrivent la répétitivité des tâches d'OS, prélude au travail à la chaîne et réservées en priorité aux femmes et aux immigrés. Ainsi cette surintendante, embauchée chez Renault, fait-elle la difficile expérience de la vie d'ouvrière : « Me revoilà devant la meule. Ce n'est pas un travail pénible, mais c'est un travail sale. Une poussière ténue et noire de métal m'enveloppe de partout. Je travaille avec ardeur, même une certaine fièvre me gagne maintenant que je commence à attraper le mouvement : ' Nom d'un clapet, me dis-je, puisqu'on doit y arriver, je ferai mes quarante sous de l'heure ou j'y perdrai mon nom. ' Et je roule, je roule avec acharnement, si bien que, lorsque les avatars fondent sur moi, la meule qui casse, la courroie qui se desserre, je suis prête à m'écrier ' qué vacherie ' comme mes camarades d'hier[41]. »

Les conditions de travail qui caractérisaient auparavant surtout les usines textiles : poussières, humidité, bruit, sont maintenant le lot d'une grande variété d'établissements. Dès avant la guerre, Léon et Maurice Bonneff ont décrit l'insalubrité et le danger des grandes usines métallurgiques ou chimiques naissantes. La vulcanisation du caoutchouc, par exemple, oblige l'ouvrier à respirer les vapeurs de sulfure de carbone, elle est à l'origine de troubles nerveux extrêmement graves qu'aucune loi alors ne considère comme « maladie professionnelle ». De même, dans les mines, la sécurité ne fait pas dans cette période de réels progrès ; il y a encore 135 morts dans le Pas-de-Calais en 1929, et les mines de fer de Lorraine sont toujours parmi les plus meurtrières du monde avec des taux avoisinant les 5 tués pour 1 000 mineurs[42].

Certes, pour les ouvriers qualifiés, la situation n'est pas aussi négative, car nous sommes encore à une époque de transition et l'OST ne fait que débuter. Jusqu'à la fin des années vingt, comme l'a montré Alain Touraine à propos de l'automobile, le « professionnel » reste l'armature de l'atelier. S'il ne s'agit plus du travail « artisanal » des gens de métier de l'époque précédente, l'intelligence et le savoir-faire pratique sont toujours de mise pour l'OP. « Il place ici ou là du ' clinquant ' pour diminuer le jeu, rétablir une ligne horizontale, serrer mieux une pièce [...]. Il possède son petit outillage personnel : pied à coulisse, compas, jeu de cales. Il ne peut ignorer le travail à la main, le maniement de la lime. En bien des cas, les pièces sont de formes si complexes qu'on peut seulement les ébaucher à la machine, une grande partie du travail doit être faite à la main [43]. » Georges Navel fournit lui aussi beaucoup d'exemples du savoir-faire des ouvriers qualifiés de la « mécanique ». Dans telle usine d'aviation où il est embauché, par exemple dans les années trente, « aucune pièce n'était exactement semblable à l'autre malgré la précision des machines. On se guidait en essayant la bielle à son chapeau, en jugeant ainsi du degré de forçure à l'emboîtage, avec une sorte de douceur d'aveugle, en tendant aussi la pièce à bout de bras pour essayer de s'assurer que l'emboîtage restait opaque à la lumière, qu'entre les joints la lumière ne filtrait pas comme entre deux volets [44] ».

Mais, dans son ouvrage, Navel insiste également sur la profonde crise d'identité que traverse à ce moment-là l'élite des ouvriers de métier. « La guerre nous avait déracinés », dit-il. Ce facteur, ajouté à la déqualification progressive du travail et aux désillusions consécutives à l'échec du mouvement ouvrier en 1919-1920, entraîne de leur part une véritable « fuite en avant » qui explique le *turn over* mentionné au début de ce chapitre, et dont Jacques Valdour donne la confirmation : « L'ouvrier français, amené par le libéralisme économique à ne prendre racine nulle part, change à tout moment d'usine quand ce n'est pas de ville ou de province [...]. Voilà ce que les ouvriers appellent pittoresquement la ' bougeotte '. Cette maladie ne cesse de sévir ; à tout moment ils viennent, ils s'en vont, compliquant l'administration de l'usine, troublant la marche de sa production, alourdissant les frais généraux. Et partout ailleurs il en va de même [45]. »

Cette instabilité témoigne des efforts faits pour quitter une condition jugée peu satisfaisante. Dans les mines de Lens, même les vieilles familles de mineurs que John Condevaux qualifie de « résignées » veulent un autre destin pour leurs enfants : « Les ateliers mécaniques, les services électriques, voient affluer les demandes d'embauchage de la part des fils de mineurs, de l'élite des mineurs. On s'inscrit, on attend son tour un an, deux ans, ou même davantage [46]. »

Quant à ceux qui appartiennent à cette élite de la construction mécanique ou électrique, ils ne songent bien souvent qu'à une chose : sortir de l'univers des « grandes usines » auquel ils n'ont pas été préparés. Tel le camarade de travail que décrit Valdour, économisant sou à sou dans l'espoir de pouvoir vivre un jour de son commerce, ou cet ouvrier d'élite rencontré par Navel chez Berliet, ancien meneur des grèves de 1919, qui s'est rabattu sur les cours du soir pour monter dans la hiérarchie sociale.

Un univers cloisonné.

Dans l'ensemble, la classe ouvrière n'a pas profité de l'expansion industrielle pour améliorer son niveau de vie. Par rapport aux autres grands pays industrialisés, la stagnation du salaire moyen est frappante. De même, depuis la fin du XIXe siècle, la structure du budget ouvrier n'a pratiquement pas évolué. En 1930, 60 % de l'ensemble des dépenses sont encore consacrées à l'alimentation (63,6 % en 1905 et 65 % en 1890) et 12,6 % aux dépenses d'habillement (12,6 % également en 1890).

Mais ces moyennes cachent de très grandes disparités, illustrant l'hétérogénéité du monde ouvrier des années vingt, et qui sont aussi une des conséquences des nouveaux cloisonnements du marché du travail imposés par la classe dirigeante.

Chez les ouvriers encore proches du monde rural, comme ceux de l'industrie textile, les bouleversements décrits plus haut sont beaucoup moins perceptibles, et une relative continuité avec la période précédente peut être observée. Dans le textile de l'Aube, à l'âge de 13 ans, garçons et filles entrent en bonneterie comme d'autres entrent en religion. L'apprentissage se fait toujours « sur le tas ». L'homme commence sa vie professionnelle comme « rebrousseur » ou « cafard », puis il devient « commis », c'est-à-dire aide-bonnetier. Ce n'est qu'après le retour du service militaire qu'il peut espérer devenir bonnetier lui-même.

Monde du travail qui contraste fortement avec celui de la grande industrie. C'est dans les grandes villes que les travailleurs les plus « évolués » se rencontrent. Les salaires de la région parisienne sont dans l'ensemble nettement plus élevés qu'ailleurs et jusqu'en 1914 au moins les ouvriers de l'automobile pouvaient toucher jusqu'à deux fois plus que les autres travailleurs de la métallurgie. La tendance aux « loisirs », mentionnée dans le chapitre 3, se renforce. Les jeunes ouvriers, passionnés de sport, lisent régulièrement *l'Auto* et revendiquent la « semaine anglaise ». A Charonne dans le XXe arrondissement, « le samedi soir, la très vaste salle de cinéma de la rue de Buzenval est pleine comme un œuf [...]. L'orchestre s'essaie en vain à dominer le tumulte de la foule véhémente qui, brusquement impatiente d'attendre, cesse les conversations et cogne à grands coups sur le plancher. Le rideau se lève au milieu des applaudissements ». Si des œuvres comme celle de Courteline, *le Train de 9 heures 47*, sont très appréciées, par contre, « le vieux drame populaire sentimental et ' moral ' ne fait plus guère recette [47] ».

Si les communes de lotissement forment encore un immense chantier, il est d'autres localités de la région parisienne où, du fait de l'urbanisation plus ancienne, la vie semble plus facile. Dans sa description de Boulogne-Billancourt faite en 1928, Jacques Valdour considère qu'il s'agit d'une « ville ouvrière de luxe », bien que les habitants ne soient « ni enracinés dans la localité, ni dans leur métier ». Il ajoute que dans la commune, qui compte déjà 70 000 habitants, l'endroit le plus animé est le portail principal de l'usine où s'installent les petits commerçants de toutes les nationalités, où les militants haranguent la foule : « Devant la principale porte de l'usine Renault, un éventaire aligne des journaux arméniens, roumains, tchèques, hongrois, de Vienne et de Berlin, d'Italie et d'Espagne. Le long des façades de l'usine, toute la rue de Saint-Cloud se transforme, à l'heure de l'entrée et de la sortie des ateliers, en un petit marché ou, mêlés à quelques Français, des Algériens, des Levantins, et des Juifs, vendent sur leurs petites voitures à bras, vêtements, linge, chaussures, menus objets de toilette, de quincaillerie, de papeterie, du cirage, des légumes et des fruits, de la pâtisserie et des glaces. » Certains jours, « des orateurs révolutionnaires, de la fenêtre d'un entresol de café, ou montés sur un banc ou du haut de l'automobile qui les a amenés, haranguent la foule », ce qui suscite inévitablement l'arrivée de la police [48].

Cette description illustre un monde socialement diversifié. Dans l'univers du paternalisme industriel, il en va tout autrement. L'emprise de l'usine sur l'ensemble des secteurs de la vie sociale empêche toute contestation organisée et la mono-industrie s'accompagne d'un univers professionnel très uniforme. Il faut signaler, en plus de cela, le fait que les ouvriers français et les étrangers vivent dans des univers à part. La main-d'œuvre locale, même si elle monopolise les emplois qualifiés, ne connaît guère la société des loisirs. Dans les cités, les distractions sont rares, et de toute façon le travail remplit la totalité de l'existence. Chez les sidérurgistes lorrains par exemple — surtout depuis l'extension du travail posté que les patrons ont décidée pour contrer les effets de la loi des 8 heures — « les heures de travail des membres de la famille ne coïncident pas souvent. Les uns travaillent tous les jours, les autres font 8 heures consécutives et, par suite, travaillent la nuit une semaine sur trois. Il en résulte que la famille se trouve rarement au complet aux heures des repas si ce n'est le dimanche. Encore faut-il qu'aucun des membres de la famille ne travaille ce jour-là, ce qui arrive encore fréquemment. Souvent le père rentre fatigué du travail et il ne demande que le repos et la tranquillité. D'autre part quand il est de nuit il ne faut pas le réveiller, aussi les enfants vont-ils s'amuser en dehors de la maison [49] ».

De ce fait les distractions se limitent au cabaret le dimanche, à la pêche ou la chasse à la belle saison et pour certains à la fréquentation des associations dans lesquelles on se retrouve « entre soi ». Chez les mineurs du Nord, celles-ci sont très nombreuses et témoignent de la vigueur du « patriotisme » de clocher et de métier. On peut citer, comme pratique collective, la colombophilie qui rassemble, dans le Nord, 45 000 adeptes et 900 000 pigeons, soit les neuf dixièmes du total français [50].

Les familles étrangères sont maintenues dans un véritable ghetto. Ce phénomène, étudié déjà pour la Lorraine et le Nord, est attesté dans toutes les localités minières. A Blanzy par exemple, les nombreux travailleurs immigrés introduits après la guerre sont considérés comme des « arriérés », confinés dans leurs cités. 90 % des mariages de Polonais se font à l'intérieur du groupe ethnique. Même isolement dans les mines du Gard ou à l'usine métallurgique de Rosières, dans le Cher, où une recherche considère que « l'isolement ethnique, linguistique de cette communauté jouera, jusqu'en 1936, un rôle considérable [51] ». D'où le repli des différentes nationalités sur leur culture d'origine, avec l'espoir, chevillé au corps, de pouvoir un jour rentrer au pays.

5

« Appelez-moi Blum comme autrefois »

Le Front populaire marque un tournant dans l'histoire de la classe ouvrière en France. Non pas principalement du fait de la victoire de la gauche aux élections législatives d'avril-mai 1936, événement qui avait déjà eu des précédents, mais à cause du formidable mouvement de grèves avec occupations d'usines qui ébranle l'ensemble de la société française.

Si les péripéties politiques de cette période, depuis les journées de février 1934, jusqu'à la « pause » décrétée par Léon Blum, qui conduit à une nouvelle « brouille » entre socialistes et communistes, sont bien connues, la réalité sociale des classes populaires de l'époque, comme le notait Jean Bruhat il y a quelques années, est restée dans l'ombre. Ce qui ne facilite guère notre compréhension des raisons profondes de la mobilisation ouvrière.

Derrière ce paradoxe, il y a sans doute le fait qu'il s'agit d'une histoire encore trop récente, trop brûlante, pour que la recherche scientifique puisse l'appréhender en toute sérénité. Jusqu'aujourd'hui en effet, pour toute la gauche, le Front populaire a été utilisé comme un véritable « acte fondateur », relevant plus de la pratique commémorative que de l'analyse historique. Étudiant l'évocation des événements de février 1934 dans *l'Humanité* d'après-guerre, Jacques Ozouf a dégagé les grands principes sur lesquels repose cette « liturgie de la répétition », toujours destinée à servir la stratégie politique du moment et à mettre en valeur le rôle exemplaire des militants communistes [1].

La même logique est à l'œuvre dans le discours socialiste. Il suffit pour s'en convaincre de lire la préface de Pierre Mauroy, alors Premier ministre, à l'ouvrage de Benigno Cacérès sur la

« naissance du temps des loisirs », édité en collection de poche fin 1981. Tout en invitant le lecteur à méditer sur ce passé édifiant où les ouvriers ont découvert la bicyclette et les vacances à la mer grâce à Léo Lagrange, l'objectif est d'accréditer l'idée d'une continuité entre le Front populaire et l' « après-mai 1981 [2] ».

Quitte à paraître quelque peu sacrilège en cette période de commémoration du Cinquantenaire — car la logique mythique ne fait pas bon ménage avec la recherche historique —, les pages qui suivent tentent d'exposer, à l'aide des études existantes, les raisons d'ordre sociologique pouvant expliquer l'irruption de la classe ouvrière sur la scène publique.

1. La rupture d'une tradition

Le propre du mythe est d'effacer les discontinuités, les ruptures, pour mettre en avant un discours homogène, sans faille, s'appuyant sur une chronologie dans laquelle chaque étape peut être considérée comme l'aboutissement logique de la précédente et l'annonce de la suivante. Dès les premiers jours du Front populaire, ce travail symbolique visant à produire de la continuité est perceptible, que ce soit dans l'immense manifestation organisée au mur des Fédérés, destinée à montrer que les militants de gauche sont les héritiers de la Commune, ou dans cette fameuse cérémonie du 5 juin 1936, lorsque le nouveau président du Conseil, recevant les dirigeants syndicaux, lance aux militants de l'ex-CGTU la phrase célèbre : « Appelez-moi Blum comme autrefois. »

Or le Front populaire ne peut se comprendre que si l'on part de l'idée d'une rupture profonde dans les traditions ouvrières depuis le début du siècle, comme nous allons le voir maintenant.

Un mouvement ouvrier très affaibli par la guerre.

La mobilisation ouvrière décrite dans le chapitre 3, si elle atteint son paroxysme dans les premières années du siècle, n'en reste pas moins très vigoureuse jusqu'à la fin de la Première Guerre mondiale. En effet, en dépit du déracinement, de l'hétérogénéité du personnel, de l'étroite surveillance policière, la combativité du personnel travaillant dans les usines d'armement est impressionnante. A la poudrerie de Bergerac par exemple, sont rassemblés plus de 11 000 ouvriers de toutes origines : 4 822 « mobilisés », 708 civils, environ 3 000 femmes, 2 000 « coloniaux » (Nord-Africains, Indochinois et Chinois) et 326 prisonniers. En 1917, le syndicat compte pourtant plus de 4 300 adhérents ! Un peu partout, les militants de la CGT favorables à l'Union sacrée sont débordés par les révolutionnaires. En dépit des prises de position de Merrheim, la propagande pacifiste prend de l'ampleur. Dans la région parisienne, on compte en 1917 plus de 42 000 grévistes, dont 90 % de femmes. De même à Bordeaux, le préfet estime que « le mot de révolution est dans toutes les bouches. L'on en parle dans tous les milieux comme d'une chose fatale ». Dans le Gard, de nouvelles grèves éclatent en juin 1918, en pleine offensive allemande. Et même dans les Vosges, au cœur de la Lorraine « patriotique », les premiers arrêts de travail se produisent dès 1916 ; les grèves reprennent en mai-juin 1917. En 1918, nombre d'usines sont paralysées jusqu'au début 1920. Certes, les causes de ces mouvements tiennent principalement aux conditions déplorables dans lesquelles sont placés alors les travailleurs de ces établissements. La hausse des prix très rapide s'accompagne d'un accroissement autoritaire de la durée du travail ; le pain, la viande manquent et, souvent, les ouvriers de l'extérieur sont logés dans des baraquements. A cela s'ajoutent la « secousse liée à un déracinement qui s'est opéré dans des conditions dramatiques, la nostalgie du pays abandonné à l'invasion, l'anxiété quant au sort des familles [3] ». Mais si la résignation ne l'emporte pas sur la volonté de lutte, malgré l'énorme pression nationaliste qui s'exerce (en jouant notamment sur la culpabilité par rapport à ceux qui sont au front), cela est dû aussi aux traditions de lutte collective cimentées depuis les combats de la fin du XIXe siècle.

Dans le contexte international révolutionnaire qui prévaut au lendemain de la guerre, l'effervescence est à son comble. Les grèves de 1919-1920 mobilisent en France des millions de personnes. Le 1er mai 1919, 500 000 manifestants défilent à Paris ; les affrontements avec la police font un mort. Tout au long de l'année, de multiples conflits se déroulent dans le bâtiment, le textile, la construction navale. Mais c'est surtout dans l'industrie métallurgique et chimique de la région parisienne que la mobilisation est massive. Le 1er juin, 150 000 personnes cessent le travail, la grève générale est évitée de justesse. L'année 1920 est surtout marquée par la grève des cheminots. L'arrêt total du trafic est décidé pour le 1er mai. Dans les jours suivants, ils reçoivent le renfort des mineurs, des dockers, des métallurgistes [4]...

Cependant, plus que des lendemains qui chantent, ces deux années annoncent la fin d'un cycle, celui de la « Belle Époque de la grève », selon l'expression de Michelle Perrot. Que ce soit par l'ampleur de la mobilisation, le choix symbolique du 1er mai pour lancer les grands mouvements, l'espérance du « Grand Soir » (qui explique le succès du mot d'ordre de « grève générale »), la nature de maintes revendications (pour le « contrôle ouvrier », contre les règlements d'ateliers, le travail aux pièces, etc.), tout rappelle dans ces mouvements la période précédente.

Après la répression de la grève des cheminots (près de 20 000 révocations, la CGT menacée d'interdiction), le mouvement ouvrier amorce un déclin dont il ne se relèvera qu'en 1936. Le nombre des grévistes chute dans les années vingt d'une façon spectaculaire. Après la pointe de 1920 (1,3 million), il baisse à 400 000 en 1921. Le creux de la vague est atteint en 1927 avec un total de 110 000 grévistes pour 396 arrêts de travail (contre plus de 2 000 en 1919). Parallèlement, le taux d'échec de ces mouvements ne cesse d'augmenter, signe de l'impuissance syndicale. Entre 1925 et 1935, 40 % des grèves sont perdues par les travailleurs ; la proportion monte à 70 % pour les questions relevant de l'organisation du travail, alors même que la durée moyenne de chaque conflit s'allonge. Les témoignages écrits confirment ce recul.

Ainsi Jacques Valdour, pourtant obsédé par le « péril rouge », évoquant les hymnes révolutionnaires chantés dans les usines de Levallois, estime que « ces pauvretés violentes faisaient fureur avant la guerre, mais aujourd'hui elles ne trouvent plus guère d'oreilles complaisantes chez les salariés. Si les graffiti peuvent nous renseigner sur l'état d'esprit populaire, rappelons-nous qu'avant la guerre les inscriptions anticléricales, révolutionnaires ou ayant simplement un caractère politique couvraient tous les murs et constatons qu'elles sont aujourd'hui d'une extrême rareté ». Et il précise plus loin, à propos d'une usine de moteurs, installée à Puteaux : « Dans tous les ateliers il y a des 'rouges', des petits groupes de militants, mais aujourd'hui sans influence sur leurs camarades, et qui, ayant vivement conscience de leur impuissance, demeurent repliés sur eux-mêmes dans une attitude expectante [5]. » Quant aux organisations syndicales, leur recul est également impressionnant. En 1920, la CGT comptait 1,6 million de membres d'après les chiffres officiels (2,4 millions selon l'organisation), et la CFTC, environ 100 000. Les effectifs s'effondrent dans les années suivantes aux alentours de 600 000. Pour la CGT « confédérée » (majoritaire lors de la scission), tout au long des années vingt, le nombre des adhérents oscille entre 500 000 et 600 000. Les unitaires de la CGTU stagnent à moins de 350 000 avec même une tendance à la baisse à la fin des années vingt.

Les raisons d'un déclin.

Pour expliquer l'ampleur de l'affaiblissement du mouvement ouvrier au cours des années vingt, on a souvent invoqué les conséquences négatives de la scission politique et syndicale qui amène l'apparition de deux pôles souvent antagonistes, dans la gauche française : la tendance socialiste, « réformiste », et la tendance communiste, « révolutionnaire ». Sans nier cet aspect, il faut cependant rapporter cette évolution aux transformations économiques et sociales décrites antérieurement.

En effet, selon les régions, selon les branches d'activité, le déclin syndical est loin d'être aussi accentué. Pour Edward Shorter et Charles Tilly, c'est surtout dans les établissements de plus de 500 ouvriers que la démobilisation des années vingt est sensible ; ce qui est d'autant plus frappant que ces grandes usines avaient connu, dans les années d'avant-guerre, la progression militante la plus forte. De même, les auteurs observent que les zones où le mouvement d'urbanisation a été le plus vigoureux au début du XXe siècle sont celles où, pendant les années vingt, la propension à la grève chute le plus fortement. Le Pas-de-Calais est ainsi l'un des départements de France où la proportion des conflits collectifs par rapport à l'effectif ouvrier total diminue le plus nettement. Dans le même sens, l'industrie houillère, particulièrement secouée par les grandes grèves du début du siècle, voit fléchir son taux de grévistes de 15,2 à 6,9 pour 100 000, entre 1915 et 1935 [6].

Dans de nombreuses régions, comme la Lorraine sidérurgique, après l'effervescence des premières années du siècle et la parenthèse de 1919-1920, les luttes collectives sont insignifiantes jusqu'au Front populaire. Même dans les immenses usines automobiles de la région parisienne, l'action militante cesse pratiquement après 1920. De cette date jusqu'en 1936, il n'y a qu'une seule grève supérieure à 24 heures chez Citroën. A Boulogne-Billancourt, l'usine Renault, après une grève de 15 jours en 1926, est caractérisée par une « extrême faiblesse » de l'action militante jusqu'en 1932 [7]. Dans ces secteurs, le nombre des syndiqués connaît la même chute vertigineuse. Le mythe du militant « métallo » n'est pas encore d'actualité. Déjà en 1913, Alphonse Merrheim, le secrétaire de la Fédération des métaux, les considérait comme « souples et soumis », « profondément égoïstes » et « adversaires irréductibles du syndicalisme ». Il est vrai qu'à cette date 2 à 3 % seulement des métallurgistes sont syndiqués et que la Fédération est décrite comme « une passoire ». En 1919, Merrheim n'est guère plus tendre, traitant les grévistes de la construction mécanique parisienne de « cohue féroce ». Entre 1920 et le début des années trente, le nombre des syndiqués dans l'industrie métallurgique ne dépasse jamais 5 % de l'effectif total, de même dans la chimie. Dans le bâtiment, le textile, l'industrie extractive, le nombre des adhérents, toutes tendances syndicales confondues, est inférieur à 10 %. A tel point que les organisations ouvrières « n'ont pratiquement aucune force dans le secteur proprement industriel [8] ».

A l'inverse, il faut souligner le maintien, voire le renforcement du mouvement ouvrier dans les branches traditionnelles. Comme le note Antoine Prost dans une étude de 1964, « la population la plus fortement syndiquée est en effet celle de la vieille France industrielle, de ce qu'on appelle aujourd'hui la France statique [9] ». Entre 1915 et 1935, un tiers des grèves se déroulent dans 15 communes seulement. 12 villes de France ont au moins une grève par an au cours de cette période. 4 d'entre elles sont situées dans le Nord : Lille, Roubaix, Tourcoing et Halluin. Comme on le voit, toutes sont des villes du textile, ce secteur regroupant dans la même période 60 % du total des conflits collectifs de la région. Il faut bien sûr mettre en rapport cette situation avec la stabilisation décrite auparavant : pas d'immigration, pas de bouleversement technologique fondamental, une population fixée et bien souvent un ancien enracinement lié à la proximité du monde rural. Tout cela explique le maintien des traditions de lutte de la période précédente, marquées non seulement par la forte combativité, mais aussi par une « allure » de la grève (soupes communistes, exode des enfants vers les municipalités solidaires, participation massive des femmes) typique de la « Belle Époque ».

L'action syndicale trouve aussi son lieu de prédilection, pendant les années vingt, dans les petites entreprises de milieu urbain ou rural. Charles Tilly souligne ainsi la très forte propension à la grève des ouvriers mécaniciens travaillant dans les unités artisanales de taille modeste. Là encore, la tradition antérieure est conservée, car ces établissements constituent des lieux où se réfugient les ouvriers de métier fuyant les grandes usines. Espace de travail et espace de vie sont parfois encore confondus, renforçant le particularisme professionnel. Dans l'industrie du meuble, les petits ateliers du Faubourg-Saint-Antoine — où sont rassemblés les « ouvriers d'art », travaillant sur plan à des meubles de style, et dont les apprentis vont perfectionner leurs connaissances techniques le mercredi à l'école Boulle — n'ont rien à voir avec les usines de meubles « de série » installées à proximité dans le quartier de Charonne. Les valeurs d'autonomie professionnelle, de goût du travail bien fait, restent l'une des composantes principales de leur conception du syndicalisme. « L'esprit du Faubourg est particulier à ce point », note Jacques Valdour, « que les ouvriers de l'ameublement se rendent rarement à la CGT ou rue Grange-aux-Belles pour traiter leurs affaires professionnelles : chaque organisation a installé son siège social dans le quartier même [10]. »

Très souvent, les traditions corporatistes de ces métiers sont fermement maintenues. La Fédération du livre, sous la direction d'Auguste Keufer, conserve ainsi une orientation syndicale très inspirée du modèle américain des organisations de métier membres de l'AFL. Mais la pratique du *closed shop,* du contrôle de l'embauche et des conditions de travail, s'observe également dans beaucoup d'autres endroits, notamment dans les petites villes de province ou en milieu rural; on la rencontre par exemple chez les mégissiers d'Annonay ou les tullistes de Caudry. L'homogénéité professionnelle, l'absence d'immigration et l'hérédité ouvrière se conjuguent aussi dans ce que nous avons appelé auparavant les secteurs « protégés » du marché du travail, qui regroupent pratiquement l'ensemble de la main-d'œuvre travaillant dans les « services » : services publics, transports, etc. Nul hasard donc si ces branches sont les plus fortement organisées dans les années vingt. Alors qu'en 1921 le groupe des industries modernes comptait plus de 50 % des effectifs syndiqués, dix ans après il n'en compte plus que 30 %. Le centre de gravité du mouvement ouvrier s'est déplacé vers les chemins de fer, les PTT, les services publics. Dans toutes ces activités, on compte, au début des années trente, au moins 10 % de syndiqués, parfois même 20 %. D'où, là aussi, la poursuite des pratiques d'avant-guerre et le maintien des relations contractuelles : conventions collectives, commissions paritaires pour discuter du « coût de la vie », etc. [11]. On peut donc affirmer que le recul du mouvement ouvrier après la Première Guerre mondiale s'explique surtout par l'absence quasi totale d'organisation durable dans les secteurs les plus dynamiques (donc aussi les plus porteurs d'avenir et les plus importants numériquement) de la classe ouvrière.

Pour expliquer le maintien du syndicalisme dans les branches et les régions stables ou protégées, nous avons invoqué à plusieurs reprises le maintien d'une « tradition » de lutte. Il faut dire quelques mots sur ce terme afin de bien illustrer l'ampleur de la rupture que représente l'entre-deux-guerres par rapport à la « coutume ouvrière » du début du siècle.

Soulignons d'abord le fait qu'une tradition populaire ne peut être confondue avec son expression écrite, c'est-à-dire élaborée le plus souvent hors du groupe. En reprenant la distinction faite par Maurice Halbwachs à propos de la « mémoire collective » entre histoire vécue et histoire apprise, on peut tenter de définir plus précisément en quoi consiste la spécificité de la « mémoire » ouvrière. Elle se forge principalement à partir du *vécu,* et surtout à partir d'événements qui ont *marqué* l'existence d'un individu, et qui ont été partagés par tout un groupe social. Ces événements restent gravés dans la mémoire (« l'appareil enregistreur », dit Halbwachs), mais ils imprègnent aussi tout l'espace dans lequel ils se sont déroulés : les murs, les ateliers, les lieux publics qui tous les jours évoquent, pour ceux qui les ont connus, les épisodes fondamentaux du passé. Souvent des institutions (associations, syndicats) sont chargées de rappeler cette histoire par des moyens symboliques appropriés (chansons, drapeaux, discours commémoratifs) qui fonctionnent comme des « systèmes d'ondes » aptes à faire « vibrer l'appareil enregistreur ». La famille constitue un autre moyen de transmission autonome de la tradition, par l'éducation et par le jeu des identifications parents/enfants. Enfin, des personnages « charismatiques » incarnent les moments marquants du passé, parce qu'ils en ont été les héros, et qu'à ce titre ils ont capté la confiance du groupe local. C'est à partir de ces éléments que se construit la mobilisation ouvrière, que se dessinent les choix politiques, l'attitude par rapport au syndicat, etc., bien plus que par les vertus de « l'histoire apprise », celle que l'on rencontre dans les livres, et qui n'évoque pas grand-chose de concret le plus souvent [12].

Or, entre 1905 et 1930, à cause des bouleversements économiques et sociaux, à cause de la guerre, c'est l'ensemble de ces supports de la tradition ouvrière qui est remis en cause.

En bien des endroits, on assiste véritablement à la substitution d'une classe ouvrière à une autre. Dans la région parisienne, Philippe Ariès a fortement insisté sur le fait que les métallurgistes des nouvelles usines n'étaient pas les descendants des gens de métier du XIXe siècle, car ceux-ci ont utilisé leur instruction pour s'orienter, eux ou leurs enfants, vers d'autres milieux sociaux. Et il ajoutait : « Remarquons-le bien, cette zone rouge, le prolétariat déraciné, déshérité, n'est pas, comme on le dit souvent, une conséquence de la Révolution industrielle du XIXe siècle. Il est bien plus tardif, il date en gros de la guerre de 1914, lorsqu'une énorme industrie de production s'est plaquée autour de la vieille cité qui avait jusqu'alors ignoré les grandes concentrations ouvrières [13]. »

La disparition physique de plusieurs centaines de milliers d'ouvriers a encore accentué ce phénomène. La rupture des équilibres démographiques a brisé en bien des cas l'identification père-fils des époques précédentes, bouleversant les représentations de l'avenir que la stabilité antérieure des communautés produisait, car, comme le note Halbwachs : « Quand tous les postes étaient pourvus, où l'on n'avançait guère qu'à l'ancienneté, chacun devait prendre rang et attendre son tour, et les jeunes se trouvaient séparés des vieux par une masse dense, incompressible, dont l'épaisseur leur imposait le sentiment des étapes qu'ils devaient franchir, avant de rejoindre leurs aînés. » C'est donc toute la logique familiale de transmission des valeurs traditionnelles des classes populaires qui est remise en cause dans les années vingt.

L'ampleur des pertes en vies humaines et des déplacements de population provoque aussi la désorganisation des anciens groupes. Or, toute mémoire sociale qui n'est plus partagée par une communauté meurt rapidement. Relisons Navel : dans son village natal de Maidières, tout le monde se souvient des grèves de 1905 jusqu'à la guerre, et la solidarité s'exerce encore vis-à-vis de ceux qui ont perdu leur place à l'usine de Pont-à-Mousson pour leur témérité. Mais le village est détruit en 1914 ; beaucoup de ses habitants, exilés à Lyon ou ailleurs, ne reviendront pas. Le souvenir ne survit qu'à l'état atomisé dans la mémoire des individus dispersés désormais. Dans les zones occupées, le cadre matériel est lui aussi bouleversé. Georges Navel ne reconnaît plus son village après la guerre. A Sallaumines, la Compagnie minière a préféré construire des cités plutôt que de remettre en place l'ancienne localité. En même temps, la population est complètement renouvelée avec l'immigration polonaise. Lorsque, un demi-siècle plus tard, des sociologues tentent de recueillir la « mémoire collective », ils constatent que la majeure partie des retraités ignore qu'un village existait avant 1914 [14]. Dans les régions nouvellement venues à la grande industrie, comme la banlieue parisienne ou les vallées alpines, c'est un espace tout neuf, qui n'évoque encore aucune histoire, que découvrent les travailleurs.

Parfois « l'amnésie » est organisée directement par le patronat. Ainsi au Creusot, après la grève de 1899-1900, « la préoccupation majeure de la direction pendant longtemps » consiste à « faire oublier, effacer à tout prix le souvenir des grèves dans la conscience ouvrière ». Et l'on va même jusqu'à raser, sous prétexte d'urbanisme, le kiosque qui était le principal lieu de rassemblement des grévistes [15].

A l'inverse, la stratégie de manipulation du temps comble les vides ainsi créés, par une commémoration intense de la guerre, qui se cristallise dans la construction d'une multitude de monuments aux morts. Pour comprendre l'efficacité de cette stratégie d'intégration de la classe ouvrière française, on peut reprendre l'analyse précédente sur la « mémoire collective ». Avant 1914, les événements les plus marquants dans l'existence collective ouvrière tenaient tous à la vie de travail, que ce soit les accidents (songeons aux 1 200 morts de Courrières en 1906) ou la répression sanglante des grèves. Dans ces conditions, le drapeau rouge fonctionnait comme un « système d'ondes » particulièrement efficace, faisant « vibrer l'appareil enregistreur » et soudant le groupe en montrant du doigt les ennemis (l'État policier et le patronat « buveur de sang »). Ce facteur, sans doute décisif du « séparatisme ouvrier » de la Belle Époque, se transforme totalement après la guerre. Désormais, ce sont les combats contre l'armée ennemie qui constituent la toile de fond des traumatismes. Mais loin d'être un événement purement ouvrier, ils concernent toutes les classes de la nation, favorisant un consensus dont seuls les travailleurs étrangers sont exclus.

Toutes ces raisons doivent être invoquées pour expliquer la facilité avec laquelle des transformations fermement combattues au début du siècle ont pu s'imposer. Pour la multitude des travailleurs « tous neufs » qui remplacent les anciens, immigrés et paysans français déracinés, la tradition de la « grève générale », de l' « action directe » refusant la récupération politique, l'exigence du « contrôle ouvrier », tout cela ne fait pas partie de leur histoire. N'ayant pas de qualification à défendre, ils acceptent d'autant plus facilement la rationalisation du travail que l'accès à un poste de machiniste ou d'OS est bien préférable aux tâches de manœuvres supprimées par la machine.

L'instabilité générale des régions de grande industrie jusqu'en 1930 empêche tout enracinement d'un nouveau mouvement ouvrier, d'autant plus que le *turn over* individuel est la réponse la plus fréquente des ouvriers en colère.

Pour les héritiers de la tradition militante de l'époque antérieure, à la crise du travail, à la rupture démographique, s'ajoutent les désillusions dues à l'échec du mouvement révolutionnaire de 1919-1920. En parlant de son camarade d'atelier dirigeant des grèves chez Berliet en 1919, et devenu un assidu des cours du soir après l'échec de la lutte, Georges Navel écrit : « Il avait pris dans les milieux avancés une sorte de nostalgie du savoir et de l'intelligence. » Pour expliquer son propre dégoût de l'usine, l'écrivain-ouvrier ajoute, toujours à propos de ces années d'après-guerre : « J'avais trop lu, j'étais trop sorti. » Pour ceux qui ne prendront pas le chemin de la fuite individuelle vers d'autres milieux sociaux, l'activisme politique apparaîtra bien souvent comme la planche de salut : « Il y a une tristesse ouvrière », dit encore Navel, « dont on ne guérit que par la participation politique [16]. »

Naissance d'un nouveau type de militant ouvrier : le communiste.

André Siegfried avait bien vu que, derrière l'étude de « l'éternel conflit des tendances et des partis », la science politique exigeait une approche sociologique afin de rapporter les comportements électoraux des populations à leur plus ou moins grande ancienneté d'installation dans la région, leur degré de stabilité, les transformations récentes de l'aménagement de l'espace, etc. Et l'on constate qu'en bien des endroits le maintien de la SFIO ou au contraire l'implantation du PCF sont à mettre en rapport avec les transformations économiques et sociales antérieures. Des recherches ont ainsi mis en valeur le fait que, jusqu'en 1935, le parti communiste avait eu les plus grandes difficultés à s'enraciner dans les localités ouvrières où la présence socialiste s'était maintenue. Dans la région parisienne, si au lendemain de la scission de Tours les communistes contrôlent 16 municipalités, dans les années qui suivent, la plupart des élus regagnent la « vieille maison ». De même dans le Var, la SFIO qui disposait de 4 députés sur 5 en

1914, les a toujours en 1928, en dépit de l'activisme du PCF[17].

Ce que nous avons dit antérieurement sur la « stabilisation » du monde textile explique que, dans le Nord, la « tradition guesdiste », notamment à Lille, n'ait pas été remise en cause. Chez les mineurs, malgré l'ampleur prise par l'immigration polonaise, les cadres réformistes du mouvement syndical étaient déjà suffisamment solides en 1914 pour résister, tout au moins jusque dans les années trente, aux transformations de la classe ouvrière. Certes, en fonction des personnalités et des particularités locales, les évolutions peuvent diverger. La place dans la classe ouvrière textile de la « deuxième génération » belge n'est sans doute pas sans rapport avec la rapide évolution d' « Halluin-la-Rouge » vers le communisme. De même, pour comprendre les raisons du maintien de l'influence socialiste à Noyelles-sous-Lens, alors que la commune voisine de Sallaumines élit un maire communiste en 1935, il faut invoquer les modalités de la reconstruction de l'espace après la guerre. Dans le premier cas, le vieux village est conservé, et avec lui une petite classe moyenne descendant des vieilles familles locales qui maintiennent leur hégémonie sur la ville, en dépit d'une forte immigration polonaise. A Sallaumines, nous l'avons vu, espace et population sont complètement renouvelés.

En dépit de ces constatations, il est abusif de considérer le « vieux syndicat » comme l'héritier de l'ensemble de la tradition militante du début du siècle. Si, à ce moment-là, les choix fondamentaux sur le type d'organisation à privilégier (chambre de métier ou fédération d'industrie) n'étaient pas encore tranchés, les années qui précèdent la guerre précipitent la défaite des gens de métier. L'après-guerre permet le triomphe complet d'une structure militante centralisée, s'appuyant sur de grands syndicats d'industrie fonctionnant massivement à la délégation de pouvoir, donc à la bureaucratie. Pour tous ceux qui avaient été le fer de lance du « syndicalisme d'action directe », c'est non seulement toute une conception de l'action collective qui sombre, mais aussi le cadre matériel essentiel qui permettait la conservation des savoir-faire professionnels et la culture du groupe. Les partisans de l'action directe ne peuvent guère se reconnaître dans la « politique de présence » adoptée par Léon Jouhaux à partir de la guerre, et confirmée ensuite. Par son rôle dans les commissions paritaires, dans les instances contractuelles tripartites, la CGT tout entière reprend à son compte des pratiques syndicales qui auparavant n'étaient le fait que de certaines fédérations (mines et chemins de fer essentiellement). Mais la faible implantation du mouvement ouvrier dans le monde du travail fait que la concertation demeure une pratique réservée aux dirigeants nationaux du syndicat. La « cogestion » ne s'enracine nullement au niveau de la base, dans les ateliers, comme c'est le cas en Allemagne au même moment. Si le réformisme de la CGT est ainsi conforté par la guerre, cela est dû à l'affaiblissement décisif du « cœur prolétarien » de la classe ouvrière. L'intégration de l'organisation à l'État étant facilitée par le fait que la majorité des syndiqués appartiennent au secteur public ou parapublic.

Le mouvement communiste (PCF-CGTU) est encore bien moins l'héritier de la tradition militante antérieure, en dépit de la conservation du journal *l'Humanité* par les majoritaires du Congrès de Tours. Après l'euphorie des années 1918-1920, ceux-ci sont à la recherche d'une base ouvrière, car, après la scission, ils comptent bien peu de dirigeants d'origine populaire dans leurs rangs.

On peut considérer que la stratégie léniniste privilégiant l'action au sein du prolétariat industriel dispose en France d'un certain nombre d'atouts, du fait que celui-ci est alors très faiblement représenté politiquement et pratiquement inorganisé. La lente dérive de la SFIO vers la droite, le fait qu'elle s'appuie sur les groupes sociaux les plus intégrés à l'État, libèrent tout un espace politique, à la fois au niveau de la représentation parlementaire, mais aussi au niveau local des quartiers et des ateliers sans passé de lutte ou dont les anciennes valeurs ont éclaté.

Ce contexte explique que, jusqu'à la crise, la stratégie communiste soit, plus ou moins consciemment, dressée contre tout ce qui peut rappeler la « tradition » : « Du passé faisons table rase. » L'extrême centralisation, la subordination étroite du syndicat au parti, le peu d'intérêt manifesté pour la culture du travail, la discipline de fer exigée des militants, fondée sur une totale remise de soi au profit des leaders, tout cela est à l'opposé de l'idéal des « syndicalistes révolutionnaires » d'avant-guerre. Beaucoup de ceux qui avaient adhéré au PCF après la révolution russe démissionnent dans les années suivantes. De même, avec la « bolchevisation », ce sont les lieux et les figures militantes privilégiés avant la guerre qui sont visés. L'exemple du premier département électoral communiste aux élections de 1928, le Cher, est à cet égard très éclairant. Cette région qui avait été un haut lieu de la combativité ouvrière de la fin du XIXe siècle, grâce aux ouvriers ruraux (notamment les bûcherons) et à ceux de la petite industrie artisanale (porcelainiers de Vierzon, etc.), passe après la guerre sous le contrôle communiste grâce aux jeunes ouvriers métallurgistes des Établissements militaires de Bourges, la plus grande entreprise de la région, très hostile à l'Union sacrée pendant la guerre. Avec la bolchevisation, le centre nerveux du mouvement se déplace de la bourse du travail vers cette grande entreprise. La plupart des fondateurs du premier mouvement ouvrier local, comme Pierre Hervieu, sont écartés ou se retirent d'eux-mêmes, lassés d'être constamment traités de « vieux social-démocrates ». De même, bien que le prolétariat rural maintienne sa confiance aux communistes, ceux-ci se préoccupent avant tout des entreprises de l'industrie nouvelle : « A quoi sert d'organiser 10 bûcherons quand on délaisse 2 500 métallos », affirme un ancien dirigeant communiste local dans ses souvenirs [18].

Les lieux de prédilection des organisations communistes sont ainsi ceux qui n'ont pas encore d'histoire. Par-dessus tout, le PC privilégie la banlieue et la grande usine de la région parisienne. Dès le départ, Billancourt est l'objectif numéro un. Dans les années vingt, l'usine Renault fait l'objet de 720 articles dans *l'Humanité,* soit un tous les 8 jours. En 1929, elle compte 19 correspondants d'usine (« rabcors »). C'est là aussi que les militants inaugurent une nouvelle pratique politique : la prise de parole faite devant la porte principale de l'entreprise au moment de l'entrée ou de la sortie des ouvriers. L'autre lieu de prédilection, pour l'activité communiste, est le lotissement banlieusard. Les recherches récentes sur l'implantation du PC en région parisienne ont insisté sur les deux facteurs principaux expliquant la réussite de l'organisation : la séparation entre le lieu du domicile et le lieu de travail (marquée par la longueur du temps de transport quotidien) et la nouveauté de l'urbanisme qu'illustre au plus haut point le système des lotissements. A Montreuil par exemple, le vieux quartier, pourtant plus ouvrier que les nouveaux, reste hermétique à la propagande communiste. Par contre, ce parti exerce une influence prépondérante dans les zones de lotissement. Partout, c'est dans la population des « mal lotis » que le PCF connaît dès les années vingt ses meilleurs résultats. Profitant de la désillusion collective qui pousse à une attitude « radicale » les désenchantés du rêve de la petite propriété, les militants communistes s'activent avec énergie au sein de la Fédération des travailleurs mal lotis. Pour défendre leur petit bien, les habitants sont en effet très motivés, participant en masse aux réunions de propriétaires. « Les premières assemblées générales annuelles furent très suivies, les discussions, les élections de syndics, de direction, développèrent leur sens de la démocratie. Puisqu'ils payaient la moitié des travaux, ils les surveillaient, en discutaient, ce qui aiguisa leur sens critique [19]. » Une pépinière de militants se constitue ainsi, qui sera très précieuse pour le PCF au moment du Front populaire.

Il faut dire aussi un mot des premiers cadres ouvriers du nouveau parti. Tous les témoignages concordent pour souligner le fait qu'il s'agit essentiellement de jeunes travailleurs. Facteur supplémentaire de rejet de la tradition, c'est une nouvelle génération qui s'installe aux postes de commande de l'appareil communiste. L'opposition entre PCF et SFIO prenant bien souvent l'allure d'une querelle de générations, que ce soit au Congrès de Tours où la jeunesse apparaît comme un facteur déterminant du choix favorable à la IIIe Internationale, ou au niveau municipal. A Saint-Denis, l'ancienne municipalité socialiste est finalement battue par une nouvelle équipe de jeunes communistes appartenant surtout à la JCF, les militants les plus influents du PC local n'étant pas présents sur la liste, parce qu'ils n'ont même pas l'âge d'être éligibles [20] !

Autre constatation décisive, les cadres locaux du PCF sont de plus en plus d'origine ouvrière. Surtout, ils appartiennent à la catégorie des ouvriers qualifiés de la métallurgie. A Ivry, où la liste communiste triomphe à la fin des années vingt, 65 % des élus sont ouvriers; parmi eux, les ajusteurs, tourneurs, mécaniciens, constituent le groupe principal. Plus on monte dans la hiérarchie de l'organisation, plus ceux-ci sont nombreux. En 1929, au Congrès de Saint-Denis, les métallurgistes constituent 11,3 % des adhérents, mais près de 40 % des congressistes. De même, ils sont les plus nombreux à suivre les cours de l'École centrale du Parti [21]. On peut penser que certains de ces dirigeants communistes appartiennent à l' « élite mécanicienne » en plein désarroi, évoquée par Navel, qui se réfugie dans l'activisme politique.

Le fait que le PCF soit encore marginalisé sur la scène politique permet à ses militants de tenir un discours « dur », systématiquement « anti », pratiquant la surenchère permanente pendant les grèves, ce qui rencontre l'adhésion, explicite ou implicite, de tous les prolétaires exclus du consensus des années vingt. Dans les mines du Pas-de-Calais, le PC plaît à beaucoup d'ouvriers, car il apparaît comme « inséparable d'une attitude agressive à l'égard des patrons. C'est le parti de ceux qui savent parler haut et n'ont pas peur des chefs ; des agitateurs à l'affût de la moindre irrégularité pour crier à l'injustice [22] ». A ce premier caractère de l'image que le militant communiste cherche à se donner, il faut en ajouter un autre, dont rend compte Jacques Valdour à propos d'un meeting tenu dans la région parisienne : « Le premier orateur appartient à la Jeunesse communiste. Sa diction est parfaite : il accentue les finales à la manière de ceux qui ont pris de bonnes leçons de diction [23]. » Alors que le militant syndicaliste révolutionnaire mettait un point d'honneur à parler comme le « populo », l'influence des modèles scolaires apparaît beaucoup plus déterminante pour la nouvelle génération. D'où ce curieux mélange entre un verbe agressif, « radical », censé défendre les plus exploités, et un vocabulaire fignolé dans les écoles du Parti, destiné à battre les orateurs « bourgeois » sur leur propre terrain.

Jusqu'à la crise des années trente, le PCF n'en demeure pas moins une organisation très marginale dans la vie politique française, ne comptant que 14 députés en 1928 et 40 000 adhérents (15 000 selon la police) en 1930. Étant donné l'instabilité du monde de la grande industrie, son caractère récent, le ghetto dans lequel sont confinés les groupes qui le composent (en premier lieu les immigrés), on peut comprendre cette faiblesse chronique. Mais, si les chefs sont sans troupes, ils diffusent peu à peu dans le monde ouvrier une nouvelle image militante.

Les années vingt constituent donc un moment de très fort affaiblissement pour l'ensemble du mouvement ouvrier français. La solution contractuelle qui semblait devoir se généraliser avant la guerre est abandonnée dans la plupart des branches de la grande industrie après la loi sur les conventions collectives de 1919. De même, si la mobilisation de l'immédiat après-guerre conduit à la loi des 8 heures, par la suite la législation sociale est sérieusement ralentie et le niveau de vie ouvrier moyen stagne.

L'autre grande conséquence du recul de la mobilisation collective tient dans l'affaiblissement de la représentation ouvrière sur la scène publique. Les thèses universitaires, les enquêtes officielles ou menées par les journalistes « engagés », sont incomparablement moins nombreuses qu'avant la guerre, comme en témoigne la bibliographie. Les débuts de la recherche empirique en sociologie, portant notamment sur les questions de consommation ouvrière, sont brutalement interrompus. Comme le note Alain Desrosières, « ce courant de travail empirique dont on voit des prémisses importantes immédiatement avant la guerre de 1914, curieusement, du moins en France, dans l'entre-deux-guerres, disparaît, peut-être sous l'effet de la saignée en hommes de la guerre de 1914 [24] ». Chez Goblot, mais même chez Halbwachs, apparaissent des analyses très littéraires sur le problème des classes sociales. Paradoxalement, dans les années vingt, c'est un royaliste, ennemi acharné des « rouges », qui prône un développement de la « science sociale » fondé sur ce que l'on appellerait aujourd'hui « l'observation participante ». Jacques Valdour est en effet l'un des premiers, sinon le premier intellectuel à avoir travaillé en usine pour mieux connaître la réalité ouvrière. Ainsi, avant que Simone Weil n'impose définitivement la tradition de gauche des « établis », celle-ci était inaugurée par un représentant de l'autre bord [25].

2. 1931-1936 : le retournement de conjoncture

La première phase de la crise provoque la stabilisation de la classe ouvrière industrielle.

La crise qui s'installe en France au tout début des années trente provoque en quelques années une mutation considérable dans le rapport de forces interne au monde du travail.

Sans insister sur toutes les causes du retournement de la conjoncture économique, rappelons celles qui ont trait à l'étroitesse du marché intérieur. L'un des principaux effets de la démobilisation populaire des années vingt est que le bond en avant considérable de la productivité n'a pas été suivi d'un développement comparable, loin s'en faut, de la consommation ouvrière. De plus, le retard pris par l'urbanisation au XIXe siècle, tout comme les contraintes pesant sur le marché du travail de la grande industrie lourde ont incité le grand patronat à renforcer le paternalisme industriel, fondé sur les bas salaires et l'importance de l'autoconsommation de type paysan. Dès la fin des années vingt, les représentants de l'industrie de transformation sont conscients du blocage qu'une telle solution impose à l'élargissement du capitalisme. Citroën et Renault se prononcent pour une élévation du niveau de vie général, afin d'améliorer les débouchés potentiels de leurs usines. D'où des tensions avec le patronat de l'industrie lourde, bien illustrées par cette remarque d'un maître de forges lorrain évoquant la situation de l'ouvrier : « Ce n'est pas une automobile par tant d'habitants qu'il nous faut, comme on l'a dit. C'est une maison pour sa famille [26]. »

Étant donné l'hégémonie du grand patronat de l'industrie lourde sur le monde des affaires à cette époque, la solution « fordienne » n'était guère en mesure de s'imposer. La dépendance des marchés extérieurs explique que, dès la fin des années vingt, le marasme s'installe, tout particulièrement dans l'industrie légère. La chapellerie de l'Aude, qui exportait 9 millions de cloches et de chapeaux en 1928, n'en exporte plus que 900 000 en 1932. Le marché intérieur tombe de 15 millions à 10 millions aux mêmes dates. Retardée par la politique de grands travaux décidée par l'État, la crise de l'industrie lourde touche brutalement l'économie française ; la production d'acier recule de 40 % en quatre ans, les faillites augmentent de 60 %. Pourtant, « l'archaïsme » de la structure économique française est aussi un avantage, car le marché du travail offre encore une grande souplesse.

Il est très important, de ce point de vue, de distinguer deux phases dans la crise des années 30. La première s'étend de 1929 à 1932-1933. Si elle passe relativement inaperçue, c'est parce qu'elle touche les composantes les plus fragiles du monde du travail. Tout d'abord, il faut souligner l'ampleur prise par le renvoi des travailleurs immigrés. Georges Mauco, après avoir rappelé que « c'est aux travailleurs étrangers que la France doit notamment le prodigieux développement de la construction depuis la guerre, les grands travaux d'équipements hydroélectriques en montagne, le développement de la grande métallurgie et l'exploitation des mines », ajoute qu'en période de crise « la main-d'œuvre immigrée permet une diminution du chômage et donne à notre marché du travail une souplesse exceptionnelle ». L'auteur précise même que « si paradoxal que cela puisse paraître, c'est à la réduction de sa population que la France dut sa situation favorable dans l'Europe surindustrialisée et souffrant de surproduction et de chômage. C'est sa pénurie de main-d'œuvre qui, en l'obligeant à recourir à l'immigration, lui permit ainsi d'adapter son armée du travail à ses besoins [27] ».

En se fiant davantage pour ce problème aux statistiques de la Préfecture de police qu'aux recensements qui n'enregistrent qu'une partie du phénomène, on peut estimer que dans les départements les plus industriels le refoulement des ouvriers étrangers atteint jusqu'au tiers du total ; les clandestins, les célibataires étant touchés les premiers. En 1936, les étrangers représentent moins du cinquième de la main-d'œuvre totale dans la construction, le quart dans la métallurgie lourde et le tiers dans les mines.

L'idéologie du salaire « familial » assuré prioritairement par le « chef de famille » explique que les femmes sont les autres grandes victimes de la réduction du marché du travail. 330 000 sont licenciées entre 1931 et 1936, surtout dans le textile et la métallurgie.

Enfin, au cours de cette première phase, la crise s'abat tout particulièrement sur les ouvriers du monde rural, qui très souvent, pour les raisons invoquées précédemment, sont tournés vers l'industrie d'exportation touchée la première. Comme le dit un journaliste du temps : « C'est sans doute en partie parce que la population rurale a conservé en France une importance plus grande que dans beaucoup d'autres pays que les crises de chômage semblent y être moins graves[28]. » Le contraste entre deux départements comme le Nord et les Vosges (dont le taux de population ouvrière parmi les actifs est comparable), en ce qui concerne le chômage secouru, illustre le décalage entre les régions urbaines et rurales. Dans le Bas-Rhin, comme dans les Vosges, un grand nombre de travailleurs sans emploi ne sont pas aidés, car il n'existe aucun fonds de chômage dans leur commune. Ainsi, « dans la vallée de la Bruche, certains n'ont pu subsister que parce qu'ils avaient un peu de bétail et quelques champs où ils cultivent souvent des pommes de terre[29] ». Le renvoi des immigrés, le repli sur le monde rural expliquent ainsi le peu d'ampleur d'une crise qui a peut-être commencé plus tôt qu'on ne l'a dit, mais peu perceptible à cause de la faiblesse du chômage secouru. Jusqu'en 1933 par exemple, les mines et la chimie, bien que déjà très affectées par la réduction d'activité, comptent en fait peu de sans-emploi bénéficiant d'une aide municipale.

Précisons enfin que, jusqu'à cette date, même dans la grande industrie, les ouvriers qualifiés sont encore relativement préservés, car les entreprises tiennent à les conserver en prévision de la reprise d'activité. A Vénissieux par exemple, en 1931, les chômeurs sont étrangers aux trois quarts, manœuvres à 58 % et ouvriers qualifiés à 33 %[30]. Les conséquences d'une telle évolution sur la structure de la classe ouvrière peuvent être résumées en deux mots : homogénéisation et stabilisation.

Entre 1931 et 1936, la population active de la France est réduite de 1,8 million de personnes, dont 1,4 million d'ouvriers. Mais ce sont surtout les franges les plus récentes, les plus marginales, qui sont atteintes. C'est pourquoi le recul de l'emploi est particulièrement sensible dans les entreprises de plus de 500 personnes, en baisse de 25 %. L'examen de la pyramide des âges montre un resserrement des actifs ouvriers autour des travailleurs dans la force de l'âge. Ce qu'illustre la réduction du taux des célibataires (de 42,4 % à 39,2 %) dans l'ensemble des ouvriers d'industrie. De même, la proportion des ouvriers de moins de 40 ans, qui était de 67 % en 1931 dans l'industrie extractive, tombe à 65,6 % en 1936; dans les manutentions et transports, les chiffres sont respectivement de 60,3 % et 56,1 %. Plus français, plus qualifiés, plus masculins, plus mûrs, plus urbains, les travailleurs de l'industrie sont aussi maintenant plus stables. Pour la première fois depuis le XIXe siècle, on constate que la proportion d'ouvriers d'industrie employés dans le département où ils sont nés augmente entre 1931 et 1936 (de 55,2 % à 56,4 %). De multiples sources confirment ce processus d'enracinement. Avec le retournement du marché du travail, le *turn over* chute de façon spectaculaire dans la plupart des secteurs. A l'usine de Denain-Anzin par exemple, la stabilisation de la classe ouvrière est sensible dès 1930-1931. Les entrées annuelles répertoriées dans les registres du personnel diminuent brusquement de plusieurs milliers à quelques centaines. Dans les mines de fer lorraines, le coefficient d'instabilité, qui dépassait 90 % à la fin des années vingt, d'après les statistiques des ingénieurs des mines, atteint à peine 26 % en 1932. A partir de 1932 surtout, tous ces ouvriers professionnels de la métallurgie, qui avaient la « bougeotte » depuis la fin de la guerre, sont souvent contraints de se fixer, sous peine de ne pas retrouver du travail. Dans l'industrie du bâtiment, la crise a arrêté net l'énorme effort de construction qui faisait de la région parisienne un gigantesque chantier. Les manœuvres et la main-d'œuvre saisonnière ont été licenciés en priorité; quant aux autres travailleurs, ils ont dû se fixer. Comme le souligne l'enquête collective réalisée sur le chômage, le processus de stabilisation est accentué par le fait que pour obtenir une allocation les ouvriers sont astreints à une obligation de résidence. Celle-ci est variable selon les communes : à Boulogne, il faut justifier d'une année de présence dans la localité; à Amiens, de 6 mois seulement, mais il est nécessaire d'avoir travaillé 6 ans chez le même employeur. Dans d'autres endroits, il faut certifier que l'on n'exerce par une double activité. A Besançon, les ouvriers occupés à des travaux agricoles en été ne perçoivent pas d'indemnité [31]. On voit comment toutes ces mesures se conjuguent pour renforcer l'appartenance des individus à des catégories rigides, et donc leur enracinement dans des groupes professionnels et dans des lieux fixes. L'usine sidérurgique de Saint-Chély-d'Apcher, installée juste après la guerre en plein monde rural, voit son effectif local passer de 35,5 % à 43,9 %. A Saint-Denis, Jean-Paul Brunet note, à cette époque, « un puissant mouvement d'intégration de la population d'origine provinciale [...]. Les jeunes surtout étaient de plus en plus nombreux à avoir vu le jour à Saint-Denis », et l'état civil prouve que les nouveaux mariés sont de plus en plus nombreux à s'être connus à Saint-Denis même [32]. Le mouvement de stabilisation de la banlieue est accentué par le fort ralentissement de la construction des lotissements. L'aide au logement diminue dès 1931 et cesse en 1935. Entre 1932 et 1954, pratiquement aucune construction nouvelle n'est réalisée. Dans l'entre-deux-guerres, sur une augmentation de 1,1 million de personnes, 700 000 se sont fixées grâce aux lotissements.

La généralisation de la crise.

Jusqu'en 1933, des secteurs entiers du monde salarial français ont été épargnés par la conjoncture dépressive. Pour tous ceux qui ont pu garder leur emploi, le niveau de vie n'a pas régressé. Alors que les mineurs du Nord, condamnés dès 1930 à 60 jours de chômage annuels en moyenne, voient leurs ressources baisser de 40 %, les ouvriers du secteur « tertiaire », mis à l'abri du chômage par leur statut, ont un niveau de vie qui tend à progresser. A Paris, l'indice 100 du salaire nominal ouvrier en 1929 monte à 114 en 1931, et les prix sont plutôt à la baisse. De même, les fonctionnaires ont leurs traitements revalorisés entre 1928 et 1930. Comme le montre le graphique ci-après, à partir de la fin de l'année 1933, la crise reprend de plus belle. Or, cette fois-ci, il n'y a plus de « soupape de sécurité » ; c'est le cœur du monde salarial français qui est touché de plein fouet. La « visibilité » du chômage devient alors d'autant plus grande qu'elle touche les ouvriers urbains, n'ayant guère la possiblité de trouver d'autres ressources que leur salaire.

A Montreuil, en novembre 1931, il y a 464 chômeurs; ils sont 1 847 en novembre 1933 et 4 395 deux ans plus tard. On passe de 10 à 1 000 entre 1930 et 1932 à Ivry, et à 3 000 en 1935 [33]. Peu de temps avant le Front populaire, la région parisienne, qui concentre 20 % de la population active, rassemble la moitié de tous les chômeurs secourus du pays. Au paroxysme de la crise, en février 1935, le pays compte plus d'un million de chômeurs, soit 12,6 % de la population. Plus de 50 % des travailleurs ont des horaires réduits. Touchant des effectifs plus nombreux, le chômage devient aussi plus durable pour les ouvriers concernés. Pour le plus grand nombre, on estime que périodes de travail et périodes d'inactivité alternent, mais les premières se réduisent à mesure que la crise s'aggrave. Tous ces éléments se conjuguent pour rendre la vie quotidienne très difficile. En 1936, en moyenne, les ressources d'un chômeur sont inférieures de moitié à celles de l'ouvrier qui travaille.

Face à une dépression économique sans précédent, ce sont pourtant les solutions traditionnelles, rappelant la politique d'assistance du XIXe siècle, qui sont appliquées. Elles se révèlent vite inadaptées. Dans un très grand nombre de communes, on fait d'abord appel au bureau de bienfaisance qui attribue des « bons de pain », fait appel à la générosité publique pour l'organisation de « soupes populaires » et la distribution de vêtements, met en place des chantiers de travail municipaux. Mais très vite les ressources locales se révèlent insuffisantes. A Saint-Nazaire par exemple, les sommes versées comme allocations-chômage atteignent 4 millions de francs en 1932 et 7 millions en 1935. En 1935, au niveau national, 50 milliards ont été versés comme indemnités aux chômeurs. Face à une telle situation, on fait de plus en plus appel à l'État. La caisse municipale de chômage de Saint-Nazaire était subventionnée à 40 % par l'État en 1922 et à 60 % en 1932. Mais la faillite de la Compagnie générale transatlantique précipite la crise des chantiers navals, le nombre de chômeurs s'accroît brutalement et l'État doit financer jusqu'à 80 % des dépenses de la ville consacrées au fonds de secours en 1935. Avec la stabilisation de la classe ouvrière qui s'ajoute aux pertes enre-

LE CHÔMAGE EN FRANCE
1930-1936

d'après l'enquête mensuelle des inspecteurs du travail et des ingénieurs des mines, dans les établissements de plus de 100 personnes en pourcentage (cf. Bulletin du ministère du Travail)

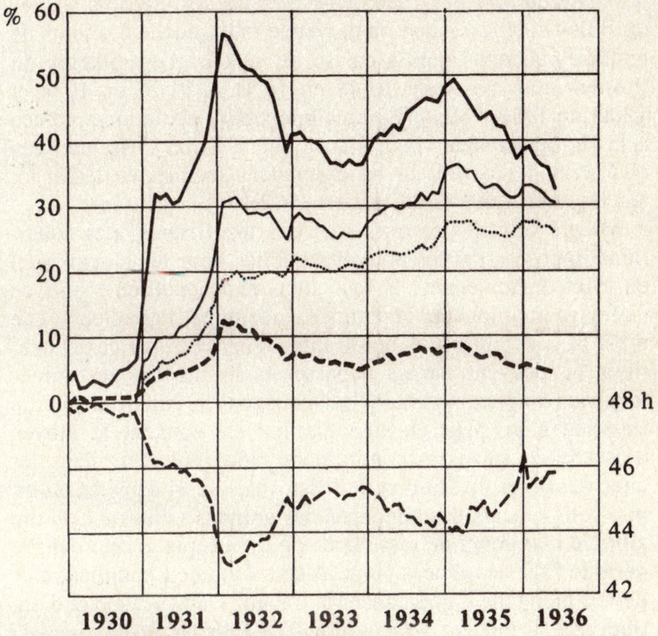

——— *Chômage partiel :* pourcentage des travailleurs n'effectuant pas le temps plein par rapport à l'ensemble des effectifs des établissements.

——— *Diminution totale de l'activité* par rapport au mois correspondant de 1930 : on a ajouté aux pourcentages relatifs aux diminutions d'effectifs ceux qui sont relatifs au chômage partiel traduit en chômage complet.

··········· *Variation des effectifs :* diminutions par rapport au mois correspondant de 1930.

- - - - - *Chômage partiel traduit en chômage complet :* on l'obtient en multipliant le nombre de chômeurs par le nombre d'heures chômées et en divisant ce produit par 48.

– – – – *Durée hebdomadaire moyenne de travail.*

Source : G. Letellier *et al.*, *Enquête sur le chômage*, Paris, Sirey, 1938, t. 1.

gistrées par les entreprises, la gestion paternaliste de la main-d'œuvre est elle aussi mise à mal. Comme le constate l'enquête nationale sur le chômage, les vieux ouvriers sont souvent les premiers licenciés car les moins « productifs ». Le coût de la retraite ouvrière s'élève en conséquence. De même, la baisse du *turn over* accroît le nombre des ouvriers stables qu'il faut soigner. Ainsi, la moyenne individuelle des jours de maladie reconnus par la caisse de secours des mineurs du Pas-de-Calais passe de 10,48 en 1930, à 12,27 en 1934 et 12,81 en 1936 [34]. La crise précipite ainsi l'évolution amorcée à la fin des années vingt, transférant à l'État l'essentiel des charges sociales (loi sur les assurances sociales en 1928, loi sur les allocations familiales en 1932).

Malgré cela, les secours sont très insuffisants. Les conditions imposées par les pouvoirs publics pour les obtenir sont en effet draconiennes. Il faut attendre le quatrième jour de chômage pour toucher la première indemnité. Par ailleurs, elle n'est pas accordée plus de 30 jours consécutifs et ces allocations ne peuvent jamais dépasser la moitié des ressources touchées antérieurement. C'est pourquoi la culture du jardin associée à un petit élevage familial est souvent le moyen d'assurer la subsistance minimum, non seulement dans les cités ouvrières du Nord et de l'Est, mais aussi dans les multiples lotissements des banlieues des grandes villes où l'on tire alors le maximum de ressources du petit lopin acheté dans la période faste des années vingt. A cela s'ajoute l'humiliation de devoir maintenant quémander le travail. Dans beaucoup d'entreprises, il devient alors courant de faire venir les ouvriers pour une heure ou deux heures à l'atelier et de les renvoyer ensuite. Cela se pratique chez Renault, dans la métallurgie lorraine, mais aussi dans le textile comme à Romilly dans l'Aube. « Les ouvriers se présentaient le matin au travail et attendaient le passage du facteur. Si le courrier apportait des commandes, ils exerçaient le travail; dans le cas contraire, ils s'en retournaient. C'était ce qui s'appelait d'une expression caractéristique, 'travailler au courrier' [35]. »

La crise oblige les chefs d'entreprise à multiplier les efforts pour améliorer les rendements. Or, très souvent, ils n'ont plus les ressources suffisantes pour poursuivre la mécanisation. D'où la priorité accordée aux problèmes d'organisation du travail. Cette attitude devient d'autant plus systématique que, désormais, ils ne craignent plus comme dans les années vingt la résistance ouvrière que manifestait le *turn over* des travailleurs qualifiés. En même temps que la diminution des salaires, Renault généralise l'OST, notamment dans les ateliers tout neufs ouverts en 1930 à l'île Seguin. Le nombre des professionnels, qui était encore de 46,3 % en 1925, tombe à 32,3 % en 1939. Alors que dans les années vingt on tolérait les entrées jusqu'à 8 h le matin, à présent les portes sont impérativement fermées à 7 heures 25. A plusieurs reprises, le personnel est licencié et réembauché pour une rémunération plus basse. Dans l'usine sidérurgique de Paris-Outreau dans le Nord, comme à Rombas en Moselle, c'est pendant la crise que l'on introduit le chronométrage et que le « système Bedaux » se généralise. C'est à ce moment-là aussi qu'est introduit le travail à la chaîne dans l'usine Lip à Besançon, qu'il fait son apparition dans les grandes fonderies de l'Est. A ces conditions de travail plus contraignantes, il faut ajouter le déclassement que subissent nombre d'ouvriers qualifiés. Le renvoi des travailleurs immigrés et des femmes laisse vacants des postes de manœuvres ou d'OS qu'il faut bien que quelqu'un occupe. Dans les mines de charbon du Nord-Pas-de-Calais, les renvois ont surtout concerné des mineurs de fond (où se concentrait la main-d'œuvre étrangère) et très peu ceux du jour. Des chômeurs français sont invités à prendre leur place. De même dans les mines de fer, on constate que c'est pendant la crise que la main-d'œuvre française devient plus nombreuse au point de constituer la catégorie la plus représentée.

C'est surtout la classe ouvrière industrielle qui est touchée. Cependant, la crise des finances de l'État se répercute sur les fonctionnaires et les ouvriers « à statut ». Certes, ils ne sont guère affectés par le chômage. Alors que 1,1 million d'emplois ouvriers ont disparu en cinq ans dans l'industrie (400 000 dans le textile, 230 000 dans la métallurgie, 22 000 dans le bâtiment), le nombre des ouvriers des « services » est stationnaire (moins 46 000), tout comme celui des fonctionnaires (qui est même en augmentation grâce au renforcement de l'armée). Cependant, les mesures successives prises par le gouvernement provoquent entre 1933 et 1935 une baisse de 13,6 % du revenu des petits fonctionnaires, et de 17,6 % pour les hauts fonctionnaires. De même, les retraites ouvrières, les pensions d'anciens combattants sont réduites. C'est toute la base sociale que l'État avait ménagée pendant les années vingt qui est atteinte par ces mesures, sans parler de la crise que le petit commerce traverse dans le même temps, ni des problèmes de la paysannerie dont le revenu est amputé des trois cinquièmes entre 1929 et 1935[36].

Les salariés de l'État, étant les mieux organisés, sont les plus prompts à réagir massivement. Dès 1933, un cartel confédéral du service public est mis en place par les syndicats pour s'opposer aux mesures gouvernementales. La CGT profite le plus de ce mécontentement. Alors que dans le secteur tertiaire la CGTU voit fondre ses effectifs, ceux du syndicat réformiste font encore un bond en avant. A tel point qu'en 1935 « le poids syndical du secteur tertiaire est disproportionné avec son importance réelle[37] ».

Cependant, très vite, ce sont des motifs politiques qui sont mis en avant pour justifier la mobilisation des employés de ce secteur. La manifestation du 12 février 1934 est un très grand succès pour la CGT. Elle reproduit très fidèlement les anciens clivages du monde du travail. En dehors de la région parisienne, parmi les 346 localités qui comptent au moins un meeting ou un défilé, c'est dans les villes où le mouvement ouvrier traditionnel est le plus implanté que la mobilisation est la plus massive : Bordeaux, Nantes, Limoges, Toulouse. Par ailleurs, la CGT multiplie les efforts afin que cette manifestation n'apparaisse pas comme un mouvement révolutionnaire. Dans son appel, elle évite soigneusement les termes « ouvrier », « classe ouvrière » au profit de ceux, plus neutres, de « travailleur » ou « peuple ». Il faut absolument montrer à l'opinion publique qu'il s'agit seulement d'une manifestation de défense des « institutions républicaines ». A l'inverse, la CGTU, dont la manifestation du 9 février a été durement réprimée, refuse ouvertement toute ouverture sur la classe moyenne, insiste sur le caractère « prolétarien » de son initiative, mais elle rassemble un nombre de manifestants infiniment moindre que la CGT trois jours plus tard[38].

Ces événements constituent sans doute un tournant. Les communistes prennent conscience de leur extrême affaiblissement. Une partie de la base sociale de l'organisation a été liquidée par la crise. Dans le Nord, les militants communistes polonais ont été expulsés ; de même pour les Italiens qui en Lorraine du fer avaient mis en place le mouvement dans les années vingt. Dans la région parisienne, les ouvriers qualifiés qui pouvaient se permettre dans la période précédente d'afficher leurs opinions, sûrs qu'ils étaient de retrouver du travail rapidement, sont licenciés impitoyablement. De même à l'usine des Batignolles de Nantes, les militants CGTU doivent se faire « coiffeurs » pendant la crise pour survivre[39]. Le patronat profite de la nouvelle conjoncture pour intensifier son contrôle sur la main-d'œuvre. Les grèves deviennent plus longues (34,4 jours en moyenne en 1932), mais le taux d'échec atteint un niveau jamais constaté jusque-là. Le nombre des grèves, déjà fort réduit dans les années vingt, chute encore de moitié. Le parti communiste ne survit que grâce à ses permanents qui chaque matin haranguent la foule devant les grandes usines de banlieue, à ses militants des secteurs « à statut » comme les chemins de fer, et aux quelques municipalités qu'il contrôle.

Affaiblissement et « recentrement » de la base sociale se conjuguent pour favoriser l'abandon de la ligne « classe contre classe » (qui vaut au PCF d'avoir 12 députés en 1932) au profit d'une stratégie unitaire. Celle-ci est encouragée par la combativité manifestée par les syndicats « réformistes », CGT et CFTC, dans les secteurs industriels. Des grèves, animées par les militants cégétistes, éclatent dans la sidérurgie lorraine, chez Lip, contre la rationalisation du travail. A Saint-Nazaire, la ville est bloquée par les militants CGT pour s'opposer à l'arrêt de la construction d'un navire. Au début de 1936, de nouveaux troubles éclatent. 4 500 ouvriers grévistes, rejoints par les « mensuels », organisent un comité de résistance qui mobilise l'ensemble de la population locale. De même, à partir de 1934, dans la plupart des bassins miniers, la mobilisation retrouve une ampleur inconnue depuis 1920.

Celle-ci bénéficie aussi de l'évolution politique de toute une fraction du monde catholique. La naissance de la CFTC en 1920, même si elle s'adresse davantage aux employés qu'aux ouvriers de la grande industrie, permet néanmoins aux militants catholiques d'exercer une action plus efficace dans les milieux populaires, notamment dans le textile du Nord. Avec la crise des années trente, le syndicat chrétien s'engage dans des grèves longues et souvent radicales, parfois même aux côtés de la CGTU. La fondation de la JOC est un élément supplémentaire du rapprochement avec la classe ouvrière. A cela s'ajoute le dynamisme de l'action paroissiale, notamment grâce au patronage qui connaît son âge d'or dans l'entre-deux-guerres.

Il est indéniable cependant que cette évolution profite surtout au PCF. L'image radicale donnée par ses militants dans la période précédente explique que beaucoup de travailleurs se tournent vers lui pour exprimer leur mécontentement. Dans les mines du Nord, la génération réformiste n'a pas été renouvelée depuis la guerre. En 1930, les 5 députés-mineurs socialistes sont âgés de 52 à 66 ans. Malgré leur petit nombre (7 300 adhérents pour 29 000 à la CGT), les militants de la CGTU sont plus jeunes, plus dévoués, plus énergiques. Progressivement, ils améliorent leur influence aux élections professionnelles. En 1935, ils obtiennent ainsi 16 délégués élus sur 23 à Anzin et 32 sur 62 dans le Pas-de-Calais [40]. De même, leur implantation antérieure parmi les mal lotis est considérablement renforcée par le profond malaise qui touche ce milieu. Eux qui avaient déjà du mal à payer leur terrain sont soumis à des taxes de plus en plus nombreuses dont ils peuvent d'autant moins s'acquitter que leurs ressources sont souvent amputées par la crise. En 1936, 50 % seulement des mal lotis paient ces taxes; 40 % sont poursuivis en justice pour leurs dettes à ce sujet et 10 % sont mêmes jugés insolvables. La plupart d'entre eux donnent leur voix au PCF.

Alors que, dans la période précédente, l'action politique et syndicale accomplie dans les régions de grande industrie était toujours à recommencer à cause de l'instabilité de la population et des militants eux-mêmes, la stabilisation de la classe ouvrière permet un début d'enracinement d'une nouvelle tradition de lutte collective. A Billancourt par exemple, l'activité communiste, jusque-là sporadique, commence à devenir plus régulière. En 1933, un accident (explosion d'une chaudière thermique) fait 8 morts et 200 blessés chez Renault. Aussitôt, le député communiste du XIIIe arrondissement de Paris interpelle le ministre du Travail à la Chambre ; *l'Humanité* réclame une commission d'enquête. Le PCF fait un très gros effort pour qu'un maximum de personnes participent à l'enterrement des ouvriers tués. Ce jour-là, la nouvelle ligne unitaire est illustrée par la présence d'intellectuels lisant des poèmes. Mais surtout, aux yeux de tous, la cérémonie illustre l'existence de deux camps. D'un côté le maire de Billancourt, les conseillers municipaux socialistes, Louis Renault et le ministre du Travail. De l'autre, les militants communistes et 20 000 ouvriers qui crient « assassin ». Après le ministre, le responsable CGTU de l'usine prend la parole et dénonce la responsabilité patronale, réclamant des délégués à la sécurité. A l'issue de la cérémonie, des bagarres opposent les manifestants à la police. Dans les jours et les semaines suivantes, cet accident est largement utilisé par les militants et cela permet à *l'Humanité* de multiplier le nombre de ses correspondants dans l'usine. Quelques mois plus tard, au moment de la grève de Citroën, 12 000 à 15 000 personnes participent à un meeting devant les portes de l'entreprise. De nombreuses femmes, pour la première fois depuis 1920, sont présentes. Pour la première fois aussi depuis cette date, Renault préfère chômer le 1er mai plutôt que risquer l'épreuve de force. Un an plus tard, en février 1934, a lieu le véritable tournant qui permet de donner une dimension politique à la mobilisation antérieure. 5 000 manifestants participent au meeting contre l'extrême droite ; des débrayages ont lieu à Boulogne-Billancourt ; des cellules d'entreprise font leur apparition. Malgré la répression patronale, le mouvement s'enracine progressivement, à la fois dans l'usine et dans la ville. En mai 1936, un vendeur de *l'Humanité* est tué par un garde de l'entreprise. 10 000 personnes participent aux obsèques dans un climat très tendu. Aux élections législatives, Costes, ajusteur chez Renault, est élu député. Tous les éléments aptes à fonder une tradition proprement ouvrière, à marquer la « mémoire collective », sont, comme on le voit, réunis dès le début du Front populaire. La légende de Billancourt commence [41] !

A cela s'ajoute la popularité plus grande des élus due à l'action sociale des municipalités contrôlées par le PCF. A Ivry, lorsqu'une voiture de la mairie sillonne les rues de la ville pour distribuer du lait aux enfants de chômeurs, Maurice

Thorez insiste sur le fait que c'est grâce aux taxes imposées aux patrons que de telles initiatives peuvent être réussies. La municipalité verse, en 1934, 12 millions de francs aux chômeurs de la commune. Les élus créent une caisse spéciale pour aider les chômeurs partiels, distribuent des repas gratuits dans les écoles, organisent des soupes populaires, se donnant un capital de confiance qu'il ne sera plus possible aux partis politiques rivaux de remettre en cause avant longtemps. De même, la politisation de l'action municipale se traduit par le soutien aux comités de chômeurs, nombreux dans le Nord et la région parisienne, qui organisent des « marches sur Paris » unitaires suivies par femmes et enfants ; autre signe qui ne trompe pas de l'implantation du mouvement. Après février 1934, les thèmes politiques « antifascistes » sont un moyen d'unifier des catégories sociales aux intérêts très divers. Une multitude d'associations (42 à Ivry en octobre 1935) contre la guerre et le fascisme, pour la défense de l'URSS, etc., voient le jour. La politique d'alliance avec les classes moyennes, illustrée par les meetings communs avec les dirigeants SFIO, avec les intellectuels progressistes, accentue ainsi la « respectabilité » d'un parti qui inquiétait une part des classes populaires auparavant, mais que la nouvelle ligne adoptée (« travail, famille, patrie ») est bien faite pour rassurer.

Cet ensemble d'éléments explique les nombreux succès que remporte le PCF aux élections municipales de 1935. Saint-Étienne, Vénissieux, plusieurs grandes villes du Nord et surtout de la région parisienne sont conquises. A tel point qu'on peut dire que cette date marque la deuxième naissance du PCF.

3. Juin 1936 : le prolétariat industriel entre dans l'histoire (de France)

L'examen du recensement effectué peu de temps avant les événements du printemps 1936 donne le sentiment que la société française est revenue, sous bien des aspects, à la situation d'avant la guerre. Dans la population active, seule la classe ouvrière est en recul, de 38,8 % à 34,6 %. Le nombre des patrons, des employés, et même des travailleurs « isolés » progresse. Les paysans sont toujours les actifs les plus nombreux du pays (plus de 35 %). Avec la crise, la France s'est donc à nouveau repliée sur ses valeurs traditionnelles artisanales et rurales, comme si décidément elle ne pouvait pas admettre les mutations industrielles. Pourtant, des transformations irréversibles ont bien eu lieu, comme les élections législatives vont le montrer.

La logique d'une mobilisation collective.

La consultation électorale d'avril-mai 1936 n'a rien d'un raz de marée pour la gauche. Comme le dit Georges Dupeux, elle montre « une relative stabilité de l'opinion publique mis à part les spectaculaires progrès du vote communiste[42] ». Confirmant les progrès de 1935, le PCF double pratiquement son score par rapport à 1928, avec près de 1,5 million de voix et 72 députés au lieu de 12. Grâce à ce succès, en de nombreux endroits, la classe ouvrière de la grande industrie accède pour la première fois à la représentation parlementaire. C'est en effet dans les départements les plus industrialisés que les succès communistes sont les plus nets, si l'on excepte quelques départements ruraux où le PCF capte également le mécontentement. Ainsi voit-on se dessiner une carte électorale qui s'étoffera après guerre mais où les éléments essentiels figurent déjà : la banlieue parisienne, le Pays Noir du Nord, la banlieue lyonnaise, le Sud-Est, plus quelques villes du Centre (Montluçon, Vierzon), deviennent des fiefs communistes.

Les grèves de juin 1936 traduisent l'autre aspect de l'irruption des ouvriers de la grande industrie dans la vie publique française : la naissance du syndicalisme de masse. En quelques semaines en effet, toute la vie économique du pays est paralysée ; 2,4 millions de travailleurs bloquent la production, occupent leurs entreprises, traumatisant le patronat qui cède en quelques jours ce qu'il n'avait pas accordé depuis 20 ans ; la CGT quintuple ses effectifs.

Cette extraordinaire mobilisation populaire reste encore pour l'essentiel à expliquer. Les analyses en termes « d'explosion », chères à Georges Lefranc, ou en termes de « prise de conscience », chères à Jean Lhomme (« Ils ont pris conscience de leur misère et en même temps de leur pouvoir[43] »), n'expliquent pas grand-chose quant aux raisons proprement ouvrières de cet événement.

Pour y voir plus clair, il convient, me semble-t-il, de dégager deux moments dans ces grèves. Tout d'abord la phase initiale, qui est pratiquement déjà achevée en juin. Ce sont principalement les usines aéronautiques, au Havre, à Courbevoie, à Gnôme-et-Rhône, etc., qui sont touchées, et certains établissements métallurgiques comme Renault et les Aciéries de Longwy à Vénissieux. Or, à chaque fois, il s'agit d'ouvriers hautement qualifiés. Chez Renault, le mouvement part de l'atelier « artillerie », repère des « professionnels » ; et l'aviation est encore à cette époque un monde quasi artisanal. Il faut donc expliquer ces mouvements en fonction de l'univers spécifique à cette catégorie ouvrière. Dans la logique de ce que nous avons dit précédemment sur le désarroi de l'élite mécanicienne de l'après-guerre, on peut comprendre que la crise ait radicalisé les comportements. Après la rupture de 1914, le *turn over* était, pour ces ouvriers, une façon de maintenir l'indétermination du futur. Avec l'expansion, pour beaucoup les espoirs d'ascension sociale étaient fondés. Le retournement de la conjoncture économique introduit un brusque décrochage entre le rêve et la réalité. La nécessité désormais de rester rivé à son poste, les humiliations parfois dues au déclassement, le taylorisme subi maintenant de plein fouet, tout cela constitue le socle sur lequel se construit la mobilisation de « l'aristocratie du travail ». Les discours sur la « dignité ouvrière », sur les horreurs du « bagne », fréquents à ce moment-là, émanent surtout de ce groupe social. On peut estimer que c'est surtout leur vision du monde (revue et corrigée par une intellectuelle découvrant l'univers ouvrier), que Simone Weil reflète quand elle affirme dans son célèbre ouvrage : « Aucune intimité ne lie les ouvriers aux lieux et aux objets parmi lesquels leur vie s'épuise et l'usine fait d'eux, dans leur propre pays, des étrangers, des exilés, des déracinés[44]. »

Bien que peu nombreux, ces travailleurs ont exercé par leur action un rôle « déclencheur » qui, conjugué au succès électoral de la gauche, va entraîner l'ensemble de la classe ouvrière dans la lutte. Du 2 au 12 juin, se déroule en effet la deuxième étape du processus de grève, marquée par sa diffusion à toute la France. Après une accalmie en été, les conflits reprennent à l'automne, et durent parfois jusqu'au début de 1937. De nombreuses sources insistent sur le décalage du mouvement avec la métallurgie parisienne, qui fait office de modèle, que l'on observe puis que l'on imite. Comme si le secteur le plus avancé avait entraîné l'accélération d'un processus non encore mûr ailleurs, permettant ainsi une véritable « mise en phase » de l'action dans les différentes branches de l'industrie française. Certaines usines particulièrement désorganisées par le renvoi de beaucoup d'immigrés (sidérurgie lorraine) ou la répression antérieure (métallurgie du Boucau), n'entrent en mouvement que plus tard, parfois lors de la grève de novembre 1938. Une lame de fond parcourt ainsi la classe ouvrière de la grande industrie, se propageant parfois très vite, parfois plus lentement. L'essentiel est de noter que c'est un mouvement extrêmement massif, cette fois, qui concerne les ouvriers peu qualifiés, les OS de la grande industrie française, sans tradition de lutte, sans expérience ancienne du monde ouvrier. D'où le caractère parfois violent des conflits, qui contraste avec le calme mentionné pour les premières grèves. A Clermont-Ferrand par exemple, le mouvement frise l'émeute. Dans plusieurs régions de France, dès l'automne, la police doit intervenir. D'où aussi la ténacité des grévistes, refusant bien souvent de suivre les conseils de modération des dirigeants. Dans les mines du Nord, le maintien de la grève s'explique par le rôle des nouvelles recrues inexpérimentées du syndicat, grisées par le succès et cherchant à profiter de l'occasion pour obtenir encore davantage de concessions de la part du patronat. Même à l'usine Renault, « la masse des ouvriers est peu politisée » à ce moment-là. Autre caractère prouvant la jeunesse du mouvement, le caractère « spontané » de maints conflits. Pour Antoine Prost, « en forçant à peine les faits, on pourrait dire que, là où il y a des syndiqués, il n'y a pas de grévistes et inversement. Les cheminots, les postiers, les services publics, l'enseignement, qui comptent un fort pourcentage de syndiqués (respectivement 22, 44, 36 et 25 %), restent parfaitement calmes. Au contraire, la métallurgie, le textile, les industries alimentaires, où les syndiqués sont en nombre infime (respectivement 4, 4,5 et 3 %), se mettent en grève[45] ».

On ne saurait mieux dire que ce sont avant tout les secteurs qui étaient restés complètement en dehors de la vie militante, marginalisés dans la société française, qui frappent à la porte. A propos de cette vague de grèves, Charles Tilly note d'ailleurs une coïncidence exceptionnelle entre quatre critères (importance de la taille des établissements, absence d'organisation antérieure, explosion des effectifs syndicaux et intensité du mouvement d'occupation), qui constituent autant d'arguments supplémentaires.

Pour expliquer cette phase des grèves, il faut donc invoquer les problèmes spécifiques à la masse des ouvriers de ces industries nouvelles. La plupart, nous l'avons dit, ont découvert la grande usine au moment de la guerre ou dans la décennie suivante, faisant en même temps l'expérience du déracinement. Comme toutes les « premières générations » ouvrières d'origine rurale, ce n'est pas tout de suite qu'ils se sont faits à l'idée qu'ils vivraient pour toujours dans cet univers. Les Bretons de la région parisienne, groupés dans des associations cultivant le souvenir des localités d'origine, qui envoient leur salaire à la famille restée au village ; les immigrés polonais ou italiens vivant eux aussi dans l'espoir d'un retour au pays, tous pensent plus ou moins confusément abandonner un jour l'univers ouvrier. La crise sonne pour eux aussi le glas de bien des projets d'avenir. La stabilisation produit un enracinement dans le monde ouvrier et une progressive adaptation. Chez les Polonais, par exemple, après les expulsions d'une partie des membres du groupe, « la communauté survit amputée, et elle vieillit, en ce sens qu'elle compte désormais en moyenne plus de dix ans de séjour en France. Elle ne se renouvelle plus guère et de ce point de vue aussi elle s'enracine[46] ». Pour tous ces travailleurs, c'est le moment où s'opère une douloureuse reconversion de l'ensemble des valeurs collectives (d'où aussi la violence des conflits). Puisqu'ils sont là pour rester, il faut lutter pour améliorer le présent. Ce qui explique leur intérêt grandissant pour les problèmes de l'atelier, pour la « qualification » à laquelle ils commencent à aspirer ; d'où le désir aussi d'avoir des garanties quant à leur avenir professionnel. Comme des études en sociologie du travail l'ont montré[47], l'approfondissement constant de la division du travail dans la société capitaliste explique l'apparition de nouveaux groupes d'ouvriers. Pénalisés au départ par leur absence d'ancienneté, leurs intérêts et leurs valeurs ne sont pas représentés sur la scène des négociations collectives, parce que les groupes plus anciens monopolisent la représentation syndicale. Seules des circonstances exceptionnelles permettent de briser la logique antérieure pour aboutir à une complète redéfinition des règles du jeu. Lors de la crise des années trente les ouvriers de la grande industrie américaine contestent le monopole syndical des ouvriers de métier. En France, du fait que les métiers n'étaient pas assez structurés antérieurement, l'antagonisme ne prend pas la même forme ; opposant plutôt travailleurs du secteur « secondaire » et travailleurs du secteur « tertiaire ». Mais grâce au Front populaire, les intérêts et les valeurs propres à ce nouveau groupe ouvrier issu de la « deuxième révolution industrielle » sont pris en charge collectivement. L'image « radicale » du parti communiste, le fait qu'il ait été présent dès les années vingt sur les nouveaux lieux de production, expliquent que ce sont les mots, les symboles, les analyses produits par lui, qui sont repris par ces ouvriers pour nommer leur malaise collectif. Remarquons d'ailleurs que c'est surtout aux fractions inférieures du monde du travail que profitent les accords Matignon. Les augmentations de salaires s'accompagnent aussi d'une réduction des écarts, au bénéfice de ceux qui gagnaient le moins ; d'où le « nivellement de la hiérarchie ouvrière » (Édouard Dolléans) qui mécontente parfois les plus favorisés. De même, les avantages qui étaient réservés auparavant à quelques catégories, comme les conventions collectives, sont généralisés.

Le triomphe d'une nouvelle tradition dans le mouvement ouvrier.

Au moment de la réunification syndicale, les adhérents du secteur « tertiaire » étaient en position dominante ; mais un renversement se produit avec le Front populaire. « Certaines fédérations, les PTT, l'enseignement, les fonctionnaires, ne doublent même pas leurs effectifs, alors que la CGT tout entière quintuple. La chimie, le verre, les métaux ont des effectifs multipliés par 20 ou presque. » Dans ces conditions, l'ancien mouvement ouvrier est littéralement submergé et, avec lui, ce qui lui restait de tradition rappelant les époques antérieures du syndicalisme. La Fédération des cuirs et peaux, par exemple, avait toujours son siège à Fougères ; elle n'émigre à Paris qu'en 1937. De même, les « feuillardiers » du Périgord étaient encore représentés dans la CGT comme maints travailleurs liés au monde rural. Désormais, ils sont complètement noyés dans la masse des syndiqués des grandes usines. D'autant plus que les dirigeants du PCF s'appuient sur les nouveaux adhérents pour imposer leur hégémonie. Dans les polémiques entre communistes et socialistes sous le Front populaire, « il est fréquent de voir unitaires et confédérés s'opposer comme en deux générations », car beaucoup des dirigeants que le PCF cherche à évincer « militaient déjà avant 14[48] ». Le Front populaire marque donc l'achèvement du processus de rupture analysé plus haut.

Dans l'ordre symbolique, c'est toute une page d'histoire que l'on tourne lors des négociations paritaires de Matignon. Léon Blum cherche à mettre à l'aise les représentants de la CGTU, peu habitués encore aux palais ministériels, un peu empruntés, dont le manque d'assurance est comme une illustration de la jeunesse du mouvement ouvrier qu'ils représentent, face à l'aisance d'un Jouhaux familier de l'endroit. Le vieux leader de la CGT porte cependant toujours en lui le passé anarchiste du fils d'allumetier qu'il fut. Il a le tutoiement facile, l'allure négligée qui contraste avec la mise impeccable des jeunes communistes. Mais, le 8 juin, c'est au tour de Jouhaux d'être mal à l'aise lorsqu'il doit enregistrer à la radio son discours, lui qui aime avoir un public et improviser ses interventions. Maurice Thorez, quant à lui, semble s'adapter beaucoup plus facilement.

Le fait que, depuis sa naissance, le PCF n'ait jamais pu s'enraciner, que ses effectifs aient été en constant renouvellement, explique que, jusque-là, ses dirigeants aient le plus souvent été des jeunes. L'immense majorité des 280 000 adhérents qu'il compte en décembre 1936 découvre la vie politique avec le Front populaire. La sociologie des élus communistes de la région parisienne à cette époque montre que, pour la plupart, c'est la première fois qu'ils exercent des responsabilités électives. Un tiers seulement sont nés dans le département de la Seine; 64 % sont ouvriers (le plus souvent qualifiés). A Bobigny, sur 144 militants communistes, on constate qu'il n'y a que 5 femmes. Les adhérents sont pour la plupart de jeunes adultes, « en majorité des déracinés, des immigrés de fraîche date dans la région parisienne », 60 % étant issus de la province, la moitié sont ouvriers et 86 % habitent un lotissement[49].

Cette absence de passé explique que pour ces novices les formes d'action militante proposées par le PCF apparaissent comme « naturelles ». Prenons l'exemple du déroulement des grèves. L'occupation des ateliers, pendant laquelle on met un point d'honneur à entretenir les machines, témoigne de l'intériorisation des normes de la grande usine, illustration de « l'ouvriérisation » mentionnée plus haut. De même pour organiser les 30 000 grévistes de chez Renault, d'emblée, on adopte une structure très centralisée, avec un comité central de grève qui exige une « carte de gréviste » et effectue un pointage des présents. Très vite la négociation échappe au niveau local et même régional, pour être accaparée par la direction nationale. En même temps, s'imposent de nouveaux signes d'identité collective. Cette génération, « plus nationale et plus jacobine que la précédente » (Antoine Prost), est particulièrement attachée à la « réconciliation du drapeau rouge et du drapeau tricolore », ceux-ci étant de sortie dans chaque manifestation. A Billancourt, ils encadrent les bustes de Blum, Cachin, Costes que l'on promène avec la République en bonnet phrygien. Des groupes soviétiques animent la fête. Tous les ingrédients de la culture populaire communiste, on le voit, sont présents.

En même temps, les ouvriers prennent le contrôle de leur quartier en banlieue ou de leur cité. Jusque-là, jamais ils n'avaient pu manifester publiquement leur existence comme groupe, d'où l'engouement pour les multiples fêtes associatives, meetings politiques, défilés syndicaux qui ont lieu jusqu'en 1938. Pratique locale qui donne aussi naissance à un « patriotisme de clocher », encouragé par les élus communistes qui confortent ainsi l'enracinement des travailleurs dans leur commune.

L'ampleur des concessions patronales faites à ce moment-là, la violence du contraste avec la période précédente, expliquent que ces événements resteront gravés à tout jamais dans la « mémoire collective ». Les débuts de la « société de consommation » sont annoncés. A titre d'exemple, il y avait 125 000 automobiles en 1920 ; elles sont 2 millions en 1939. Dans l'entre-deux-guerres, le nombre des TSF passe de 1,3 à 5 millions, et il y a 8 millions de bicyclettes dans le pays en 1939. De même, avec les « congés payés », un certain nombre d'ouvriers découvrent, au cours de leurs premières vacances, la mer ou la montagne (la mythologie a cependant beaucoup grossi un phénomène qui reste limité au sein de la classe ouvrière). Tout cela est la preuve tangible, pour des millions de travailleurs, que l'action militante paie, et que l'on peut tout obtenir du patronat ou de l'État lorsqu'on lutte collectivement. La nécessité du syndicat s'impose alors pour beaucoup d'entre eux, mais aussi pour les autres groupes sociaux qui imitent en cela les ouvriers. C'est le début des rapports contractuels qui constituent, en dépit de la répression qui s'abat sur la CGT à partir de la fin de 1938, un acquis définitif du paysage social français.

Avec le Front populaire, qui s'en étonnera, un couplet supplémentaire vient s'ajouter au « chapeau bas devant la casquette » de 1848. Les « cols blancs » expriment publiquement leur « soutien sans réserve à la lutte de leurs camarades ouvriers ». Le cardinal-archevêque de Paris, en juin 1936, lance un « appel pathétique » pour une prise de conscience générale du « malheur ouvrier ». Un professeur du Collège de France, Édouard Fuster, prédit, du haut de sa chaire, la « fin du prolétariat » et la « réconciliation des hommes ». Dans un pays où il n'y a pas eu d'enquête industrielle d'ensemble depuis le XIXe siècle, on découvre l'indigence de l'appareil statistique français. La SGF crée des « observatoires économiques ». La sociologie ne veut pas être en reste. Pendant la crise, on a créé l'Institut scientifique de recherche économique et sociale. Le « social » vient alors compléter « l'économique », et les limites du champ nouveau sont précisées. Charles Rist, qui avait été à l'initiative au début du siècle des « explications » de la grève par la conjoncture économique, fournit la définition du « social », tel qu'on l'entend désormais : « Il est convenu de qualifier plus spécialement de 'sociales', toutes les recherches qui visent les conditions de vie, de bien-être et de santé des diverses classes [50]. » C'est aussi à ce moment-là que la sociologie du travail se constitue comme discipline, sous l'impulsion de Georges Friedman.

La représentation collective du nouveau « prolétariat » se fixe sous l'impulsion des intellectuels de tous bords. « Les journalistes, séduits par le caractère insolite de la grève, ont multiplié les reportages. » Mais désormais, ô miracle de la technique, c'est surtout par l'image que se diffuse la nouvelle mythologie. Les photos, comme celle jointe par Georges Lefranc dans son dossier sur Juin 36, montrant des groupes de grévistes en casquette et en bleu de travail, des pancartes à la main, se multiplient dans la presse. Plus encore, le cinéma, par les « Actualités Pathé » et les films de fiction, imprègne les esprits de cette nouvelle conception du « populaire ». Dès le début de la crise, les sujets à caractère « social » ont fait leur apparition (que l'on songe à l'œuvre de René Clair, *A nous la liberté,* qui date de 1931). Avec le Front populaire se produit le glissement du thème « social » au thème « populaire ». L'archétype de ce genre de film est incontestablement *la Belle Équipe* de Julien Duvivier. L'auteur « introduit dans le répertoire cinématographique français un nouveau personnage, un nouveau héros : l'ouvrier. Et il trouve le prototype idéal : Jean Gabin impose, pour la première fois, le type de gars en casquette, sympathique, courageux, tendre, coléreux, un peu brutal, qui devait lui assurer rapidement une gloire internationale parce qu'il correspondait à un type français très significatif à cette époque », affirme Georges Sadoul. Et Bénigno Cacérès de renchérir : « Jean Gabin ne jouait pas l'ouvrier, il était l'ouvrier, semblable à ces millions d'autres qui venaient de se mettre en grève en mai et juin 1936. Les travailleurs se sentaient pour la première fois représentés dans le cinéma français. Jean Gabin à lui seul personnifiait la classe ouvrière [51]. »

Cet immense effort collectif visant à homogénéiser la représentation collective de la classe s'accompagne de tout un travail de construction d'une continuité, un travail « d'éternisation » du groupe. Avec l'autobiographie présumée de Maurice Thorez, se met en place la mythologie communiste du mineur de « père en fils », fondement d'une généalogie fictive de la classe ouvrière. L'hégémonie des « métallos de chez Renault » s'appuie sur le même thème de l'ancienneté, de la tradition militante éternelle. Dès 1932, une brochure publiée par le syndicat de l'usine précisait : « Après de longs mois de passivité apparente, les ouvriers de chez Renault qui, de *tout temps* [souligné par moi], ont été à la tête des métallurgistes de la région parisienne, reprennent la place qu'ils avaient un moment quittée, la première [52]. »

Nous savons ce qu'il faut penser de cette prétendue tradition. Quant à Gabin personnifiant toute la classe ouvrière, relisons l'ouvrage de Clément Lépidis, qui décrit la vie d'un immigré arménien à Belleville en plein « Front popu ». Comment faire quand on n'est qu'un « métèque », c'est-à-dire, selon le langage populaire de l'époque, « un crouille, un rital, un espingouin, un mec qu'a les cheveux crépus et le teint basané », pour ressembler à Jean Gabin ? Comment s'y prendre, lorsqu'on n'est qu'un « étranger », c'est-à-dire, selon notre Larousse national, quelqu'un qui « ne connaît pas, qui est d'une autre nation, qui ne fait pas partie d'une famille, qui n'appartient pas à la chose dont on parle, qui se trouve contre nature dans le corps de l'homme », comment s'y prendre pour avoir l'air du « petit gars en casquette, sympathique et bien de chez nous » ? Aram a beau faire, en ces jours de liesse, pour essayer désespérément d'aimer les « six jours du Vel' d'Hiv' », l'accordéon du bal musette jouant *Perle de cristal* ou *le Dénicheur,* le soir du 14 juillet, de se passionner pour le Tour de France ou pour Fernandel chantant *Ignace*. Charlotte, au nom de son enfance parisienne, lui fait bien comprendre qu'il ne sera jamais de la famille : « Tu comprends, Paris, faut le sentir [53]. »

6

La génération singulière

La mise au point des « catégories socioprofessionnelles » par l'INSEE, au lendemain de la guerre, a exercé une grande influence sur les sciences sociales, tout particulièrement sur la sociologie du travail, privilégiant les enquêtes par questionnaires, sur la base d'un découpage de la classe ouvrière en trois strates (manœuvres, OS, OP). Du fait de la logique historique adoptée dans ce livre, le concept de « génération », déjà utilisé par Ariès, à la suite de Halbwachs, a été préféré aux catégories de l'INSEE pour rendre compte de la logique des comportements sociaux d'un groupe bien déterminé, que nous appelerons le « groupe central » de la classe ouvrière. Au-delà des critères biologiques d'âge, le terme de « génération » est particulièrement bien adapté lorsque la recherche s'applique à un ensemble d'individus ayant vécu les mêmes expériences fondatrices et connu les mêmes formes initiales de socialisation [1]. Pour la génération née dans l'entre-deux-guerres et appartenant à la grande industrie, ces conditions me semblent réunies. La stabilisation des bastions industriels, commencée en 1930, se poursuit jusqu'à la fin des années cinquante. D'où le renouvellement du groupe initial dans une « deuxième génération » ouvrière, marquée par les événements allant de la crise des années trente à la guerre froide, formée pour l'essentiel de travailleurs qualifiés, et qui exerce par l'intermédiaire des organisations communistes son hégémonie sur le monde du travail jusqu'en 1960-1970. Génération « singulière », parce que en détruisant les bastions où elle s'était enracinée, la crise des années 1970 ne permettra pas la reproduction de cette classe ouvrière.

1. Les grands principes de structuration d'une génération sociale

Le cycle héroïque.

Les événements de 1936 ont d'autant plus marqué la « mémoire collective » du monde du travail qu'ils constituent la première étape dans un cycle de luttes intenses (grève de novembre 1938, Résistance, troubles de l'immédiat après-guerre), qui ne s'achèvera qu'avec la fin de la guerre froide. Sans décrire en détail ces événements, nous voudrions montrer en quoi ils confortent la tradition inaugurée sous le Front populaire [2].

La première chose à souligner à ce sujet est l'extrême violence de ces mouvements sociaux. La grève de novembre 1938, déclarée illégale, est suivie d'une répression terrible. Plusieurs milliers d'ouvriers sont licenciés, dont un grand nombre de responsables syndicaux, des centaines sont emprisonnés. Sous le gouvernement de Vichy, le mouvement ouvrier est réduit à l'action clandestine. Les dispositions à l'héroïsme, acquises dans les années antérieures, poussent nombre d'ouvriers à la lutte contre l'occupant. Du 27 mai au 9 juin, 120 000 mineurs du Nord cessent le travail, et renouvellent leur action en octobre 1943, pour protester contre la présence allemande et les problèmes de ravitaillement. En août 1944 les cheminots, suivis par de nombreuses corporations, commencent une grève insurrectionnelle pour paralyser les armées allemandes. Sans parler des multiples actions de sabotage et de l'organisation des maquis au sein desquels les ouvriers tiennent une place essentielle. Cet engagement provoque, en représailles, la déportation et l'assassinat de centaines de milliers de travailleurs, marquant profondément le souvenir de tous les survivants. A peine la paix revenue, à partir de 1947, la lutte ouvrière reprend, et l'on y retrouve le même caractère d'illégalité et de violence qu'antérieurement, mais, cette fois-ci, tournée contre l'État français. Au printemps 1947, les grèves de cheminots se soldent par plusieurs morts et une soixantaine d'exclusions du corps. En novembre de la même année, à Marseille, la foule envahit le palais de justice, puis l'hôtel de ville; le maire gaulliste est molesté, un ouvrier est tué. La lutte des mineurs contre les décrets Lacoste, qui remettent en cause les acquis de la Libération, est encore plus farouche. Les CRS et les tanks patrouillent à Montceau-les-Mines, des bagarres éclatent à Alès; il y a à nouveau des morts en Moselle, à Firminy, dans le Gard. A l'usine sidérurgique de Micheville, en Lorraine, les ouvriers désarment une compagnie de CRS tout entière; on compte plus de 60 blessés; des femmes d'ouvriers séquestrent un directeur d'usine. La grande grève de Saint-Nazaire en 1955 peut être considérée comme la dernière de ce cycle extrêmement violent.

Deuxième caractéristique de cette période, la place centrale tenue par les bastions de la grande industrie. Ce n'est qu'en 1938 que le syndicat (marginal jusque-là) des chantiers navals de Port-de-Bouc, dans la banlieue marseillaise, installe son hégémonie sur le mouvement ouvrier local, suite à la grève de novembre qui provoque une intense solidarité pour les militants licenciés. Le même chantier est l'âme de l'action clandestine pendant la Résistance. C'est aussi dans l'usine métallurgique des Batignolles que sont centralisées les directions clandestines du PC et de la CGT de la région nantaise. A la Libération, le grand mouvement de « réquisition » des entreprises amène en plusieurs endroits la mise en place d'un « contrôle ouvrier » par l'intermédiaire du syndicat. Outre Berliet à Lyon, citons là encore les chantiers navals de Port-de-Bouc. Les dirigeants de la CGT prennent en même temps le contrôle de la municipalité et celui de l'entreprise qu'ils dirigeront pendant plus de trois ans, pour être délogés par la force [3]. Dans la logique du mouvement d'occupation de 1936, l'usine est donc l'enjeu numéro un des conflits. Dès cette période, on constate des mouvements d'occupation « au fond » chez les mineurs; le chantage à la sécurité, que font parfois les grévistes pour faire plier le patronat, est un autre signe du pouvoir qu'ils sont conscients d'avoir sur la production. D'ailleurs, les travailleurs de la grande industrie sont portés aux nues pendant les années de reconstruction, parce que le pays a besoin d'eux pour se remettre du cyclone. Et c'est pourquoi on leur accorde nombre d'avantages (statut des mineurs et des dockers, sécurité sociale, etc.).

Troisième aspect, lié au second, le rôle décisif joué par la CGT et le PCF tout au long de ces événements. En novembre 1938, la CFTC n'a pas appelé à la grève, les militants CGT ont lutté seuls. Neuf ans plus tard, en novembre 1947, la CFTC et les partisans de Force ouvrière refusent de suivre le mouvement mené par la CGT et activement soutenu par le PCF. Ainsi retrouve-t-on les mêmes groupes professionnels, les mêmes lieux industriels qu'en 1936. En avril 1947, ce sont 30 000 métallos de chez Renault qui donnent le signal de l'action. Depuis la Résistance et jusqu'en 1948, les mineurs sont de tous les combats les plus déterminés. L'étude sociologique des membres des groupes FTPF du Valenciennois montre que les trois quarts appartiennent au monde ouvrier ; près de la moitié sont métallurgistes (surtout des ouvriers qualifiés), un quart sont mineurs, et 7 % cheminots [4]. Par rapport à 1936, c'est sans doute ce dernier groupe dont la combativité s'est le plus développée. Le terme générique de « cheminot » cache l'hétérogénéité d'un monde ayant ses propres principes d'opposition interne. En 1947, ce sont surtout les ouvriers du service « matériel et traction », travaillant dans les ateliers et les dépôts, donc les plus proches à bien des égards des métallurgistes, qui sont à la pointe du combat. A l'inverse, le monde des bureaux, comme d'une manière générale les fonctionnaires, les employés, les ouvriers du Livre ou du métro, est réticent ou même carrément hostile à la grève de la fin 1947. Ils fournissent l'essentiel de la base sociale de FO, lors de la scission.

Soulignons aussi que les revendications, dans leur formulation comme dans leur nature, sont bien dans la logique du Front populaire. On y retrouve la même imbrication entre exigences matérielles et objectifs politiques, bien résumée par le mot d'ordre communiste de novembre 1947 : « la bataille des 25 % contre le parti américain ». Il faut se souvenir des violents contrastes que présente cette période en un temps très rapproché (1936-1948) — entre les moments de bonheur intense, et « d'acquis » considérables, et les moments de détresse où tout ce que l'on croyait avoir pour toujours est soudain repris — pour comprendre l'attachement de ce groupe ouvrier à tout ce qui peut ressembler à une *garantie*. Le Statut des mineurs, ou celui des dockers, a fait passer des catégories sociales, qui dans la période précédente étaient considérées comme au plus bas de la hiérarchie ouvrière, à un niveau envié par beaucoup. Là encore, c'est un facteur qui va profondément marquer cette génération, expliquant sa fidélité à toute épreuve à la CGT et au PCF. « La population docker est probablement la profession qui en l'espace d'un peu plus d'une génération a réussi la monté sociale la plus marquée », grâce au Statut de 1947, qu'ils considèrent comme une charte inattaquable. « Leur travail et leur fonction étant définis par la Loi, ils les considèrent comme une propriété personnelle, et à l'instar de tous ceux qui possèdent quelques biens, leur intention est de les léguer à leur fils. » Ainsi, la CGT « rallie les suffrages parce qu'elle a conduit la lutte dans les temps difficiles » et qu'elle est une garantie de fidélité à la loi de 1947, à laquelle, du fait de leur situation précaire antérieure, les dockers portent un « attachement viscéral[5] ». La même analyse pourrait être faite pour expliquer les luttes des ouvriers de l'automobile ou de ceux de la construction navale, dès le Front populaire, afin d'obtenir un travail régulier et d'empêcher les mortes-saisons. De même, l'attachement aux lois sociales de cette période (protection contre le chômage, la vieillesse, la maladie) a une force toute particulière pour une génération qui a connu, dans son enfance ou son adolescence, la misère et l'insécurité de la grande crise et de la guerre.

L'enracinement dans la classe ouvrière.

La tradition collective des ouvriers de la grande industrie française a pu se consolider des années trente aux années cinquante, du fait de la stabilité de la structure sociale et surtout du monde du travail, la Seconde Guerre mondiale n'ayant pas de ce point de vue exercé un effet de rupture comparable à la Première.

Dans l'ensemble, l'équilibre des groupes sociaux reflété dans le recensement de 1936 subit peu de transformations jusqu'au milieu des années cinquante. En 1954, la population rurale et artisanale reste proche de celle des années trente. En 25 ans, 1931-1954, les effectifs industriels progressent à peine de 500 000 personnes, et cet excédent se répartit à peu près également entre les grandes et petites entreprises. Cette stabilité relative explique que les caractéristiques du marché du travail, mentionnées dans le chapitre 4, restent vraies, avec les secteurs « protégés », le paternalisme dans l'industrie lourde, les secteurs anciens, dans le textile et l'industrie légère, et les nombreux ouvriers-paysans. Comme le souligne Marcel Roncayolo, « le fait majeur reste pourtant l'extension des régions industrielles anciennes sur leurs marges[6] ». En effet, l'État et le patronat, lors de la reconstruction, ont privilégié les mêmes espaces économiques qu'avant la guerre, à tel point qu'on peut considérer que la grande industrie française achève dans les années cinquante la phase de développement commencée dans les années vingt : dans le Nord, dans l'Est, dans la région parisienne, dans la région lyonnaise et autour de Marseille. En même temps, l'« ouvriérisation » et l'homogénéité de la classe ouvrière se renforcent. Avec plusieurs décennies de retard sur l'Allemagne, la Grande-Bretagne et les États-Unis, la France atteint, en 1954, le point culminant de son taux d'industrialisation, et c'est à la même date qu'au sein de la population industrielle la proportion des ouvriers atteint son sommet historique : 87,2 % pour 5,1 % de patrons et 7,7 % d'employés. On voit la place qu'occupe alors la classe ouvrière dans la vie économique du pays.

Son homogénéité s'explique par la faiblesse des innovations technologiques réalisées depuis la crise, ce qui conforte le niveau de qualification atteint en 1930. Le taux de masculinité des actifs industriels passe de 64 % en 1931 à 69 % en 1954. De même, le nombre de travailleurs étrangers baisse entre 1930 et 1954 de 1,3 million de personnes ; la plupart du 1,7 million restant ayant au moins 10 à 15 ans d'ancienneté en France. Enfin, cette période est aussi marquée par un faible exode rural, ce qui renforce encore l'homogénéité du groupe. Ces données prouvent très clairement que le processus amorcé à partir de 1931, et qui constitue selon nous un facteur essentiel expliquant le Front populaire, s'est en fait accentué jusqu'au début des années cinquante. La poursuite de la stabilisation des ouvriers industriels accentue le vieillissement de la main-d'œuvre dans l'entreprise. A l'usine électrochimique de Dives dans le Calvados, construite à la fin du XIXe siècle, et entourée de cités bâties entre 1891 et 1926, 40 % du personnel a plus de 15 ans d'ancienneté en 1952. Dans la région parisienne, à la SNECMA, entreprise aéronautique qui emploie 11 000 personnes en 1962, la proportion des départs par rapport à l'ensemble des effectifs est de 14,65 % ; si l'on défalque les décès et les départs en retraite, elle est, pour le personnel ouvrier, de 10 %. On mesure la différence avec les années vingt, où les établissements parisiens étaient les champions du *turn over*. Dans les usines d'aviation de province, comme à Toulouse, le taux des départs est encore inférieur de 4 à 5 % [7]. Au début des années 1970, à l'usine Renault de Billancourt, près de 40 % du personnel a plus de 20 ans d'ancienneté. A cet enracinement dans l'entreprise, correspond un enracinement dans le quartier ou la cité ouvrière. Dans le XIIIe arrondissement de Paris, « l'îlot insalubre n° 4 », en voie de rénovation, est composé, au début des années soixante, en majorité d'ouvriers travaillant dans les grands établissements proches comme Panhard ou la SNECMA, ou dans les très nombreuses petites entreprises qui gravitent autour. Alors que, jusqu'à la fin des années vingt, la crise du logement sévissait, en 1936, estime Henri Coing, « le quartier est constitué et ne changera plus guère jusqu'à la rénovation actuelle ». 50 % des habitants sont arrivés avant la Seconde Guerre, et 36 % dans la période 1926-1939. A Nantes, la cité des Batignolles est considérée comme un véritable « village ouvrier » tant sa population y est enracinée. Dans la sidérurgie caennaise, dans la Lorraine du fer ou dans le Nord industriel, on pourrait trouver beaucoup d'exemples semblables [8].

La stabilité de la population industrielle des années trente aux années cinquante explique l'importance de cet autre facteur fondamental d'enracinement dans la classe ouvrière qu'est *l'hérédité professionnelle*. En effet, si l'on peut parler de « génération sociale » à propos des ouvriers appartenant aux « bastions » de la grande industrie du Nord, de l'Est et de la région parisienne nés dans l'entre-deux-guerres, c'est aussi parce que la plupart d'entre eux sont d'origine ouvrière. Ils sont les enfants de cette « première génération » déracinée, recrutée en masse par les grandes usines dans les deux décennies encadrant la Première Guerre.

La stabilisation des années trente a provoqué une reconversion du système de valeurs pour ces travailleurs restés jusque-là extérieurs au monde usinier. Mais ces dispositions nouvelles, plus qu'à ce groupe, souvent déjà trop âgé, trop faiblement scolarisé pour espérer grimper beaucoup dans la hiérarchie du monde du travail, vont profiter à ses enfants, sur lesquels sont reportés les espoirs d'ascension sociale. Étant donné la stabilité de la population active dans cette période et l'homogénéité de l'environnement sociologique propre au monde qui vit à l'ombre des grandes usines, le plus souvent la réussite sociale est assimilée à l'entrée des fils dans la catégorie des ouvriers qualifiés. Pour ces jeunes de la deuxième génération, la scolarisation ne va guère au-delà de l'école primaire. En 1954, à Lille, 85 % des enfants d'ouvriers ayant 15 ans ou plus ne poursuivent pas d'études au-delà de ce stade. C'est pourquoi la « planche de salut » est le centre d'apprentissage créé par le gouvernement de Vichy en 1941. Ce centre devient le meilleur tremplin pour l'accès aux qualifications ouvrières. Alors que, dans les années trente, 168 000 CAP seulement avaient été attribués, on dépasse le million entre 1950 et 1959 [9]. Certes, un nombre encore important de cette jeunesse obtient une qualification « sur le tas », de façon empirique, notamment dans l'industrie lourde ; mais désormais, « l'élite ouvrière » (dans la mécanique notamment) dispose d'un savoir certifié par le centre d'apprentissage. Pour la région parisienne, ce phénomène a été parfaitement décrit par Philippe Ariès, qui le voyait d'ailleurs se dérouler sous ses yeux. Évoquant le monde des manœuvres, il précise : « Dans une agglomération ouvrière de la banlieue, des spécialistes reconnaissent que ce prolétariat primitif et sauvage représente environ 30 % de la population, constitué surtout par les générations nées avant 1910. Les nouvelles couches sont souvent plus instruites, plus évoluées. Parmi elles, se développe ce type de plus en plus répandu et caractéristique de l'ouvrier parisien, observateur, curieux, s'assimilant vite, bien conscient de sa supériorité intellectuelle et technique en face des ouvriers de province [...]. Chez cette seconde génération ouvrière et banlieusarde, l'ascension sociale ne suit pas le même rythme que chez l'artisan parisien du XIXe siècle. Au XIXe siècle, les ouvriers les plus évolués abandonnaient individuellement l'industrie pour les bureaux, les magasins ou l'école, c'était une sorte d'écrémage. Aujourd'hui, l'ouvrier, au moins l'ouvrier qualifié, cherche moins à quitter sa condition [...].

Aujourd'hui, le fils du mécanicien parisien n'aspire plus à quitter l'usine. Il a conscience de pouvoir accéder à un certain nombre de privilèges bourgeois : l'aisance, le confort, l'instruction, mais *sans sortir de sa condition,* de sa condition ouvrière ; une condition puissante, puisqu'elle lui permet désormais de peser sur les décisions de l'État[10]. »

Cette ascension au sein du monde ouvrier de la deuxième génération, suite à l'enracinement de la première, a été également décrite à propos des travailleurs immigrés de la grande industrie. Il faut à cet égard souligner la parfaite réussite de la stratégie paternaliste de reproduction de la main-d'œuvre. Dans les mines de charbon, ce sont les enfants de Polonais qui en bonne partie vont fournir les mineurs qualifiés de l'après-guerre. L'enquête statistique effectuée par Alain Girard et Jean Stoetzel au début des années cinquante montre que la moitié des fils de mineurs polonais sont eux-mêmes mineurs, et qu'un quart sont ouvriers dans les entreprises voisines (métallurgie surtout). Le même phénomène peut être constaté dans la sidérurgie et les mines de fer lorraines avec les Italiens. Dans l'électrométallurgie alpine, l'ascension dans la hiérarchie se fait par glissement des enfants d'immigrés vers les industries jugées plus « nobles » que la chimie dont leurs parents avaient formé la quasi-totalité du prolétariat. Une enquête faite dans le Val-d'Arve en 1964, auprès de 217 ouvriers d'origine italienne, montre que 42 % des membres de la première génération travaillent dans la chimie et 8,5 % dans la métallurgie. A la deuxième génération, 25 % seulement sont encore dans la chimie, 20 % ont migré vers la métallurgie et la mécanique, et il y a déjà 22 % d'employés. De même, à l'usine Berliet de Vénissieux, parmi les travailleurs d'origine italienne, « les provinces du Nord [où la pratique migratoire est la plus ancienne] et la seconde génération occupent toujours les postes les plus spécialisés, se réservent les métiers les moins pénibles sinon les plus qualifiés ». Une dizaine d'années plus tard encore, Philippe Bernoux constate que « travailler chez Berliet est une référence dans le milieu ouvrier, même si les salaires ne sont pas forcément plus élevés qu'ailleurs. La rotation du personnel y est donc faible et il faut des raisons graves pour la quitter[11] ». Pour beaucoup de ces ouvriers, venus enfants avec leurs parents pendant les années vingt, l'intégration à la classe ouvrière se fera en même temps que l'intégration à la communauté française. La pointe que reflète la courbe des naturalisations en 1947 s'explique, selon Girard et Stoetzel, par l'octroi massif de la nationalité française à des jeunes récompensés pour leur action pendant la Résistance, en particulier dans les mines et la sidérurgie.

Le travail de consolidation du groupe.

Tous ces facteurs conjugués expliquent que les années cinquante sont sans doute l'apogée d'un certain type de culture ouvrière dans la grande industrie. L'homogénéité, l'ancienneté dans la classe et les formes de représentation de l'avenir qui y correspondent ayant puissamment contribué à la consolidation d'un groupe social, par un travail collectif qu'il faut suivre à deux niveaux.

A l'échelon local, les années cinquante permettent l'épanouissement des normes de classe. Celles-ci se traduisent par la consolidation des valeurs familiales. L'anthropologie anglo-saxonne a mis en valeur toute l'importance de la cellule familiale pour les ouvriers. Lieu d'autonomie pour un monde tellement soumis aux contraintes du travail, la famille est aussi une base de repli, vis-à-vis du groupe, permettant de rester sur son « quant-à-soi ». Le souvenir récent du déracinement est un facteur qui renforce ces dispositions. En effet, la famille est un rempart contre la solitude et c'est par elle que passe toute une partie du processus d'intégration à l'univers local. Que ce soit les Polonais du Nord ou les Italiens de l'Est, les membres de la deuxième génération réussissent à s'intégrer grâce aux mariages mixtes liant familles françaises et étrangères, alors que cela reste très rare à la première génération. De même, dans la vie locale, les événements familiaux occupent une place centrale. Les photos et les articles de la presse régionale, pour chaque commune, évoquent les mariages, les décès, les départs en retraite, les fêtes de vieux, etc., souvent relayés par le journal propre à l'entreprise.

A partir du noyau familial se développe l'appropriation de l'espace (cité ou quartier) que nous avons vu naître en 1936. Le patriotisme de clocher, le « localisme », ont été maintes fois mentionnés à propos de ces communautés populaires. Si dans l'ensemble la classe ouvrière a des pratiques de sociabilité faiblement développées, en dehors de celles qui relèvent du mouvement ouvrier, bien souvent le « bistrot » constitue de ce point de vue un endroit stratégique. Dans une petite ville ouvrière comme Villefranche-sur-Saône, par exemple, la place du café est centrale dans le processus d'appartenance de l'individu au groupe, grâce à l'association de jeu de boules. Celle-ci porte souvent le nom du quartier ; elle a son siège dans le cabaret qui est aussi le lieu de la pratique (dans une petite cour derrière la salle de consommation). Ainsi, « être un habitué du café, jouer aux boules, être un homme, être un habitant du quartier, être ouvrier, tout cela va ensemble [12] ».

Beaucoup de ces cafés sont situés à proximité des usines et constituent de ce fait une sorte de passerelle entre le monde de l'entreprise et le monde extérieur. En effet, un certain nombre d'échanges verbaux ou de pratiques collectives, commencés dans les ateliers, sont conclus dans les cafés. Car il existe toute une vie dans les ateliers, bien loin de se résumer à l'acte productif au sens strict. Si l'enracinement dans la classe ouvrière est au principe de la « qualification », il permet aussi tous les usages relevant de ce qu'Erwing Goffman a appelé, dans un autre contexte mais cela peut s'appliquer à l'usine, « l'adaptation secondaire ». Ce sont tous les moyens mis en œuvre par les individus afin de s'adapter à l'entreprise tout en contournant plus ou moins ouvertement ses lois. La « perruque » (appelée plus souvent la « bricole ») est un bon exemple de ce processus social. Des études récentes effectuées sur le sujet, aussi bien en Lorraine que dans l'Ouest ou la région parisienne, montrent que ces pratiques de détournement du temps de travail, d'outils et de matières premières, ont connu une intensité particulière pendant la Seconde Guerre mondiale, à cause de la pénurie. Par la suite, ces attitudes ont été conservées pour des raisons de plus en plus symboliques.

C'est en effet un moyen de resserrer les liens entre les membres du groupe local. Ce type d'agissements n'est pas permis à tout le monde ; il n'est possible que pour les ouvriers disposant d'une certaine autonomie dans leur travail et suffisamment rusés (pour ne pas se faire prendre) et habiles (pour confectionner des objets avec un matériel qui n'est pas toujours adapté). D'où le rôle de ces pratiques dans la consolidation des valeurs ouvrières du savoir-faire et du courage, fondamentales pour cette génération. La « perruque » contribuant ainsi fortement, dans les années cinquante et soixante au moins, à l'établissement des *réputations,* au bénéfice de ceux qui sont le mieux intégrés et au détriment de ceux qui n'ont pas la possibilité ou qui ne se montrent pas capables de tels « exploits ». Le matériel « récupéré » ou « fabriqué » dans l'entreprise fait aussi l'objet d'une multitude d'échanges, en fonction des besoins de ces travailleurs qui sont aussi des « as » du bricolage domestique, beaucoup étant propriétaires d'une maison toujours en cours d'achèvement. Mais le « point d'honneur » de classe veut que chaque « don » suscite, à plus ou moins brève échéance, un « contre-don », car il est inimaginable, aussi pour des raisons de réputation, de ne pas « payer sa dette ». L'aspect contraignant du système soude encore davantage le groupe, d'autant plus que, bien souvent, la « bricole » permet de « mouiller » la hiérarchie (notamment les contremaîtres) et d'exercer ainsi un « chantage » mis à profit pour élargir les espaces de liberté existant dans les ateliers [13].

Le travail collectif de structuration du groupe ouvrier central s'effectue aussi par les rituels de « marquage » des nouveaux entrants. Élément décisif des rites de passage ouvriers, ce processus concerne surtout les jeunes apprentis appartenant aux mêmes familles. Sur eux s'exerce la violence des adultes, traduite souvent par des agressions physiques et par l'ironie collective qui prend la forme de plaisanteries ou de mauvaises farces. L'ouvrier postulant doit apprendre à répondre à toutes ces mises en cause afin d'être intégré. Ces rituels ayant aussi pour fonction de le marquer à vie comme ouvrier de telle ou telle usine.

Bien d'autres rituels interviennent dans le cycle de la vie de travail. Rituel de clôture, la célébration de la retraite occupe une place de choix, donnant lieu à une petite fête, à des échanges de cadeaux et surtout à une commémoration des moments principaux du passé collectif auquel le « presque retraité » a été mêlé, avec son groupe et dans le cadre de l'atelier où il a vécu une bonne partie de sa vie de travail. De même, la vie du groupe tout entière est rythmée par les rites cycliques (retours de congés, anniversaires) et calendaires (fête de la Sainte-Barbe chez les mineurs, de la Saint-Éloi chez les métallurgistes). Il n'y manque même pas les manifestations symboliques destinées à assurer la « fécondité » de l'usine, comme l'inauguration d'un haut fourneau dans la sidérurgie ou le lancement d'un navire dans la construction navale.

Bien souvent, les chefs d'entreprise encouragent ces pratiques, ou tout au moins ils ne s'y opposent pas, car c'est un moyen pour eux d'attacher les ouvriers à la société qu'ils dirigent, de stimuler un investissement qui passe aussi par la compétition pour monter dans l'échelle des qualifications mise en place par les classifications professionnelles de 1945, par le culte du travail bien fait, etc.

Un élément fondamental liant les membres de la communauté enracinée est le syndicat CGT, et au-delà, bien souvent, le PCF. La confiance dans l'organisation est liée au souvenir, bien entretenu, que le peu qu'on a, c'est à elle qu'on le doit, et que les améliorations que l'on espère, c'est grâce au syndicat qu'on les obtiendra. D'ailleurs la plupart de ses responsables sortent eux-mêmes du groupe. Bien souvent, les élus ont gagné leur siège grâce à leur action héroïque pendant la « grande époque » 1936-1948. Ils se sont dévoués pour l'ensemble du groupe, ont souvent été victimes de la répression, ont fait preuve de courage, en disant tout haut ce que les autres pensaient tout bas. Ils sont ainsi devenus des personnages charismatiques, incarnant les hauts faits de la communauté. Grâce à la stabilité de la population, ils s'enracinent eux aussi. On ne sera guère surpris dans ces conditions de constater que, jusqu'à ces dernières années, une bonne partie des élus communistes, des « notables rouges », appartenaient à cette génération « héroïque ».

Tout ce travail visant à renforcer l'identité collective du groupe au niveau local trouve sa traduction politique au niveau national dans l'activité du PCF. Celui-ci conforte, tant par sa pratique parlementaire que par le message politique qu'il diffuse, les catégories de perception déjà évoquées à propos du Front populaire, fondées sur une combinaison entre l'« économisme » (voir les discours sur la « paupérisation des travailleurs ») et les explications politiques simples, pour ne pas dire simplistes (l'impérialisme américain, le paradis soviétique). Dans le même temps, le PCF peaufine les images collectives du « parti de la classe ouvrière ». Le mythe du « mineur » prend alors toute son extension. Le village natal du « fils du peuple » devient la « Mecque » des communistes. Les intellectuels du Parti apportent une efficace caution à cette stratégie. Parmi toute une littérature, citons les poèmes d'Aragon réunis en plaquette intitulée : *le Pays des mineurs* ou l'ouvrage célèbre d'André Stil, *le Mot mineur camarades* (1949). La même année d'ailleurs, sort le film de Louis Daquin, réalisé à chaud sur les grèves des mineurs du Nord en 1948, *le Point du jour*. Les années cinquante sont aussi la grande époque du « réalisme socialiste » qui offre une nouvelle version du fantasme ouvrier combinant populisme et misérabilisme. Le mineur devient ainsi tout à la fois le prototype de l'homme nouveau, haute figure du prolétariat, belle et noble, et le symbole des stigmates de la condition ouvrière : mains arrachées, corps meurtris, silicosés [14].

Mais c'est, bien sûr, le « métallo de la région parisienne » qui a droit à tous les égards. C'est l'époque où l'avant-garde sartrienne s'angoisse à l'idée de « désespérer Billancourt », où la grande entreprise polarise les regards des sociologues du travail (que l'on compte le nombre d'études consacrées à Renault depuis 1945).

Pour donner une idée de l'influence qu'exerce alors l'image du « métallo » dans la conscience collective, citons les propos de ce symbole féminin (je n'ai pas dit féministe) du cinéma populaire que représente alors Arletty : « Je mets le métallo au-dessus de tout ; ce sont eux qui ont fait '36'. Le métallo parisien, c'est sensationnel ; ils sont comme des ingénieurs, des metteurs au point. J'entends les métallos, ne confondez pas les ouvriers [15]. »

Cette adéquation, entre le groupe central de la classe ouvrière, la CGT et le PCF, explique les succès durables de ces organisations au sein du monde du travail. Aux élections législatives de la Seine, en 1956, sur 10 ouvriers qui votent, 7 choisissent le PC, un seul la SFIO. Au niveau national, un sondage IFOP estime que 50 à 60 % des ouvriers suivent les communistes, contre 15 à 17 % les socialistes, le quart restant étant fidèle aux partis conservateurs [16]. Une dizaine d'années plus tard, l'enquête de Guy Michelat et Michel Simon, combinant pour une fois l'approche statistique et l'enquête de terrain, montre que l'hérédité dans la classe ouvrière est un facteur qui accroît le vote pour la gauche et surtout pour le PCF. « Cet effet de l'ascendance est tel que les ouvriers, fils 'd'autres actifs' et les 'autres actifs' fils d'ouvriers ont pratiquement le même comportement électoral. » Phénomène qui souligne toute l'importance de la première socialisation pendant l'enfance pour la définition des choix ultérieurs. Cette enquête confirme aussi la force des liens entre le PCF et la catégorie ouvrière que nous avons appelée la « deuxième génération ». En effet, c'est dans la génération des 40-59 ans qu'il réalise ses meilleurs résultats, le PCF étant d'autant plus influent que le sentiment d'appartenance à la classe ouvrière est fort (sentiment que l'on trouve au plus haut point dans le groupe 40-59 ans).

L'enquête collective sur « l'ouvrier français », effectuée en 1969, apporte des informations allant dans le même sens. Ce sont les ouvriers nés entre 1920 et 1934 qui ont voté le plus massivement pour Jacques Duclos aux élections présidentielles. Parmi eux, on retrouve en majorité les ouvriers qualifiés, travaillant tout particulièrement dans les mines, dans le textile, dans la sidérurgie. C'est exactement le même groupe ouvrier qui constitue la base la plus solide de la CGT, par le vote aux élections professionnelles, comme par le nombre d'adhérents. Par ailleurs, la CGT exerce la plus forte influence parmi les ouvriers qualifiés et hautement qualifiés. Le groupe des ouvriers de 35-49 ans se singularise par l'importance de son enracinement (un tiers ayant au moins 15 ans d'ancienneté dans l'entreprise où ils travaillent). Ce sont aussi les plus attachés à leur usine et à leur région. Leur opinion sur la situation économique du moment tranche sur les autres catégories. Ils affirment, tout à la fois, que la situation des Français s'est améliorée dans son ensemble, mais pas la leur. Ce sont eux aussi qui émettent les réserves les plus nettes vis-à-vis du recours au crédit. Toutes appréciations que l'on ne peut comprendre que par l'histoire propre du groupe, dont les organisations communistes traduisent bien les aspirations et qui en retour reste fidèle à celles-ci. « Au total, le portrait-robot de l'ouvrier syndiqué conduirait à le décrire comme un professionnel très qualifié, titulaire de son CAP, cheminot, électricien ou métallurgiste, inquiet de l'avenir de sa profession, âgé d'une quarantaine d'années, travaillant dans un établissement d'environ 1 000 salariés, vivant dans une grande zone industrielle de province avec un revenu familial compris entre 1 000 et 1 750 francs [17]. »

2. Le groupe ouvrier dominant et les transformations de la société française

Des bouleversements sans précédent.

La fin des années cinquante marque les débuts de ce que les économistes analysent comme une rupture des formes antérieures d'accumulation du capital, fondées depuis le début du XXe siècle sur la production de biens d'équipement lourds ou intermédiaires. La « société de consommation » reflète une autre logique de développement dans laquelle l'élévation des salaires moyens doit être comparable avec celle de la productivité. Du fait que l'extension du capitalisme dépend désormais beaucoup plus encore qu'avant de la stabilité du niveau de vie populaire, toute une série de mesures, qui sont aussi des concessions aux luttes ouvrières, sont prises pour garantir ces ressources. Selon les principes définis par Keynes dans les années trente, l'État joue ici le rôle principal, par la protection sociale et par l'impulsion des relations contractuelles entre « partenaires sociaux ».

Surtout à partir de la Ve République, la structure économique du pays se modifie sous l'effet d'une concentration des entreprises sans équivalent dans les périodes antérieures, et qui aboutit à la formation de monopoles, dominant des pans entiers de l'industrie. La nécessité pour ces grands groupes d'exporter une partie toujours plus importante de leur production explique l'adoption d'une politique de libre-échange, favorisée par les progrès des transports internationaux. D'où une nouvelle division internationale du travail, qui s'effectue au détriment des ex-colonies, devenues les pays du « tiers monde ».

Sur cette toile de fond se greffent les mutations de la société française. L'exode rural, qui depuis le XIXe siècle était resté de faible ampleur, s'accélère brutalement. En vingt ans, la terre perd 40 % de ses exploitants et 70 % de ses salariés, à tel point que la population agricole représente moins de 10 % des actifs en 1975. La société nouvelle, c'est donc aussi « la fin des paysans » (et des ouvriers-paysans) traditionnels.

Le gigantesque développement des sciences et des techniques après la Seconde Guerre mondiale, l'extension des services collectifs (école, santé, culture) et de l'administration publique et privée, provoquent dans ces deux décennies un accroissement massif des « nouvelles classes moyennes » : les professions libérales et les cadres supérieurs voient leur effectif multiplié par 3, les cadres moyens par 2,5, les employés par 1,8.

La classe ouvrière, telle que la définit l'INSEE, après l'apogée de 1954, connaît un recul au sein du monde des salariés (61 % en 1954, 47,7 % en 1975). Mais elle progresse encore de 2 millions de personnes en chiffres absolus, pour atteindre 8,5 millions en 1975.

Un élément plus important pour notre sujet est la nouvelle répartition que l'on constate à l'intérieur du monde du travail. En 1954, ouvriers qualifiés et contremaîtres formaient la catégorie la plus importante numériquement (46 %), devant les manœuvres et les OS (41,5 %), le reste étant composé des mineurs, marins, etc. Vingt ans plus tard, le groupe le plus qualifié n'atteint pas 45 % de l'ensemble, alors que la catégorie inférieure s'élève à 54,9 %. Si l'effectif des manœuvres est en progression de 500 000 unités, c'est surtout le groupe des OS qui fait un bond en avant, avec 1,5 million d'emplois supplémentaires.

Cette progression des OS se constate surtout dans les nouvelles industries fabriquant les biens de consommation modernes. L'extension du marché de masse stable et les nouvelles technologies favorisent le recours au travail standardisé dans de grandes unités. Il faut ajouter à cela que les nouveaux emplois sont créés dans des régions jusque-là surtout rurales. Un événement essentiel de cette période tient en effet dans le remodelage de la carte industrielle de la France.

En simplifiant fortement, on peut distinguer dorénavant

trois types de régions économiques. La première concentre le travail de type « intellectuel ». Il s'agit essentiellement de la région parisienne, où l'on trouve plus qu'ailleurs les nouvelles formes de qualifications ouvrières, et où, en 1975, il y a autant d'ingénieurs et de techniciens que d'OS ! Le deuxième type de régions regroupe surtout la « fabrication qualifiée ». Ce sont les bastions de la grande industrie de province et du groupe central de la classe ouvrière de l'époque antérieure. Là aussi, les mutations technologiques donnent naissance à de nouveaux emplois ouvriers très qualifiés. C'est dans le troisième type de régions que se concentre surtout la fabrication standardisée. Il s'agit principalement de l'Ouest de la France, et des zones touchées par la politique de « décentralisation » dans les années soixante. La plus grande facilité des transports, le fait que ces industries légères ne dépendent pas principalement des matières premières et sources d'énergie, mais surtout les grandes réserves de main-d'œuvre qui s'y trouvent, expliquent l'installation d'une nouvelle génération d'usines en zone rurale où sont créés 37 % des emplois industriels entre 1962 et 1966 [18].

La Basse-Normandie représente l'exemple type de région concernée par ces implantations. En une vingtaine d'années, 50 % des actifs agricoles quittent la terre ; dans le même temps, les effectifs salariés de l'industrie sont multipliés par deux, ceux du tertiaire progresse du tiers. 70 % des emplois ouvriers créés sont des postes d'OS. L'automobile arrive en tête avec 40 000 emplois nouveaux au cours de la période. Dans la ville de Caen, où jusque dans les années 1950 la seule grande usine était la SMN avec ses 5 000 sidérurgistes, une nouvelle génération d'entreprises émerge avec Moulinex, Saviem (6 000 ouvriers), Citroën (3 000), etc.

Même évolution dans la région Ouest : grâce aux implantations de l'automobile et de l'industrie électrique, la stagnation des industries traditionnelles (notamment la construction navale) est compensée et le nombre des salariés de l'industrie locale progresse de 11 à 13 %. Le dynamisme de la Vendée devient même supérieur à celui de la Loire-Atlantique [19]. Néanmoins, les branches d'activité plus anciennes, comme la métallurgie, la sidérurgie, la chimie, situées en « amont », tirent plutôt profit, elles aussi, de ce dynamisme général, et, mis à part le textile et les mines, ces secteurs se maintiennent jusque dans les années soixante-dix. Cependant, les régions où elles sont concentrées, et leurs ouvriers, ne sont plus le centre de l'industrie du pays. A cette division géographique du travail correspond aussi une division sociologique. Les emplois récents et peu qualifiés sont en effet réservés en priorité aux nouveaux travailleurs d'origine rurale ; immigrés et paysans déracinés dans les villes, et aux nouveaux ouvriers-paysans, maintenus dans leurs villages, mais drainés vers les usines par les cars de ramassage parfois sur plusieurs dizaines de kilomètres. Parmi ces ouvriers d'origine rurale, il faut distinguer deux catégories particulièrement concernées par les emplois d'OS.

En premier lieu, les femmes. Entre 1962 et 1975, le taux d'activité féminine progresse de 33,4 % à 38,7 %. Certes, une bonne partie de l'excédent est absorbé par le secteur tertiaire ; mais, entre 1968 et 1975, le taux de « féminisation » de la classe ouvrière passe de 20,4 % à 22,4 %. Dans la même période, près de la moitié des emplois ouvriers créés le sont pour des femmes. Il ne s'agit pas de n'importe quels emplois, puisque en 1975 la moitié de la main-d'œuvre féminine travaille dans les industries de consommation et que 79 % de l'ensemble des ouvrières ont des fonctions d'OS [20].

Les travailleurs immigrés représentent l'autre pôle du travail déqualifié. Plus la courbe des emplois d'OS progresse pendant ces vingt années, et plus le recrutement de la main-d'œuvre étrangère s'intensifie. De 1,7 million en 1954, la population immigrée passe à 4,1 millions en 1975, les travailleurs maghrébins et ibériques formant la plus grande partie des nouveaux contingents.

En 1968, 5 % seulement d'entre eux travaillent dans les mines, 40 % dans le bâtiment, 10 % dans l'agriculture et 20 % dans la métallurgie. A partir de cette date, c'est surtout l'industrie automobile qui s'intéresse à eux, à tel point qu'en 1974 le tiers de l'ensemble de la main-d'œuvre de cette branche est étrangère. Les trois quarts des ouvriers immigrés sont embauchés comme OS ou manœuvres [21].

Dans les bouleversements vécus par la classe ouvrière au cours de la période 1954-1975, il faut souligner tout particulièrement ceux qui ont trait au mode de vie. En vingt ans, le niveau de vie des salariés triple en moyenne et la protection sociale connaît une extension sans précédent. Alors qu'en 1953 8 % des ouvriers avaient une automobile, ils sont 73,6 % dans ce cas en 1975. Pour la télévision, la progression aux mêmes dates est de 0,9 à 88,4 %, pour le réfrigérateur de 3 à 91,6 %, etc. Même la proportion d'ouvriers propriétaires de leur logement fait un bond en avant, passant de 19,8 % à 37,5 % [22].

On pourrait donner bien d'autres exemples d'une évolution qui contraste singulièrement avec la précarité, voire la misère de l'époque précédente, notamment en ce qui concerne le logement avec la généralisation des normes HLM, l'accès aux services collectifs, etc. Le taux de mortalité infantile peut être considéré comme un bon indicateur synthétique. Alors qu'il était encore, pour les ouvriers, de 32,8 ‰ entre 1956 et 1960, il descend à 20,8 ‰ en 1969-1970.

Les capacités d'adaptation.

Pour une part, l'irruption de la « société de consommation » conforte les dispositions acquises par le groupe dominant dans le monde ouvrier. Ceux qui dans leur enfance ont connu la misère et l'insécurité ne peuvent considérer qu'avec satisfaction une évolution allant dans le sens du bien-être matériel et de davantage de sécurité. D'autant plus qu'il ne s'agit pas pour eux d'une preuve des vertus du capitalisme, mais de l'efficacité de la lutte collective tendue vers les « conquêtes sociales » et la préservation des « acquis ». Par ailleurs, comme nous l'avons vu à propos du crédit, le système des valeurs collectives du groupe est souvent suffisamment fort pour résister aux nouvelles normes. Habitués au travail dès leur enfance, c'est toujours par le travail qu'ils occupent le plus souvent leurs loisirs, que ce soit dans le bricolage, où peut s'exprimer le savoir-faire de moins en moins utile à l'usine, ou dans le jardinage, qui n'est plus maintenant vraiment une nécessité pour survivre.

De même, l'attachement des ouvriers à la télévision est moins passif qu'on ne le dit souvent. Certes, ce groupe social est celui qui passe le plus de temps devant son récepteur. Alors que les cadres moyens et les professions libérales regardent la télévision 8,1 heures par semaine en moyenne (13,7 heures hebdomadaires pour les agriculteurs), la durée moyenne s'élève à 14,5 heures pour les ouvriers qualifiés et à 14,7 heures pour les OS, les manœuvres et le personnel de service.

Pourtant, comme le note Philippe Champagne, « les messages véhiculés par la télévision ne peuvent être reçus que dans la mesure où ils rencontrent et renforcent des prédispositions ». C'est pourquoi les nouveaux modèles médiatiques n'ont que peu d'impact sur une génération qui a découvert ces moyens de communication après avoir acquis les principaux éléments structurant son « habitus ». Comme Richard Hoggart l'avait déjà noté à propos des ouvriers anglais, il faut tenir compte du scepticisme toujours latent des classes populaires par rapport aux messages émis de l'extérieur du groupe. Dans les années soixante, si plus de 60 % des ouvriers métallurgistes toulousains écoutent la radio au moment des informations, ils ne se font pas d'illusions apparemment sur ce qu'on leur raconte : « Je les écoute », dit l'un d'eux dans une interview, « tous les soirs, fausses ou pas fausses, bonnes ou mauvaises, sans y croire, pour savoir jusqu'où ils vont nous estamper [23] ». C'est en fonction des mêmes principes qu'il faut interpréter les échecs rencontrés par tous les prosélytes de la Culture (notamment les comités d'entreprise) pour convaincre les ouvriers des vertus du théâtre classique, de la grande musique ou de l'art moderne.

L'enracinement est aussi un levier essentiel permettant à ces travailleurs de s'opposer par la grève à des mutations qu'ils jugent défavorables. A l'usine de Saint-Chély-d'Apcher, on estime que, pour le patronat, « cette stabilité relative a son revers : lors des fusions, quand l'usine passe sous d'autres contrôles, la crainte de perdre son emploi est extrêmement vive, et c'est ici l'élément fondamental qui explique les grèves beaucoup plus que les salaires ou même les conditions de travail [24] ». Cette remise en cause de l'enracinement, qui commence par les mines dans les années soixante, est à l'origine des grandes grèves de mineurs avec occupation du fond (la première se déroule à Decazeville fin 1961) qui symbolisent la lutte de tout un pays pour sa survie et qui connaissent leur apothéose en 1963 avec la grande « marche sur Paris ». Si les décisions ne sont pas remises en cause, ces luttes constituent un puissant facteur de développement des relations contractuelles. La « Table ronde » de 1963 aboutit à un « marchandage » généralisé assurant la reconversion des mineurs et inaugurant une forme de compromis qui aura beaucoup de succès par la suite : les pré-retraites. De même, la grève générale de 1967 dans la sidérurgie se conclut par la signature d'une convention sociale, centrée elle aussi sur la garantie des reclassements.

Face aux transformations de la société française, les ouvriers qualifiés (surtout ceux qui disposent d'un CAP) peuvent mettre à profit leur ancienneté afin de trouver des solutions individuelles évitant le déclassement. La dégradation du travail dans les mines de charbon et surtout dans le textile entraîne une fuite des OQ vers d'autres emplois, à tel point que les chefs d'entreprise doivent recruter massivement des immigrés pour satisfaire les besoins en main-d'œuvre. La formidable expansion de l'économie française crée en effet une situation très favorable pour les ouvriers qualifiés qui peuvent améliorer leur formation au sein même de l'entreprise où ils sont. Dans l'industrie aéronautique, l'apparition de l'industrie spatiale a fortement élevé la qualification d'ensemble ; à tel point que, dans les années soixante, 87 % des travailleurs sont classés OQ, pour 13 % d'OS. Les ingénieurs, cadres et techniciens représentent jusqu'à 40 % de l'ensemble du personnel. Les trois quarts des ouvriers bénéficient d'une formation professionnelle complémentaire de la part de l'entreprise pour s'adapter aux progrès scientifiques et techniques. « Le riveteur ou le soudeur de type classique, qui travaillait sur les lames d'aluminium et des feuilles de duralumin, a dû se convertir aux techniques de collage ou de soudage sous vide ou en atmosphère neutre, en utilisant des chalumeaux à jet de plasma pour travailler dans la masse des alliages extrêmement résistants et coûteux, qu'il s'agisse de titane ou d'alliage à base de nickel ou de magnésium. Le niveau d'études est celui du baccalauréat technique et de trois ou quatre ans de formation en usine et non plus celui du CAP[25]. »

Même dans l'automobile, secteur où le travail à la chaîne s'est le plus développé, il convient, lorsqu'on évoque la « déqualification », de se placer non pas au niveau de la seule grande entreprise, qui a eu tendance à polariser les regards des sociologues, mais au niveau du « complexe » qu'elle forme avec la nébuleuse des petites et moyennes unités sous-traitantes. En effet, plus le travail est standardisé, plus cela signifie que l'entreprise utilise des machines complexes, dont l'entretien, la maintenance, exigent d'importantes qualifications. De même dans les grands trusts, la recherche technologique s'accompagne de la création de petites unités où sont élaborés les prototypes, expérimentés de nouveaux outils et de nouveaux procédés. Tout cela exige des travailleurs capables de faire preuve d'initiative, bien formés. Ainsi, d'après la grande enquête réalisée par Pierre Naville et son équipe, en 1969 Renault emploie 80 000 personnes, mais le personnel de Billancourt est inférieur à la moitié du total (un peu plus de 36 000 personnes dont 25 800 ouvriers). Or ces derniers sont surtout employés dans la construction des machines-outils exigeant de nombreux ouvriers professionnels et où le travail à la chaîne est absent. C'est à Flins, à Sandouville, loin de Billancourt, que l'on a installé les chaînes de montage. Et l'on ne sera pas surpris de constater que l'ancienneté du personnel est beaucoup plus élevée dans les ateliers de Billancourt que dans les usines de province. Grâce à ses traditions professionnelles, mais aussi grâce à ses traditions de lutte qui lui permettent de s'opposer souvent avec efficacité aux tentatives de déqualification, le groupe dominant préserve sa position favorisée dans la classe ouvrière [26].

Les nombreuses petites entreprises sous-traitantes qui gravitent autour des grands établissements sont de véritables pépinières d'ouvriers qualifiés, qui permettent à certains d'entre eux d'accéder à l'artisanat. La décentralisation de l'industrie aéronautique dans le Cher provoque un essaimage de PME. Leurs « patrons », âgés en moyenne de 25 à 40 ans, n'ont pour la plupart effectué le saut qu'après avoir accumulé une longue expérience professionnelle comme ouvriers. Ce qui correspond à une constatation plus générale selon laquelle l'accès à l'artisanat passe le plus souvent par une étape de salariat ouvrier. Une étude effectuée sur un groupe de travailleurs en 1965, devenus patrons en 1970, montre en effet qu'il s'agit surtout de salariés de petites entreprises, le plus souvent qualifiés, s'installant vers la trentaine. Mais cet accès au patronat, même pour l'élite ouvrière, reste toujours incertain puisque, au cours de la même période 1965-1970, 88 000 petits commerçants et artisans sont redevenus ouvriers [27]. Comme on le voit, le va-et-vient entre les deux univers, typique du XIXe siècle, n'a pas disparu.

Ces quelques remarques prouvent que la qualification et l'ancienneté dans le monde du travail sont des atouts permettant de faire face dans des conditions plus favorables aux mutations. Une enquête effectuée auprès de 1 600 ouvriers de 55 à 64 ans dans la région parisienne en 1973 confirme ce processus : « Ce sont les anciens agriculteurs et ouvriers agricoles qui alimentent les métiers du Bâtiment, ainsi que les emplois d'OS et de manœuvres. A l'opposé, les ouvriers ayant démarré d'emblée après leur scolarité comme OP dans la métallurgie perdurent dans une filière de haute qualification [28]. »

Un autre aspect de cette adaptation est illustré par les stratégies familiales déployées par le groupe central ouvrier afin de placer ses enfants. Étant donné les forts taux de natalité de l'après-guerre, des centaines de milliers de jeunes arrivent sur le marché du travail à partir des années soixante. En 1968, sur 6,2 millions d'actifs de moins de 30 ans, 3,6 millions sont entrés dans la vie professionnelle entre 1962 et 1968 ; plus d'une personne sur 6 exerce son emploi depuis moins de six ans. En 1968, les jeunes ouvriers de 15 à 24 ans représentent, à eux seuls, le quart de la classe ouvrière. Une bonne partie d'entre eux sont les enfants de la génération évoquée précédemment. Là encore, l'enracinement, la force des valeurs et de la stabilité familiales sont des atouts non négligeables. En effet, « il ne peut y avoir de mobilité ascendante sans l'existence préalable d'un projet familial [29] », et une enquête du CNRS établit les conditions à remplir pour qu'un fils d'ouvrier améliore sa position sociale. Il faut qu'il ait eu une enfance sans problèmes dans une grande ville ou en région parisienne, une mère assez instruite, un père fier d'être ouvrier qualifié, si possible un oncle employé ou un grand-père commerçant. Il doit aussi être fils unique ou à la rigueur avoir un frère ou une sœur [30].

Ces conditions favorables expliquent souvent la réussite scolaire dans les centres et les lycées d'enseignement technique, qui débouche sur l'acquisition des nouveaux diplômes de la haute qualification ouvrière, BEP ou même baccalauréat. Dans les villes industrielles, l'enracinement favorise aussi la bonne connaissance du marché du travail local de la part des familles, ce qui permet les meilleurs placements des enfants. Au Havre par exemple, les entreprises les plus valorisées aujourd'hui sont la Compagnie française des pétroles et Goodyear. Grâce à l'évolution technologique, les tâches ingrates de l'industrie chimique ont disparu. Avec l'automatisation, les postes de la fabrication sont plus prisés que ceux de l'entretien, exigeant une qualification fondée sur la polyvalence et le sens des responsabilités. Ces sociétés recrutent de préférence des jeunes possédant un diplôme professionnel, qui touchent des salaires nettement plus élevés que la moyenne locale. Les candidatures sont triées sur le volet, à tel point qu'une sur 10 seulement est retenue. Aussi est-il nécessaire d'avoir des « relations » pour y être embauché [31]. Dans la sidérurgie moderne, sur les unités automatisées de Fos, Dunkerque ou Gandrange, ce sont en priorité les fils de sidérurgistes qui sont embauchés. A la Solmer de Fos, nombre des ouvriers qualifiés viennent de Lorraine. Ils appartiennent à la « troisième génération » des hommes du fer. A la fin des années soixante-dix, ils ont pour la plupart la trentaine, deux ou trois enfants, une femme demeurant au foyer, de bons salaires, formant ainsi un milieu stable, à l'écart de la conurbation marseillaise.

On peut donc penser que, malgré le déclin des vieux bassins industriels, le groupe ouvrier le plus enraciné a réussi la reconversion de ses enfants vers les nouveaux secteurs dynamiques de la classe ouvrière. En 1970, une enquête de l'INSEE mettait en doute la prétendue « désaffection » des jeunes pour l'entreprise, thème très en vogue dans l'Université contestataire, en constatant que ceux-ci étaient aussi nombreux à occuper des emplois d'ouvriers d'industrie que dans les générations précédentes. Quelques années plus tard, une étude effectuée auprès des travailleurs français de 16 à 24 ans montre que 77 % d'entre eux sont contents de l'ambiance de leur atelier; 76 % manifestent de l'intérêt pour leur travail; 55 % sont satisfaits des perspectives d'avenir que présente le métier qu'ils ont choisi. Les deux tiers affirment avoir trouvé leur premier emploi en moins d'un mois et 88 % n'ont jamais été licenciés [32].

En même temps, une partie des valeurs de la génération précédente est transmise à cette jeunesse. L'enquête CNRS citée plus haut, menée auprès d'un échantillon de fils d'ouvriers, montre que, pour expliquer les facteurs de la réussite professionnelle, ceux-ci invoquent toujours le travail (à 75 %) et l'honnêteté (un tiers) ; la famille constitue encore une valeur essentielle [33]. On peut aussi mettre sur le compte de la réussite de la transmission des valeurs collectives du groupe central le renouveau de la CGT et du PCF après 1968. En effet, on constate un glissement de l'audience de ces organisations vers les catégories ouvrières les plus jeunes. Dans les métiers fermés comme les dockers, le syndicat fait partie du bien transmis aux enfants en même temps que le Statut. « Le legs comporte d'ailleurs tout le contenu des luttes et des péripéties qui a conduit à cette conquête, notamment 1936 et 1947. » La force de l'organisation dans ces milieux professionnels permet d'ailleurs à la communauté de survivre aux profondes transformations des métiers qui mènent à une polyvalence beaucoup plus grande qu'auparavant, adaptée à la modernisation technique [34]. Après les grandes luttes du début des années soixante-dix, les ouvriers du Livre obtiennent, par la loi-cadre de 1976, une redéfinition de leur qualification allant dans le même sens que celle des dockers.

La « démocratisation » de l'école à partir des années soixante permet même à une partie non négligeable des enfants de cette fraction de la classe ouvrière d'accéder à des statuts que leurs parents, encore moins leurs grands-parents, n'avaient même jamais espérés. Beaucoup d'enquêtes effectuées ces dernières années sur la « mobilité sociale » témoignent d'un important glissement des « cols bleus » vers les « cols blancs » (41 % du groupe des fils d'ouvriers étudiés dans l'enquête CNRS ci-dessus), qui s'effectue le plus souvent vers la catégorie des employés.

Le tableau ci-contre donne une idée du processus de « démocratisation » de l'enseignement secondaire, de la fin des années cinquante à aujourd'hui, mais il en souligne aussi les limites (sur lesquelles nous reviendrons). On constate, en effet, que l'accès des enfants d'ouvriers à l'enseignement secondaire tend à devenir plus difficile dans les années soixante-dix. Par ailleurs, les enfants d'ouvriers sont surreprésentés dans les filières de relégation que sont les classes de CPPN, de CPA et de CEP, de même que dans l'enseignement technique court[35]. En affinant l'analyse à partir de la problématique des générations et des qualifications ouvrières, on montrerait sans doute que ce sont les enfants des ouvriers appartenant à la génération la plus qualifiée et la plus enracinée dans la classe qui accèdent le plus massivement à l'enseignement secondaire long.

LES ENFANTS D'OUVRIERS
DANS L'ENSEIGNEMENT SECONDAIRE
en pourcentage de l'ensemble d'une classe d'âge

Niveau	**1958-1959**	**1961-1962**	**1963-1964**	**1967-1968**	**1973-1974**	**1976-1977**	**1980-1981**
Quatrième public	21	24,4	28,1	35	38,3	38,3	35,7
Quatrième privé		12,3			21	21,3	22,5
Seconde public		18,8		25,7	25,3	25,9	27,3
Seconde privé		5,9			10	11,1	14,6
1re année CAP public	48,6	50,4	50,2	54,3	51,2	53	52,3
1re année BEP public				38,7	41,1	43,3	44,4
4e pratique ou CPPN				55,6	53,2	53,5	54
CEP					56,2	55	56
CPA					51,4	50,4	50,4

Source : B. Charlot et M. Figeat, *Histoire de la formation des ouvriers, 1789-1984,* Paris, Minerve, 1985, p. 468.

La lente désagrégation du groupe.

Pourtant, ce processus de translation de la position sociale d'une génération à l'autre s'accompagne d'une lente désagrégation des liens qui unissaient les membres de cette communauté ouvrière, bien que le phénomène soit resté limité jusqu'au début de la crise en 1975.

A partir des années soixante, la stratégie de développement fondée sur le « contournement des forteresses ouvrières » se traduit par une progressive désindustrialisation des vieux bassins d'emploi, conduisant à une marginalisation progressive de leurs ouvriers. Pour le textile et le charbon, le déclin commence dès les années cinquante. Entre 1947 et 1980, le nombre des mineurs de charbon passe de 330 000 à 33 000 ; des bassins entiers, comme celui de la Loire, sont rayés de la carte. Dans les Vosges, l'industrie textile perd la moitié de ses ouvriers de 1954 à 1980. La diminution est de 40 % pour le textile du Nord entre 1954-1974. Les deux bastions de la grande industrie qu'étaient le Nord et la Lorraine sont en perte de vitesse, malgré le dynamisme de la métallurgie, dès la fin des années cinquante. Bien souvent, pour retrouver du travail, les ouvriers n'ont que la ressource de l'exode, c'est-à-dire d'un nouveau déracinement. Entre 1954 et 1962, le solde migratoire est déjà légèrement négatif (de 23 000 personnes pour le Nord et de 38 000 pour la Lorraine). Le phénomène s'accentue entre 1968 et 1975 (98 000 personnes en moins dans le Nord, 53 000 de moins pour la Lorraine).

Le recul du dynamisme industriel de ces bassins marque le début d'une crise d'identité collective pour un groupe dont « l'image de soi » était construite autour du travail comme élément central de l'utilité sociale. La stratégie offensive des « conquêtes sociales » cède la place à des luttes défensives pour sauver l'emploi. Les grandes grèves de mineurs au début des années soixante peuvent apparaître, sur le coup, comme des victoires du groupe, du fait que pour la première fois l'ouvrier en lutte devient un héros du petit écran, ce qui contribue fortement à l'effet positif de ces mouvements dans l'opinion publique (l'image est restée des mineurs de Decazeville passant le Noël de 1961 au fond du puits). Cependant, l'irruption de la télévision dans la représentation collective de la classe ouvrière inaugure l'apparition d'une nouvelle figure « social-triste » du monde du travail, qui restera dominante jusqu'aujourd'hui.

Le « fier producteur » des années cinquante est aussi ébranlé par les transformations technologiques. Dans le textile, l'automatisation des années cinquante supprime les dernières fonctions manuelles attractives qui subsistaient. Dans le Nord, « la tradition textile de la main-d'œuvre d'une région, c'est-à-dire l'ensemble des habitudes et des tours de main qui se transmettaient plus ou moins de bouche à oreille ou de père en fils, perd beaucoup de son intérêt ». Avec la décentralisation, la même évolution se produit pour les vieux métiers de l'industrie légère, que ce soit les chapeliers de l'Aude ou les faïenciers de Gien. Les ouvriers de métier n'ont pas de successeurs, parce que leurs enfants préfèrent des secteurs plus modernes, et que, de toute façon, quand elles subsistent, ces activités sont fortement mécanisées, ce qui ôte tout attrait au travail. D'où le recrutement massif de travailleurs immigrés [36].

Après avoir surtout cherché à enraciner la main-d'œuvre qualifiée, les chefs d'entreprise encouragent la mobilité. La délocalisation des centres de production, en obligeant beaucoup d'ouvriers à quitter leur région pour des centres plus dynamiques, joue un rôle très important dans le processus de désagrégation du groupe au niveau de l'espace. Pour les sidérurgistes de Saint-Chély-d'Apcher, dont les parents avaient été « importés » du Massif central dans les années vingt, à la deuxième génération « l'enracinement a été tel que tout transfert fut considéré comme une déportation par les intéressés [37] ». Même chose pour les sidérurgistes de Denain, transplantés à Dunkerque, ou ceux des usines De Wendel envoyés à Fos-sur-Mer. Certes, par le jeu des pré-retraites, la « deuxième génération » parvient, tant bien que mal, à rester sur place. Mais ce sont les formes de reproduction de la communauté qui sont atteintes par ces déplacements, les cadres matériels de la mémoire collective tout entière étant brisés. D'autant plus qu'à un nouveau procès de travail correspondent de nouvelles formes d'urbanisation, fondées sur l'éclatement et la ségrégation de l'habitat qui dominent dans les modernes « monopolvilles [38] ». Pour la nouvelle génération ouvrière, tout un travail est ainsi à refaire, afin de recréer une communauté. Même en dehors de toute délocalisation des activités industrielles, l'irruption de la société de consommation signifie l'adoption de nouvelles normes d'habitat collectif, qui consacrent le triomphe des promoteurs immobiliers. Dans la plupart des villes,

les quartiers du centre sont vidés de leurs éléments populaires. Les travailleurs sont relégués dans les grands ensembles des centres périphériques, qui mis bout à bout font des « ZUP » et des « villes nouvelles ». Dans les régions du paternalisme industriel, c'est aussi à partir des années soixante que se produit le désengagement patronal. Michelin préfère désormais louer des appartements à Clermont-Ferrand pour ses ouvriers plutôt que de construire de nouvelles cités. Un peu partout, le patronat participe à des sociétés mixtes avec l'État, pour financer des logements HLM dans des zones situées à l'écart des anciennes cités ouvrières blotties près des cheminées d'usine. A Caen, par exemple, la cohérence de l'habitat sidérurgique de la SMN est remise en cause. « L'identité collective des groupes localisés pouvait se lire dans la cohésion des lieux qui en étaient le support. En vingt ans, cette cohésion a éclaté [39]. » Pour les ouvriers du XIIIe arrondissement de Paris, exclus de leur « îlot insalubre », le déménagement s'accompagne d'une crise profonde d'identité collective du fait que l'organisation sociale, les habitudes, l'agencement des rues et des espaces bâtis, tout était familier et rappelait aux individus la longue existence passée en commun. Dans les « grands ensembles », il faut se faire à l'anonymat, à un espace structuré de façon complètement différente, non seulement au niveau du quartier, mais aussi du logement.

En effet, les habitations HLM sont conçues pour des normes de consommation tout autres que celles du quartier populaire antérieur. Dans une enquête effectuée auprès des habitants d'un grand ensemble de la banlieue parisienne, 60 % des ménages estimaient leur mobilier insuffisant et 44 % avaient dû prendre un crédit, juste après leur emménagement, pour s'équiper. Très rapidement, le changement de logement entraîne une restructuration du budget, avec une augmentation des dépenses de loyer, de transport et de remboursement du crédit [40].

Les liens qui unissaient les membres de l'ancien groupe populaire du quartier se dissolvent, non seulement parce que tous ses membres ne sont pas relogés dans les mêmes immeubles, mais aussi parce que le travail collectif quotidien visant à renforcer l'unité du groupe ne peut plus se faire. Auparavant, le regard collectif qui pesait sur chacun, notamment par l'intermédiaire du « commérage », empêchait les individus de se singulariser, d'adopter des comportements contraires aux intérêts et aux normes de la collectivité. Ce qui était aussi un moyen d'intégrer les éléments les plus fragiles du groupe à l'ensemble de la société locale. Avec les mutations décrites plus haut, les inégalités économiques et culturelles provoquent des ruptures irrémédiables. Les catégories les plus favorisées du monde ouvrier, aspirant à une mobilité ascendante, sont satisfaites de côtoyer des catégories sociales de statut plus élevé (la plupart des grands ensembles étant pluriclassistes) et de ne plus subir le contrôle du groupe d'appartenance originelle. A l'inverse, les plus démunis ne peuvent plus compter sur la solidarité effective des autres. Par ailleurs, ils sont souvent beaucoup moins bien armés pour faire face aux séductions de la « vie facile » et pour résister au crédit surtout que leurs ressources modestes sont brutalement déséquilibrées par les nouvelles dépenses obligées. Dans tous les grands ensembles apparaît ainsi très vite une hiérarchie ordonnée autour de trois groupes :

— les bas revenus : OS, immigrés, souvent ruraux déracinés, dont une partie devient vite insolvable. C'est parmi eux que l'on trouve le plus de « cas sociaux » relevant de l'assistance ;

— le groupe des ouvriers qualifiés, employés, techniciens, ayant assez de ressources pour s'approprier matériellement et culturellement les nouvelles normes ;

— le monde des cadres, en général jeunes, pour lesquels le grand ensemble n'est qu'une étape vers des modes de logement plus adaptés au standing [41].

Dans le même ordre d'idées, beaucoup d'études constatent l'affaiblissement progressif des coutumes d'atelier décrites dans les pages précédentes, que ce soit la « perruque » ou les différentes sortes de « rites de passage ». Ceci s'explique par l'évolution des mœurs, et l'affranchissement des jeunes vis-à-vis du pouvoir des adultes dans les classes populaires ; de plus, avec la société de consommation, la « récupération » de matériel dans l'usine présente moins d'intérêt. Mais, surtout, l'automatisation remet très souvent en cause les anciennes formes d'autonomie ouvrière dans les ateliers. Dans la sidérurgie, la gestion des stocks de matières premières par ordinateur rend souvent impossible l'appropriation du matériel par les ouvriers. A cela s'ajoute la très importante extension du travail posté qui bouleverse à la fois les rythmes quotidiens de la vie familiale et les modes d'organisation traditionnels du groupe. Il devient de plus en plus difficile pour les syndicats de trouver un lieu et un moment qui conviennent à tous pour les réunions.

En cherchant à tirer le meilleur profit du processus de translation générale de la structure sociale française depuis ces vingt dernières années, le groupe ouvrier central a lui-même contribué à la désagrégation des liens entre ses membres. Comme l'avaient bien vu Andrieux et Lignon dès les années cinquante, même pour les ouvriers qualifiés, il y a toujours une part de résignation, d'*amor fati* dans la condition ouvrière [42]. Avec la scolarisation de masse, les représentations de l'avenir, auparavant bornées par les limites de la classe, se modifient. Et en même temps que l'on proclame « l'amour du travail », on se mobilise, toutes forces familiales confondues, pour que les enfants « n'aient pas la vie qu'on a eue ». Mais l'expérience persistante de l'école, en retardant notamment l'entrée dans la vie active, c'est-à-dire en prolongeant la période « d'irresponsabilité sociale » de l'enfance, contribue à la constitution d'une « jeunesse ouvrière » ; catégorie auparavant réservée aux classes aisées. La société de consommation s'empare de cette nouvelle catégorie de consommateurs (en particulier par les modèles nouveaux diffusés par les médias), et achève de mettre en place une génération ouvrière qui n'a connu ni la guerre ni les actes héroïques du PCF, ni les affres de la faim. Ce qui était « conquête » (du travail, des luttes), pour les parents, tend de plus en plus à devenir « naturel » pour des jeunes qui ont grandi avec la « société d'abondance ».

Même pour les enfants d'ouvriers qualifiés qui sortent de l'école avec un diplôme professionnel, la « démocratisation de l'enseignement » — comme l'a montré Claude Grignon dans son enquête ethnographique réalisée dans un centre d'enseignement technique — marque en fait l'apparition d'un nouveau système de formation qui tend à sélectionner une « élite de réprouvés [43] ». Ce phénomène s'ajoute à la dévalorisation des modèles populaires locaux due à la diffusion des nouvelles images dans tous les foyers [44]. Même pour les familles qui s'étaient mobilisées au prix de lourds sacrifices pour que leur enfant « aille le plus loin possible », les désillusions ne tardent pas à se faire jour. Entre 1965 et 1970, 16 % des bacheliers techniciens sont embauchés finalement comme ouvriers. Entre 1972 et 1977, 35 % connaissent ce déclassement. De même, alors qu'entre 1965 et 1967 60 % des titulaires d'un BTS étaient recrutés comme techniciens, entre 1972 et 1977, ils ne sont plus que 45 % dans ce cas. Comme l'ont montré les travaux de Pierre Bourdieu et Jean-Claude Passeron, les classes populaires découvrent l'école en même temps que la relégation, car le processus de translation de l'ensemble de la structure sociale provoque une inflation de titres scolaires. D'où une désillusion, qui est peut-être le facteur de socialisation le plus unifiant pour la nouvelle génération, provoquée par le décalage entre ce que ses membres étaient en droit d'espérer, au moment où ils sont entrés dans le système scolaire, et ce qu'ils en obtiennent, souvent un retour dans le milieu d'origine vécu comme un échec.

L'accès au monde ouvrier qualifié qui, pour la génération précédente, avait souvent été le moyen d'une forte intégration à l'ensemble de la société française s'accompagne, pour ces « déclassés », d'une profonde mise en question de leur identité sociale. Cette expérience collective (qui ne touche pas que la jeunesse ouvrière) est l'une des principales raisons de « l'humeur anti-institutionnelle » fréquemment rencontrée dans la nouvelle génération. Elle se concrétise dans la « crise d'opposition » de la fin des années soixante, illustrée par la mode des « cheveux longs » — contrastant avec la coupe « bien dégagée derrière les oreilles » des parents — et par l'engouement pour le rock et la guitare électrique, reléguant l'accordéon et la valse musette au rang d'amusements pour « vieux ringards ».

Cet ensemble de données (transformations technologiques, affaiblissement du cadre matériel de la « mémoire collective », violent contraste dans les formes de prime socialisation) explique les nouvelles attitudes des jeunes par rapport au monde de l'usine [45].

La SNCF est une bonne illustration de ce phénomène. A partir des années soixante, c'est toute la cohésion de la vieille société « cheminote » qui est remise en cause. L'instabilité du personnel a été multipliée par 6 entre 1950 et 1973. Malgré la crise, entre 1980 et 1982, 45 % des nouvelles recrues embauchées à l'essai démissionnent. Depuis les années soixante-dix, les accidents du travail, que la direction considère comme un signe de moindre intérêt pour le travail, progressent. Pour expliquer les causes de cette « profonde mutation », Georges Ribeill invoque l'abandon des formes traditionnelles d'intégration du personnel par des dirigeants surtout soucieux d'appliquer la rationalisation du travail et, de plus en plus, les nouvelles normes de gestion inspirées du *management* à l'américaine. A cela s'ajoute la crise du recrutement traditionnel perceptible dès les années soixante. « Phénomène majeur et sans précédent », les nouveaux cheminots ne sont plus issus en majorité du monde rural, mais le plus souvent des villes. « Pour ces nouvelles générations de recrues, jeunes, urbaines, scolarisées plus longtemps, l'embauche à la SNCF n'a plus la même signification que pour les générations antérieures[46]. »

3. La marginalisation et les difficultés d'en sortir

Le groupe ouvrier central a partiellement échoué dans ses efforts pour transmettre les normes collectives de la communauté à ses enfants. On comprend que le processus de reproduction des valeurs de classe ait été rendu encore plus difficile vis-à-vis des nouvelles catégories ouvrières, n'ayant pas d'ancienneté et radicalement extérieures au milieu.

A partir des années soixante, l'essentiel du renouvellement des échelons inférieurs du monde du travail s'effectue par appel à une main-d'œuvre d'origine rurale, qu'elle soit immigrée ou en provenance des campagnes françaises.

La plupart des enquêtes sociologiques récentes ont montré que ces nouvelles catégories de travailleurs sont restées marginalisées dans la société et dans le mouvement ouvrier. Ce phénomène est en premier lieu le résultat d'une stratégie consciente, de la part des dirigeants d'entreprise et de l'État, visant à approfondir, surtout après mai 1968, les clivages internes au monde ouvrier. Le recrutement de plusieurs millions de travailleurs immigrés, radicalement différents par leur culture, leur histoire, leurs aspirations, des ouvriers français, l'installation des nouvelles usines dans des régions très éloignées des vieux bassins, tout cela n'était pas de nature à favoriser les rapprochements entre les différentes composantes de la classe ouvrière. D'autant plus que même dans les villes d'industrialisation plus ancienne, de nouveaux espaces sont affectés aux entreprises, à l'écart du centre urbain et des « vieilles usines ». La « zone industrielle » polarise maintenant l'activité économique. Tout cela fait que dans les régions comme l'Ouest, entre la classe ouvrière ancienne des chantiers navals ou de la métallurgie et les nouvelles entreprises d'électronique, il n'y a aucune communication. « La séparation de ces deux peuples ouvriers cumule l'isolement matériel et l'étrangeté culturelle et historique. » De même, à Caen, aux deux stades d'industrialisation successifs, correspondent deux classes ouvrières qui s'ignorent. Les sidérurgistes de la SMN, après le *melting pot* des années vingt, constituent la communauté la plus intégrée, peu tournée vers ces milliers de travailleurs d'origine rurale peuplant les HLM de la ZUP et qui fournissent les bataillons d'OS de la Saviem ou de Moulinex[47].

Il y a pourtant des raisons proprement ouvrières à cette séparation entre les deux univers. Dans les vieux centres industriels, le travail de consolidation du groupe central, surtout à partir de la période de déclin, s'effectue au détriment des nouveaux venus, ressentis confusément comme une menace. Tout d'abord, ces derniers, du fait de leur manque d'ancienneté, ne peuvent s'insérer dans les pratiques des ouvriers qualifiés (comme la « perruque » exigeant habileté et autonomie, ou les échanges familiaux, beaucoup d'entre eux étant venus seuls). Ils ne sont pas invités non plus à la commémoration d'une histoire qui de toute façon leur est étrangère. Mais il faut insister sur le fait que cette « mise en extériorité » est un phénomène actif. Quitte à peiner les adeptes de la « sociabilité ouvrière » — qui sacrifient bien souvent, sans s'en rendre compte, à l'œcuménisme de la mythologie populiste — il faut dire que le travail collectif soudant le groupe est en même temps destiné à empêcher toute « sociabilité » constituée, chez les nouveaux venus. Il y a plus de vingt ans déjà Norbert Elias a mis en valeur ce processus en décrivant la logique du «commérage» dans une ville industrielle anglaise [48]. Le flux des paroles, des bruits qui circulent continuellement dans la communauté, contribue à entretenir les réputations, à souder les individus du groupe, à faire «tourner ses rouages». D'où l'importance des lieux stratégiques que sont le café, le marché, le lavoir, etc. Mais, en même temps, le commérage a «pour fonction de rejeter les individus et de briser des relations. Il peut être utilisé comme un instrument d'exclusion hautement efficace». Ainsi, ceux qui disposent déjà des plus faibles réseaux associatifs ou familiaux sont renforcés dans leur situation marginale par tout ce travail que la communauté accomplit afin d'entretenir l'honneur du groupe (d'où le rôle des commémorations, depuis la Résistance, jusqu'à la petite fête célébrant la retraite dans l'atelier), c'est-à-dire le déshonneur de ceux qui n'en sont pas. «Partout l'attribution à soi-même du charisme de groupe et l'attribution aux intrus du déshonneur de groupe sont des phénomènes complémentaires.» C'est ce phénomène social, qui n'est d'ailleurs pas propre au monde ouvrier, qui explique que dans la région nantaise, pour les métallurgistes enracinés, les soudeurs d'origine rurale soient appelés les «bouseux», que dans le bassin de Longwy les sidérurgistes immigrés de la deuxième génération traitent les ouvriers-paysans meusiens, recrutés en masse après 1945, de «gros bras» qui «n'ont rien dans la tête». Les travailleurs immigrés, comme l'ont montré toutes les enquêtes, même bien avant la crise, cumulant sur leurs frêles épaules le poids de l'indignité décernée par les autres.

Nous touchons là la racine des difficultés rencontrées par le mouvement ouvrier pour rassembler au sein des mêmes organisations les différentes fractions du monde du travail, sans oublier bien sûr les différences d'intérêt, la mise en infériorité des travailleurs nouveaux permettant de légitimer le fait que les postes les plus pénibles et les moins payés leurs soient réservés.

On peut très rapidement évoquer quelques-uns des critères qui depuis une vingtaine d'années ont servi d'instrument de marginalisation des nouvelles catégories ouvrières : à savoir la jeunesse, la nationalité étrangère, les origines rurales et le sexe féminin ; chacun n'étant pas toujours suffisant, et tous n'étant pas nécessaires.

Si la jeunesse peut apparaître comme un « handicap », surtout depuis la crise de 1974, c'est surtout parce que les « arrangements », les compromis passés entre les syndicats, l'État et le patronat, se sont faits très souvent à leur détriment. Avec la solution des « pré-retraites », on assiste à une sorte de déplacement de la suppression d'emplois vers ceux qui ne sont pas encore présents sur le marché du travail : écoliers, apprentis, lycéens, qui auront de plus en plus de mal à s'y insérer lorsque la situation économique deviendra défavorable.

Ceux d'entre eux issus des milieux les plus modestes, notamment d'origine rurale, sont les principales victimes de ces choix. En effet, s'il y a une logique ouvrière de l'ascension sociale, l'étude du CNRS déjà citée montre qu'il y a aussi une logique ouvrière de la déchéance. Dans les années soixante-dix, les familles pauvres se recrutent surtout dans l'Ouest, dans le Midi, dans les campagnes et les petites villes. Avoir un père chômeur, habiter une zone rurale, être issu d'une famille nombreuse, tous ces éléments (qui vont bien souvent ensemble) sont des facteurs objectifs menant à la pauvreté. « Il faut réduire considérablement la place accordée à ' l'accident ' pour expliquer la survenue de la pauvreté [...]. L'accident de parcours ne déclenche ou n'aggrave la pauvreté que dans deux cas : s'il vient se cumuler à d'autres incidents ou s'il atteint un individu structurellement ' prédisposé ', le plaçant dans une situation de plus en plus difficile à surmonter matériellement [49]. » Une jeunesse malheureuse est ainsi un élément que l'on retrouve très souvent mentionné dans ce type d'itinéraire. Dans les grands établissements marginalisés de la zone industrielle de Fos-sur-Mer, où les emplois d'OS sont de loin majoritaires, les ouvriers qui ont été contraints à un tel « choix » ont très souvent des biographies marquées par des ruptures dans la vie familiale : divorce, émigration, mort de l'un ou des deux parents. Seul le fait que, dès l'enfance, « la vie » a été pour eux particulièrement dure explique qu'ils se soient résignés aux formes de travail les plus ingrates et les plus déconsidérées [50].

L'origine rurale est bien souvent un facteur déterminant dans ce genre d'évolution. En effet, le déracinement vers les grands ensembles, par l'isolement qu'il entraîne, par la perturbation du système antérieur des valeurs, rend les individus d'autant plus fragiles par rapport aux nouvelles normes de consommation. L'impossibilité de prévoir un budget souvent très précaire, la séduction exercée par le crédit et la publicité, tout cela précipite un abandon dans le présent qui peut être le premier pas vers la déchéance sociale. Les études effectuées sur le comportement des ouvriers d'origine rurale dans l'entreprise ont montré aussi le handicap qu'une telle origine représente lorsqu'on veut s'élever dans la hiérarchie. Encore convient-il ici de distinguer selon les conditions de départ et les milieux d'accueil. L'exploitation du gaz et du pétrole de Lacq à partir de 1956 donne naissance à tout un complexe industriel formé en quelques années dans une zone auparavant entièrement rurale. Si les ouvriers qualifiés sont amenés des vieux bassins industriels du Nord, de la Lorraine ou de la région parisienne, les manœuvres et OS, outre les immigrés, viennent des campagnes voisines. Mais les anciens artisans, et les fils d'exploitants agricoles, souvent titulaires du BEPC, progressent beaucoup plus vite dans la hiérarchie professionnelle que les ouvriers agricoles. De même dans la région toulousaine, ce sont les agriculteurs le plus fortement enracinés dans le monde rural qui ont les difficultés les plus grandes à s'intégrer dans l'univers industriel. Par contre, ceux qui ont fui une campagne où ils se sentaient mal à l'aise, même si leur ascension dans la hiérarchie de l'entreprise est moins importante que celle des nouveaux venus d'origine urbaine, s'assimilent plus facilement et investissent rapidement dans les intérêts professionnels, la SNCF paraissant cependant un milieu d'accueil moins favorable que l'aéronautique [51].

Pour les travailleurs immigrés, ces difficultés d'insertion sont d'autant plus grandes qu'au déracinement rural s'ajoute tout ce qui tient à la différence de langue et de culture. Un grand nombre d'études ont décrit l'isolement de ces travailleurs considérés comme « célibataires », logés dans des foyers « Sonacotra » n'ayant rien à envier aux anciennes « cantines ». Quant aux familles d'étrangers, il est sûr que les cités ouvrières du paternalisme leur auraient paru paradisiaques, comparées aux conditions de logement qu'ils connaissent après la Seconde Guerre. En 1968, rien que pour la région parisienne,

100 000 personnes habitent encore dans des bidonvilles. Quelques années plus tard, un secrétaire d'État reconnaît que 700 000 à 800 000 immigrés vivent toujours dans des taudis. Dans toutes les grandes villes, des ghettos ont tendance à se constituer, notamment dans les quartiers les plus déshérités des ZUP.

Si, dans les années vingt, les ouvriers immigrés étaient prioritairement orientés vers les postes de manœuvres, à partir des années soixante, ils sont recrutés principalement pour des emplois d'OS, surtout dans l'automobile. De nombreux ouvrages, et surtout celui de Robert Linhart, ont décrit l'isolement des OS étrangers par rapport aux OP français, l'abrutissement de leur travail, le désarroi initial face à des rythmes industriels qu'ils sont moins que d'autres préparés à affronter[52].

Si la nationalité, comme trois quarts de siècle auparavant, demeure le premier facteur pour justifier que de tels emplois soient réservés aux immigrés, on constate aussi que l'idéologie du « travail d'appoint » sert toujours de prétexte pour affecter massivement les jeunes femmes vers ces tâches répétitives. En 1975, la moitié des emplois d'OS sont ainsi occupés par des femmes ou des étrangers.

Cette main-d'œuvre est surtout nombreuse dans les grands établissements standardisés tournés vers la production de masse. Mais on la trouve aussi dans beaucoup de petites entreprises disposant de faibles capitaux, peu mécanisées, vivant sur les marges du marché, et où l'essentiel des emplois conjugue bas salaires et faible qualification. Comme le montre l'enquête effectuée dans la zone de Vitrolles, près de Marseille, les efforts physiques restent, dans ces entreprises, considérables, suscitant les plaintes des travailleurs interrogés : « Le corps est presque constamment l'objet du discours des interviewés. Reins fatigués par le port des charges ou la station debout, mains broyées par un laminoir à ravioli, aisselles enflammées par une allergie, larmes arrachées par l'épluchage des oignons, exposition au froid, à la chaleur, brûlures de produits chimiques ou de métaux en fusion, yeux et poumons s'emplissant de poussières... » A cela s'ajoute la présence constante du petit patron ou du « petit chef », s'acharnant tout particulièrement sur les Arabes qui ne sont jamais appelés par leur nom, ou sur les femmes, obligées de subir toutes les humiliations sexistes, infantilisées, montées les unes contre les autres, bref tous les comportements du « fascime ordinaire » qu'aucune forme de défense ouvrière collective ne vient ici freiner[53].

Pendant la période de prospérité économique, il faut tenir compte du fait que beaucoup de ces travailleurs marginalisés ne supportent leur situation que parce qu'ils la considèrent comme temporaire. En effet, si les immigrés et les femmes sont si nombreux à occuper des tâches déqualifiées, c'est aussi parce que, pour ces catégories sociales plus que pour les autres, l'usine n'est vue que comme un moment de l'existence. Selon un processus que nous avons déjà évoqué à propos du XIXe siècle, le travail ouvrier est considéré comme un moyen de conforter des pratiques et des modes de vie qui lui sont extérieurs. Abdelmalek Sayad, en décrivant les trois âges de l'émigration algérienne après la Seconde Guerre, a montré comment au départ celle-ci est considérée comme une solution aux problèmes que rencontrent les communautés villageoises d'origine. Chacune délègue l'un de ses membres vers les grandes usines de France, afin qu'il rapporte de quoi faire survivre le groupe paysan confronté aux mutations de l'agriculture capitaliste. D'où la pratique des migrations alternantes et la « protection » dont bénéficie le travailleur immigré, car sa vision du monde, son échelle de valeurs restent celles de la communauté paysanne, ce qui constitue comme une carapace face à la xénophobie[54].

De même, très souvent l'usine s'inscrit dans le cycle du travail féminin comme une simple étape, souvent avant le mariage ou jusqu'à la naissance du premier enfant. C'est ce qui explique qu'au début des années soixante-dix la moyenne d'âge des ouvrières de l'électronique ne soit que de 23 ans. Certes, ces dispositions des secteurs marginalisés de la main-d'œuvre servent grandement les projets patronaux, mais l'aspect temporaire que représente ce type de travail est aussi une manière pour les classes populaires de se défendre contre lui.

Déjà, dans la décennie qui suit la Seconde Guerre mondiale, l'image unifiante du monde ouvrier, autour de ses deux figures symboliques du mineur et du métallo, reflétait une vision restrictive de la classe au détriment de ses autres composantes, comme les Algériens coloniaux recrutés en nombre dès 1948, les femmes ou les centaines de milliers d'ouvriers-paysans qui, avec leur double statut, n'ont jamais été représentés ni défendus en tant que tels, comme le montre bien Étienne Juillard dans sa thèse consacrée à l'Alsace [55]. Mais, avec l'éclatement sociologique du monde du travail à partir des années soixante, le mythe du « parti de la classe ouvrière » devient de moins en moins conforme à la réalité. Au niveau syndical, c'est surtout la CFDT qui parvient à capter une partie des aspirations des couches nouvelles. L'enquête sur l'ouvrier français publiée en 1970 montre que cette organisation regroupe surtout les techniciens, les nouveaux ouvriers-paysans embauchés comme OS, les ouvriers qualifiés des nouvelles zones industrielles. Dès le départ, la CFDT soutient activement les luttes d'OS. La région de Caen offre ainsi le spectacle de deux classes ouvrières représentant deux âges de l'industrie, l'une, dans la sidérurgie, autour de la CGT, regroupant des ouvriers plus âgés, plus masculins, plus qualifiés, l'autre, à la Saviem surtout, autour de la CFDT et des OS.

Pour se limiter à leur aspect ouvrier, les événements de Mai 68 reflètent indiscutablement ce mécontentement des ouvriers d'origine rurale, condamnés à rester OS toute leur vie. Cependant, le mouvement apparaît plus complexe. Pour en rendre compte, il faudrait disposer d'analyses précises sur l'histoire de chacune des composantes de la classe ouvrière qui interviennent en fonction de leurs problèmes propres dans cette lutte. Le grand rôle joué par les techniciens et les employés pourraient s'expliquer, dans la logique de ce que nous avons dit précédemment, par la conjonction de deux phénomènes. Une origine sociale, fréquemment ouvrière qualifiée, donc favorisant des prédispositions pour la lutte, et un sentiment de « déclassement » par rapport à ce que les efforts familiaux consentis pouvaient laisser espérer. La grève annonciatrice de la sidérurgie en 1967 illustre un troisième aspect du Mai ouvrier, la mobilisation des industries traditionnelles sur le déclin. Enfin, par rapport à juin 1936, il faut souligner le critère de la jeunesse qui vient quelque peu brouiller les analyses traditionnelles sur les luttes ouvrières. En effet, comme l'a noté Charles Tilly, le mouvement de mai 1968 se caractérise par le rôle exceptionnel joué par les jeunes, quel que soit leur milieu social [56].

Toujours est-il que ces événements, et les grèves ultérieures, comme celle du Mans en 1971, vont puissamment contribuer au renouvellement des représentations collectives de la classe ouvrière. Pendant quelques années, l'OS est roi. De multiples ouvrages sociologiques sont consacrés à cette nouvelle figure. Le ministre Edgar Faure affirme en 1971 à ce sujet : « Nos petits-enfants seront aussi révoltés par les contraintes actuelles subies par les OS que l'opinion publique a pu l'être au XIXe siècle quand elle prit conscience de ce que représentait le travail dans ces fabriques [57]. » Le cinéma s'en mêle. *Coup pour coup,* de Karmitz, illustre bien le nouveau genre en vogue. Le syndicat est déconsidéré pour ses compromissions ; au contraire, la grève dure, violente, sans concession, est portée aux nues.

Après Mai 1968, c'est donc la noble figure de l'OS qui prend la relève du métallo : « sauvage », « déserteur aux semelles de vent », « ouvrier-masse », tourné contre les « appareils », préférant le « sabotage » et « l'absentéisme » aux modes de luttes traditionnels, etc.

7

La classe en éclats

Il faudrait peut-être utiliser la technique du « pop art » pour rendre compte de l'impression d'une classe ouvrière en éclats, écartelée non seulement par des réalités plus diversifiées que jamais, mais aussi par des images collectives de plus en plus fragmentées. Plus prosaïquement, nous nous contenterons dans les pages qui suivent de montrer en quoi cet éclatement est le produit de la « crise [1] » qui, tout en accentuant les contrastes entre les catégories sociales, a bouleversé le champ des représentations collectives traditionnelles. Dans cette perspective, nous nous appuierons avant tout sur les résultats du recensement de 1982, dont nous commençons seulement à pouvoir tirer les enseignements, et qui nous offre comme un premier « bilan » d'ensemble d'une société installée dans la récession depuis dix ans maintenant.

1. « La classe ouvrière en détresse »

Sous ce titre, un récent numéro des « Dossiers et documents » du *Monde* décrivait les conséquences sur le monde ouvrier de l'aspect le plus perceptible de la crise depuis la fin des années soixante-dix, la désindustrialisation.

La désindustrialisation de la France.

La période 1954-1975 avait été marquée par l'apparition de nouvelles régions industrielles, affaiblissant du même coup la centralité des vieilles forteresses sans pour autant affaiblir la classe ouvrière industrielle dans son ensemble, puisque ses effectifs étaient en progression.

Depuis une dizaine d'années, on assiste à un nouveau processus : le recul en chiffres relatifs comme en chiffres absolus de la population industrielle. Du recensement de 1975 à celui de 1982, on note en effet que, si le monde rural a encore régressé (moins 100 000 personnes), c'est dans des proportions infiniment moindres que pour les actifs travaillant dans le secteur secondaire, dont les effectifs chutent de près d'un million de personnes. Même les industries des biens de consommation, qui avaient fourni les emplois les plus nombreux jusqu'en 1975, perdent depuis cette année-là environ 20 000 emplois par an. Quant à la grande industrie traditionnelle, la chute est sévère. Entre 1976 et 1983, la sidérurgie a perdu plus du quart de ses emplois, le textile plus de 28 %, la machine-outil 27,5 %. Dans le même temps, la répartition des établissements selon leur taille indique un recul des grandes entreprises (supérieures à 500 employés) qui régressent de 20,6 % à 16,5 %, au profit de celles de moins de 50 salariés qui employaient 43,1 % de la main-d'œuvre industrielle totale en 1976, et 49,1 % en 1983.

Ce phénomène est à mettre en rapport avec la très forte croissance du secteur tertiaire qui gagne à lui seul plus de 1,3 million d'emplois entre les deux derniers recensements, ce qui permet à la population active totale de ne pas s'effondrer. Aujourd'hui, 60 % des salariés du pays travaillent dans ce secteur, les croissances les plus fortes étant enregistrées dans le commerce de grande surface (plus 134,8 %) et dans l'action sociale (dont les services marchands augmentent leurs effectifs de 111,9 % et les services non marchands de 87 %) [2].

Lorsqu'on sait aussi que, pour la première fois depuis le XIXe siècle, le recensement de 1982 traduit un recul de la population urbaine au profit de la population rurale, on comprend qu'on puisse avoir le sentiment d'achèvement d'un cycle économique et social, celui qui avait commencé aux alentours de la Première Guerre mondiale, consacrant le triomphe de la grande usine et des géantes concentrations humaines.

Avant de conclure trop hâtivement au « changement », il faut certes se souvenir que la même évolution (recul de la population industrielle, repli des actifs vers les petites entreprises, etc.) avait accompagné la crise des années trente, comme si une période de « pause » était toujours nécessaire après de brusques transformations, pour permettre au corps social de digérer les mutations.

Cependant, depuis deux ou trois ans, l'accélération du démantèlement industriel français est une preuve de l'aspect irréversible des transformations en cours. Depuis 1982, c'est plus de 200 000 emplois (en comptant le bâtiment) qui disparaissent tous les ans dans l'industrie, et les secteurs jusque-là plus ou moins épargnés, comme les chantiers navals et surtout l'automobile, sont frappés de plein fouet. « Après les gouffres de la sidérurgie et de la chimie qui perdurent, ce sont tous les grands noms ou presque des multinationales françaises, les piliers de l'industrie, qui sont touchés ; Renault, Peugeot, Michelin, Dunlop-France, Creusot-Loire. Le raffinage, le papier-carton, le bâtiment-travaux publics, sont des professions sinistrées. Dans l'électronique, les clignotants sont presque tous au rouge [3]. »

Cela ne signifie pas, bien entendu, que la conjoncture ne puisse s'améliorer. Mais ces entreprises ne se redressent qu'en effectuant des coupes sombres dans l'emploi, pour relever la productivité. Ainsi, aujourd'hui, est-ce l'ensemble de la catégorie des ouvriers d'industrie, telle qu'on la concevait depuis des décennies, qui est atteinte dans ses forces vitales.

Depuis quelques années, des régions entières ont été condamnées au dépérissement du fait des restructurations industrielles. Sans revenir ici sur la fin de la sidérurgie dans le bassin de Longwy, on peut donner l'exemple du Valenciennois, l'un des principaux piliers du développement économique français au XXe siècle. En 1962, les trois pôles du développement industriel local, le charbon, l'acier et la première transformation des métaux employaient encore 50 000 personnes, pour moins de 10 000 en 1980, et le déclin s'est poursuivi depuis. A tel point qu'il y a maintenant plus d'instituteurs que de sidérurgistes dans l'arrondissement. Les 3 000 chômeurs de 1975 sont devenus 18 000 à la fin de l'année 1981 [4].

Tous les jours, l'actualité nous fournit des exemples comparables, la faillite d'une grande entreprise entraînant celle de la ville ou de la région qu'elle faisait vivre : ARTC à Roanne, Creusot-Loire, Issoire-Valéo, les chantiers navals de La Seyne-sur-Mer, Dunkerque, Saint-Nazaire, pour ne prendre que les exemples les plus récents.

Sans entrer dans le débat (il y a assez d'ouvrages là-dessus) sur les causes de la crise, il faut dire un mot sur les mutations technologiques en cours, rendues nécessaires par la concurrence internationale, mais qui se soldent à court terme par une forte diminution de main-d'œuvre. Là où il fallait encore 300 métiers à tisser en 1979, la même production peut être faite avec 120 aujourd'hui. De même, en quelques années, la vitesse de laminage a doublé ; avec la coulée continue, la plus grande partie de l'effectif d'une aciérie traditionnelle devient superflue. Sur les 160 000 ouvriers que comptait la sidérurgie en 1974, il n'en reste plus aujourd'hui que 80 000, et on évalue au tiers la part qui revient aux progrès technologiques dans cette baisse. De même, en 1985, une Renault 5 est montée en 20 heures. En 1980, il fallait presque 8 heures supplémentaires.

L'informatique et la robotique, qui sont les deux axes autour desquels se mettent en place les « nouvelles technologies » dans l'industrie, au-delà de leur effet général sur l'emploi, provoquent de profondes transformations du travail ouvrier. Même s'il est encore un peu tôt pour en juger, dans l'automobile, ce sont les métiers classiques de régleurs et de mécaniciens qui risquent fort d'être les principales victimes des robots [5]. Dans la sidérurgie, l'introduction massive de l'ordinateur dans les ateliers entraîne une redéfinition complète des métiers traditionnels, en généralisant les postes d'opérateurs surveillant un écran lumineux toute la journée. Par rapport aux années trente, où la crise avait provoqué un arrêt de l'innovation technologique, le contraste est aujourd'hui radical.

Une réalité plus particulièrement ouvrière : le chômage.

La conséquence la plus dramatique, pour le monde ouvrier, de la désindustrialisation du pays est le chômage. En 1975, 3,9 % des ouvriers étaient sans emploi. En 1982, ils sont 7,7 % dans ce cas, soit plus de 620 000, alors que, en moyenne, le taux de chômage s'élève à 6,7 % des actifs. On retrouve donc, face à ce fléau, les mêmes inégalités sociales que celles décrites dans d'autres domaines, puisque à cette même date 3,3 % des cadres moyens, 2,2 % des cadres supérieurs et professions libérales étaient privés d'emploi, contre 8,7 % des OS et des manœuvres [6].

Ces derniers chiffres montrent qu'au sein même du monde ouvrier le chômage frappe inégalement, touchant tout particulièrement ses composantes les plus « fragiles ». En octobre 1980, par exemple, les ouvriers de sexe masculin étaient chômeurs pour 5,3 % d'entre eux, alors que pour les ouvrières la proportion à la même date était de 11,4 %. Le même constat s'impose à propos des travailleurs immigrés : en mars 1979, 9,8 % d'entre eux étaient sans emploi, et le taux monte jusqu'à 11,7 % en mars 1983.

Mais, surtout, le mécanisme des « garanties » sociales acquises par la génération ouvrière précédente, et notamment le système des préretraites comme « solution » de compromis aux suppressions d'emplois, exerce des effets ravageurs sur les jeunes ouvriers, à mesure que la crise s'approfondit. En 1983, la moitié des chômeurs ont moins de 25 ans, et le risque est d'autant plus grand que l'on est moins diplômé. En effet, « pour les qualifications les plus modestes, le marché du travail se ferme progressivement [7] ». Étant donné que, de plus en plus aujourd'hui, la « qualification » ouvrière passe par l'école, celle-ci occupe une place de plus en plus grande dans les mécanismes d'insertion des jeunes sur le marché du travail. Or, en dépit des réformes successives entreprises depuis vingt ans, l'école reste incapable de s'adapter aux problèmes du monde ouvrier. En 1980, le taux de redoublement au cours préparatoire des enfants entrés à l'âge de 6 ans était de 29,9 % pour les enfants de salariés agricoles, de 23,9 % pour ceux des ouvriers sans qualification, de 22,5 % pour les OS, de 21,4 % pour les jeunes du personnel de service, de 14,9 % pour ceux des ouvriers qualifiés, mais de 2,4 % seulement pour les enfants de cadres supérieurs et des professions libérales. Entre 1972 et 1980, si, pour tous les groupes sociaux, la proportion d'enfants suivant une scolarité normale a progressé, au niveau de la sixième, en 1980, l'écart entre les différentes catégories sociales reste aussi important qu'en 1972-1974 [8].

Depuis quelques années, le problème de l'emploi s'est considérablement aggravé pour les jeunes. Alors qu'en 1973 10 % d'entre eux avaient été au chômage au moins pendant 9 mois après leur sortie de l'école, en 1980, la proportion est montée à 29 %.

Pour l'ensemble des chômeurs, la durée moyenne d'inactivité tend à s'élever. Le taux des travailleurs privés d'emploi depuis deux ans ou plus est passé de 6 à 14 % entre 1975 et 1981. Lorsqu'on sait que plus on est longtemps au chômage, moins on a de chance de retrouver du travail, on comprend l'angoisse qui étreint les individus condamnés à cette situation, ou qui craignent de l'être un jour. L'insécurité, la misère matérielle, le sentiment d'inutilité sociale, tout se conjugue pour expliquer cette constatation d'une étude médicale : dans toutes les catégories sociales, il existe une surmortalité des chômeurs par rapport aux actifs [9].

Pour les jeunes, le problème est d'autant plus grave, que, de plus en plus, les emplois qu'on leur propose ne sont pas « définitifs ». En effet, pour contourner la « rigidité » du marché du travail, les entreprises multiplient depuis quelques années le recours au travail temporaire et aux contrats à durée déterminée [10]. Ajoutées aux emplois à temps partiel (qui concernent surtout les femmes) et aux nouvelles inventions de l'État, comme les TUC, ces formes d'emplois précaires, qui touchent tout particulièrement la classe ouvrière, concourent puissamment à son éclatement en multiples statuts. Il est indéniable aussi que c'est tout le rapport au travail d'une génération qui est profondément affecté.

Si les jeunes sont particulièrement concernés, cela ne veut pas dire qu'il y ait, dans la classe ouvrière, des catégories qui soient vraiment épargnées par la crise. La mise en retraite précipitée est très souvent vécue douloureusement par des travailleurs dont tout le système de valeurs était fondé sur le travail comme élément central de l'utilité sociale et qui passent brutalement dans l'inactivité, sans qu'on ait songé à leur proposer des activités adaptées à leur situation et leurs souhaits. De même, pour ceux qui n'ont pas encore l'âge de la préretraite, surtout dans les secteurs en déclin, les fermetures d'entreprises entraînent l'acceptation d'emplois inférieurs. Dans l'Ouest, les usines de montage embauchent maintenant comme OS des ouvriers ayant des CAP obsolètes ou une qualification empirique périmée. Plus du tiers des fils d'ouvriers qualifiés se retrouvent OS ou manœuvres [11]. Le problème est particulièrement grave pour les ouvriers qualifiés de la grosse métallurgie, du verre ou de la céramique, dont les deux tiers en 1982 étaient âgés de plus de 35 ans, et possédaient plus de 10 ans d'ancienneté dans l'entreprise, un sur 4 seulement ayant une qualification certifiée par un CAP. Eux surtout connaissent les humiliations de la « reconversion » qu'il faut subir pour tenter de s'en sortir. Le savoir-faire qui, quelques années auparavant, était encore un élément de fierté, est vu maintenant comme un « handicap » par les spécialistes ès « nouvelles technologies ». Ainsi, la filiale du groupe sidérurgique Sacilor, Unimétal, considère, au début de l'année 1985, que 15 % de son personnel à « reconvertir » peut être considéré comme « handicapé ». Ce sont ceux qui manifestent des « séquelles de maladie ou d'accident, mais également une inadaptation plus globale aux postes de travail » consécutive notamment à un « retard » culturel (pour les immigrés) ou à une qualification liée à des promotions internes (ouvriers de métier) [12].

Chômage et « nouveaux pauvres ».

La crise a depuis dix ans considérablement aggravé des phénomènes sociaux dont nous avons vu certains des mécanismes principaux se mettre en place dès l'époque précédente.

Dans les « grands ensembles » notamment, les individus ou les familles les plus fragiles sont entraînés dans la logique infernale qui les conduit progressivement à devenir ce que l'on appelle pudiquement des « cas sociaux ». En 1980, par exemple, 45 % des loyers de HLM n'étaient pas payés à terme. D'où l'expulsion des moins solvables vers les « cités de transit », nouveaux ghettos de la misère.

Dans ces lieux, domine en pleine « société de consommation » une « économie de survie » qui n'est pas sans rappeler le début du XIXe siècle. Une étude récente montre que, le plus souvent, les ressources globales d'une famille sont composées de « bouts de salaires et de chômage : 25 à 45 % ; des transferts sociaux : 55 à 75 % ; de l'économie souterraine : 5 à 10 % [13] ». Là, la barrière entre le « pauvre » et le « plus pauvre » passe par le fait d'avoir ou non des meubles, ceux-ci constituant la preuve matérielle que l'on est en mesure de payer un loyer, que l'huissier peut avoir quelque chose à saisir. « Ainsi, les meubles sont fréquemment vendus, échangés, monnayés contre des services. Ils circulent dans les cités aussi vite que les individus et deviennent de l'argent, et, plus que de l'argent, une valeur de mesure et d'équivalent vis-à-vis d'autres objets échangés. » Outre les meubles, l'élément principal de hiérarchie interne dans l'univers du « transit » est le BAS : le bon de l'Aide sociale, car, outre sa valeur alimentaire, il fournit à son détenteur l'aide médicale gratuite, et surtout le BAS confère un statut : celui de pauvre connu, reconnu, « enregistré comme tel ; officiel et nécessairement plus ou moins protégé ». Dans une société complètement enserrée dans l'univers des lois et des règles, le pire étant bien sûr de n'être rangé dans aucune case.

Autre élément de la marginalisation sociale fortement aggravée par la crise, et qui va bien souvent avec la cité de transit : la délinquance. Là encore, c'est un phénomène que les sociologues avaient vu se développer dès le début des années soixante, avec les nouvelles normes d'habitat et de consommation. Avec la rupture des liens unissant les membres des anciennes communautés populaires de base, les éléments les plus fragiles ne bénéficient plus de la protection du groupe. Ce n'est pas un hasard si, ajourd'hui encore, les métiers de la grande industrie sont faiblement liés à la délinquance, qui touche surtout ceux du bâtiment et des travaux publics (surreprésentation des ferrailleurs, récupérateurs, etc.). Ainsi, malgré l'ampleur du chômage qui y règne aujourd'hui, la région de Longwy est toujours, à degré d'urbanisation égale, l'une des moins délinquantes de France.

Il faut donc souligner que la « crise » n'a fait que mettre en valeur des lignes de faille constituées dans la période précédente. Si on mesure le phénomène à l'évolution de la population carcérale, on comprend d'emblée son acuité. De 26 000 détenus dans les prisons françaises en 1975, on est passé à 39 000 en 1981, soit une augmentation de 50 % en six ou sept ans. Une recherche sociologique menée sur les individus entrant en prison illustre on ne peut plus clairement les facteurs de cette évolution : 60 % des nouveaux détenus sont âgés de moins de 26 ans ; près de 40 % étaient chômeurs au moment de leur arrestation ; parmi les actifs, 56 % appartiennent à la classe ouvrière ; 45 % n'ayant aucun diplôme, et 31 % ayant un père lui-même ouvrier. La surreprésentation des jeunes immigrés (26 % du total) — outre le fait qu'elle témoigne d'un acharnement particulier de la police et de la justice contre une catégorie sociale sur laquelle se concentrent tous les racismes — prouve que la nouvelle « deuxième génération », à la fois immigrée et ouvrière, ne possède pas les mêmes possibilités d'intégration communautaire que ceux qui sont nés dans l'entre-deux-guerres [14].

A ces « handicaps » d'origine nationale ou professionnelle, s'ajoutent des cofacteurs déjà évoqués dans le chapitre précédent : plus du tiers du groupe des détenus étudiés ont au moins 5 frères et sœurs, et les deux tiers sont issus de familles ayant été disloquées (séparation des parents, décès de l'un ou des deux parents, ignorance de leur identité). Le dernier élément à souligner sur les causes sociales de la délinquance tient dans le déclassement par rapport à la situation professionnelle du père, phénomène qui exerce des ravages psychologiques. L'enquête citée sur les entrants en prison considère que, dans l'hypothèse la plus favorable, « les détenus conservaient leur appartenance à leur classe d'origine, mais que, dans nombre de cas, ils ne parvenaient pas à reproduire la position sociale des parents, beaucoup étant même engagés dans un processus de mobilité descendante ».

2. L'ancien et le nouveau

Le maintien des écarts traditionnels.

Contre ceux qui affirmaient il y a déjà longtemps la progressive suppression de l'inégalité entre les classes, il faut souligner que, malgré cent cinquante ans de luttes et de combats, les ouvriers demeurent un groupe social particulièrement dominé dans la société française, notamment dans tous les domaines se rapportant à la vie professionnelle. Même si c'est sans comparaison avec le XIXe siècle, les stigmates des conditions de travail continuent à peser sur le groupe. Les ouvriers restent de loin la catégorie la plus soumise aux accidents du travail. Certes, depuis 1955, le taux de fréquence a diminué, particulièrement là où il était très fort (bâtiment, mines, métallurgie), mais depuis 1972 on constate une certaine stagnation. Le nombre d'accidents du travail avec arrêt s'est même stabilisé autour d'un million depuis trente ans. Si l'on parle fréquemment d'insécurité aujourd'hui, celle-ci ne fait guère l'objet de commentaires ; et pourtant, elle tue beaucoup plus que l'autre : les accidents du travail correspondent, en effet, « à près d'un décès par heure travaillée, un accident grave à la minute, un accident avec arrêt toutes les 6 secondes pour l'ensemble des salariés [15] ». L'enquête, effectuée par l'INSEE sur les conditions de travail dans la période 1978-1981, donne bien d'autres illustrations de la situation défavorisée des ouvriers dans le monde du salariat. Alors que 73 % des cadres peuvent s'arrêter sans autorisation pendant leur journée, cela n'est le cas que pour 38 % des ouvriers. De même, de toutes les catégories professionnelles, ce sont ces derniers qui souffrent le plus des « empêchements de parler » imposés par les règlements d'entreprise. Les ouvriers fournissent aussi le plus de travailleurs (1,3 million) dont l'activité est placée « sous forte contrainte de temps » (le « travail à la chaîne » étant la meilleure illustration de ce type de contraintes). Plus de 2,5 millions d'ouvriers connaissent aussi les délices du travail posté qui occasionne, selon des enquêtes médicales, des troubles digestifs et nerveux à 20 % d'entre eux.

Depuis quelques années, la tendance est plutôt à l'aggravation puisque le nombre d'ouvriers travaillant au moins 100 nuits par an a augmenté de 68,4 % ; ceux qui sont soumis à la pointeuse représentaient 19,1 % de l'effectif masculin en 1978 et 21,9 % en 1982 [16].

La « nouveauté » qui consisterait à améliorer d'abord la situation de ceux qui sont les principales victimes de la société actuelle se fait donc encore attendre. Une preuve supplémentaire nous en est fournie lorsqu'on examine la situation par catégorie au sein de la classe ouvrière.

Comme pour la vulnérabilité vis-à-vis du chômage, les jeunes, les femmes et les immigrés sont les plus mal lotis en ce qui concerne les conditions de travail.

Les jeunes sont proportionnellement ceux qui souffrent le plus des « fortes contraintes de temps ». Dans l'enquête de 1978, 40 % des ouvriers de 18 à 29 ans ont mentionné ce problème comme prioritaire. En moyenne, les travailleurs immigrés gagnent 25 % de moins que leurs homologues français tout en ayant des journées de travail plus longues. Quant aux ouvrières, l'écart qui les sépare des ouvriers à l'usine est aussi grand que celui qui sépare OP et OS. Qu'on en juge : plus de 11 % des femmes OS ou OP n'ont pas le droit de parler pendant leur travail, contre 2 à 3 % des hommes. Plus d'*une* OS sur 4 travaille à la chaîne contre *un* OS sur 13. Un tiers des OS masculins exerce un travail répétitif, contre deux tiers pour les femmes de même catégorie. Le pire, c'est que l'on note là aussi une aggravation de la situation depuis quelques années. Entre 1978 et 1982, le travail de nuit a augmenté de 19,5 % pour les ouvrières contre 11 % pour les ouvriers. Pour ces derniers, le nombre de ceux qui ont des journées supérieures à 11 heures (y compris le temps de pause et de repas) a baissé de 26,2 %. Pour les femmes, ce taux s'est élevé dans le même temps de 17,6 % [17].

Dans ce sombre tableau, il faut ajouter un élément aggravant. En effet, pendant la période de prospérité, une partie des individus appartenant aux groupes « marginalisés » pouvait supporter plus facilement la surexploitation du fait que leur statut d'ouvrier n'était que temporaire. Avec la crise, cette « flexibilité volontaire » s'affaiblit considérablement à cause du retournement du marché du travail. Ainsi, au début des années quatre-vingt, parmi les travailleurs disposant d'un emploi précaire, seulement 17 % affirment qu'ils recherchaient ce type de poste, alors que 60 % auraient préféré un travail stable.

Ce phénomène explique le vieillissement de la classe ouvrière immigrée dans les entreprises françaises : « La population des ouvriers étrangers a nettement vieilli entre 1972 et 1978 ; leur proportion parmi les moins de 30 ans chutant au profit des tranches d'âge plus élevées. » L'arrêt du recrutement d'ouvriers étrangers, le refus fréquent de ces derniers de retourner dans un pays où la situation économique est encore plus difficile qu'en France, expliquent qu'en 1978, parmi les hommes, l'âge moyen des travailleurs immigrés de l'industrie soit supérieur à celui des Français (l'écart atteignant presque quatre ans dans le bâtiment [18]).

Phénomène comparable pour les ouvrières. Désormais, note Jacky Réault, dans l'Ouest, le mariage n'entraîne plus la sortie d'activité ; la naissance d'un enfant est de plus en plus retardée et le seuil du nombre d'enfants qui détermine le retour de l'ouvrière à son foyer augmente. Au niveau national, la même évolution est nettement perceptible. Au lieu de fonctionner comme réserve de main-d'œuvre pour amortir les aléas de la conjoncture, la main-d'œuvre féminine a tendance à se fixer dans l'entreprise. Cet enracinement des femmes et des étrangers n'est pas sans rapport avec la combativité nouvelle dont ils font preuve. Les récentes grèves animées par les OS étrangers l'ont montré. En 1981-1982, dans la région nantaise, la grève la plus puissante est à mettre à l'actif des ouvrières de l'habillement [19]. On retrouve là un processus qui n'est pas sans rappeler ce que nous avons décrit pour les années trente.

Le graphique ci-contre, construit à partir de l'analyse factorielle de 5 variables (qualification, sexe, nationalité, ancienneté, âge) définissant la main-d'œuvre ouvrière dans l'industrie française en 1978, fournit une illustration particulièrement lisible des oppositions caractérisant le monde professionnel des travailleurs aujourd'hui.

En suivant l'analyse de François Eymard-Duverney [20], on constate que chacun des axes du graphique s'organise autour de deux pôles illustrant des secteurs opposés de la classe ouvrière industrielle. Sur le premier axe, l'on retrouve l'importance du critère du sexe comme facteur de discrimination interne, les hommes étant globalement du côté de la qualification et les femmes, qualifiées ou non, du côté des secteurs les plus dévalorisés sur le marché du travail. En effet, les entreprises employant de préférence des ouvriers qualifiés, hommes et français, sont celles qui aujourd'hui dominent le marché : « pétrole et gaz », « EDF-GDF », « chimie de base et fibres synthétiques » et « constructions navales, aéronautique et armement ». Ces branches sont aussi celles où la

LES SECTEURS INDUSTRIELS ET LEUR MAIN-D'ŒUVRE OUVRIÈRE

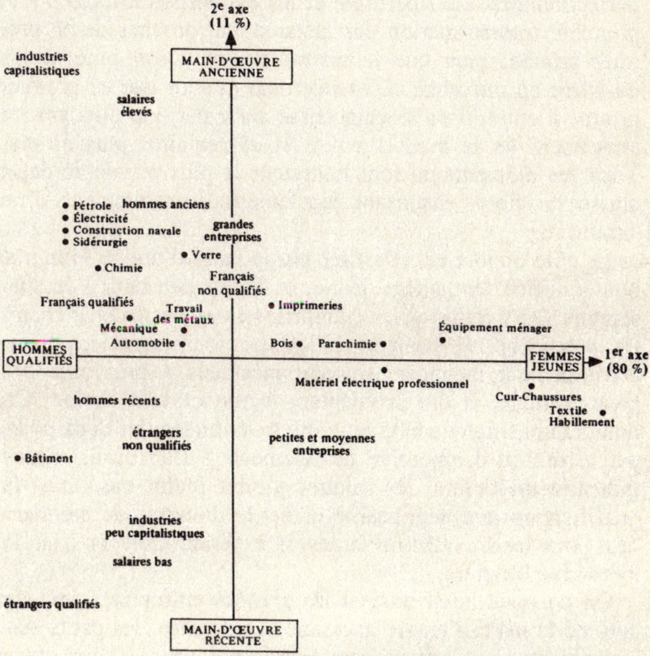

« Ce graphique permet de visualiser les caractéristiques de la main-d'œuvre ouvrière de chaque secteur. La mécanique par exemple a une population ouvrière masculine et qualifiée, mais peu ancienne. Sur le premier axe on lit surtout la proportion d'hommes et, secondairement, la qualification pour les hommes (plus on va à droite de l'axe et moins les ouvriers hommes sont qualifiés) et l'âge pour les femmes (plus on va à droite de l'axe et plus les ouvrières sont jeunes). »

Source : d'après F. Eymard-Duverney, « Les secteurs de l'industrie et leurs ouvriers », *Économie et Statistique*, décembre 1981.

main-d'œuvre ouvrière n'occupe qu'une place réduite dans l'effectif salarié (un tiers à la moitié), où la concentration est très forte. De plus, ces entreprises regroupent une bonne partie des nouvelles qualifications ouvrières, comme les professionnels chargés de l'entretien et du réglage des équipements de production, ou des essais et contrôles sur les machines ultra-perfectionnées. La sidérurgie et les entreprises affectées à la première transformation des métaux sont proches de ce premier groupe, bien que la main-d'œuvre y soit bien moins qualifiée en moyenne. L'axe vertical montre que ce premier groupe d'entreprises se caractérise aussi par une plus grande ancienneté de la main-d'œuvre et des salaires plus élevés. Tous ces éléments en font le secteur le plus privilégié de la classe ouvrière, disposant légalement ou tacitement d'un « statut ».

Le pôle opposé est constitué par la main-d'œuvre féminine peu qualifiée, en général jeune, et depuis peu dans l'établissement. On y retrouve les entreprises évoquées dans le chapitre précédent, notamment celles qui fournissent les biens d'équipement ménager, souvent installées à proximité des zones rurales, et qui privilégient le travail à la chaîne. On notera la position du bâtiment, qui se distingue des deux pôles par le fait qu'il emprunte des éléments à l'un ou à l'autre : industrie masculine, les salaires y sont plutôt bas, mais la qualification non négligeable. C'est le domaine de prédilection pour les travailleurs étrangers espérant s'élever dans la hiérarchie ouvrière.

On constate aussi que, si les grandes entreprises sont du côté de la main-d'œuvre ancienne et française, les petits établissements sont encore caractérisés par un *turn over* plus important, des salaires plus bas et un recours plus fréquent aux travailleurs immigrés. Le bâtiment et les travaux publics constituent les secteurs les plus typiques de ces petites entreprises où les tâches manuelles ingrates sont encore nombreuses et confiées aux étrangers le plus récemment embauchés. La précarité de l'emploi dans ces PME étant accentuée par le fait qu'elles demeurent fréquemment en dehors des conventions collectives. Ceci ne doit pas pour autant cacher le maintien de nombreuses entreprises à caractère artisanal, souvent de patronat familial, enracinées dans une région, utilisant une main-d'œuvre très qualifiée pour les activités de sous-traitance confiées par les grands établissements de la construction navale ou de l'automobile. Comme nous l'avions déjà noté auparavant, ces petits établissements représentent encore aujourd'hui un refuge pour des qualifications qui ne trouvent plus à s'employer dans les grands établissements.

Les inégalités sociales décrites à propos des conditions de travail se retrouvent dans la plupart des aspects de la vie quotidienne. Un exemple synthétique comme celui de l'espérance de vie à 35 ans est éloquent, puisque aujourd'hui, si l'on est professeur, on peut escompter vivre encore 43,2 ans, mais 6 ans de moins si l'on est ouvrier. Outre les accidents de travail, on peut évoquer comme cause de cette injustice l'inégal accès à la santé selon la catégorie sociale. Avec le monde paysan, les ouvriers se caractérisent par une sous-consommation d'actes médicaux et par une moindre fréquence des visites aux spécialistes. Les historiens du XIXe siècle évoquent volontiers le critère de la taille afin d'illustrer les stigmates de la condition ouvrière à une époque où les travailleurs étaient fréquemment réformés car trop petits pour servir dans l'armée. Un siècle et demi plus tard, les « conquêtes » du mouvement ouvrier ont certes permis l'élévation de la taille moyenne dans les classes populaires, mais en ce qui concerne les hommes on constate qu'il existe toujours une étroite corrélation entre la hiérarchie sociale et la taille physique. La moyenne s'établit ainsi à 175,5 cm pour les membres des professions libérales pour 171,5 pour les ouvriers qualifiés et les contremaîtres, 171 pour les OS et 170,1 pour les exploitants agricoles [21].

Dans tous les domaines de la société de consommation ces décalages sont perceptibles. Les ouvriers sont de tous les actifs ceux qui, avec les paysans, partent le moins souvent en vacances d'été (53,2 %). Encore faut-il préciser que, parmi ceux qui partent, les ouvriers sont les plus nombreux à être hébergés par des « parents et amis », ou à faire du camping (60 % du total). Pour tous les biens de consommation, les ouvriers arrivent en tête, avec les employés, en ce qui concerne la proportion d'acheteurs à crédit. De même, la « démocratisation » de l'accès à l'automobile ne doit pas faire oublier que 76 % des ouvriers achètent une voiture d'occasion, ce qui est le cas pour à peine le tiers des cadres supérieurs et des professions libérales (encore faudrait-il mesurer la valeur de « l'occasion »).

Une enquête de l'Institut national de recherche agronomique montre que les écarts entre catégories professionnelles se retrouvent jusque dans les aliments consommés quotidiennement. La bière, les bananes, le porc, les pommes de terre, les pâtes, sont avant tout des aliments populaires, dont l'achat est beaucoup moins fréquent chez les employés et les cadres. L'inverse est vrai pour les plats tout préparés, le whisky, la viande de mouton [22].

Le tableau suivant, dans lequel nous avons regroupé quelques-uns des résultats les plus significatifs de l'enquête publiée en 1982 par le ministère de la Culture sur les « pratiques culturelles des Français » concernant les ouvriers, illustre les écarts qui séparent aujourd'hui encore les différents groupes sociaux tant au niveau de la lecture que du sport ou de l'accès aux différentes formes de pratiques culturelles consacrées. Il n'y a guère que pour le bricolage, le loto ou le PMU que la pratique ouvrière est supérieure à celle des cadres. Nous avons là l'un des aspects essentiels de la « culture ouvrière », à savoir que la distraction se combine souvent à d'autres objectifs, la nécessité pratique ou l'espoir d'une vie meilleure, qui la situent à l'opposé de la « gratuité » mise en avant par les classes bourgeoises en matière de culture. Ces statistiques reflètent aussi les écarts qui séparent à l'intérieur même du monde ouvrier les différents groupes qui le composent. Dans tous les domaines, les OS et les manœuvres apparaissent là aussi les plus dominés.

C'est un problème que l'on retrouve dans d'autres aspects de la vie sociale. Non seulement les OS et les manœuvres constituent la catégorie ayant l'espérance de vie la plus faible (à 35 ans, elle est de 37 ans en moyenne pour les premiers et de 34,3 pour les seconds), mais cette catégorie sociale est aussi celle pour laquelle les progrès accomplis en vingt ans ont été les plus modestes. Cette situation s'explique par le fait que ces ouvriers sont les plus exposés aux accidents du travail et aux maladies professionnelles, que leur existence quotidienne est soumise à l'hygiène de vie la plus déplorable. La misère matérielle et morale peut conduire certains d'entre eux à un abandon dans le présent qui s'illustre dans les ravages que

LES PRATIQUES CULTURELLES DES OUVRIERS EN 1982

en pourcentage

PRATIQUES	CADRES SUP. PROF. LIBÉRALES	OQ CONTRE-MAÎTRES	OS MANŒUVRES PERS. SERV.
Lecture des journaux			
ne lisent jamais un quotidien	23,9	29,5	32
en lisent un tous les jours	46,6	43	37,4
parmi ces lecteurs, lisent un quotidien nat.	50,3	19,3	13,2
lisent un quotidien régional	41,6	58,8	59,5
Lecture régul. de revues ou de magazines			
d'actualité politique ou sociale	32,6	8,9	6,6
magazine féminin ou familial	14,7	12,5	16,2
revue litt., scientifique, historique	25,3	12,5	5,9
Possession d'instruments de musique			
au moins un instrument	56,1	31,7	31,3
dont un piano	17,2	2,8	3,2
dont une guitare	23,1	15,2	15,7
dont un instrument à vent	30,2	19,4	17,2
Au cours des 12 derniers mois, ont joué			
au loto	38,1	65,1	63,7
au PMU	6,9	26	29,5
à la Loterie nationale	10,8	14,7	17,5
Au cours des 12 derniers mois, ont pratiqué souvent			
la couture, tricot…	12,6	9	28,5
le petit bricolage	35,1	49,7	33,4
bricolage plus important	22,7	34,5	17,6
Parmi les sports pratiqués régulièrement			
le footing	33,6	18,3	17,7
le football	6,4	15,8	12,5
le ski	14,3	6,5	5,4

Source : Ministère de la Culture, *Les Pratiques culturelles des Français*, Paris, Dalloz, 1982.

continue à exercer l'alcoolisme en France. « La cirrhose du foie et l'alcoolisme épargnent presque totalement les cadres et les instituteurs. Ces deux causes de décès touchent particulièrement les manœuvres et les agriculteurs exploitants : le risque de mortalité par alcoolisme ou cirrhose du foie est dix fois plus élevé chez l'ouvrier que chez le cadre supérieur. »

Les catégories les plus dominées du monde du travail sont aussi celles où la solitude est la plus grande. Le phénomène est particulièrement dramatique pour les vieux qui finissent leurs jours abandonnés dans les hospices. Une enquête effectuée parmi des retraités des plus de 60 ans montre que majoritairement ce sont d'anciens salariés agricoles, OS ou manœuvres qui passent leurs dernières années dans la solitude d'un hôpital. 54,6 % des pensionnaires étudiés dans cette recherche restent plus de la moitié de leur temps dans leur chambre ou dortoir, 47,4 % demeurant cloués dans un fauteuil. La famille est d'ailleurs un « bien » d'autant plus rare que l'on descend l'échelle sociale. Au début des années quatre-vingt, parmi les actifs âgés de 35 à 54 ans, en dehors des agriculteurs, on compte 20 % de célibataires parmi les manœuvres, 10 % parmi les OS et 9 % parmi les ouvriers qualifiés. La solitude s'illustre aussi par la faiblesse des pratiques de sociabilité dans la catégorie la plus démunie des classes populaires. De toutes les catégories socioprofessionnelles, OS et manœuvres sont ceux qui sortent le moins souvent. La fréquence de sortie « chez des amis » est particulièrement faible pour eux (59 % contre 69,1 % pour les ouvriers qualifiés et 86,4 % pour les cadres supérieurs et les professions libérales). C'est une preuve supplémentaire (à rapprocher du problème de l'immigration) de leur marginalisation au sein de la société [23].

Quelques illustrations sur les nouveaux comportements ouvriers dans la vie quotidienne.

Les lignes ci-dessus montrent qu'avec la crise les écarts entre les groupes sociaux ont tendance à se renforcer, en vertu de ce principe élémentaire de physique sociale qui veut que ceux qui se défendent le mieux contre la mise en cause de leurs intérêts sont aussi ceux qui occupent les échelons les plus favorisés de la hiérarchie. Ce « conservatisme » (ou « corporatisme ») général n'empêche pas la structure sociale d'évoluer dans son ensemble. Ainsi voit-on dans le monde ouvrier, notamment chez les jeunes, s'enraciner de nouveaux comportements, de nouvelles valeurs, qu'il serait certes abusif de considérer comme des illustrations de ce que sera le monde du travail demain, mais qui ajoutent encore à l'éclatement de la classe, prise entre le repli sur ses valeurs traditionnelles, et la recherche d'un nouveau *modus vivendi*.

Sans même évoquer ici tous les éléments bien connus relevant de la culture propre à la jeunesse, notamment dans le domaine de la musique et du spectacle, les résultats du recensement de 1982 permettent de donner quelques exemples de comportements qui dans la classe ouvrière tranchent sur ceux de l'époque précédente, et qui indiquent qu'en ce qui concerne l'évolution des mœurs, tout au moins, la jeunesse ouvrière est partie prenante des changements actuels de la société française.

Le recul du mariage, considéré par les démographes comme un élément particulièrement significatif de cette évolution, se reflète par une élévation assez sensible, chez les ouvrières de 30 à 34 ans, du taux des célibataires, passant de 9 % de la catégorie en 1975 à 13 % en 1981. De même, la « cohabitation juvénile », qui ne touchait que 5 % des couples ouvriers en 1975, en concerne 12 % en 1981, plaçant la classe ouvrière au deuxième rang derrière le personnel de services, à égalité avec les cadres supérieurs. Une autre indication allant dans le sens d'une modification des normes familiales nous est donnée par le spectaculaire bond en avant des « enfants naturels reconnus par le père ». Alors qu'en 1968 cette pratique était encore rare, chez les OS, elle est passée de 14 à 45,8 % de l'ensemble des enfants naturels, et de 15,5 à 52,9 % chez les ouvriers qualifiés. Enfin, on constate que près de la moitié des interruptions volontaires de grossesse concernent aujourd'hui des femmes d'ouvriers [24].

Un deuxième élément important à souligner à ce sujet tient dans le fait que le monde ouvrier n'apparaît plus refermé sur lui-même, comme il l'était encore dans les années cinquante. On sait que, même aujourd'hui, la mobilité sociale ne s'effectue le plus souvent qu'à très petite échelle. Néanmoins, il n'est plus guère de familles dont tous les membres fassent partie de la classe ouvrière. Déjà en 1970, 35 % des techniciens, 22 % des instituteurs, 18 % des femmes des services médico-sociaux, étaient d'origine ouvrière [25]. Le recensement de 1982 indique que, si 3 ouvriers sur 4 ont une conjointe ouvrière ou inactive, 44 % des employées de commerce ont un conjoint ouvrier. Certes, cela témoigne davantage d'une redéfinition de la classe ouvrière que d'un véritable changement de milieu social (une caissière de supermarché exerce une activité qui n'est guère différente du travail à la chaîne). Néanmoins, c'est un élément supplémentaire dans l'éclatement des milieux homogènes du monde ouvrier de la génération précédente.

3. L'éclatement des représentations de la classe ouvrière

Les nouvelles approches scientifiques.

Toutes les transformations sociologiques qu'a connues le monde ouvrier ces vingt dernières années, mais aussi les progrès de la réflexion scientifique, ont amené l'INSEE à remanier profondément, lors du recensement de 1982, la précédente nomenclature professionnelle qui, en ce qui concerne les ouvriers, était organisée autour de la figure centrale du métallurgiste, éclipsant la petite entreprise artisanale au profit de la grande usine.

Désormais, comme l'indique le schéma ci-contre, deux grandes catégories de travailleurs sont définies : les ouvriers de type artisanal, en majorité qualifiés (2,5 millions au total), et les ouvriers de type industriel, en majorité non qualifiés (4,4 millions sans compter les ouvriers agricoles ni les chauffeurs). Dans l'industrie, les ouvriers non qualifiés sont surtout des salariés d'exécution de la production standardisée. Les ouvriers qualifiés, quant à eux, sont considérés comme tels si leurs connaissances professionnelles sont à la base de leur emploi (dans la mécanique, l'électricité, etc.) ou s'ils manifestent des aptitudes à exercer des responsabilités pour la conduite d'installations coûteuses (chimie, pétrole). Afin de

LA RÉPARTITION DES OUVRIERS EN 1981
d'après les nouvelles catégories professionnelles de l'INSEE

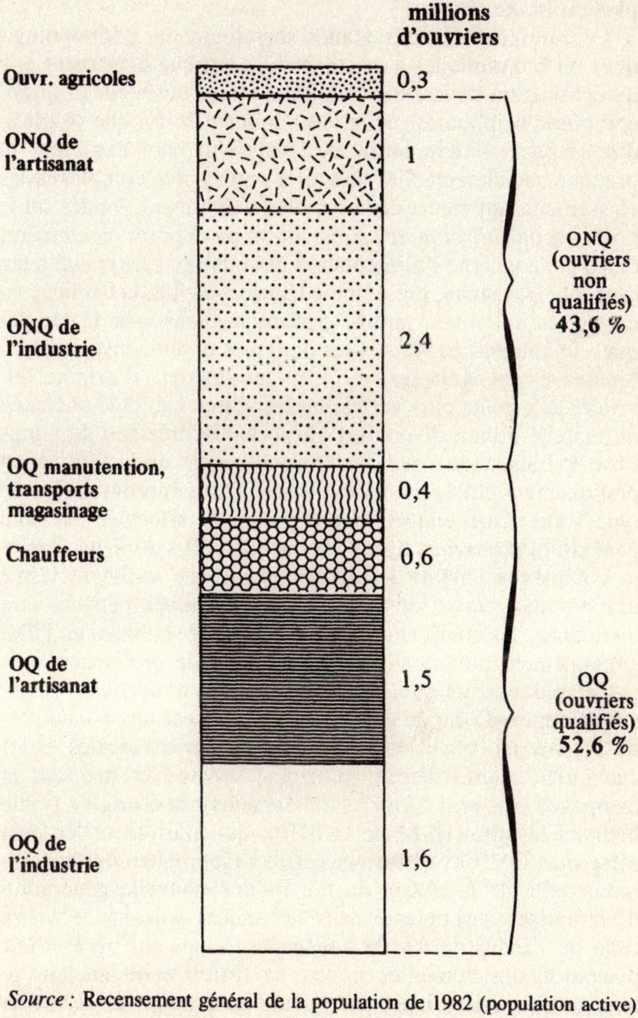

Source : Recensement général de la population de 1982 (population active).

ne pas, une fois de plus, rabattre l'ensemble du groupe sur quelques figures types, les nouveaux recensements définissent dans chaque cas un « noyau » qui rassemble les professions les plus conformes à la définition et des métiers qui s'en écartent plus ou moins [26].

La multiplication des études sociologiques, anthropologiques ou économiques a grandement contribué également à la diversification de la définition de la classe ouvrière. L'approche pluridisciplinaire, intégrant l'élément historique (c'est-à-dire le passé biographique de l'individu) pour expliquer sa pratique sociale actuelle, aboutit à rendre plus complexes les classements antérieurs de la sociologie du travail, fondés sur le poste occupé *hic et nunc*. Ainsi a-t-on pu opposer récemment, en ce qui concerne l'alimentation des ouvriers, les travailleurs d'origine paysanne, préférant le bourg à la ville, la banlieue au centre, cultivant leur jardin, gardant des liens avec la campagne, notamment par toutes les pratiques d'autoconsommation (conserves, congélateur, etc.), et les ouvriers d'origine ouvrière, aux goûts plus variés (du fait d'une habitude ancienne du marché urbain diversifié), disposant de très peu de temps libre en raison de l'activité professionnelle de la femme, et pratiquement étrangers à toute forme d'autoconsommation de type rural. Une enquête monographique effectuée sur une génération d'ouvriers ayant 38 ans en 1980 à Amiens illustre la complexité, même au niveau local, que cache le terme unifiant de « classe ouvrière ». 4 sous-groupes peuvent être distingués : les ouvriers urbains de naissance, habitant en ville, généralement plus qualifiés et travaillant de préférence dans des établissements publics ou des petites entreprises, les ouvriers ruraux d'origine campagnarde, formant une bonne partie des ouvriers qualifiés des grandes entreprises locales, et les catégories intermédiaires, d'origine urbaine et habitant la campagne (souvent dans des lotissements), et d'origine rurale habitant la ville (HLM de la ZUP), qui fournissent les gros effectifs d'OS. Ces différences étant à rapprocher de l'histoire industrielle de la région du fait qu'une nouvelle génération d'entreprises a supplanté dans les années soixante le vieux tissu de l'industrie textile amiénoise. Vingt ans après l'implantation des nouvelles usines, la fusion entre anciens et nouveaux ouvriers n'est pas encore accomplie, alors même qu'avec la crise les jeunes travailleurs sont confrontés à une situation radicalement nouvelle, liée à la difficulté pour eux de trouver un emploi dans la région [27].

La diversité des représentations politiques.

Depuis la fin des années soixante-dix, la crise profonde du mouvement ouvrier a aussi accentué l'éclatement des représentations politiques de la classe ouvrière.

Le phénomène est particulièrement sensible en ce qui concerne les organisations liées au parti communiste. Entre 1968 et 1978, la CGT a constamment reculé aux élections professionnelles dans le collège ouvrier-employé (de 55,6 % à 44,9 %). De même, malgré la discrétion officielle sur le sujet, la désyndicalisation a pris ces dernières années une très grande ampleur. Si le phénomène semble moins accusé dans d'autres organisations (notamment à FO), la chute des effectifs est devenue un problème très préoccupant pour l'ensemble des composantes du mouvement ouvrier. Et il faut que l'on soit tombé bien bas, pour qu'au pays du « syndicalisme révolutionnaire » l'État ait pu envisager un prélèvement obligatoire des cotisations syndicales sur la paie des salariés.

Pour le parti communiste, la lente érosion de ces vingt dernières années s'est transformée en une véritable déroute : aux élections municipales de 1983, 22 des 72 villes de plus de 30 000 habitants gérées par le PCF ont été perdues, et les élections législatives de 1986 n'ont fait que confirmer cette tendance.

Sans évoquer la question des stratégies politiques dans les causes de ce recul, on peut mettre en avant des facteurs plus proprement sociologiques, et à ce titre plus « objectifs », du déclin communiste. L'adéquation entre une génération, une organisation et une série d'événements fondateurs ayant profondément marqué la mémoire collective ouvrière, qui avait puissamment favorisé l'unification des représentations politiques et la mobilisation du groupe derrière le parti communiste, n'a pas joué pour la génération suivante. C'est sans doute une raison importante de l'affaiblissement du PCF et de la diversité actuelle des organisations se partageant la confiance de la classe. Peut-être conviendrait-il de distinguer l'électorat ouvrier communiste, dominant jusque dans les années soixante, et celui qui lui a succédé. En effet, toutes les enquêtes de sociologie électorale ont montré que, jusqu'à cette date charnière, le vote ouvrier communiste n'était pas spécialement un vote jeune, mais émanait principalement des travailleurs d'âge mûr. A l'inverse, aux élections législatives de 1978, ce sont les moins de 40 ans qui deviennent la force décisive pour la gauche et pour le PCF tout particulièrement. Or, comme l'a souligné Albert Hirschman, le simple fait de déposer un bulletin dans une urne ne permet pas de donner un aperçu de l'intensité de l'engagement de celui qui effectue ce geste en faveur du candidat de son choix. Pour l'ancienne génération, la fidélité tenace pour le PCF était liée à l'histoire d'une mobilisation collective particulièrement puissante. En revanche, la jeunesse ouvrière soutenant les communistes dans la dernière décennie se prononce plus par rapport à la « fonction tribunicienne » du Parti que par rapport à l'héroïsme de ses militants dans le combat de classe. Pendant la crise, le vote protestataire se conjugue avec l'espoir très fort parmi les ouvriers d'un changement social profond grâce au « programme commun ». Si, sur le moment, cette stratégie politique était capable de rallier nombre de suffrages, on comprend aussi la plus grande fragilité d'un vote ouvrier fondé sur l'attente passive d'un « changement », qui ne devait guère être perçu par le monde du travail après mai 1981. D'où l'ampleur du désenchantement et la crise de confiance rencontrée par la gauche tout entière.

Il faut donc invoquer tout à la fois les raisons sociologiques et politiques pour comprendre le recul de l'identité ouvrière dans les représentations collectives. Recul qu'un récent sondage Sofrès illustre clairement en montrant que la proportion des Français ayant le sentiment d'appartenir à la classe ouvrière avait nettement régressé entre 1976 et 1983, passant de 27 à 22 % pour l'ensemble des catégories socioprofessionnelles, baissant de 9 points chez les ouvriers eux-mêmes [28] !

Ce n'est pas le rôle du chercheur de dire si une telle évolution est « positive » ou « négative » pour le monde du travail. Tout ce livre montre que dans les classes dominées, lorsque l'individu est livré à lui-même, ses intérêts n'ont guère de chance d'être défendus, ni même perçus dans la société où il vit. D'où la nécessité de l'action collective. Cependant, nous avons vu aussi que la mobilisation du groupe derrière une organisation centrale provoquait par la force des choses (la nécessité de présenter une image unifiée et unifiante des intérêts individuels) un rétrécissement à la fois des problèmes jugés dignes d'être défendus (le salaire, les conditions de travail, mais rarement les questions relevant de la « vie privée ») et du nombre des catégories sociales pouvant se reconnaître, en tant que telles, dans le mouvement ouvrier officiel.

L'éclatement des formes d'organisation du monde du travail actuel autour de pôles diversifiés est peut-être le meilleur moyen d'amener à la conscience publique des problèmes spécifiques (liés aux formes de domination particulières que subissent par exemple les femmes, les jeunes, les travailleurs d'origine étrangère) qui ne pouvaient avoir leur place dans les organisations traditionnelles qu'en subissant une dénaturation plus ou moins importante.

Conclusion

Pour conclure, nous soulignerons combien le passé de la classe ouvrière — cristallisé aussi bien dans ses définitions juridiques, ses institutions, ses représentations collectives que dans l'espace qu'elle s'est aménagé — pèse aujourd'hui sur la manière dont la société tout entière appréhende son avenir. Pour cela, nous prendrons quelques exemples comparatifs concernant la Francc, la Grande-Bretagne et la RFA.

Le cas britannique prouve toute la force d'une identité collective ouvrière mobilisée contre des bouleversements qui la remettent radicalement en cause. La grève des mineurs de 1984 en fournit la meilleure illustration tant par sa durée, sa détermination, le rôle joué par le leader du mouvement, ancien mineur lui-même, fils et petit-fils de mineurs. Plus généralement, des études comparatives France-Grande-Bretagne ont montré que, de l'autre côté de la Manche, les pratiques de négociation sont beaucoup plus enracinées qu'en France, au niveau élémentaire de l'atelier. Ce qui ne laisse qu'une marge réduite aux dirigeants cherchant à imposer le changement. « La communauté ouvrière a les moyens de défendre ses prérogatives et elle les utilise, accentuant ainsi les rigidités de la division du travail et réduisant la mobilité interne de la main-d'œuvre. » En France, malgré des luttes spectaculaires, les dégagements de personnel sont plus faciles et plus systématiques[1]. L'exemple de la formation professionnelle fournit la base d'une comparaison avec le cas allemand qui témoigne là aussi de l'ampleur du contraste. En RFA, du fait de la force du statut ouvrier, ce que les sociologues appellent l'*Arbeiterschaft,* les groupes de base disposent dans les ateliers d'une grande autonomie, et les dirigeants de l'entreprise s'appuient sur la coopération avec le personnel afin de mettre à profit le savoir-faire ouvrier. Celui-ci est d'ailleurs beaucoup plus polyvalent qu'en France, ce qui est dû à une politique d'éducation privilégiant la formation professionnelle de masse, autonome par rapport à l'enseignement général. L'apprentissage est souvent la base d'une réelle ascension sociale dans l'entreprise et l'identité collective des travailleurs est renforcée par une plus grande stabilité des ouvriers qualifiés qu'illustre un taux de reproduction sociale élevé. En France, tout au contraire, l'entreprise est fondée sur le salariat d'exécution caractérisé par le travail parcellisé et peu qualifié sur lequel pèse le contrôle tatillon et bureaucratique de l'encadrement. De même, alors qu'en RFA la négociation collective se déroule surtout au niveau des branches ou des régions, en France, l'essentiel se joue au niveau confédéral. On mesure dans ce dernier pays l'ampleur de la dépossession dont sont victimes les groupes de base [2].

Pour expliquer ces différences, c'est toute l'histoire sociale du monde du travail qu'il faut faire intervenir. En Grande-Bretagne, la très forte identité ouvrière est la conséquence de l'ancienneté du groupe. Comme l'a montré Edward P. Thompson, c'est au début du XIXe siècle que se produisent les mutations décisives conduisant à la formation d'une *classe,* au niveau économique, social et politique. Vers 1870, « trois ou quatre générations après la Révolution industrielle », dit Eric Hobsbawm, la Grande-Bretagne « était d'abord et surtout un pays d'ouvriers ». 77 % de la population active était composée de « travailleurs manuels », et les petits paysans avaient pratiquement disparu [3].

En Allemagne, le processus est plus tardif. Cependant, la formation de la classe ouvrière est un phénomène qui se produit brutalement et massivement sous la férule d'un État autoritaire dirigé par Bismarck, qui en contrepartie accorde aux travailleurs une protection sociale sans équivalent ailleurs. Cette révolution « par en haut », dont parlait Gramsci, est un puissant facteur d'homogénéisation pour les générations ouvrières suivantes qui explique la force de l'*Arbeiterschaft.*

Par rapport à ces deux exemples, la France est un modèle quasiment inverse, à tel point qu'il n'est guère possible d'assigner un véritable moment de « formation » de la classe ouvrière, celle-ci étant caractérisée par un constant renouvellement et par une forte hétérogénéité. L'une des raisons essentielles de cette situation est la capacité de blocage issue de la Révolution française qui, à cet égard, doit être vue comme bien plus qu'une « révolution bourgeoise ». Au niveau économique (consolidation de la petite propriété rurale) et politique (droits liés à la citoyenneté), les classes populaires ont disposé, dès le milieu du XIXe siècle, des moyens de s'opposer efficacement aux bouleversements industriels. Ajoutons à cela deux autres caractéristiques héritées de la Révolution française. D'une part, la tradition de lutte des « sans-culottes », c'est-à-dire de l'élite des ouvriers de l'artisanat urbain, face auxquels l'État est d'autant plus vulnérable qu'avec le jacobinisme les centres nerveux du pouvoir restent concentrés à Paris, au « royaume » des gens de métier. D'autre part, la précocité du suffrage universel, qu'il faut voir à la fois comme une illustration de l'idéologie de 1789 mais aussi comme une tentative pour désamorcer la combativité révolutionnaire des ouvriers des grandes villes. Tout cela conforte, jusqu'au début du XXe siècle, la résistance des classes populaires face à la Révolution industrielle.

A l'encontre des thèses récentes contestant le « retard » du développement capitaliste français mis en valeur par David Landes, il faut souligner avec Karl Polanyi que nulle société industrialisée n'a pu échapper à la rigueur des lois du marché « autorégulé ». En France, les effets de la Révolution industrielle ont été décalés dans le temps, prenant toute leur ampleur dans les années vingt. C'est alors que le retard de l'urbanisation, des équipements collectifs, de la protection sociale pèse de tout son poids sur la société française. On a trop mis sur le compte des « conséquences de la guerre » ce qui relevait aussi des modifications de structure du capitalisme français. Phénomène masqué aussi parce que l'entre-deux-guerres reste le trou noir de notre histoire sociale, mais surtout parce que la prolétarisation la plus radicale s'est concentrée sur les travailleurs immigrés, dans un contexte de nationalisme exacerbé.

L'histoire de la classe ouvrière — et au-delà l'histoire de la société française dans son ensemble — apparaît ainsi dominée par une question centrale : comment imposer les bouleversements incontournables du système capitaliste (qu'aucune

« première génération » ouvrière n'a jamais acceptés de gaieté de cœur [4]) à des classes populaires qui disposaient des moyens démocratiques pour s'y opposer ? Dès la fin du XIXe siècle, de nombreux intellectuels se sont mobilisés pour résoudre ce problème, faisant de la France ce « laboratoire d'idées politiques », décrit notamment par Zeev Sternhell, où ont été pensées nombre de techniques de pouvoir propres au XXe siècle. A ce sujet, il faut insister tout particulièrement sur la place tenue par le nationalisme, comme dispositif inverse à la logique des « Droits de l'homme », faisant peser sur les « non-citoyens » les contraintes économiques et sociales les plus fortes.

L'hétérogénéité du monde du travail, la lenteur du processus de prolétarisation expliquent aussi la faiblesse chronique du mouvement ouvrier. Jamais, comme aux États-Unis ou en Grande-Bretagne, les syndicats de métier ne sont parvenus à imposer leur hégémonie sur l'ensemble de la classe ouvrière, ce qui est aussi une conséquence de l'expérience politique unique accumulée depuis la Révolution par l'élite ouvrière urbaine, notamment à Paris. La tradition « d'action directe » était peu compatible avec les règles du système représentatif fondées sur la délégation de pouvoir.

Le Front populaire marque la fin définitive de cette histoire du mouvement ouvrier, et l'émergence de la classe ouvrière industrielle (jusque-là marginalisée) sur la scène politique. Celle-ci, sans traditions, accepte d'emblée les nouvelles règles du jeu et trouve dans le PCF et la CGT les instruments adéquats pour la défense de ses intérêts. Ses luttes occuperont le devant de la scène, jusque dans les années soixante-dix, mais elles semblent aujourd'hui s'étioler faute de combattants.

Ainsi doit-on souligner « l'éternelle jeunesse » d'une bonne partie de la classe ouvrière en France, ce qui n'est sans doute pas sans rapport avec la fameuse « tradition révolutionnaire » du mouvement ouvrier français. A ce sujet, il faut éviter de confondre deux processus bien distincts :

— les « journées » révolutionnaires du XIXe siècle, qui sont liées à l'histoire propre du monde de l'artisanat urbain depuis l'Ancien Régime ;

— les grands moments de mobilisation collective du XXe siècle, 1906, 1936, 1968, qui appartiennent à l'histoire de la grande industrie. A chaque fois, une nouvelle « génération » ouvrière, peu enracinée, sans véritables traditions, a été au cœur du combat le plus radical.

Peut-être y a-t-il là unc explication du contraste entre les tendances « réformistes » anglo-saxonnes et les tendances « révolutionnaires » de la France. On pourrait en effet donner de nombreuses preuves montrant qu'une véritable tradition ouvrière intègre le « sens des limites » (ce qu'il est possible d'obtenir et ce qui ne l'est pas), notamment par le souvenir des échecs qui en quelques mois peuvent détruire des années d'efforts consentis pour mettre en place une organisation durable — on sait que Jouhaux a regretté tout sa vie d'avoir lancé l'ensemble de la CGT dans l'aventure de la grève générale de 1920. La faible ancienneté dans la classe incite ses membres à croire, dans les moments d'euphorie, que tout est possible, au prix d'un « désenchantement » toujours recommencé.

Février 1986

Notes

Notes de l'introduction

1. R. Barthes, *Mythologiques,* Paris, Éd. du Seuil, 1957, p. 225; rééd. coll. « Points », 1970.
2. Voir bibliographie référence [42].
3. F. Furet, *Penser la Révolution française,* Paris, Gallimard, coll. « Folio », 1978, p. 136.
4. G. Duby, *Les Trois Ordres ou l'Imaginaire du féodalisme,* Paris, Gallimard, 1978, couverture.
5. Parmi les thèmes abordés dans ce livre, ceux qui concernent l'anthropologie historique du travail et l'immigration font l'objet de recherches en cours dans le cadre du Laboratoire de sciences sociales de l'École normale supérieure.

Notes du chapitre 1

1. A. Daumard et F. Furet, « Méthodes d'histoire sociale. Les Archives notariales et la mécanographie », *Annales ESC,* octobre 1959.
2. [25].
3. [101].
4. [36], p. 57.
5. Sur le travail des enfants, voir par exemple S. Chassagne, A. Dewerpe, Y. Gaulupeau, « Les ouvriers de la manufacture de toiles imprimées d'Oberkampf à Jouy-en-Josas (1765-1815) », *le Mouvement social,* octobre 1976, et aussi [126].
6. Voir surtout, C. Lévy-Leboyer, « La croissance économique en France au XIXe siècle », *Annales ESC,* juillet 1968, et, plus récemment, P. O'Brien et C. Keyder, « Les voies de passage vers la société industrielle en Grande-Bretagne et en France (1780-1914) », *Annales ESC,* septembre 1979.
7. [80], t. 1, p. 186.

* Le numéro entre crochets renvoie à l'ouvrage cité sous ce numéro dans la bibliographie.

8. [93], t. 1, p. 4.
9. [94], p. 6.
10. [87], p. 431.
11. [82], t. 1, p. 107.
12. [98], p. 187 *sq*.
13. [87], p. 430.
14. [97], p. 197. De 29,07 % en 1856, la proportion de la population industrielle parmi les actifs baisserait jusqu'à 25,93 % en 1876.
15. La réflexion des chercheurs de l'INSEE sur le sujet est abordée surtout dans [52]. G. Thuillier avait déjà insisté sur ce problème. « Toute une étude du vocabulaire et des classifications administratives d'autrefois serait à faire », affirmait-il à propos du Nivernais ; voir [81], p. 76.
16. [87], p. 132. Sur cette question, cf. aussi S. Chassagne *et al.*, article cité, et W. H. Sewell, « La classe ouvrière de Marseille sous la Seconde République : structure sociale et comportement politique », *le Mouvement social,* juillet 1971.
17. [61], p. 50.
18. [73], p. 99.
19. [69], t. 2, p. 35.
20. [76], t. 1, p. 223.
21. [349], p. 50.
22. F. Démier, « 1848 : les ouvriers de Rouen parlent », *Le Mouvement social,* avril 1982.
23. [76], t. 2, p. 209-210.
24. [94], p. 154 *sq*.
25. [84].
26. F. Demier, *op. cit.* Sur ces problèmes, voir aussi [76] et [94] *sq*.
27. [76], t. 2, p. 14. Jusqu'à la fin du siècle, comme des études quantitatives l'ont montré, une infime partie des classes populaires laisse un héritage ; voir notamment [85].
28. P. Pierrard, [21], en particulier p. 28-35. Une illustration de la désagrégation des liens sociaux en milieu urbain peut être donnée pour Paris. Au début du Second Empire, un corps sur 5 déposé à la morgue n'est réclamé par personne ; d'après J. Gaillard, [87], p. 222.
29. [73], p. 152.
30. [2], p. 154.
31. Sous le Second Empire, de nouvelles enquêtes sont consacrées au monde ouvrier, mais, le vent politique ayant tourné, elles s'emploient pour la plupart à « réfuter » celles de la monarchie de Juillet. Pour Levasseur par exemple, les fameuses statistiques des conseils de révision qui avaient abondamment servi pour démontrer « scientifiquement » les méfaits des manufactures, prouvent au contraire les effets positifs de l'industrie sur le peuple, puisque la taille des nouvelles recrues de l'armée a plus augmenté, en vingt ans, dans un département textile comme la Seine-Inférieure que dans la Vendée rurale. On trouvera des critiques du même type chez Reybaud et Audiganne ; voir [67], [72], [75].
32. [18], p. 179 *sq*. La lutte est d'autant plus difficile que l'action des médecins se heurte aux préjugés de la culture populaire, dominée par la superstition. En Limousin par exemple, une femme stérile « va toucher le verrouil de saint Léonard pour devenir enceinte. Celle-là en mal d'enfant

reçoit sur le ventre le bonnet de nuit de son mari », cité par A. Corbin, [78], t. 1, p. 622. On note des pratiques identiques en milieu urbain, comme à Lille, où les ouvriers donnent du vin aux enfants atteints de la rougeole, et où pour guérir de la méningite, on introduit le bec d'un pigeon vivant dans l'anus du malade ; voir P. Pierrard, [94], p. 142.

33. Extrait du journal *le Peuple souverain,* cité par L. Mazoyer [20]. L'auteur ajoute qu'à cette époque il y a environ 40 000 clercs de notaires pour 9 871 études. Même ceux qui parviennent à s'installer doivent pratiquer une « course aux clients », consentir des rabais de toute sorte, multiplier les intrigues. De même, un avocat, après 3 coûteuses années de droit et 5 de cléricature, ne peut guère s'installer avant l'âge de 27 ans. « Pour se faire connaître, il devra plaider gratuitement [...]. En cas d'échec, il tentera sans doute comme beaucoup de se lancer dans la littérature, le journalisme, la politique, s'exposant encore à de cruelles déceptions. » Pour l'auteur, le parti républicain doit son dynamisme sous la monarchie de Juillet à l'ardeur de cette jeunesse qui exige, en même temps que le suffrage universel, l'accès aux professions par concours.

34. A.-M. Thiesse, « L'éducation sociale d'un romancier. Le cas d'Eugène Sue », *Actes de la recherche en sciences sociales,* avril 1980.

35. Cité par H. Hatzfeld, [17], p. 11.

36. [46], p. 52.

37. A propos des différentes définitions et des discussions autour de ce terme, cf. des mises au point récentes dans [109] et [112].

38. Là dessus, voir [98], p. 162 *sq.*, [93], t. 1, p. 29 *sq.*, et [16]. Marx avait lui-même insisté fortement sur ce phénomène en France, contrastant avec la situation anglaise ; voir notamment, K. Marx, *Un chapitre inédit du « Capital »,* Paris, UGE, 1971 (trad. et présentation de R. Dangeville).

39. [334], p. 128-129.

40. J. Gaillard estime que la fabrique parisienne parvient à plier à ses propres fins les nouveautés industrielles dues à la diffusion de la machine à vapeur : « Sa réussite témoigne de la souplesse d'un mode de production très capable de s'incarner autrement que dans la grande entreprise pour répondre aux conditions urbaines, comme aussi de l'ingéniosité des ateliers parisiens », [87], p. 461.

41. Cité par A. Cosson, « Industrie de la soie et population ouvrière à Nîmes de 1815 à 1848 », dans [29] ; sur les ouvriers de Mulhouse, cf. Villermé, [76], t. 1, p. 21-52 ; sur les conditions de travail des artisans, *ibid.* Notons en passant qu'en assimilant les tisserands vivant dans les fameuses caves de Lille, dénoncées par Villermé, Hugo et bien d'autres ensuite, au prolétariat de la grande industrie J. Kuczynski commet un véritable contresens. Les filtiers constituent en effet une « aristocratie de métier », descendant des vieilles familles populaires lilloises. S'ils tiennent à leur logement « insalubre », c'est parce que celui-ci est adapté à la sociabilité traditionnelle des quartiers populaires (grâce au soupirail donnant directement sur la rue) et que l'humidité ambiante est une nécessité technique pour le travail du fil ; cf. J. Kuczynski, [61], p. 95.

42. [349], p. 51.

43. [81], p. 69 *sq.*

44. Cf. F. Simiand, [54], t. 1, p.180 *sq.* On sait que le problème de la mobilité réelle par rapport à la définition théorique de la classe était l'un des

arguments préférés de Schumpeter contre les marxistes; cf. J. Schumpeter, *Impérialisme et Classe sociale,* Paris, Flammarion, 1984 (rééd.).

45. Cf. A. Perdiguier, [347], et F. Le Play, [70] et [71].
46. Cf. [131], t. 1, p. 257 *sq.*

Notes du chapitre 2

1. [5], p. 228.
2. Cf. E. P. Thompson, [66].
3. Sur la question du salaire, cf. la discussion entre J. Lhomme, « Le pouvoir d'achat de l'ouvrier français au cours d'un siècle, 1840-1940 », et J. Rougerie, « Remarques sur l'histoire des salaires à Paris au XIXe siècle », *le Mouvement social,* avril 1968.
4. A. Cosson, « L'industrie textile à Nîmes, 1790-1850 », *le Mouvement social,* octobre 1985.
5. [71], monographie n° 7, « Tisseur en châles de Paris », 1857, et monographie n° 13, « Tailleur d'habits de Paris », 1856.
6. J'emploie le terme ici dans son sens le plus large, sans entrer dans les débats sur les différentes définitions proposées.
7. [71], monographie n° 7, *op. cit.*
8. [90], p. 311. La fréquence des unions libres dans le monde ouvrier du XIXe siècle doit être vue aussi en fonction des stratégies déployées pour faire face aux nécessités du quotidien. Comme le note A. Cottereau dans sa présentation de l'ouvrage de D. Poulot, chaque modalité d'union conjugale est une manière d'affronter l'existence. Si les canuts ont tendance à se marier jeunes, du fait que le travail de l'épouse évite de payer un compagnon, chez les ouvriers de la mécanique parisienne, on constate fréquemment deux étapes : une longue période de refus ou d'impossibilité d'un ménage fixe, puis une stabilisation avec ou sans mariage pour élever les enfants et aménager au mieux le déclin des forces. « Une contrainte omniprésente commande ces étapes : la variation des gains selon l'âge et le degré d'usure au travail », cf. [74], p. 37 *sq.*
9. [131], t. 1, p. 128.
10. [71], monographie n° 20, « Brodeuse des Vosges », 1859.
11. [22], p. 207.
12. [45], p. 53-54.
13. [302], t. 1, p. 224.
14. [98], p. 228.
15. Cf. à ce sujet l'excellente thèse d'Y. Lamy sur les forges du Périgord [32].
16. [79], p. 248.
17. [346].
18. [87], p. 438.
19. Cité par M. Perrot, « Sur la formation de la classe ouvrière en France », dans l'ouvrage collectif [60].
20. [76], t. 1, p. 197 ; sur la sociabilité ouvrière lilloise, cf. P. Pierrard, [94], p. 289-312.

21. P. Pierrard, *op. cit.*, [94] p. 302. Les « coulonneux » sont des éleveurs de pigeons. Le « beigneau » est un ancien jeu d'adresse lillois. L'importance de ces pratiques collectives ne doit pas faire oublier qu'elles sont souvent utilisées par la classe dominante pour conforter son pouvoir. La distribution de viande et de vêtements pour les pauvres, lors de la fête de Lille, est l'occasion pour les notables de montrer publiquement leur bonté pour le peuple. De même, il y aurait beaucoup à dire sur l'engouement populaire pour la musique. Née au XVIIIe siècle, l'utopie de la musique comme moyen d'apaiser les passions est intégrée sous le Second Empire à une stratégie politique de « réconciliation des classes », et consciemment propagée dans le peuple par les préfets. Avec la musique de la Garde nationale (polkas, mazurkas, etc.), un nouveau répertoire, destiné à remplacer les chansons révolutionnaires de la monarchie de Juillet, est diffusé. Un espace « neutre », considéré comme « authentique » et vraiment « populaire », est ainsi mis en place pour disqualifier la chanson politique; sur ce sujet, cf. P. Lantz, « De la banalité de la vie quotidienne », colloque *le Sens de l'ordinaire*, Paris, Éd. du CNRS, 1983.
22. [71], monographie n° 24, « Lingère de Lille », 1858.
23. *Ibid.*, monographie n° 15, « Décapeur d'outils d'Hérimoncourt (Doubs) », 1858; sur les maçons de la Creuse, cf. [78]. Des exemples de la solidarité villageoise dans le « trafic » de matières premières textiles figurent dans G. Clause, « L'industrie lainière rémoise à l'époque napoléonienne », dans [16].
24. La nature de la qualification technique sépare aussi ces deux groupes. Les spécialistes de la grande industrie possèdent surtout un savoir pratique concret, alors que les ouvriers de l'artisanat urbain conjuguent très souvent des connaissances empiriques à un savoir professionnel plus théorique. Dans toutes les professions, liées au bâtiment notamment, « l'art du trait » — le dessin — a une importance considérable. Pour beaucoup cet enseignement constitue l'élément le plus attractif des « cours du soir », mis en place dans les grandes villes à l'initiative des frères de l'École chrétienne, de la Société d'encouragement pour l'industrie nationale, etc., qui assurent l'essentiel de l'enseignement professionnel diffusé à cette époque.
25. Toutes ces citations sur les forges sont tirées de [104], p. 560 *sq.*
26. Turgan, « Ardoisière d'Angers », *Les Grandes Usines*, 1866, t. 6.
27. [347].
28. J. Goody, *La Raison graphique*, Paris, Éd. de Minuit, 1979 (éd. fr.).
29. Y. Deforges, *Éléments pour une génétique de l'objet technique*, Compiègne, Université de technologie, 1981, cité dans [311], p. 75.
30. Turgan, « Dentelle du Puy », *Les Grandes Usines*, *op. cit.*
31. Cf. Y. Lequin, [93], t. 1, p. 226, et D. Woronoff, [104], p. 590.
32. L'intérêt porté à leur instrument de travail par les femmes est illustré par la coquetterie avec laquelle elles le décorent (en le recouvrant de carton, d'une toile cirée de couleurs voyantes ou de papier peint, avec des paillettes brillantes ou des fleurs). Certains sont même doublés de soie. Le « carreau » (nom donné au métier à dentelle) « sert aussi de confident, car la petite boîte formant la cavité centrale du carreau, protégée par un petit rideau de soie, renferme souvent, outre la planchette sur laquelle on roule la dentelle terminée, les lettres et les petits souvenirs qui rappellent les absents » (monographie citée [71]).

33. [9], p. 423.
34. K. Polanyi, *La Grande Transformation,* Paris, Gallimard, 1983 (trad. fr.), et K. Marx, *Le Capital,* Paris, Éditions sociales, 1975 (rééd.), livre 1.
35. Sur cette question, cf. F. Furet, *Penser la Révolution..., op. cit.*
36. Notamment M. Weber, *l'Éthique protestante et l'Esprit du capitalisme,* Paris, Plon, 1969 (éd. fr.).
37. Sur tout cela, cf. [97], p. 407, [37], p. 68, et P. Vigier, « Les paysans dans *le Peuple* de Michelet », colloque *Michelet et le Peuple,* Université de Nanterre, février 1975 (dact.).
38. D'après T. Shinn, « Des corps de l'État au secteur industriel, genèse de la profession d'ingénieur, 1750-1920 », *Revue française de sociologie,* XIX, 1978, p. 39-71.
39. [97], p. 11 ; L. Bergeron, *Banquiers, Industriels, Négociants parisiens du Directoire à l'Empire,* Paris, Mouton, 1978, p. 36 *sq.*
40. A. Daumard, *La Bourgeoisie parisienne de 1815 à 1848,* Paris, SEVPEN, 1963.
41. [32], p. 510 *sq.*
42. Les analyses en termes de « pouvoir disciplinaire », qui ont eu beaucoup de succès après 1968 en France, s'autorisant parfois abusivement des travaux de Michel Foucault, constituent par bien des aspects une régression par rapport au concept wéberien de « domination », parce qu'elles ne voient qu'un pôle de la relation de pouvoir. Pour Max Weber, au contraire, la discipline ne peut être efficace que si elle s'adresse à des gens prêts à obéir « en vertu d'une disposition acquise » ; cf. M. Weber, *Économie et Société,* Paris, Plon, 1969 (éd. fr.), p. 56.
43. E. P. Thompson *« Patrician Society, Plebeian Culture », Journal of Social History,* été 1974, p. 382-405.
44. M. Foucault, *Surveiller et Punir,* Paris, Gallimard, 1974.
45. [302], t. 1, p. 151 *sq.*, [81], p. 309, [339], t. I, p. 144.
46. [75], p. 109.
47. Cf. G. Hurpin, « Fileurs cauchois à la fin du XIXe siècle », dans [11].
48. M. Chevalier, cité par G. Duveau, [97], p. 134, et A. Dunham, [2], p. 158, cf. aussi [155].
49. [104], p. 558.
50. Pour Mazamet, cf. [143] ; E. Coornaert, *le Compagnonnage en France du Moyen Age à nos jours,* Paris, Éditions ouvrières, p. 275 *sq.*
51. Pour la Bourgogne, [80], t. 1, p. 154; Alençon, [2], p. 172-173; Carmaux, [302], t. 1, p. 190-210.
52. M. Perrot, « Les ouvriers et les machines dans la première moitié du XIXe siècle », article paru dans le recueil [63].
53. [138], p. 344-345.
54. [138], p. 27.
55. [71], monographie n° 7, *op. cit.*
56. [142].
57. [77], p. 407-417.
58. [80], t. 2, p. 168.
59. Cf. W. Sewell, « La classe ouvrière de Marseille... », *op. cit.,* et [156], [153], [78], [90]. Pour expliquer ces événements révolutionnaires, il ne faut pas oublier non plus l'autre composante principale du monde ouvrier parisien à cette époque : les travailleurs fraîchement ou temporairement

immigrés de leur province natale, le plus souvent entassés dans des garnis, prompts à se mobiliser sur des bases et selon des modalités plus paysannes que « prolétariennes ».

60. Cité dans [93], t. 2, p. 158-159. En dépit de « l'haussmannisation », l'homogénéité des quartiers populaires reste frappante dans un quartier comme Belleville. L'étude de l'état civil effectuée par Gérard Jacquemet montre, dans le choix des conjoints et des témoins au mariage, la persistance de l'axe reliant la rue du Temple, le Faubourg du Temple et Belleville. En 1865, 53,2 % des nouveaux couples sont formés d'hommes et de femmes qui habitaient auparavant la même rue ; cf. G. Jacquemet, « Belleville ouvrier à la Belle Époque », *le Mouvement social*, janvier 1982.
61. W. Sewell parle de « l'idiome souple du corporatisme », cf. [102], p. 265 *sq*.
62. [129].
63. [73], p. 110. Sans doute parce que nous sommes à une époque où les « catégories socioprofessionnelles » ne sont pas encore fixées, ni dans la société, ni dans les têtes, l'ouvrage de Michelet est aussi un formidable document sociologique sur le *dépaysement social*. Il prouve ainsi que le passé de l'individu continue d'agiter son présent. Par cette lucidité, qu'il doit sans doute aussi à sa biographie singulière, il se montre plus historien que beaucoup d'historiens ultérieurs, en répondant par avance à tous ceux qui ne voudront voir dans les révolutions que des effets de la « conjoncture ».
64. Sur ce sujet, cf. [140].
65. Cette question est développée surtout dans [3], p. 146-150.
66. Cité par M. Perrot, [150], t. 1, p. 212-213.
67. Cf. É. Cheysson, *Œuvres choisies*, Paris, A. Rousseau, 1911, 2 vol.
68. Sur le paternalisme naissant, cf. en particulier [81], p. 342 *sq*., [93], t. 2, p. 114 *sq*., [119], p. 126-140.
69. [69], t. 2, p. 141-142.
70. Cité par L. Reybaud, [75], p. 229 *sq*.
71. [87], p. 310 *sq*.
72. A. Hirschman, *Bonheur privé, Action publique*, Paris, Fayard, 1984 (éd. fr.).
73. [78], t. 2, p. 787-790, [80], t. 2, p. 454, et [71], monographie n° 15, *op. cit*.

Notes du chapitre 3

1. É. Durkheim, *Le Suicide*, Paris, PUF, 1983 (rééd.), p. 422-424. J.-M. Mayeur, *Les Débuts de la IIIe République*, Paris, Éd. du Seuil, coll. « Points Histoire, Nouvelle histoire de la France contemporaine », 1973, p. 193.
2. M. Lévy-Leboyer, « La 'décélération' de l'économie française dans la seconde moitié du XIXe siècle », *Revue d'histoire économique et sociale*, 4, 1971, p. 485-507.
3. F. Caron, *Histoire de l'exploitation d'un grand réseau : la Compagnie du chemin de fer du Nord, 1846-1937*, Paris, Mouton, 1973, p. 242.
4. [93], t. 1, p. 52.

5. J. Gaillard, [3], rapport cité.
6. [43], p. 40.
7. [93], t. 1, p. 140.
8. L. Chevalier, *La Formation de la population parisienne au XIX*ᵉ *siècle*, Paris, PUF, 1950.
9. [12]. Sur ce sujet, voir aussi [19].
10. J. Néré, *La Crise économique de 1882 et le Mouvement boulangiste*, Paris, 1959, 2 vol. (thèse).
11. R. Cameron, cité par J.-M. Mayeur, *op. cit.*, p. 61.
12. [12], p. 85.
13. Les cités ouvrières que l'on trouve encore aujourd'hui en Lorraine et dans le Nord relèvent maintenant de « l'archéologie industrielle ». Dans la région de Denain, « en général, la maison comprenait, au rez-de-chaussée, un séjour-cuisine doté d'une alcôve pour le lit des parents, ou accompagné d'une chambre à coucher séparée. A l'étage, les enfants disposaient d'une ou deux mansardes. Il y avait une cave, pour le tonneau de bière, les pommes de terre, le charbon » ; cf. J. Dauby, « La vie du coron à l'époque de Jules Mousseron », *le Pays Noir vu par Émile Zola et Jules Mousseron*, Lille, CRDP, 1977.
14. Sur le Creusot au début du XXᵉ siècle, cf. [149].
15. D'après G. Ribeill, [319], p. 26-30.
16. [72], p. 274.
17. [93], t. 1, p. 83.
18. Exemple cité par P. Bachelard, *l'Industrialisation de la région du Centre*, Paris, Gilbert Clary, 1978, p. 295 (thèse de géographie).
19. Office du travail, *Enquête sur les salaires et les conditions de travail*, Paris, Imprimerie nationale, 1893.
20. [321].
21. [44], p. 39-42.
22. Cf. M. Halbwachs, [120]. C'est à cette époque que les patrons des grands journaux quotidiens réalisent une conquête systématique du marché populaire. Le prix est de un sou le numéro, soit 5 centimes; ce qui représente 12,5 % du prix du kilo de pain (contre 53 % en 1980), 17 % du litre de lait (contre 88 % en 1980). « L'achat du journal par un ménage est signe d'une adaptation aux nouvelles formes de consommation engendrées par l'urbanisation et l'industrialisation », estime A.-M. Thiesse. Le feuilleton quotidien (comme *la Porteuse de pain*, publié en 1884, qui a pour héroïne une veuve initialement gardienne d'usine, dont le mari est mort dans un accident du travail) est l'une des raisons essentielles du succès de cette presse ; cf. A.-M. Thiesse, [137].
23. [81], p. 57.
24. [72], p. 105.
25. A. Hirschman, *op. cit.*
26. Cf. G. Simmel, *Philosophie des Geldes*, Munich, Duncker und Humblot, 1920 (3ᵉ éd.) ; F. Furet et J. Ozouf, [131].
27. A ce sujet, consulter B. Charlot et M. Figeat, *Histoire de la formation des ouvriers, 1789-1984*, Paris, Minerve, 1985, p. 139-162.
28. G. Jacquemet, [90], p. 258 *sq.* ; G. Désert, « Aspects de la criminalité en France et en Normandie », dans « Marginalité, déviance, pauvreté en France ; XIVᵉ-XIXᵉ siècle », *Cahier des annales de Normandie*, nº 13, 1981,

p. 260. La mesure de l'évolution de la violence sur la longue durée se heurte au problème méthodologique de l'évolution du « regard social » sur le phénomène, la définition sociale de la violence pouvant se transformer, et fausser les comparaisons. La difficulté d'apprécier l'ampleur de « l'alcoolisme » en milieu ouvrier est due au fait que c'est là un des thèmes de prédilection du « racisme de classe », devenu une image d'Épinal depuis *l'Assommoir* de Zola et qui traduit l'incompréhension bourgeoise face à certains comportements populaires. Chez les ouvriers, l'alcool et une certaine violence sont aussi des éléments constitutifs de l'identité de classe, liés à l'image de virilité, de force, qu'ils ont d'eux-mêmes.

29. [150], t. 1, p. 59; sur les grèves de cette période, cf. aussi [139].
30. Cité par P. Barral, [26]. Cf. M. Rebérioux, *La République radicale?*, Paris, Éd. du Seuil, coll. « Points Histoire, Nouvelle histoire de la France contemporaine », 1974, p. 88.
31. [150], t. 1, p. 113.
32. *Ibid.*, t. 2, p. 555.
33. *Ibid.*, t. 2, p. 725. Sur la grève de Revin, cf. A. Auffray *et al.*, *la Grève et la Ville*, Paris, Bourgois, 1978.
34. D'après P. Pierrard, [21], p. 468.
35. [93], t. 2, p. 275.
36. La première étude complète sur les bourses du travail, due à P. Schöttler, vient d'être traduite en français, cf. [154].
37. M. Pigenet, « L'usine et le village : Rosières (1869-1914) », *le Mouvement social*, avril-juin 1982.
38. Cité par E. Levasseur, [72], p. 662.
39. Cité par G. Lefranc, [39], p. 318.
40. [150], p. 717.
41. *Ibid.*, p. 32.
42. P. Rosanvallon, *Le Moment Guizot*, Paris, Gallimard, 1985.
43. Discours cité par M. Dommanget, *Histoire du Premier Mai*, Paris, Société universitaire d'édition et de librairie, 1953, p. 150.
44. E. Hobsbawm, [132].
45. Sur le mouvement guesdiste, cf. surtout [157].
46. Pour le Nord, [38], notamment p. 32; les chemins de fer, F. Caron, *op. cit.*, p. 564; les mines de la Loire... [71], monographie n° 89, « Piqueur sociétaire de la Mine aux Mineurs de Monthieux », 1895; à Carmaux, [302], t. 1, p. 159; ce qui n'empêche pas le discours mythique sur « l'amour du mineur pour son travail » de s'intensifier comme dans le journal *le Temps* qui écrit en 1892 : « Il l'aime comme le vigneron aime sa vigne », cité par Y. Lequin, [93], p. 536.
47. Calcul sur échantillon fait par F. Muel, « Les instituteurs, les paysans et l'ordre républicain », *Actes de la recherche en sciences sociales*, novembre 1977.
48. Cité par L. Peyronnard, [339], p. 251.
49. J.-M. Mayeur, *op. cit.*
50. En 1897, à l'usine de Denain, 74 % de la main-d'œuvre habite à moins de 5 kilomètres de l'usine; en 1912, grâce aux trains ouvriers, ils ne sont plus que 47,7 % dans ce cas; cf. O. Hardy-Hemery, « Une nébuleuse en expansion aux XIXe-XXe siècles : l'espace de l'usine sidérurgique de Denain », *le Mouvement social*, octobre 1983.

51. Cité par L. Peyronnard, [339], t. 2, p. 23.
52. Au Creusot, trois groupes d'écoles ménagères sont créés à ce moment-là, qui ont pour devise la maxime de François Coppée : « Savoir se contenter de peu, voilà la sagesse et la vérité » ; cité par R. Parize, [149], p. 157.
53. J. Julliard, *Clemenceau, briseur de grèves*, Paris, Julliard, 1965.
54. D'après E. Shorter et C. Tilly, 25 % des conflits entre 1892 et 1904 sont résolus par arbitrage ; cf. [10].
55. É. Durkheim, *La Division du travail social*, Paris, PUF, 1967 (rééd.), p. 105.
56. Le théâtre populaire, notamment par la pièce de Pierre Hamp, *l'Enquête*, développe une satire de l'enquête sociologique menée par les économistes et les historiens, opposant la logique des pratiques ouvrières aux « budgets ouvriers » normalisés. Néanmoins, après les grèves « contre la vie chère » en 1910-1911, la CGT reprend à son compte le thème de « l'éducation de la ménagère » ; cf. J.-M. Flonneau, « Crise de vie chère et mouvement syndical ; 1910-1914 », *le Mouvement social*, avril 1970.
L'explication des grèves par la conjoncture économique apparaît surtout dans les articles publiés au début du siècle, dans la *Revue d'économie politique*, par Charles Rist et son équipe. Sur cette question, cf. J. Bouvier, « Mouvement ouvrier et conjoncture économique », *le Mouvement social*, juillet 1964.
57. Les ouvrages de Zeev Sternhell, même s'ils restent prisonniers de l'histoire classique des idées, fournissent beaucoup d'illustrations sur les permanences du nationalisme français ; cf. notamment, Z. Sternhell, *la Droite révolutionnaire*, Paris, Éd. du Seuil, coll. « Points Histoire », 1983 (rééd.).
58. Sur ce problème, cf. P. Nord, « Le mouvement des petits commerçants et la politique en France de 1888 à 1914 », *le Mouvement social*, janvier 1981 ; et, sur une plus longue durée, S. Berstein, *Histoire du parti radical*, Paris, Presses de la Fondation nationale des sciences politiques, 1980 ; sur les enjeux des lois sociales, cf. H. Hatzfeld, [17], surtout p. 83-88 ; la notion de « rapport salarial » est développée notamment dans R. Boyer, « Les approches en terme de régulation : présentation et problèmes de méthode », *Documents du CEPREMAP*, juillet 1985.
59. J.-B. Dumay évoque ce problème dans ses souvenirs ; cf. [345]. Cf. aussi l'analyse de M. Offerlé, « Illégitimité et légitimité du personnel politique ouvrier en France avant 1914 », *Annales ESC*, juillet 1984.

Notes du chapitre 4

1. J.-C. Asselain, *Histoire économique de la France du XVIIIe siècle à nos jours*, t. 2, *De 1919 à la fin des années 1970*, Paris, Éd. du Seuil, coll. « Points Histoire », 1984, p. 26.
2. Les facteurs proprement politiques de cette évolution ont été réservés pour le chapitre suivant consacré au Front populaire.
3. F. Caron, *Histoire économique de la France, XIXe-XXe siècle*, Paris, Colin, coll. « U », p. 190.
4. D'après J.-C. Toutain, [25]. Pour cette période, les statistiques deviennent

beaucoup plus fiables, du fait de l'homogénéité des recensements entre 1896 et 1936.

5. Les informations sur Renault et Citroën proviennent essentiellement de [166], [168], [174] et [224].
6. D'après P. Ariès, [12], p. 161.
7. Cf. P. Videlier, [175], p. 30.
8. [12], p. 105-106.
9. W. Oualid, « L'immigration ouvrière en France et ses causes », *Revue d'économie politique*, 1928.
10. O. Hardy-Hemery, « Une nébuleuse... », *op. cit.*
11. Sur Maubeuge, cf. R. Matton, « L'industrie métallurgique à Maubeuge », *Annales de géographie*, 1927, p. 309-327, sur Saint-Nazaire, cf. [324].
12. Sur Le Creusot, cf. [149] ; sur le Gard, consulter R. Huard, « Les mineurs du Gard pendant la guerre de 1914-1918 », [29].
13. Citation extraite du débat organisé au Creusot en mai 1976, dont l'essentiel a été publié sous le titre « Au pays de Schneider », dans *le Mouvement social*, n° 99, 1977.
14. J.J. Carré, P. Dubois, E. Malinvaud, *Abrégé de la croissance française*, Paris, Seuil, coll. « Points », 1973.
15. [38] ; sur le taylorisme, cf. aussi [8] et [63].
16. [324], p. 416.
17. Cité par G. Lettelier dans [171], t. 1.
18. [224], p. 84.
19. [163], p. 232.
20. C'est pourquoi les enquêtes effectuées à partir des registres du personnel des entreprises donnent en général des taux de main-d'œuvre étrangère supérieurs à ceux que l'on peut déduire des recensements.
21. [12], p. 186.
22. Sur Vénissieux, [49], p. 204-205 ; sur Pont-à-Mousson, cf. A. Baudant, *Pont-à-Mousson (1918-1939) ; stratégies industrielles d'une dynastie lorraine*, Paris, Publications de la Sorbonne, 1980.
23. [289], p. 132.
24. W. Oualid, *op. cit.*
25. [33], p. 149.
26. [43], chap. IV.
27. Sur le recrutement des mineurs polonais, cf. [38], et J. Ponty, *les Travailleurs polonais en France, 1919-1939*, Université de Paris-I, 1985 (thèse) ; pour les ouvriers-paysans de l'usine de Denain, consulter P. Veltz, [48], p. 89.
28. [149], p. 89.
29. E. Villey, « Le problème du salaire dans l'industrie », *Bulletin de la société d'encouragement*, avril 1927.
30. M. Weber, *Économie et Société*, *op. cit.*, p. 419.
31. Lors de ces banquets en petit comité, « le mineur est surpris », estime J. Condevaux, « de trouver dans son patron un homme gai et cordial, alors qu'il imaginait volontiers un personnage important et il n'est pas exagéré de dire qu'il en est enthousiasmé », [300], p. 47.
32. [41], p. 60 *sq.*
33. De même dans la construction navale, après l'achèvement d'un navire, 40 % des ouvriers sont débauchés, cf. [201].

34. P. Bonnault-Cornu, « Éléments pour une histoire ouvrière de Port-de-Bouc », *Cahiers de recueil de la mémoire du chantier naval de Port-de-Bouc*, juin 1981.
35. [288], et aussi P. Hyman, *De Dreyfus à Vichy, l'Évolution de la communauté juive en France, 1906-1939*, Paris, Fayard, 1985 (tr. fr.).
36. [45], p. 143 *sq*. La fin des années vingt constitue aussi l'apogée pour la principale usine textile de Romorantin (établissement Normant, 1 200 salariés), modèle de paternalisme en milieu rural : « Les ouvriers-paysans commençant leur travail tôt le matin pouvaient entretenir quelques hectares en fin de journée et disposaient d'un congé personnel pour les gros travaux », P. Bachelard, *op. cit.*, p. 96.
37. [177], p. 60.
38. Cité par A. Fourcault, [167].
39. J. Ponty, « La communauté polonaise de 1936 à 1939 », dans M. Gillet et Y.-M. Hilaire, [180], p. 200.
40. J. Valdour, *Ouvriers de Lyon et de Troyes*, Paris, Nouvelles Éditions latines, 1934, p. 13.
41. Cf. A. Fourcault, *Femmes à l'usine en France dans l'entre-deux-guerres* (recueil de textes), Paris, Maspero, 1982.
42. Pour le Nord, cf. J. Michel, « Mineurs, tullistes, métallurgistes : le Nord sans la métropole (1919-1939) », dans [30], p. 34-35.
43. [224], p. 60.
44. [361], p. 243-244.
45. J. Valdour, *Ouvriers de Lyon..., op. cit.*, p. 17.
46. [300], p. 16.
47. J. Valdour, *Le Faubourg*, Paris, Spes, 1925, p. 61.
48. J. Valdour, *Sous la griffe de Moscou*, Paris, Flammarion, p. 69.
49. Enquête réalisée par l'ACJF à Jœuf (Meurthe-et-Moselle) en 1930; archives de la Bibliothèque de documentation internationale contemporaine, Nanterre.
50. J. Michel, *op. cit.*, p. 76.
51. M. Pigenet, *op. cit.*

Notes du chapitre 5

1. J. Ozouf, « *L'Humanité* et les journées de Février 1934 (1945-1964) », *Le Mouvement social*, janvier 1966.
2. B. Cacérès, *Allons au-devant de la vie. La naissance du temps des loisirs en 1936*, Paris, Maspero, 1981 (préface de P. Mauroy).
3. R. Huard, *op. cit.* Cf. aussi M. Gallo, « Quelques aspects de la mentalité et du comportement ouvrier dans les usines de guerre en 1914-1918 », *le Mouvement social*, juillet 1966.
4. Sur la grève de 1919 dans la région parisienne, cf. surtout [35]. On ne peut aborder cette période sans consulter A. Kriegel, [182].
5. J. Valdour, *Ateliers et Taudis de la banlieue parisienne*, Paris, Spes, 1923, p. 107 et 147.
6. D'après E. Shorter et C. Tilly, [10], p. 257 *sq*.
7. Sur ce problème, cf. surtout [166], p. 92-104.

8. [187], p. 73.
9. *Ibid.*, p. 95.
10. J. Valdour, *Le Faubourg, op. cit.*, p. 191.
11. La convention collective signée en 1926 dans les mines du Nord concerne 188 000 ouvriers, soit les deux tiers des mineurs du pays.
12. M. Halbwachs, *La Mémoire collective*, Paris, PUF, 1968 (rééd.).
13. [12], p. 163.
14. Cf. C. Dubar, G. Gayot et J. Hédoux, « Sociabilité minière et changement social à Sallaumines et Noyelles-sous-Lens (1900-1980) », dans [47].
15. D'après R. Parize, [149], p. 213.
16. [361], p. 75, 52 et 247.
17. Consulter surtout pour ce problème [181], notamment p. 273 et 88.
18. *Ibid.*, p. 256 *sq.*
19. [163], p. 130.
20. [35], p. 266.
21. [41], p. 241.
22. [300], p. 99.
23. J. Valdour, *Sous la griffe..., op. cit.*, p. 205.
24. A. Desrosières, « Éléments pour une histoire des nomenclatures socioprofessionnelles », dans [52], p. 52. Le recul de l'initiative ouvrière est mentionné aussi par Georges Lefranc, à propos des coopératives dont les dirigeants étaient d'origine ouvrière pour la première génération, issus des classes moyennes pour la deuxième, pour devenir des technocrates sortis des écoles à la troisième ; cf. [39], p. 322.
25. J. Valdour définit sa méthode dans « L'ouvrier français », *les Cahiers de la corporation*, n° 2, 1927. Depuis 25 ans, affirme-t-il, à raison de plusieurs mois par an, il se fait embaucher dans des entreprises de toutes les régions de France, car « il n'y a de science que celle qui naît de l'observation » ; d'autre part, « il est essentiel que, dans une enquête de ce genre, on apparaisse aux ouvriers comme un ouvrier, ce qui n'est possible que si l'on est réellement ouvrier ». L'auteur ajoute que cette soif de connaissances n'est pas gratuite, mais qu'elle doit être utile à la société et aux ouvriers eux-mêmes. Sa haine pour Rousseau (qui selon lui a enfanté le libéralisme et le socialisme), ses réflexions assez fréquemment racistes et antisémites, n'en font pas pourtant un « progressiste »...
26. Union des industries minières et métallurgiques (UIMM), *Documents*, mai 1928.
27. [289], p. 461.
28. Cité par J. Marseille, « Les origines inopportunes de la crise de 1929 », *Revue économique*, juillet 1980. L'auteur estime que le renvoi des immigrés et le repli sur le monde rural ont masqué l'ampleur du chômage qui dès 1930-1931 atteindrait un million de personnes, soit plus du double des chiffres officiels.
29. [177], p. 61.
30. P. Videlier, *Vénissieux entre les deux guerres*, Université de Lyon-II, 1982, p. 368-369 (thèse).
31. Sur Besançon, cf. [164], p. 100 ; pour le Nord, J. Michel, *op. cit.*, p. 61 ; pour la France entière, [171].
32. J.-P. Brunet [35] et J.-R. Maurin, « Le personnel de l'usine sidérurgique de Saint-Chély-d'Apcher (1916-1969) », [29].

33. [41], p. 282 *sq*.
34. J. Michel, *op. cit.*, p. 60-61.
35. [45], p. 180.
36. Sur tout cela, cf. surtout A. Sauvy, [23].
37. A. Prost, [187], p. 161.
38. A. Prost, « Les manifestations du 12 février 1934 en province », *le Mouvement social*, janvier 1966.
39. J. Peneff (présentation), « Autobiographies de militants CGTU-CGT », *Les Cahiers du LERSCO*, décembre 1979.
40. Cf. J. Michel, *op. cit.*, p. 80-84, et aussi l'ouvrage collectif sous la direction de M. Gillet et Y.-M. Hilaire [180].
41. Tous les renseignements sur la crise et le Front populaire à Boulogne-Billancourt sont extraits de l'ouvrage de J.-P. Depretto et S.-V. Schweitzer, [166].
42. [179], p. 126.
43. G. Lefranc, [183]; J. Lhomme, « Juin 36 », dans A. Siegfried (sous la direction de), *Aspects de la société française*, Paris, Librairie générale de droit et jurisprudence, 1954.
44. [364], p. 34.
45. A. Prost, « Les grèves de juin 36, essai d'interprétation », [188], p. 145.
46. J. Ponty, « La communauté polonaise », *op. cit*.
47. Cf. surtout [65].
48. A. Prost, [187], p. 157-161.
49. A. Fourcault, [167].
50. Préface à l'ouvrage [171].
51. G. Sadoul, *Le Cinéma français*, Paris, Flammarion, 1962, et B. Cacérès, *Allons au-devant de la vie…*, *op. cit.*, p. 256.
52. Cité dans [166], p. 172.
53. C. Lépidis, *L'Arménien*, Paris, Éd. du Seuil, 1973.

Notes du chapitre 6

1. Pour une définition théorique de la notion de « génération », cf. M. Halbwachs, la *Mémoire collective, op. cit.*, et P. Bourdieu, [246], notamment p. 337-338 et 530.
2. Sur le rôle tenu par les ouvriers dans la période 1938-1948, cf. [176], [162], [254].
3. Sur Port-de-Bouc, cf. [202]; sur Berliet, [260]; et J. Réault, « L'usine des Batignolles à Nantes, l'histoire d'une usine du XXe siècle », et J.-P. Molinari, « Entretien avec un ouvrier de la construction navale nazairienne », *Norois*, octobre 1981.
4. A. Defromont-Leschevin, « Le mouvement FTPF dans le Valenciennois », *Revue du Nord*, 1969, p. 743-755.
5. B. Lecuyer et F. Millequant, « Les dockers, quelques traits d'une corporation charnière dans la chaîne des transports », dans [320], p. 55-70.
6. [195].

7. D'après G. Jalabert, *l'Industrie aéronautique et spatiale en France,* Toulouse, Privat, 1974, p. 40 *sq*. Sur l'usine de Dives, cf. [332].
8. H. Coing, [233] ; à propos de Caen, cf. A. Frémont, *Ouvriers et Ouvrières à Caen,* Université de Caen, CERA, 1981.
9. Chiffres cités dans [1], p. 45-46. L'origine populaire des jeunes se destinant à un CAP est confirmée par le fait que 84 % d'entre ceux qui accèdent aux centres d'apprentissage proviennent directement de l'enseignement primaire, contre 12 % pour les élèves des ENP ; d'après B. Charlot et M. Figeat, *op. cit.*, p. 357.
10. [12], p. 164-165, souligné dans le texte.
11. A. Girard et J. Stoetzel, [286], cahier nº 19, p. 60 *sq.* ; à propos des Italiens du Sud-Est, cf. A. Faidutti-Rudolph, *l'Immigration italienne dans le Sud-Est de la France,* Université de Nice, 1964, 2 vol., p. 225 et 307 (thèse) ; P. Bernoux, [200], p. 19.
12. M. Bozon, « La fréquentation des cafés dans une petite ville ouvrière. Une sociabilité populaire autonome ? », *Ethnologie française,* nº 2, 1982 ; du même, lire [227].
13. Sur ces pratiques, consulter [296], [312], p. 73-74, et [43], p. 363-367.
14. Pour une étude récente sur ce problème, M. Lazar, « Le mineur de fond : un exemple de l'identité du PCF », *Revue française de sciences politiques,* nº4, 1985.
15. Cité dans [1], p. 45.
16. [257], p. 14.
17. [189], et [259], p. 165.
18. D'après A. Lipietz, « Croissance et salariat industriel », dans [215], p. 55.
19. J. Réault, « Ouvrier de l'Ouest », dans [193], p. 115-157.
20. [268], p. 9-76.
21. [287], p. 93-112.
22. Chiffres tirés des tableaux figurant dans l'ouvrage de M. Verret, [244], p. 180-181.
23. Cité par J. Larrue, [238], p. 40. Selon cet auteur, dans les années soixante, 77 % des ouvriers de l'industrie aéronautique toulousaine s'abstiennent de toute participation aux activités du CE ; à propos de l'influence de la télévision, cf. Ministère de la Culture, *les Pratiques culturelles des Français,* Paris, Dalloz, 1982, p. 225, et P. Champagne, [231]. Le rapport des classes populaires à l'art et aux musées est étudié dans P. Bourdieu et A. Darbel, *l'Amour de l'art,* Paris, Éd. de Minuit, 1965.
24. J.-R. Maurin, « Le personnel... », [29].
25. G. Jalabert, *op. cit.,* p. 189.
26. [220].
27. Sur cette question, cf. surtout [322], et aussi N. Mayer, « Une filière de la mobilité ouvrière : l'accès à la petite entreprise artisanale et commerciale », *Revue française de sociologie,* janvier 1977.
28. [279], p. 450.
29. A. Darbel, « L'évolution récente de la mobilité sociale », *Économie et Statistique,* octobre 1975.
30. [250], p. 149.
31. Cf. J.-N. Chopart, [204], p. 44.
32. [277].

33. [250].
34. Sur cette adaptation des professions « fermées », cf. D. Segrestin, *le Phénomène corporatiste,* Paris, Fayard, 1984.
35. D'après B. Charlot et M. Figeat, *op. cit.*, p. 468.
36. Cf. M. Battiau, *les Industries textiles dans le Nord-Pas-de-Calais,* Université de Lille-III, 1976, t. 1, p. 340 (thèse de géographie). La fin des ouvriers de métier en milieu rural est bien analysée pour le Centre dans P. Bachelard, *op. cit.*, p. 309-311, et pour l'Aude, dans S. Moscovici, [338].
37. J.-R. Maurin, « Le personnel... », *op. cit.*
38. Le phénomène a été décrit pour la sidérurgie de Dunkerque par M. Castells et F. Godard, [228].
39. A. Frémont, *op. cit.*
40. Cf. l'étude de J.-C. Chamboredon et M. Lemaire, [230].
41. [242].
42. [190], p. 85.
43. C. Grignon, [248].
44. Les discours développés après Mai 1968 sur « l'aliénation ouvrière par le travail » ont certainement contribué eux aussi à cette dévalorisation.
45. Cf. P. Bourdieu et J.-C. Passeron, [245], et aussi Y. Clot, [273].
46. G. Ribeill, [319], p. 100.
47. J. Réault, *op. cit.*, et A. Frémont, *op. cit.* Sur les nouveaux ouvriers d'origine rurale, cf. aussi [282] et [199].
48. [57]. Les citations sont extraites du chapitre traduit avec une présentation par F. Muel-Dreyfus, « Remarques sur le commérage », *Actes de la recherche en sciences sociales,* novembre 1985.
49. [250], p. 153.
50. Sur tout ce qui concerne Fos, voir surtout [201], p. 82 *sq.*
51. Pour les ouvriers d'origine agricole à Toulouse, cf. [281]; sur Lacq, S. Larbiou, « Industrialisation-urbanisation ? l'exemple de Lacq », *Études rurales,* janvier 1973.
52. R. Linhart, [357].
53. [201], p. 103 *sq.*
54. A. Sayad, [292]; à propos de la différence de projets entre les diverses catégories ouvrières, cf. aussi P. Bernoux, [200].
55. É. Juillard, *La Vie rurale dans la plaine de Basse-Alsace, essai de géographie sociale,* Paris, Le Roux, 1953.
56. [10], p. 140 *sq.*
57. Cité par J.-P. Dumont, *la Fin des OS ?,* Paris, Mercure de France, p. 71.

Notes du chapitre 7

1. Ce terme équivoque désigne pour nous le processus global des mutations économiques, technologiques et sociales auxquelles la société occidentale est aujourd'hui confrontée.
2. Chiffres puisés dans les articles de M. Huet et N. Schmitz, « La population active », « L'évolution des emplois », dans [192], et dans « La classe

ouvrière en détresse», *le Monde*, «Dossiers et documents», décembre 1984.

3. *Le Monde*, 25 août 1984; cf. aussi «Les restructurations industrielles», *le Monde*, «Dossiers et documents», janvier 1985.
4. P. Veltz, [48], p. 141.
5. Sur ce sujet, cf. B. Coriat, [205].
6. M. Huet et B. Monnier, «Le chômage», dans [192].
7. «Emploi: la fin des débutants», *Le Monde*, 11 juin 1985.
8. J. Levasseur et C. Seibel, « *Réussite et Échec scolaire* », dans [192].
9. M. Huet et B. Monnier, *op. cit.* Sur ce sujet, cf. aussi T. Lecomte, «Les demandeurs d'emploi: morbidité et consommation médicale», Centre de recherche, d'étude et de documentation en économie de la santé (CREDES), 1986.
10. En 1979, le travail temporaire concernait 180000 personnes, dont 72 % d'ouvriers, essentiellement des jeunes non qualifiés. Depuis quelques années, ce sont surtout les emplois à durée déterminée qui se multiplient; cf. M. Huet et B. Monnier, «Les nouvelles formes d'emploi», dans [192].
11. J. Réault, «Les ouvriers...», *op. cit.*
12. Cité par *Libération*, 1er avril 1985.
13. J.-F. Laé et N. Murard, «Formes de consommation populaire. L'économie de survie», *Les Temps Modernes*, avril 1985.
14. M. Fize, «Les entrants en prison», et B. Aubusson de Cavarlay, «Condamnations et condamnés», dans [192]; sur la délinquance, cf. aussi [272].
15. La statistique exclut les salariés ne relevant pas du régime général de la Sécurité sociale, comme les mineurs; cf. A.-F. Molinié et S. Volkoff, «Les accidents du travail», dans [192].
16. [218] et [219].
17. *Ibid.*
18. J.-Ch. Willard, «Conditions d'emploi et de salaires de la main-d'œuvre étrangère», *Économie et Statistique*, janvier 1984.
19. [268], et J. Réault, «Les ouvriers...», *op. cit.*
20. [211].
21. A. Charraud et H. Valdelièvre, «La taille et le poids», dans [192].
22. C et Ch. Grignon, [234].
23. A propos des conséquences de l'alcoolisme sur la santé, cf. G. Desplanques, «La mortalité masculine selon le milieu social», dans [192]; sur la solitude des vieux travailleurs en hôpital, A. et A. Mizrahi, «Perte d'autonomie et handicaps; application au cas des personnes âgées résidant en institution», *Consommation*, avril 1977; les chiffres sur la fréquence des sorties selon le milieu social sont tirés de l'étude du ministère de la Culture, *op. cit.*
24. A. Boigeol *et al*, «Le divorce»; et M. Villac, «Les familles monoparentales», dans [192].
25. Cité dans [202], p. 296.
26. Cf. explications complémentaires dans [51] et [196].
27. A. Desrosières et M. Gollac, «Trajectoires ouvrières, système d'emplois et comportement social», *Économie et Statistique*, 9/1982.
28. Sondage «Les Français et l'État», réalisé en mars 1983 et dont les résultats détaillés ont été publiés dans *l'Expansion* du 6 mai 1983.

Notes de la Conclusion

1. D. Segrestin, *op. cit.*, p. 106; cf. aussi P. Dubois, « Niveau de main-d'œuvre et organisation du travail ouvrier. Étude des cas français et anglais », *Sociologie du travail,* juillet 1980.
2. Cette analyse est tirée de [64].
3. E. Hobsbawm, *Histoire économique et sociale de la Grande-Bretagne,* Paris, Éd. du Seuil, 1977, t. 2, p. 141 (éd. fr.).
4. Comme le souligne, parmi d'autres, S. Marglin, « Origines et fonctions de la parcellisation des tâches », dans l'ouvrage collectif sous la direction d'A. Gorz, *Critique de la division du travail,* Paris, Éd. du Seuil, coll. « Points Politique », 1973.

Bibliographie

Les travaux sur le monde ouvrier sont inégalement nombreux selon les époques et les thèmes, l'entre-deux-guerres étant particulièrement peu étudié de même que les problèmes de mobilité sociale, d'anthropologie du travail ou de la famille. Dans cette bibliographie, nous avons voulu corriger quelque peu ce déséquilibre, en ne retenant, pour les domaines les mieux connus, que les travaux à nos yeux les plus importants; à l'inverse, nous nous sommes quelque peu étendu sur la documentation traitant les points les plus obscurs.

Nous n'avons pas mentionné les ouvrages généraux (grandes collections d'histoire contemporaine, précis d'histoire économique ou d'histoire politique), qui constituent évidemment la base d'une étude historique d'ensemble sur la classe ouvrière. Nous n'avons pas mentionné non plus les nombreuses enquêtes du ministère du Travail, ni les collections de l'INSEE (notamment la série « Démographie et emploi » et la série « Ménages »), qui sont des instruments de travail indispensables pour toute étude approfondie, tout comme la consultation des archives. Outre les séries « M » des dépôts départementaux (notamment pour l'immigration), on consultera, aux Archives nationales, l'irremplaçable série « C » sur les grandes enquêtes parlementaires du XIXe siècle, et la série « Q » qui regroupe les archives de nombreuses entreprises.

Au niveau de la documentation imprimée, soulignons l'importance, tout au moins pour la première moitié du XXe siècle, des revues techniques (comme *la Revue de métallurgie*) et des revues de géographie *(Annales de géographie. Revue de géographie alpine...)* dans la perspective d'une histoire du travail.

Comme Lucien Fèbvre aimait à le rappeler, il ne faut pas négliger, non plus, les études monographiques locales, parfois d'un grand intérêt par la précision et la justesse des descriptions.

Quatre grandes revues actuelles sont fondamentales pour notre sujet et doivent être dépouillées intégralement: *le Mouvement social, la Revue du Nord, Sociologie du travail* et *Économie et Statistique*.

1. Généralités

Le contexte économique, politique et social.

L'industrialisation et ses problèmes

1. X. Browaeys et P. Châtelain, *Les France du travail,* Paris, PUF, 1984.
2. A. Dunham, *La Révolution industrielle en France (1815-1830),* Paris, Marcel Rivière, 1953.

3. J. Gaillard, « La petite entreprise en France aux XIXe et XXe siècles », *Rapport français à la Commission internationale d'histoire des mouvements sociaux et des structures sociales,* consacré à la petite entreprise et à la croissance industrielle dans le monde, Paris, Éd. du CNRS, 1981.

4. R. Goetz-Girey, *Le Mouvement des grèves en France,* Paris, Sirey, 1965.

5. E. Hobsbawm, *L'Ère des révolutions,* Paris, Fayard, 1969.

6. D. Landes, *L'Europe technicienne,* Paris, Gallimard, 1975 (tr. fr.).

7. M. Lévy-Leboyer (sous la direction de), « Le patronat de la deuxième industrialisation », *Le Mouvement social,* cahier n° 4, 1979.

8. M. de Montmollin et O. Pastré (sous la direction de), *Le Taylorisme,* Paris, La Découverte, 1984.

9. G. Poull, *L'Industrie textile vosgienne (1765-1981),* Rupt-sur-Moselle, chez l'auteur, 1982.

10. E. Shorter et C. Tilly, *Strikes in France, 1830-1968,* Cambridge (Mass.), Cambridge University Press, 1974.

11. *Le Textile en Normandie,* colloque tenu en 1972, Rouen, Publication de la Société libre d'émulation de la Seine-Maritime, 1975.

Économie, société, religion

12. P. Ariès, *Histoire des populations françaises,* Paris, Éd. du Seuil, coll. « Points Histoire », 1971 (rééd.).

13. D. Bertaux, *Destins personnels et Structure de classe,* Paris, PUF, 1977.

14. B. Coriat, *L'Atelier et le Chronomètre,* Paris, Bourgois, 1978.

15. G. Dupeux, *La Société française,* Paris, Colin, coll. « U », 1972.

16. « La France sous le Premier Empire », *Revue d'histoire moderne et contemporaine,* juillet 1970, numéro spécial.

17. H. Hatzfeld, *Du paupérisme à la Sécurité sociale,* Paris, Colin, 1971.

18. J. Léonard, *La Médecine entre les savoirs et les pouvoirs,* Paris, Aubier-Montaigne, 1981.

19. Y. Lequin (sous la direction de), *Histoire des Français (XIXe et XXe siècle),* t. 2, *La Société,* Paris, Colin, 1983.

20. L. Mazoyer, « Catégories d'âge et groupes sociaux. Les jeunes générations françaises de 1830 », *Annales d'histoire économique et sociale,* 1938.

21. P. Pierrard, *L'Église et les Ouvriers en France,* Paris, Hachette, 1984.

22. C. Pouthas, *La Population française pendant la première moitié du XIXe siècle,* Paris, PUF, 1956.

23. A. Sauvy, *Histoire économique de la France entre les deux guerres,* Paris, Fayard, 1965-1970, 4 vol.

24. F. Sellier, *Les Salariés en France,* Paris, PUF « Que sais-je ? », 1979.

25. J.-C. Toutain, « La population de la France de 1840 à 1959 », *Cahier de l'Institut de science économique appliquée,* n° 3, 1963.

Études régionales d'histoire sociale couvrant plusieurs périodes

26. P. Barral, *Le Département de l'Isère sous la IIIe République,* Paris, Colin, 1967.

27. Ph. Bernard, *Économie et Sociologie de la Seine-et-Marne (1850-1950),* Paris, Colin, 1953.

28. P. Bois, *Paysans de l'Ouest,* Paris, Flammarion, coll. « Champs », 1971 (rééd.).

29. « Économie et société en Languedoc-Roussillon de 1789 à nos jours », *Actes du colloque de Montpellier,* Montpellier, Publication de l'université Paul-Valéry, 1978.

30. M. Gillet (sous la direction de), *La Qualité de la vie dans le Nord-Pas-de-Calais au XXe siècle,* Lille, PUL, 1975.

31. Y. Guin, *Histoire de la Bretagne,* Paris, Maspero, 1974.

32. Y. Lamy, *Travail du fer, Propriétés foncières, Sociétés paysannes en Périgord (1789-1930),* Université de Paris-X, 1984 (thèse dact.).

33. P. Rambaud et M. Vincienne, *Les Transformations d'une société rurale : la Maurienne, 1561-1962,* Paris, Colin, 1964.

Études de longue durée plus particulièrement centrées sur la classe ouvrière

34. *Artisans et Ouvriers d'Alsace* (ouvrage collectif), Strasbourg, Librairie Istra, 1965.

35. J.-P. Brunet, *Saint-Denis, la ville rouge,* Paris, Hachette, 1980.

36. Y. Crebouw, *Recherches sur l'évolution numérique de la main-d'œuvre industrielle depuis un siècle,* Paris, 1967, 3 vol. (thèse).

37. P. Duharcourt *et al.*, *Développement du capitalisme, Politique urbaine et Habitat ouvrier ; l'exemple de l'agglomération de Reims, de la première moitié du XIXe siècle à nos jours,* Reims, A. Rallet, 1977.

38. O. Hardy-Hemery, *De la croissance à la désindustrialisation : un siècle dans le Valenciennois,* Paris, Presses de la Fondation nationale des sciences politiques, 1984.

39. G. Lefranc, *Histoire du travail et des travailleurs,* Paris, Flammarion, 1975.

40. Y.-C. Lequin, « De crises en avancées : la croissance de la classe ouvrière », chap. IV de l'ouvrage collectif, *La France contemporaine de 1789 à nos jours,* Paris, Éditions sociales, 1982.

41. J. Lojkine et N. Viet-Depaule, *Classe ouvrière, Société locale et Municipalité en région parisienne ; le cas d'Ivry-sur-Seine,* Paris, Centre d'étude des mouvements sociaux, 1983.

42. P. Louis, *Histoire de la classe ouvrière en France de la Révolution à nos jours ; la condition matérielle des travailleurs,* Paris, Marcel Rivière, 1927.

43. G. Noiriel, *Longwy, Immigrés et Prolétaires (1880-1980),* Paris, PUF, 1984.

44. F. Régourd, *La Vendée ouvrière,* Les Sables-d'Olonne, Le Cercle d'or, 1981.

45. J. Riccomard, *La Bonneterie à Troyes et dans le département de l'Aube,* Paris, Hachette, 1934.

46. D. Roche, *Le Peuple de Paris (essai sur la culture ouvrière au XVIIIe siècle),* Paris, Aubier, 1981.

47. « Sociabilité et mémoire collective », *Revue du Nord,* avril 1980, numéro spécial.

48. P. Veltz, *Travail, Société, Politique dans une région ouvrière : le Valenciennois 1830-1980*, Paris, EHESS, 1982 (thèse).

49. P. Videlier, B. Bouhet, *Vénissieux de A à V*, Lyon, PUL, 1983.

Problèmes de méthode et réflexion sur les sources.

50. A. Daumart, « Une référence pour l'étude des sociétés urbaines en France au XVIIIe et au XIXe siècle : projet de code socioprofessionnel », *Revue d'histoire moderne et contemporaine*, juillet 1963.

51. A. Desrosières et L. Thévenot, « Les mots et les chiffres : les nomenclatures socioprofessionnelles », *Économie et Statistique*, avril 1979.

52. INSEE, *Pour une histoire de la statistique*, Paris, Imprimerie nationale, 1977.

53. A. Kriegel, R. Gossez, J. Rougerie, « Sources et méthodes pour une histoire sociale de la classe ouvrière », *Le Mouvement social*, juillet 1962.

54. F. Simiand, *Le Salaire, l'Évolution sociale et la Monnaie*, Paris, Alcan, 1932, 2 t.

55. J.-Y. Tirat, « Problèmes de méthode en histoire sociale », *Revue d'histoire moderne et contemporaine*, juillet 1963.

Ouvrages permettant des comparaisons avec l'histoire ouvrière dans d'autres pays.

56. G. Crossick, R. Floud, P. Thane (éd.) *The Power of the Past*, Cambridge, Cambridge University Press, 1984.

57. N. Elias, J. L. Scotson, *The Established and the Outsiders*, Londres, Franck Cass and Co, 1965.

58. D. Gordon, R. Edwards, M. Reich, *Segmented Work, Divided Workers ; the Historical Transformation of Labor in the United States*, Cambridge (Mass.), Cambridge University Press, 1982.

59. R. Hoggart, *La Culture du pauvre*, Paris, Éd. de Minuit, 1979 (tr. fr.).

60. I. Katznelson et A. R. Zolberg (éd.), *Working Class Formation : 19th Century Patterns in Western Europe and the United States*, Princeton, 1986.

61. J. Kuczynski, *Les Origines de la classe ouvrière*, Paris, Hachette, 1969.

62. J. Kuczynski, *Die Geschichte der Lage der Arbeiter unter dem Kapitalismus*, Berlin, Akademie-Verlag, 1961-1967, 37 vol.

63. L. Murard et P. Zylberman (sous la direction de), « Le soldat du travail (guerre, fascisme et taylorisme) », *Recherches 32/33*, septembre 1978.

64. M. Maurice, F. Sellier, J.-J. Sylvestre, *Politique d'éducation et Organisation industrielle en France et en Allemagne. Essai d'analyse sociétale*, Paris, PUF, 1982.

65. C. Sabel, *Work and Politics*, Cambridge (Mass.), Cambridge University Press, 1982.

66. E. P. Thompson, *The Making of the English Working Class*, Londres, Penguin Book, 1975 (rééd.).

2. Travaux centrés sur le XIXe siècle

Enquêtes et témoignages de l'époque.

67. A. Audiganne, *Les Populations ouvrières et les Industries de la France,* Paris, Capelle, 1860, 2 vol.

68. A. Blanqui, *Des classes ouvrières en France pendant l'année 1848,* Paris, Pagnerre, 1849, 2 vol.

69. É. Buret, *De la misère des classes laborieuses en Angleterre et en France,* Paris, Paulin, 1840, 2 vol.

70. F. Le Play, *Les Ouvriers européens,* Paris, Mame et fils, 1877-1879, 6 vol., 2e édition.

71. F. Le Play, *Les Ouvriers des deux mondes,* 1856-1913.

72. E. Levasseur, *Questions ouvrières et industrielles en France,* Paris, Arthur Rousseau éditeur, 1907.

73. J. Michelet, *Le Peuple,* Paris, Flammarion, coll. « Champs », 1974 (rééd.).

74. D. Poulot, *Le Sublime,* Paris, Maspero, 1981 (rééd. avec une présentation de A. Cottereau).

75. L. Reybaud, *Le Fer et la Houille,* Brionne, Gérard Montfort, 1977 (rééd.).

76. L.-R. Villermé, *Tableau de l'état physique et moral des ouvriers employés dans les manufactures de coton, de laine et de soie,* Paris, J. Renouard, 1840, 2 vol.

Études régionales d'histoire sociale.

77. M. Agulhon, *La République au village,* Paris, Éd. du Seuil, 1979.

78. A. Corbin, *Le Limousin, archaïsme et modernité (1845-1880),* Paris, Marcel Rivière, 1975, 2 vol.

79. G. Désert, *Une société rurale au XIXe siècle, les paysans du Calvados (1815-1895),* Lille, Atelier de reproduction des thèses, 1975.

80. P. Lévêque, *Une société provinciale : la Bourgogne sous la monarchie de Juillet,* Paris, EHESS-Jean Thouzot, 1983, 2 vol.

81. G. Thuillier, *Aspects de l'économie nivernaise au XIXe siècle,* Paris, Mouton, 1966.

82. P. Vigier, *La Seconde République dans la région alpine,* Paris, PUF, 1963, 2 vol.

Études régionales concernant plus particulièrement le monde ouvrier.

83. M. Agulhon, *Une ville ouvrière au temps du socialisme utopique : Toulon (1815-1851),* Paris, Mouton, 1970.

84. L. Chevalier, *Classe laborieuse, Classe dangereuse à Paris, pendant la première moitié du XIXe siècle,* Paris, Hachette, coll. « Pluriel », 1978 (rééd.).

85. D. Codaccioni, *Lille 1850-1914. Contribution à une étude des structures sociales,* Lille, PUL, 1971.

86. J.-M. Gaillard, *Un exemple français de « ville-usine » : la Grand'Combe dans le Gard et sa Compagnie des mines 1830-1921,* Université de Paris-X, 1974 (thèse dact.).

87. J. Gaillard, *Paris, la ville (1852-1870)* Paris, Champion, 1977.

88. R. Gossez, *Les Ouvriers de Paris,* Paris, Bibliothèque de la révolution de 1848, XXIV, 1967.

89. M. Hanagan, *The Logic of Solidarity : Artisans and Industrial Workers in Three French Towns 1871-1914,* Chicago, University of Illinois Press, 1980.

90. G. Jacquemet, *Belleville au XIXe siècle,* Paris, EHESS, 1984.

91. M.-M. Kahan Rabecq, *La Classe ouvrière en Alsace pendant la monarchie de Juillet,* Paris, Les Presses modernes, 1939.

92. A. Lasserre, *La Situation des ouvriers de l'industrie textile dans la région lilloise sous la monarchie de Juillet,* Lausanne, Imprimerie H. Jarmin, 1952.

93. Y. Lequin, *Les Ouvriers de la région lyonnaise (1848-1914),* Lyon, PUL, 1977, 2 vol.

94. P. Pierrard, *La Vie ouvrière à Lille sous le Second Empire,* Brionne, Gérard Montfort, 1965.

95. H. Suzuki, *L'Évolution de l'industrie du coton dans la région rouennaise au XIXe siècle (1789-1880),* Rouen, 1969 (thèse dact.).

Études abordant une période ou une catégorie particulière d'ouvriers.

96. G. Berthier de Sauvigny, « Les ouvriers d'industrie sous la Restauration », *Bulletin de la Société d'histoire moderne,* 1976, n° 10.

97. G. Duveau, *La Vie ouvrière sous le Second Empire,* Paris, Gallimard, 1947.

98. C. Fohlen, *L'Industrie textile sous le Second Empire,* Plon, 1956.

99. G. Hardach, *Der Soziale Statuts des Arbeiters in der Frühindustrialisierung (1800-1870),* Berlin, Duncker und Humblot, 1969.

100. D. Kulstein, *« The Attitude of French Workers during the Second Empire », International Review of Social History,* 1964, p. 226-236.

101. P. Léon, « Point de vue sur le monde ouvrier au XVIIIe siècle », *3e Conférence internationale d'histoire économique de Munich,* Paris, Mouton, 1968.

102. W. H. Sewell, *Gens de métier et Révolution,* Paris, Aubier-Montaigne, 1983 (tr. fr.).

103. W. H. Sewell, « La confraternité des prolétaires », *Annales ESC,* juillet 1981.

104. D. Woronoff, *L'Industrie sidérurgique en France pendant la Révolution et l'Empire,* Paris, EHESS, 1984.

Travaux portant sur la question de la « proto-industrialisation ».

105. E. B. Ackerman, « Industrialisation et mutations sociales dans une commune rurale au XIXe siècle : Bonnières-sur-Seine », *Annales d'histoire du Mantois,* 1977, p. 17-27.

106. A. Châtelain, *Les Migrations temporaires en France, 1800-1914,* Lille, Atelier de reproduction des thèses, 1977, 2 vol.

107. J.-B. Gistucci, « Un exemple de désarticulation régionale ; le cas provençal, 1800-1850 », *Peuples méditerranéens,* 1979, p. 75-103.

108. R. Hubscher, « La petite exploitation en France, XIXe-XXe siècle », *Annales ESC,* janvier 1985.

109. « Industrialisation et désindustrialisation », *Annales ESC,* septembre 1984 (une partie du numéro est consacrée à la proto-industrialisation).

110. L. Kieffer, « La culture de la garance en Bas-Rhin, jusqu'en 1870 », *Saisons d'Alsace,* 1974, p. 7-30.

111. J. Marillier, « Les serruriers du Vimeu et la terre », *Société d'émulation historique et littéraire d'Abbeville,* 1954, p. 371-395.

112. « Aux origines de la Révolution industrielle : industries rurales et fabriques », *Revue du Nord,* janvier 1979, numéro spécial.

113. A. Peteers, « Les plantes tinctoriales dans l'économie du Vaucluse », *Études rurales,* 1975, p. 41-54.

114. E. Weber, *La Fin des terroirs,* Paris, Fayard, 1983 (éd. fr.).

Études portant sur des questions professionnelles, familiales, ou relevant de la vie quotidienne.

115. L. R. Berlanstein, *« Growing up as Workers in 19th Paris », French Historical Review,* n° 4, 1980.

116. C. Dauphin et P. Pizerat, « Les consommations populaires dans la seconde moitié du XIXe siècle à travers les monographies de Le Play », *Annales ESC,* 1975, p. 537-552.

117. M. Frey, « Du mariage et du concubinage dans les classes populaires à Paris (1846-1847) », *Annales ESC,* 1978, p. 803-829.

118. L. Gaillard, *La Vie quotidienne des ouvriers provençaux au XIXe siècle,* Paris, Hachette, 1981.

119. R.-H. Guerrand, *Les Origines du logement social en France,* Paris, Éditions ouvrières, 1967.

120. M. Halbwachs, *La Classe ouvrière et les Niveaux de vie,* Paris, Gordon Breach, 1970 (rééd.).

121. C. Heywood, *« The Market for Child Labor in 19th France », History,* n° 216, 1981.

122. M. Perrot, « L'éloge de la ménagère dans le discours des ouvrières françaises au XIXe siècle », *Romantisme,* 1976, p. 105-121.

123. W. Reddy, *« Family and Factory : French Liven Weavers in the Belle Époque », Journal of Social History,* 1975, p. 102-112.

124. W. Reddy, « Mode de paiement et contrôle du travail dans les filatures de coton du Nord », *Revue du Nord,* n° 1, 1981.

125. D. Reid, *« The Role of Mine Safety in the Development of Working Class Consciousness », French Historical Studies,* 1981, n° 1.
126. J. Sandrin, *Enfants trouvés, Enfants ouvriers (XVII*e*-XIX*e*),* Paris, Aubier, 1982.
127. C. Tilly, *« How Protest Modernized in France ; 1844-1855 », The Dimensions of Quantitative Research in History,* 1972, p. 192-255.
128. P. Vigier, *La Vie quotidienne en province et à Paris pendant les journées de 1848,* Paris, Hachette, 1982.

Problèmes culturels et religieux.

129. A. Cuvillier, *Un journal d'ouvrier : « L'Atelier » (1840-1850),* Paris, Alcan, 1914.
130. G. Duveau, *La Pensée ouvrière sur l'éducation,* Paris, Domat-Montchrestien, 1948.
131. F. Furet et J. Ozouf, *Lire et Écrire,* Paris, Éd. de Minuit, 1977, 2 vol.
132. E. Hobsbawm, « Sexe, symbole, vêtement et société », *Actes de la recherche en sciences sociales,* septembre 1978.
133. M. Le Bot, « Machinisme et peinture », *Annales ESC,* janvier 1967.
134. J. Lefranc, « Un intérieur ouvrier au XIXe siècle », *Études ardennaises,* 1959, p. 3-16.
135. L. Mazoyer, « L'ouvrier de 1830 et sa vision du monde social », *Revue socialiste,* 1946.
136. J. Rancière, *La Nuit des prolétaires,* Paris, Fayard, 1981.
137. A.-M. Thiesse, *Le Roman du quotidien, lecteurs et lectures populaires à la Belle Époque,* Paris, Le Chemin vert, 1984.

Les luttes collectives.

138. P. Aguet, *Les Grèves sous la monarchie de Juillet (1830-1847),* Genève, Droz, 1954.
139. É. Andréani, *Les Grèves et les Fluctuations de l'activité économique de 1890 à 1914 en France,* Paris, 1965, (thèse de droit).
140. P. Ansart, *Naissance de l'anarchisme,* Paris, PUF, 1970.
141. J.-L. Auduc, « La grève des boutonniers de la région de Méru en 1909 », *Annales d'histoire compiégnoise,* 1980, p. 53-62.
142. R.-J. Bezucha, *The Lyon Uprising of 1834. Social and Political Conflict in the Early July Monarchy,* Cambridge (Mass.), Harvard University Press, 1974.
143. R. Cazals, *Avec les ouvriers de Mazamet,* Paris, Maspero, 1978.
144. A. Dalotel, A. Faure, et J.-C. Freiermuth, *Aux origines de la Commune : les réunions publiques à Paris, 1868-1970,* Paris, Maspero, 1980.
145. Y. Hemlich, *Arbeiterskämpfe in Frankreich. Ein Beitrag zur Social- und Rechtgeschichte 1789-1939,* Meisenheim-am-Glan, A. Hain, 1977.
146. M. Lartigue-Vecchié, « Les grèves des dockers de Marseille, 1890-1913 », *Provence historique,* 1960, p. 146-179.

147. B. H. Moss, *The Origins of the French Labor Movement; 1830-1914; the Socialism of Skilled Workers*, Berkeley, University of California Press, 1976.

148. J. Néré, *La Crise industrielle de 1882 et le Mouvement boulangiste*, Paris, 1959, 2 vol. (thèse de lettres).

149. R. Parize, *Le Paternalisme et son influence politique au Creusot (1899-1939)*, Toulouse, 1981 (thèse dact.).

150. M. Perrot, *Les Ouvriers en grève (France 1871-1890)*, Paris, Mouton, 1974, 2 vol. Repris sous une forme abrégée et sous le titre *Jeunesse de la grève 1871-1890*, Paris, Éd. du Seuil, 1985.

151. M. Rebérioux, *Jaurès et la Classe ouvrière* (recueil de textes), Paris, Maspero, 1979.

152. D. Reid, *« Industrial Paternalism : Discourse and Practice in 19th French Mining and Metallurgy »*, *Comparative Study of Society and History*, octobre 1985.

153. J. Rougerie, « Composition d'une population insurgée : la Commune », *Le Mouvement social*, octobre 1965.

154. P. Schöttler, *Naissance des bourses du travail*, Paris, PUF, 1985.

155. P. Stearns, *Paths to Autority; the Middle Class and the Industrial Labor Force in France, 1820-1848*, Chicago, University of Illinois Press, 1978.

156. C. Tilly, L. Lees, « Le peuple de juin 1848 », *Annales ESC*, octobre 1974.

157. C. Willard, *Les Guesdistes*, Paris, Éditions sociales, 1965.

158. M. Winock, « La scission de Châtellerault et la naissance du parti allemaniste (1890-1891) », *Le Mouvement social*, avril 1971.

3. D'une guerre à l'autre

Ouvriers dans la guerre.

159. É. Dejonghe, « Les problèmes sociaux dans les mines du Nord-Pas-de-Calais pendant la Deuxième Guerre mondiale », *Revue d'histoire moderne*, 1971, p. 124-147.

160. J.-W. Dereymez, « Les usines de guerres (1914-1918) et le cas de la Saône-et-Loire », *Cahiers d'histoire*, 1, 1981.

161. P. Fridenson (sous la direction de), « L'autre front », *Le Mouvement social*, cahier nº 2, 1976.

162. A. Tollet, *La Classe ouvrière dans la Résistance*, Paris, Éditions sociales, 1970.

Dans les banlieues, les cités et les usines.

163. J. Bastié, *La Croissance de la banlieue parisienne*, Paris, PUF, 1964.

164. M. Daclin, *La Crise des années 1930 à Besançon,* Paris, Les Belles Lettres, 1968.

165. H. Delpech, *Recherches sur les niveaux de vie et les habitudes de consommation chez les ouvriers toulousains, 1936-1938,* Sirey, 1938.

166. J.-P. Depretto, S.-V. Schweitzer, *Le Communisme à l'usine, vie ouvrière et mouvement ouvrier chez Renault, 1920-1939,* Lille, ÉDIRES, 1984.

167. A. Fourcault, « Bobigny : banlieue rouge. De la crise des lotissements aux années du Front populaire », *Communisme,* n° 3, 1983.

168. P. Fridenson, *Histoire des usines Renault,* t. 1, *Naissance de la grande entreprise,* Paris, Éd. du Seuil, 1972.

169. M. Halbwachs, *L'Évolution des besoins dans les classes ouvrières,* Paris, Alcan, 1933.

170. S. Jonas, « La fondation de villages ouvriers des mines de potasse dans le Haut-Rhin (1908-1930) », *Revue des sciences sociales de l'Est de la France,* 1977, p. 71-148.

171. G. Letellier *et al., Enquête sur le chômage,* Paris, Sirey, 1938-1949, 3 t.

172. P. Punelle, « Étude d'une mentalité patronale : *Le Nord industriel* de 1930 à 1935 », *Revue du Nord,* 1969, p. 641-650.

173. R. Salais, « La formation du chômage moderne dans les années trente », *Économie et Statistique,* n° 155, 1983.

174. S. Schweitzer, *Des engrenages à la chaîne, les usines Citroën, 1915-1935,* Lyon, PUL, 1982.

175. P. Videlier, *La Restructuration de la main-d'œuvre : le cas de Vénissieux ; une banlieue au début du siècle,* rapport de recherche, Université de Lyon-II, 1984 (dact.).

Autour du Front populaire et de la naissance du PCF.

176. G. Bourdé, *La Défaite du Front populaire,* Paris, Maspero, 1977.

177. A. Braun, *L'Ouvrier alsacien et l'Expérience du Front populaire,* Paris, Sirey, 1938.

178. A. Bresle, « Les ouvriers viennois en 1936 », *Cahiers d'histoire,* 1963, p. 209-226.

179. G. Dupeux, *Le Front populaire et les Élections de 1936,* Paris, Colin, 1959.

180. M. Gillet et Y.-M. Hilaire (sous la direction de), *Le Nord-Pas-de-Calais, 1936-1939,* Lille, Presses universitaires de Lille, 1979.

181. J. Girault, *L'Implantation du parti communiste dans l'entre-deux-guerres,* Paris, Éditions sociales, 1975.

182. A. Kriegel, *Aux origines du communisme français,* Paris, Flammarion, coll. « Champs », 1969 (rééd.).

183. G. Lefranc, *Juin 36, l' « explosion sociale »* (recueil de textes), Paris, Gallimard, coll. « Archives », 1966.

184. J. Mer, *Le Parti de Maurice Thorez,* Paris, Payot, 1977.

185. A. Mitzman, *« The French Working Class and the Blum Government 1936-1937 », International Review for Social History,* IX, 1964.

186. *Mouvements ouvriers et Dépression économique* (ouvrage collectif), Assen (Pays-Bas), Van Gorcum, 1966.

187. A. Prost, *La CGT à l'époque du Front populaire, 1934-1939,* Paris, Colin, 1964.

188. P. Renouvin et R. Rémond (sous la direction de), *Léon Blum, chef de gouvernement, 1936-1937,* Paris, Colin, 1967.

4. La classe ouvrière depuis 1945

Études d'ensemble.

189. G. Adam, F. Bon, J. Capdevielle, R. Mouriaux, *L'Ouvrier français en 1970,* Paris, Colin, 1970.

190. A. Andrieux, J. Lignon, *L'Ouvrier français aujourd'hui,* Paris, Gonthier, 1966 (rééd.).

191. M. Collinet, *L'Ouvrier français (essai sur la condition ouvrière, 1900-1950),* Paris, Éditions ouvrières, 1951.

192. INSEE, *Données sociales* (ouvrage collectif), Imprimerie nationale, 1985.

193. *L'Ouest bouge-t-il? Son changement social et culturel depuis 30 ans* (ouvrage collectif), Nantes, R. et M. Vivant, 1983.

194. J.-D. Reynaud, « La nouvelle classe ouvrière, la technologie et l'histoire », *Revue française de sciences politiques,* n° 3, 1972.

195. M. Roncayolo, « Quelques données pour une analyse géographique de la classe ouvrière en France », *Les Cahiers de la République,* septembre 1959.

196. B. Seys et M. Gollac, « Les ouvriers », *Économie et Statistique,* novembre 1984.

197. J.-P. Terrail, « Connaître la classe ouvrière », *Société française,* n° 2, 1982.

198. A. Touraine, *La Conscience ouvrière,* Paris, Éd. du Seuil, 1966.

Sociologie, économie, psycho-pathologie du travail ouvrier.

199. Th. Baudoin, M. Collin, *Le Contournement des forteresses ouvrières,* Paris, Librairie des méridiens, 1983.

200. P. Bernoux, *Trois Ateliers d'OS,* Paris, Éditions ouvrières, 1973.

201. D. Bleitrach, A. Cornu, *L'Usine et la Vie,* Paris, Maspero, 1979.

202. D. Bleitrach *et al., Classe ouvrière et Social-démocratie,* Paris, Éditions sociales, 1981.

203. R. Boyer et J. Mistral, *Acculumation, Inflation, Crises,* Paris, PUF, 1983, 2e éd.

204. J.-N. Chopart, *Vivre pour travailler, Travailler pour vivre,* Paris, Centre de sociologie urbaine, 1978.

205. B. Coriat, *La Robotique,* Paris, La Découverte, 1984.
206. C. Dejours, *Travail, Usure mentale,* Paris, Centurion, 1980.
207. Dourdan (colloque), *L'Emploi, enjeux économiques et sociaux,* Paris, Maspero, 1982.
208. P. Dubois, *Le Sabotage dans l'industrie,* Paris, Calmann-Lévy, 1977.
209. C. Durand, *Le Travail enchaîné ; organisation du travail et domination sociale,* Paris, Éd. du Seuil, 1978.
210. A. Éric, « La vie de l'usine », *Les Temps modernes,* juillet 1972.
211. F. Eymard-Duverney, « Les secteurs de l'industrie et leurs ouvriers », *Économie et Statistique,* novembre 1981.
212. M. Freyssenet, *La Division capitaliste du travail,* Paris, Savelli, 1977.
213. G. Friedmann, *Le Travail en miettes,* Paris, Gallimard, coll. « Idées », 1964.
214. J.-P. de Gaudemar (sous la direction de), *Usines et Ouvriers. Figures du nouvel ordre productif,* Paris, Maspero, 1980.
215. F. Ginsbourger (sous la direction de), « Le travail ouvrier », *Cahiers français,* janvier 1983.
216. A. Lévy, *Sociologie de l'entreprise, un atelier au travail,* Paris, 1957.
217. J. Marcellin, *Étude comparative d'ouvriers de 40-45 ans travaillant à la chaîne,* Paris, CNAM, 1969.
218. A.-F. Molinié et S. Volkoff, « Les contraintes de temps dans le travail », *Économie et Statistique,* mars 1981.
219. A.-F. Molinié et S. Volkoff, « Les conditions de travail des ouvriers... et des ouvrières », *Économie et Statistique,* janvier 1980.
220. P. Naville *et al. L'État entrepreneur, le cas de la Régie Renault,* Paris, Anthropos, 1971.
221. F. Rerat, « Vers une généralisation du travail d'OS. De l'éclatement des métiers à l'éclatement des emplois », *Société française,* n° 8, 1983.
222. R. Sainsaulieu, *L'Identité au travail,* Paris, Presses de la Fondation nationale des sciences politiques, 1979.
223. L. Tanguy, « Les savoirs enseignés aux futurs ouvriers », *Sociologie du travail,* n° 2, 1983.
224. A. Touraine, *Évolution du travail aux usines Renault,* Paris, Éd. du CNRS, 1955.
225. M. Verret, *Le Travail ouvrier,* Paris, Colin, coll. « U », 1982.
226. A. Wisner, *Conséquence du travail répétitif sous cadence sur la santé des travailleurs et accidents du travail,* Laboratoire de physiologie du travail et d'ergonomie, CNAM, 1972.

Pratiques de la classe hors de l'entreprise.

227. M. Bozon, *Rapports sociaux et Vie quotidienne d'une petite ville de province : la mise en scène des différences,* Lyon, PUL, 1984.
228. M. Castells, F. Godard, *Monopolville ; l'entreprise, l'État, l'urbain,* Paris, Mouton, 1974.

229. M. de Certeau, *L'Invention du quotidien,* Paris, UGE, 1980, 2 vol.

230. J.-C. Chamboredon et M. Lemaire, « Proximité spatiale et distance sociale dans les grands ensembles », *Revue française de sociologie,* n° 1, 1970.

231. P. Champagne, « La télévision et son langage : influence des conditions sociales de réception sur le message », *Revue française de sociologie,* n° 3, 1971.

232. P.-H. Chombart de Lauwe, *La Vie quotidienne des familles ouvrières,* Paris, Éd. du CNRS, 1956.

233. H. Coing, *Rénovation urbaine et Changement social,* Paris, Éditions ouvrières, 1966.

234. C. et Ch. Grignon, *Consommation alimentaire et Style de vie ; contribution à l'étude du goût populaire,* Paris, INRA, 1980.

235. M. Griner, *La Famille ouvrière dans la région de Nancy, étude économique et sociale,* Nancy, 1950 (thèse de droit).

236. N. Herpin, « L'alimentation des ouvriers urbains », *Revue française de sociologie,* n° 1, 1984.

237. J.-P. Houssel, *La Province loin de la métropole ; sur la crise du Roannais,* Lyon, PUL, 1984.

238. J. Larrue, *Les Loisirs ouvriers chez les métallurgistes toulousains,* Paris, Mouton, 1965.

239. R. Ledrut, *Sociologie du chômage,* Paris, Éditions ouvrières, 1966.

240. P. Lucas, « Les travaux et les jours (à propos des enquêtes orales faites à Montceau-les-Mines) », *Cahiers internationaux de sociologie,* n° 74, 1983.

241. D. Linhart, *L'Appel de la sirène,* Paris, Le Sycomore, 1981.

242. M. Pialoux, B. Théret, « État, classe ouvrière et logement social », *Cahiers d'économie politique,* n°s 9 et 10, 1980.

243. A. Pitrou, « Le soutien familial dans la société urbaine », *Revue française de sociologie,* n° 1, 1977.

244. M. Verret, *L'Espace ouvrier,* Paris, Colin, coll. « U », 1979.

La domination et les tentatives individuelles pour en sortir.

245. P. Bourdieu et J.-C. Passeron, *La Reproduction,* Paris, Éd. de Minuit, 1970.

246. P. Bourdieu, *La Distinction,* Paris, Éd. de Minuit, 1979.

247. G. Desplanques, « L'inégalité sociale devant la mort », *Économie et Statistique,* janvier 1984.

248. C. Grignon, *L'Ordre des choses,* Paris, Éd. de Minuit, 1971.

249. N. Mayer, « Une filière de mobilité ouvrière : l'accès à la petite entreprise artisanale et commerciale », *Revue française de sociologie,* janvier 1977.

250. V. Scardigli et P.-A. Mercier, *Ascension sociale et Pauvreté. La différenciation d'une génération de fils d'ouvriers,* Paris, Éd. du CNRS, 1978.

251. C. Thélot, *Tel père, tel fils,* Dunod, 1982.

Sociologie électorale, mouvements sociaux, organisations ouvrières.

252. D. Boy, « Origine sociale et comportement politique », *Revue française de sociologie*, janvier 1978.

253. J. Capdevielle *et al.*, *France de gauche, Vote à droite*, Paris, Colin, 1979.

254. M.-R. Coutry-Valentin, *Les Grèves de 1947 en France*, Paris, Institut d'études politiques, 1981 (thèse).

255. A. De Angelis, *Blue Collar Workers and Politics. A French Paradox*, Londres, Croom Helm, 1982.

256. J. Guglielmi, *Salaires et Revendications sociales en France, 1944-1953*, Paris, Colin, 1953.

257. L. Hamon (sous la direction de), *Les Nouveaux Comportements de la classe ouvrière*, Paris, PUF, 1962.

258. J. Klatzman, *Comportement électoral et Classe sociale ; le vote PC et PS à Paris et dans la Seine*, Paris, Cahier de la Fondation nationale des sciences politiques, 1957.

259. G. Michelat et M. Simon, *Classe, Religion, Comportement politique*, Paris, Presses de la FNSP-Éditions sociales, 1977.

260. M. Peyrenet, *Nous prendrons les usines, Berliet ; la gestion ouvrière, 1944-1949*, Genève, Éditions Garance, 1980.

261. « Le mouvement ouvrier en Mai 1968 », *Sociologie du travail*, juillet 1970, numéro spécial.

5. Les groupes marginalisés

Les ouvrières.

262. Centre d'étude lyonnais d'études féministes, *Les Femmes et la Question du travail*, Lyon, PUL, 1984.

263. E. Delesalle, *Le Travail de la femme dans l'industrie textile et du vêtement dans l'arrondissement de Lille*, Lille, 1950 (thèse).

264. B. Furon *et al.*, « Aspects médicaux, sociaux et professionnels du travail en équipe chez les femmes », *Archives des maladies professionnelles*, n° 3, 1978.

265. N. Gadrey-Turpin, *Travail féminin, Travail masculin ; pratiques et représentations en milieu ouvrier à Roubaix-Tourcoing*, Paris, Éditions sociales, 1982.

266. M. Guilbert (collectif CGT, sous la direction de), *Femmes à l'usine et au bureau. Enquête sur la condition des femmes travailleuses (ouvrières et employées)*, Paris, Centre confédéral d'études économiques et sociales, 1976.

267. M. Guilbert, *Les Fonctions des femmes dans l'industrie*, Paris, Mouton, 1966.

268. D. Kergoat, *Les Ouvrières,* Paris, Le Sycomore, 1982.
269. M. Perrot (sous la direction de), « Travail de femmes dans la France du XIXe siècle », *Le Mouvement social,* octobre 1978, numéro spécial.
270. M.-H. Zylberberg-Hocquart, *Féminisme et Syndicalisme en France,* Paris, Anthropos, 1978.

Les jeunes et les vieux.

271. M. Carbonnel, *L'Adolescence ouvrière ; essai de psychologie,* Paris, Éditions ouvrières, 1946.
272. J.-C. Chamboredon, « La délinquance juvénile, essai de construction d'objet », *Revue française de sociologie,* juillet 1971.
273. Y. Clot, « Jeunes et travail », *La Pensée,* n° 225, 1982.
274. J. Guibert, « La vieillesse ouvrière », *Cahiers du LERSCO,* Nantes, mars 1983.
275. G. Mauger, C. Fossé-Poliack, « Les loubards », *Actes de la recherche en sciences sociales,* n° 50, 1983.
276. N. de Maupéou-Abboud, *Les Blousons bleus,* Paris, Galilée, 1968.
277. R. Mouriaux (sous la direction), *Les Jeunes Ouvriers, enquête sur leur insertion,* CGT, Centre national d'études économiques et sociales, 1974.
278. C. Pétonnet, *On est tous dans le brouillard,* Paris, Galilée, 1979.
279. P. Vrain, G. Gautier, *Les Ouvriers vieillissants de la région parisienne ; activité professionnelle et conditions de travail,* Paris, PUF, Cahiers du CEE, 1979.

Ouvriers-paysans.

280. F. Barbéris, « Les ouvriers-paysans », *Études rurales,* janvier 1973.
281. J. Curie, *Le Devenir des travailleurs d'origine agricole,* Paris, Champion, 1974.
282. N. Eizner et B. Hervieu, *Anciens Paysans, Nouveaux Ouvriers,* Paris, L'Harmattan, 1979.
283. « Les migrations », *Ethnologie française,* avril 1980, numéro spécial.
284. A. Toubeau, *Le Prolétariat agricole depuis 1789,* Paris, La Philosophie positive, 1882.
285. A. Touraine et O. Raggazi, *Les Ouvriers d'origine agricole,* Paris, Éd. du Seuil, 1961.

Les travailleurs étrangers.

286. A. Girard et J. Stoetzel, *Français et Immigrés,* Paris, PUF, cahiers INED, 1953 et 1954, 2 vol.
287. B. Granotier, *Les Travailleurs immigrés en France,* Paris, Maspero, 1970.
288. N. Green, *Les Travailleurs immigrés juifs à la Belle Époque,* Paris, Fayard, 1985.

289. G. Mauco, *Les Étrangers en France*, Paris, Colin, 1932.

290. G. Noiriel, « L'histoire de l'immigration : note sur un enjeu », *Actes de la recherche en sciences sociales*, septembre 1984.

291. M. Perrot, « Les rapports entre ouvriers français et étrangers (1871-1893) », *Bulletin de la Société d'histoire moderne*, 12, 1960.

292. A. Sayad, « Les trois 'âges' de l'émigration algérienne », *Actes de la recherche en sciences sociales*, n° 15, 1977.

6. Quelques éléments bibliographiques pour une anthropologie historique du travail

Problèmes généraux.

293. J. Barberet, *Le Travail en France, monographies professionnelles*, Paris, Berger-Levrault, 1886-1890, 7 vol.

294. L. et M. Bonneff, *La Vie tragique des travailleurs*, Paris, ÉDI, 1984 (rééd.).

295. A. Cottereau (sous la direction de), « L'usure au travail », *Le Mouvement social*, juillet 1983, numéro spécial.

296. « Les productions symboliques ouvrières », *Ethnologie française*, avril 1984, numéro spécial.

297. G. Latreille, *La Naissance des métiers en France*, Lyon, PUL, 1980.

298. M. Perrot (sous la direction de), « L'espace de l'usine », *Le Mouvement social*, octobre 1983, numéro spécial.

Sur quelques métiers.

La mine

299. C. Bartuel et H. Rullière, *La Mine et les Mineurs*, Paris, G. Doin, 1923.

300. J. Condevaux, *Le Mineur du Nord-Pas-de-Calais ; sa psychologie, ses rapports avec le patronat*, Lille, Imprimerie L. Danel, 1928.

301. J. Riché, *L'Évolution sociale des mineurs de Ronchamp aux* XIXe *et* XXe *siècles*, Besançon, Impr. Jacques et Demontrond, 1964.

302. R. Trempé, *Les Mineurs de Carmaux*, Paris, Éditions ouvrières, 1971, 2 vol.

Le textile

303. L. Cote, *L'Industrie gantière et l'Ouvrier gantier à Grenoble*, Grenoble, 1903 (thèse).

304. J. Godard, *L'Ouvrier en soie, monographie du tisseur lyonnais, 1899*, Lyon, 1899 (thèse de droit).

305. Ch. H. Johnson, *« Patterns of Proletarization : Parisian Tailors and Lodève Woolen Workers », Consciousness and Class Experience in 19th Europe*, J.-M. Merriman (éd.), Holmes and Meier, 1979, p. 65-84.

306. L. Marty, *Chanter pour survivre. Culture ouvrière, travail et technique dans le textile à Roubaix (1850-1914)*, Lille, Fédération Léo-Lagrange, 1982.

307. S. Verry, *Évolution de la condition ouvrière dans le textile sedannais (1646-1952)*, Paris, 1954 (thèse dact.).

La métallurgie

308. S. Bonnet, *L'Homme du fer*, Metz, Éditions Serpenoise, 1975-1985, 4 vol.

309. A. Degenne, J. Duplex, « Une qualification industrielle actuelle, les OHQ de Port-de-Bouc », *Terrain*, n° 2, 1984.

310. P. Fridenson, « Les premiers ouvriers de l'automobile ; 1890-1914 », *Sociologie du travail*, juillet 1979.

311. B. Jacoby, *De l'objet à l'homme. Rivets et riveurs à travers la société industrielle*, Strasbourg, 1983 (thèse dact.).

312. J. Lescot, G. Menahem, P. Pharo, *Savoirs ouvriers, Normes de production et Représentations*, Boulogne-sur-Seine, ACT, rapport CORDES, 1980, (dact.).

313. M. Verry, *Les Laminoirs ardennais*, Paris, Éditions ouvrières, 1956.

314. L. Berlanstein, *« The Formation of a Factory Labor Force : Rubber and Cable Workers in Bezon (Val-d'Oise) 1860-1914 », Journal of Social History*, 1981, p. 163-186.

315. P. de Bonnault-Cornu, « Du charpentier-bois à l'ordinateur : le traçage des navires », *Travail, Idéologie, Pratique*, n° 2, 1983.

Métiers divers

316. B. Ganne, *Gens de cuir, Gens de papier, Transformation d'Annonay depuis les années 1920*, Paris, Éd. du CNRS, 1983.

317. V. Isambert-Jamati, *L'Industrie horlogère dans la région de Besançon*, Paris, Éditions ouvrières, 1955.

318. M. Rebérioux, *Les Ouvriers du Livre et leur Fédération*, Paris, Temps actuel, 1981.

319. G. Ribeill, *Les Cheminots*, Paris, La Découverte, 1984.

320. G. Ribeill (sous la direction de), « Frontières et identités professionnelles dans les métiers des transports », *Journée du 16 novembre 1984, GRECO Travail et travailleurs* (dact.).

321. J. Scott, *Les Verriers de Carmaux*, Paris, Flammarion, 1982 (éd. fr.).

322. B. Zarca, *Survivance ou Transformations de l'artisanat dans la France d'aujourd'hui*, Paris, IEP-EHESS, 1983, 3 vol. (thèse).

Monographies d'établissements ou de localités industrielles.

323. D. Bacconnet, « Industrialisation d'une grande vallée alpine (le Grésivaudan) et conséquences démographiques et rurales », *Revue de géographie alpine,* 1956, p. 99-166.

324. M. Barbance, *Saint-Nazaire, le port, la ville, le travail,* Moulins, Crépin-Leblond, 1948.

325. G. Berger, « Aspects anciens et récents des activités industrielles rurales en Forez », *98e Congrès des sociétés savantes, Section d'histoire moderne,* Saint-Étienne, 1973, t. 2, p. 181-204.

326. P. Bozon, « L'industrie du Seuil-de-Rives », *Revue de géographie alpine,* 1943.

327. C.-I. Brelot, J.-C. Mayaud, *L'Industrie en sabots,* Paris, J.-J. Pauvert aux Éd. Garnier, 1982.

328. P. Caspard, *La Fabrique neuve de Cortaillod,* Paris, Publications de la Sorbonne, 1979.

329. S. Chassagne, *La Manufacture de toiles imprimées de Tournemine-les-Angers (1752-1820),* Paris, Klincksieck, 1971.

330. G. Decottignies, *La Betterave à sucre et l'Industrie sucrière dans l'Aisne de ses débuts à nos jours,* Soissons, Imprimerie Saint-Antoine, 1950.

331. Ph. Duchemin, « L'industrie moderne à Tarbes, ses origines », *Revue de géographie pyrénéenne,* 1955, p. 176-189.

332. H. Elhaï, « L'usine de Dives (Calvados) », *Norois,* 1955, p. 67-80.

333. A. Leménorel, « Minerai de fer et sidérurgie en basse Normandie, dans la Mayenne et dans la Sarthe de 1835 à 1924 », *Annales de Normandie,* mars et juin 1982.

334. F. Maillard, *L'Industrialisation de Montbéliard,* Nancy, 1953 (thèse de droit).

335. J.-L. Maillard, « La construction navale du Havre de 1830 à nos jours », *Études normandes,* 1980, p. 41-68.

336. Ch. de Marliave, *Les Mines d'anthracite de La Mure, 1806-1946,* Paris, Arthaud, 1955.

337. J.-P. Maurice, « La commune de Saint-Juéry et les usines de Saut-du-Tarn 1825-1945 », *Revue du Tarn,* 1968, p. 69-85.

338. S. Moscovici, *Reconversion industrielle et Changement social : un exemple, la chapellerie de l'Aude,* Paris, Colin, 1961.

339. L. Peyronnard, *Le Charbon de Blanzy, la Famille Chagot et Montceau-les-Mines,* Le Creusot, Éco-musée, 1981 (dact.), 2 t.

340. M. Pinçon, *L'Aciérie Thomé à Nouzonville (Ardennes),* Paris, CSU, 1984.

341. M.-C. Renolleau-Antoine, « Population et mono-industrie dans la haute vallée de la Meurthe ; Plainfaing », *Société philomatique vosgienne,* 1978, p. 77-105.

342. M.-C. Roux, « Grande industrie en Vaucluse au XIXe siècle : l'usine de l'Oseraie (1843-1914) », *Études vauclusiennes,* 1972, p. 17-24.

343. R. Thiérvoz, « L'industrie en Valdaine et ses conséquences démographiques, sociales et électorales », *Revue de géographie alpine,* 1954, p. 81-105.

7. Biographies, Autobiographies, Témoignages, Mémoires

XIXe siècle.

344. J.-E. Bédé, *Un ouvrier en 1820,* manuscrit inédit édité par R. Gossez, Paris, PUF, 1984.
345. J.-B. Dumay, *Mémoires d'un militant du Creusot (1841-1905),* Paris, Maspero-Presses universitaires de Grenoble, 1976.
346. M. Nadaud, *Léonard, maçon de la Creuse,* Paris, Maspero, 1976.
347. A. Perdiguier, *Mémoires d'un compagnon,* Paris, Maspero, 1982.
348. J. Rancière et A. Faure, *La Parole ouvrière* (recueil de textes), Paris, UGE, coll. « 10/18 », 1976.
349. N. Truquin, *Mémoires et Aventures d'un prolétaire à travers la Révolution,* Paris, Maspero, 1977.

XXe siècle.

350. M. Aumont, *Monde ouvrier inconnu, Carnets d'usine,* Paris, Spes, 1956.
351. P. Belleville, *Une nouvelle classe ouvrière,* Paris, Julliard, 1963.
352. CFDT, *Les Dégâts du progrès,* Paris, Éd. du Seuil, coll. « Points Politique », 1977.
353. C. Corouges, M. Pialoux, « Chronique Peugeot », *Actes de la recherche en sciences sociales,* n° 54, 1984, et n°s 57-58, 1985.
354. J. Destray, *La Vie d'une famille ouvrière,* Paris, Éditions ouvrières, 1971.
355. C. Etcherelli, *Élise ou la Vraie Vie,* Paris, LGF, « Le Livre de poche », 1971.
356. J. Guéhenno, *Changer la vie,* Paris, Grasset, 1961.
357. R. Linhart, *L'Établi,* Paris, Éd. de Minuit, 1977.
358. J. Marseille, *Une famille d'ouvriers de 1770 à nos jours,* Paris, Hachette, 1981.
359. R. Michaud, *J'avais vingt ans,* Paris, Éditions syndicalistes, 1967.
360. D. Mothe, *Journal d'un ouvrier (1956-1958),* Éd. de Minuit, 1959.
361. G. Navel, *Travaux,* Paris, Stock, 1945.
362. L. Oury, *Les Prolos,* Paris, Denoël, 1973.
363. J. Valdour, *La Vie ouvrière ; observations vécues,* Paris, divers éditeurs, 18 vol. (1909-1934).
364. S. Weil, *La Condition ouvrière,* Paris, Gallimard, 1951.

Bibliographie complémentaire

a) Matériaux, sources, témoignages

– J. Charon-Bordas (éd.), *Ouvriers et paysans au milieu du XIXe siècle : l'enquête sur le travail de 1848* [extr. choisis et présentés], Paris, Publisud, 1994.
– M. Donati, *Cœur d'acier : souvenirs d'un sidérurgiste de Lorraine*, Genève, Payot/Rivages, 1994.
– M. Dreyfus, *Les Sources de l'histoire ouvrière, sociale et industrielle en France (XIXe siècle)*, Paris, Éditions ouvrières,1987.

b) Comparaisons internationales

– F. Cooper, *Decolonization and African Society : the Labor Question in French and British Africa*, Cambrige, Cambridge University Press, 1996.
– G. Friedman, *State-Making and Labor Movements : France and the United States, 1876-1914*, New York, Cornell University Press, 1998.
– M. Gribaudi, *Itinéraires ouvriers. Espaces et groupes sociaux à Turin au début du XXe siècle*, Paris, Éd. de l'École des hautes études en sciences sociales, 1987.
– G. S. Jones, *Languages of Class : Studies in English Working Class History, 1832-1982*, Cambridge, Cambridge University Press, 1983.
– I. Katznelson, A. Zolberg (eds), *Working-Class Formation : Nineteenth-Century Patterns in Western Europe and the United States*, Princeton, Princeton University Press, 1986.
– J. Kocka, *Lohnarbeit und Klassenbildung. Arbeiter und Arbeiterbewegung in Deutschland, 1800-1975*, Berlin, Verlag J. H. W. Dietz Nachf., 1983 ; (dir.), *Les Bourgeoisies européennes au XIXe siècle*, Paris, Belin, 1996.
– M. Lamont, *La Dignité des travailleurs : exclusion, race, classe et immigration en France et aux États-Unis*, Paris, Presses de Sciences-Po, 2002.
– E. H. Lorenz, « L'offre de travail et les stratégies d'emploi dans la construction en France et en Grande-Bretagne (1870-1970) », *Le Mouvement social*, janv.-mars 1987.
– D. Montgomery, *The Fall of the House of Labor*, Cambridge, Cambridge University Press, 1987.
– I. J. Protero, *Radical Artisans in England and France, 1830-1870*, Cambridge, Cambridge University Press, 1997.
– M. Seidman, *Workers Against Work : Labor in Paris and Barcelona During the Popular Fronts*, Los Angeles, University of California Press, 1991.

c) Proto-industrialisation

– A. Dewerpe, *La Fabrique des prolétaires : les ouvriers de la manufacture d'Oberkampf à Jouy-en-Josas, 1760-1815*, Paris, Presses de l'École normale supérieure, 1990.
– G. Gayot, *Les draps de Sedan, 1646-1870*, Paris, Éd. de l'École des hautes études en sciences sociales/Terres ardennaises, 1998.
– D. Terrier, *Les Deux Ages de la proto-industrie : les tisserands du Cambrésis et du Saint-Quentinois, 1730-1880*, Paris, Éd. de l'École des hautes études en sciences sociales, 1996.

d) Les ouvrières

– L. L. Downs, *L'Inégalité à la chaîne. La division sexuée du travail dans l'industrie métallurgique en France et en Angleterre*, Paris, Albin Michel, 2002.
– D. Godineau, *Citoyennes tricoteuses : les femmes du peuple à Paris pendant la Révolution française*, Paris, Alinéa, 1988.

– M. Lyons, *Readers and Society in Nineteenth-Century France : Workers, Women, Peasants*, Londres, Palgrave, 2001.
– C. Omnès, *Ouvrières parisiennes : marchés du travail et trajectoires professionnelles au XXe siècle*, Paris, Éd. de l'École des hautes études en sciences sociales, 1997.

e) Les jeunes et les vieux

– P. Bouffartigue, F. Godard, *D'une génération ouvrière à l'autre*, Paris, Syros-Alternatives, 1988.
– C. Heywood, *Childhood in Nineteenth-Century France : Work, Health and Education Among the "Classes populaires"*, Cambridge, Cambridge University Press, 1988.
– P. Pierrard, *Enfants et jeunes ouvriers en France : XIXe-XXe siècles*, Paris, Éditions ouvrières, 1987.

f) Immigrations

– R. Gallissot, *Ces migrants qui font le prolétariat*, Paris, Méridiens-Klincksieck, 1994.
– E. Gogolewski (dir.), *Les Ouvriers polonais en France après la Seconde guerre mondiale*, Université de Lille III, Revue du Nord, hors série, Collection Histoire, n° 7, 1992.
– A. Sayad, *L'Immigration ou les Paradoxes de l'altérité*, Bruxelles, De Boeck, 1991.
– M. Tripier, *L'Immigration dans la classe ouvrière en France*, Paris, L'Harmattan, 1990.

g) Le travail ouvrier. Monographies de métier

– L. R. Berlanstein, *Big Business and Industrial Conflict in Nineteenth-Century France : A Social History of the Parisian Gas Company*, Berkeley, University of California Press, 1991.
– E. Claverie, *Les Dockers à Marseille de 1864 à 1941 : de leur apparition au statut de 1941*, thèse de doctorat, université d'Aix-en-Provence, 1996.
– A. Dewerpe, *Le Monde du travail en France, 1800-1950*, Paris, Armand Colin, 1989
– P. Fridenson, « Un tournant taylorien de la société française (1904-1918) », *Annales ESC*, sept.-oct. 1987.
– S. Kaplan (ed), *Work in France*, New York, Cornell University Press, 1986.
– T. Liu, *The Weaver's Knot : the Contradictions of Class Struggle and Family Solidarity in Western France, 1750-1914*, New York, Cornell University Press, 1994.
– M. Pigenet, *Ouvriers, paysans nous sommes… : les bûcherons du centre de la France au tournant du siècle*, Paris, L'Harmattan, 1993.
– J. Sagnes, *La Condition des ouvriers agricoles en Languedoc méditerranéen-Roussillon dans la première moitié du XXe siècle*, Université Paris X Nanterre, 1994.

h) Monographie d'établissements, de localités ou de régions industrielles

– L. Dumond, A. Gueslin (dir.), *Michelin, les hommes du pneu : les ouvriers Michelin, à Clermont-Ferrand, de 1889 à 1940*, Paris, Éd. de l'Atelier-Éditions ouvrières, 1999.
– J. Girault (dir.), *Ouvriers en banlieue, XIXe-XXe siècle*, Paris, Éd. de l'Atelier-Éditions ouvrières, 1998.

– O. Kourchid, A. Kuhnmunch (dir.), *Mines et cités minières du Nord et du Pas-de-Calais : photographies aériennes de 1920 à nos jours*, Lille, Presses universitaires, 1990.
– M. Hastings, *Halluin la Rouge, 1919-1939 : aspects d'un communisme identitaire*, Lille, Presses universitaires, 1991.
– R. Hubscher, J.-Cl. Farcy (dir.), *La Moisson des autres : les salariés agricoles aux XIX*e *et XX*e *siècles*, Université de Paris X, Centre d'histoire de la France contemporaine et d'étude des croissances, 1996.
– Y. Le Maner, *Du coron à la cité : un siècle d'habitat minier dans le Nord-Pas-de-Calais, 1850-1950*, Arras, Centre historique minier, 1995.
– M. Pigenet, *Les Ouvriers du Cher : fin XVIII*e *siècle-1914 : travail, espace et conscience sociale*, Paris, Institut CGT d'histoire sociale, 1990.
– J.-N. Retière, *Identités ouvrières : histoire sociale d'un fief ouvrier en Bretagne, 1909-1990*, Paris, L'Harmattan, 1994.

i) La vie ouvrière en dehors de l'entreprise

– M. Debouzy (dir.), « Paternalisme d'hier et d'aujourd'hui », *Le Mouvement social*, juil.-sept., 1988, numéro spécial.
– G. Groux, C. Lévy, *La Possession ouvrière : du taudis à la propriété, XIX*e*-XX*e *siècle*, Paris, Éd. de l'Atelier-Éditions ouvrières, 1993.
– S. Magri, C. Topalov (dir.), *Villes ouvrières, 1900-1950*, Paris, L'Harmattan, 1989.

j) Sociabilité, problèmes culturels et religieux

– S. Béroud, T. Régin (dir.), *Le Roman social : littérature, histoire et mouvement ouvrier*, Paris, Éd. de l'Atelier, 2002.
– M. Cadé, *L'Écran bleu : la représentation des ouvriers dans le cinéma français*, Perpignan, Presses universitaires, 2000.
– D. Charrasse, « L'usine, l'écriture et la place. Savoirs techniques dans les transports sidérurgiques », *Genèses*, n° 7, 1992.
– A. Leménorel (dir.), *Sociabilité et culture ouvrières*, Rouen, Presses Universitaires, 1998.
– C. Pennetier, B. Pudal, « Écrire son autobiographie. Les autobiographies communistes d'institution 1931-1939 », *Genèses*, n° 23, 1996.
– H. W. Scott, *The World of the Paris Café : Sociability Among the French Working Class, 1789-1914*, Baltimore, the Johns Hopkins University Press, 1999.
– M. Tournier, *Des mots sur la grève*, Paris, Klincksieck, 1993.
– F. Weber, *L'Honneur des jardiniers : les potagers dans la France du XX*e *siècle*, Paris, Belin, 1998.

k) Les rapports de la classe ouvrière à l'État

– R. Castel, *Les Métamorphoses de la question sociale. Une chronique du salariat*, Paris, Fayard, 1995.
– H. Chapman, « Les ouvriers, le capitalisme et l'État ; les politiques de reconstruction d'après-guerre dans l'industrie aéronautique », *Le Mouvement social*, décembre 1988 ; *State Capitalism and Working-Class Radicalism in the French Aircraft Industry*, Berkeley, University of California Press, 1991.
– F. Chateauraynaud, *La Faute professionnelle : une sociologie des conflits de responsabilité*, Paris, Métailié, 1991.
– F. Ewald, *L'État-Providence*, Paris, Grasset, 1986.
– C. Howell, *Regulating Labor : the State and Industrial Relations Reform in Postwar France*, Princeton, Princeton University Press, 1992.
– M. Kieffer, *Aux origines de la législation du travail en France : la législation des syndicats et la démocratisation des Conseils de prud'hommes*, Lille, Atelier national de reproduction des thèses, 1994.

– J. Le Goff, *Du silence à la parole : droit du travail, société, État : 1830-1989*, Paris, Calligrammes, 1989.
– G. Noiriel, *État, nation, immigration. Vers une histoire du pouvoir*, Belin, 2001.
– A. Supiot, *Critique du droit du travail*, Paris, PUF, 1994.
– C. Topalov, *Naissance du chômeur, 1880-1910*, Paris, Albin Michel, 1994.

l) D'une guerre à l'autre

– J. Horne, *Labour at War : France and Britain 1914-1918*, Londres, Clarendon, 1991.
– D. Peschanski, J.-L. Robert (dir.), *Les Ouvriers en France pendant la Seconde guerre mondiale*, Paris, IHTP-CNRS, 1992.
– J.-P. Le Crom, *Syndicats, nous voilà ! : Vichy et le corporatisme*, Paris, Éd. de l'Atelier, 1995.
– J.-L. Robert, *Les Ouvriers, la Patrie et la Révolution, : Paris 1914-1919*, Paris, Les Belles Lettres, 1995.

m) Le mouvement ouvrier

– J. F. Amadieu, *Les Syndicats en miettes*, Paris, Éd. du Seuil, 1999.
– A. Cottereau (dir.), « Les Prudhommes », *Le Mouvement social*, oct.-déc. 1987, numéro spécial.
– M. Dressen, *De l'amphi à l'établi : les étudiants maoïstes à l'usine (1967-1989)*, Paris, Belin, 2000.
– O. Hardy-Hémery, *L'Envers d'une fusillade. Fourmies, 1er mai 1891 : un patron face à la grève*, Paris, L'Harmattan, 1996.
– J. Julliard, *Autonomie ouvrière : étude sur le syndicalisme d'action directe*, Paris, Gallimard/Seuil, 1988.
– J.-P. Molinari, *Les Ouvriers communistes : sociologie de l'adhésion ouvrière au PCF*, Paris, L'Harmattan, 1996.
– « Mouvement ouvrier et santé », *Prévenir*, n° 18 et 19, 1989.
– B. Pudal, *Prendre parti. Pour une sociologie historique du PCF*, Paris, Presses de la FNSP, 1989.
– S. Sirot, *Les Conditions de travail et les Grèves des ouvriers à Paris de 1919 à 1935*, Thèse, Université de Paris VII, 1994
– « Sociétés ouvrières et communisme français », *Communismes*, n° 15-16, 1987.
– F. Soubiran-Paillet, *De l'usage professionnel à la loi : les chambres syndicales ouvrières parisiennes de 1867 à 1884*, Paris, L'Harmattan, 1996.
– D. Tartakowski, *Le pouvoir est dans la rue. Crises politiques et manifestations en France*, Paris, Aubier, 1998.

n) Les ouvriers à la fin du xxe siècle

– C. Baudelot, M. Gollac, « Le salaire du trentenaire », *Économie et statistique*, juin 1997.
– S. Beaud, M. Pialoux, *Retour sur la condition ouvrière*, Paris, Fayard, 1999.
– M. Cézard, « Les ouvriers », *INSEE-Première*, mai 1996.
– F. Derriennic, A. Touranchet, S. Volkoff, *Age, travail, santé : études sur les salariés âgés de 37 à 52 ans*, Paris, Institut national de la santé et de la recherche médicale, 1996.
– B. Dutheil, *Enfants d'ouvriers et mathématiques : les apprentissages à l'école primaire*, Paris, L'Harmattan, 1996.
– H. Eckert, « L'émergence de l'ouvrier bachelier », *Revue française de sociologie*, n° 2, 1999.
– N. Herpin, O. Choquet, L. Kasparian (dir.), *Les Conditions de vie des ouvriers*, Paris, Les Collections de l'INSEE. Série M, ménages, INSEE, Institut national de la statistique et des études économiques, 1987.
– J. Kergoat, J. Boutier, D. Linhart, H. Jacot (dir.), *Le Monde du travail*, Paris, La Découverte, 1998.

– B. Lahire, *La Raison des plus faibles : rapport au travail, écritures domestiques et lectures en milieux populaires*, Lille, Presses universitaires, 1993.
– S. Lazarus, S. Moucharik, A. Duhin (dir.), *Anthropologie ouvrière et enquêtes d'usine*, Ethnologue française, juil.-sept. 2001.
– V. Linhart, *Enquête aux prud'hommes*, Paris, Stock, 2000.
– G. Mauger, « Le monde défait des ouvriers », *Actes de la Recherche en sciences sociales*, n° 115, 1996.
– M. Pinçon, *Désarrois ouvriers : familles de métallurgistes dans les mutations industrielles et sociales*, Paris, L'Harmattan, 1987.
– P. Sansot, *Les Gens de peu*, Paris, Presses universitaires de France, 1991.
– *Souffrances et précarités au travail : paroles de médecins du travail*, Paris, Syros, 1994.
– O. Schwartz, *Le Monde privé des ouvriers. Hommes et femmes du Nord*, Paris, PUF, 1989.
– J.-P. Terrail, *Destins ouvriers. La fin d'une classe ?*, Paris, PUF, 1990.
– F. Weber, *Le Travail à côté. Étude d'ethnographie ouvrière*, Paris, Éd. de l'École des hautes études en sciences sociales, 1989.

Index
des notions

Index
des noms propres

Table des documents

Table

Du même auteur

Longwy, immigrés et prolétaires
PUF, 1984

Le Creuset français
Histoire de l'immigration (XIXe-XXe siècles)
Seuil, « L'Univers historique », 1988
et « Points Histoire », n° 61, 1992

La Tyrannie du National
Le droit d'asile en Europe (1793-1993)
Calmann-Lévy, 1991

Population, immigration
et identité nationale en France
Hachette, « Carré-Histoire », 1992

Sur la « crise » de l'histoire
Belin, « Histoire », 1996
et Gallimard, « Folio-Histoire », 2005

Qu'est-ce que l'histoire contemporaine ?
Hachette, 1996

Réfugiés et sans-papiers
La République face
au droit d'asile (XIXe-XXe siècles)
Hachette, 1998
et « Pluriel », 2006

Les Origines républicaines de Vichy
Hachette, 1999

États, nation et immigrations
Vers une histoire du pouvoir
Belin, 2001
et Gallimard, « Folio-Histoire », 2005

Atlas historique de l'immigration en France
Exclusion, intégration…
Autrement, 2002

Penser avec, penser contre
Itinéraire d'un historien
Belin, 2003

France d'ici, venue d'ailleurs
La France de l'immigration
Chêne, 2004

Les Fils maudits de la République
L'avenir des intellectuels en France
Fayard, 2005

Immigration, antisémitisme
et racisme en France
(XIXe-XXe siècle)
Discours publics, humiliations privées
Fayard, 2006

L'Identification
Genèse d'un travail d'État
(direction)
Belin, 2007

Racisme
La responsabilité des élites
Textuel, 2007

À quoi sert l'identité nationale ?
Marseille, Agone éditeur, 2007

IMPRESSION : NORMANDIE ROTO IMPRESSION S.A.S. À LONRAI
DÉPÔT LÉGAL : NOVEMBRE 2002. N° 58024-4 (103406)
IMPRIMÉ EN FRANCE

Collection Points

SÉRIE HISTOIRE

DERNIERS TITRES PARUS

H350. La France et les Juifs de 1789 à nos jours, *par Michel Winock*
H351. Historiographie de la guerre d'Algérie,
par Raphaëlle Branche
H352. L'Armée de Vichy, *par Robert O. Paxton*
H353. La Guerre froide 1917-1991, *par André Fontaine*
H354. Le Modèle politique français, *par Pierre Rosanvallon*
H355. Les Origines religieuses de la Révolution française
par Dale Van Kley
H356. Une histoire du Chat, *par Laurence Bobis*
H357. À la recherche du Moyen Âge, *par Jacques Le Goff*
H358. Les Quatre Parties du monde, *par Serge Gruzinski*
H359. Histoire des peurs alimentaires, *par Madeleine Ferrières*
H360. Le Grand Voyage de l'Obélisque, *par Robert Solé*
H361. La Vie à en mourir. Lettres de fusillés 1941-1944
par Guy Krivopissko
H362. Bleu. Histoire d'une couleur, *par Michel Pastoureau*
H363. Mitterrand, une histoire de Français, *par Jean Lacouture*
H364. Le Siècle des intellectuels, *par Michel Winock*
H365. Histoire des paysans français
par Emmanuel Le Roy Ladurie
H366. La Plus Vieille Cuisine du monde, *par Jean Bottéro*
H367. Histoire de la France politique 1. Le Moyen Âge
par Philippe Contamine
H368. Histoire de la France politique 2.
La Monarchie, entre Renaissance et Révolution
par Joël Cornette
H369. Histoire de la France politique 3.
L'Invention de la démocratie
par Serge Berstein, Michel Winock
H370. Histoire de la France politique 4.
La République recommencée
par Serge Berstein, Michel Winock
H371. Le Fascisme en action, *par Robert O. Paxton*
H372. Louis XIV. Les Stratégies de la gloire, *par Peter Burke*
H373. Ressentiment et Apocalypse, *par Philippe Burrin*
H374. Jésuites. Une multibiographie, t. 1, Les Conquérants
par Jean Lacouture
H375. Jésuites. Une multibiographie, t. 2, Les Revenants
par Jean Lacouture
H376. Sexe et pouvoir à Rome, *par Paul Veyne*

H377. Le Petit Livre des couleurs
par Michel Pastoureau & Dominique Simonnet
H378. Les Droites aujourd'hui, *René Rémond*
H379. Les Chamanes de la Préhistoire
par Jean Clottes & David Lewis-Williams
H380. Chronologie du XXe siècle, *par Bernard Phan*
H381. S'amuser au Moyen Âge, *par Jean Verdon*
H382. La Conversion d'Hermann le Juif
par Jean-Claude Schmitt
H383. Une histoire de pirates. Des mers du Sud à Hollywood
par Jean-Pierre Moreau
H384. Histoire de la beauté, *par Georges Vigarello*
H385. Chronologie du Moyen Âge, *par Michel Zimmermann*
H386. L'Étoffe du diable, *par Michel Pastoureau*
H387. La Bataille de Paris, *par Jean-Luc Einaudi*
H388. Quinze cent quinze et les grandes dates
de l'histoire de France
par Alain Corbin
H389. Les Origines intellectuelles du IIIe Reich,
par George L. Mosse
H390. La Légende de Napoléon, *par Sudhir Hazareesingh*
H391. La Prostitution à Paris au XIXe siècle
par Alexandre Parent-Duchatelet
H392. La Guérilla du Che, *par Régis Debray*
H393. L'Orgasme et l'Occident, *par Robert Muchembled*
H394. Mon histoire des femmes, *par Michelle Perrot*
H395. La Reine scélérate, *par Chantal Thomas*
H396. La Pierre de Rosette, *par Robert Solé*
et Dominique Valbelle
H397. Mal et modernité, *par Jorge Semprun*
H398. Mémorial de Sainte-Hélène t. 1
par Emmanuel de Las Cases
H399. Mémorial de Sainte-Hélène t. 2
par Emmanuel de Las Cases
H400. Le Siècle des communismes, *Collectif*
H401. Histoire de la Bretagne 1, *par Joël Cornette*
H402. Histoire de la Bretagne 2, *par Joël Cornette*
H403. Héros et merveilles du Moyen Âge
par Jacques Le Goff
H404. Les Templiers, *par Alain Demurger*
H405. La Suisse, l'or et les morts, *par Jean Ziegler*
H406. Chronologie de la Rome antique, *par Yann Riviere*
H407. Les Fondations de l'islam, *par Alfred-Louis de Premare*
H408. Rois et reines de France, *par Bernard Phan*
H409. Histoire de la décolonisation, *par Bernard Droz*
H414 La Guerre du Rif. Maroc (1921-1926)
par Vincent Courcelle-Labrousse, Nicolas Marmié